Urs Tillmanns

FOTOLEXIKON

Urs Tillmanns

FOTOLEXIKON

VERLAG PHOTOGRAPHIE

Impressum

Titelfoto: Nikon/Gadanyi Gyorgy,
Budapest
DTP-Gestaltung: Henri Leuzinger,
CH-4310 Rheinfelden
Druck: Druckerei Uhl GmbH,
D-7790 Radolfzell
ISBN 3-7231-0020-1

Vorwort

In etwas mehr als 150 Jahren ist aus dem Schaffen einiger Pioniere ein Medium entstanden, das uns in allen Lebensbereichen visuelle Informationen bietet. Die Fotografie ist für uns zur Selbstverständlichkeit geworden. Sie dokumentiert das aktuelle Zeitgeschehen (im Bildjournalismus), verdeutlicht Vorgänge und Zustände (z.B. in Technik, Forschung und Wissenschaft), sie veranschaulicht Gegenstände (in der Sach- und Werbefotografie) und sie ist Ausdrucksform kreativen Schaffens oder hält erlebte Momente als bleibende Erinnerung fest. Die heutige, enorme Verbreitung verdankt die Fotografie einerseits der Drucktechnik, die in der Lage ist, jedes Bild in unbegrenzter Auflage zu reproduzieren und damit die Aussage von Geschriebenem wertvoll zu ergänzen, und andererseits der Vereinfachung und Verbilligung von fotografischen Geräten und Materialien, welche heute als Massenprodukte für jedermann erschwinglich sind.
Im Laufe der Zeit ist eine fotografische Fachsprache entstanden, die für den Laien nicht immer leicht verständlich ist. Anderseits müssen Autoren von Fachbüchern und Fachartikeln gewisse fachliche Grundkenntnisse ihrer Leser voraussetzen können, damit sie ihren Stoff kompakt und informativ vermitteln können. Diese Fachbegriffe kurz, prägnant und trotzdem umfassend zu erläutern, ist Aufgabe dieses Nachschlagewerks. Dabei soll lediglich eine Verständnisgrundlage geschaffen werden; detaillierte Ausführungen müssen anderen Quellen, zum Beispiel einschlägigen Fachbüchern, überlassen bleiben.
Es ist Aufgabe dieses Fotolexikons, einerseits zum besseren Verständnis der Fachsprache beizutragen, andererseits aber auch Ausdrücke, die im fotografischen Fachjargon fälschlich oder missbräuchlich verwendet werden, eindeutig zu klären. Das Fotolexikon ist das Ergebnis langjähriger Arbeit. Es erschien in seiner Erstausgabe 1981 und ist inzwischen völlig überarbeitet und aktualisiert worden. Dabei haben eine Menge neue Begriffe aus der Elektronik und Computertechnik Einzug gehalten, die durch neue Generationen von Geräten die moderne Fachsprache laufend mitgestalten.
Ich möchte an dieser Stelle allen jenen Personen danken, welche in irgendeiner Form zum Gelingen dieses Werkes beigetragen haben, insbesondere Adrian Bircher, Franziska Frey und Dr. Rudolf Gschwind für die fachliche Durchsicht des Manuskriptes und die zahlreichen Anregungen, ebenso Henri Leuzinger, auch für die sorgfältige DTP-Gestaltung. Ferner sei auch jenen Firmen, Institutionen und Fotografen herzlich gedankt, die freundlicherweise ihr Bildmaterial zur Verfügung gestellt haben, sowie allen unbekannten Helfern, welche mit der Herstellung des Buches beschäftigt waren.

Neuhausen, im September 1991

Urs Tillmanns

Abkürzungen

at	Aufnahmetechnik
bio	Biografie
bm	Belichtungsmessung
bpr	Bildpräsentation
chem	Chemie
hist	Fotogeschichte
lab	Labortechnik
li	Lichttechnik
opt	Optik
phys	Physik
pro	Projektion
ste	Stereoskopie
→	siehe auch
→←	siehe Gegenteil
=	gleich, identisch
≈	ungleich
<	kleiner als
>	grösser als
∞	unendlich

A

Abbe, Ernst (bio) (1840-1905) Deutscher Physiker an der Universität in Jena. Arbeitet nach 1866 bei Carl Zeiss und beschäftigt sich mit der Entwicklung neuer Glassorten. Diese werden nach 1884 von Schott & Genossen hergestellt und gestatten die Korrektur des → *Astigmatismus* und der → *chromatischen Aberration.*

Abbe-Zahl (opt) Reziproke Masszahl für die Farbzerstreuung (→ *Dispersion*) eines optischen Glases. Nach dem Physiker Ernst → *Abbe* benannt.

Abbildung (opt) Um das Bild eines Gegenstandes auf einen → *Film* in einem lichtdichten → *Kamera*körper aufzunehmen, muss dieser auf der dem Film gegenüberliegenden Seite ein kleines Loch (→ *Lochkamera*), eine Sammellinse (→ *Linse*) oder ein → *Objektiv* aufweisen. Parallel einfallende Lichtstrahlen werden gebrochen und vereinigen sich in einer bestimmten Distanz (→ *Brennweite*) zu einem → *Brennpunkt.* Eine unendliche Zahl solcher Bildpunkte geben in der → *Bildebene* den Gegenstand als Abbild wieder.

Abbildungsfehler (opt) Bedingt durch optische Gesetze und durch die Natur des Lichtes, erzeugt eine einfache Sammellinse kein scharfes Bild. Es sind optische Systeme (→ *Objektive*) erforderlich, um die Abbildungsfehler bestmöglich zu eliminieren. Die wichtigsten Abbildungsfehler sind: → *Astigmatismus,* → *Bildfeldwölbung,* → *chromatische Aberration,* → *Distorsion* (→ *Verzeichnung*), → *Koma,* → *sphärische Aberration.* Eine Beseitigung sämtlicher Abbildungsfehler ist nie möglich, deshalb ist jedes Objektiv nur für einen bestimmten Anwendungsbereich optimal korrigiert.

Abbildungsmassstab (opt) Bezeichnet das Grössenverhältnis zwischen dem Abbild und dem Objekt. Es bestehen bestimmte Gesetzmässigkeiten zwischen → *Gegenstandsweite* und → *Bildweite,* aus denen sich die Grösse der Abbildung ergibt.

$$\text{Abbildungsmassstab} = \frac{\text{Bildweite}}{\text{Gegenstandsweite}}$$

Abblendtaste (at) Taste, um die → *Blende* bei → *Spiegelreflexkameras* auf den vorgewählten (oder elektronisch angesteuerten) Wert zu schliessen, um die → *Schärfentiefe* besser beurteilen zu können. Da die → *Schärfe*wiedergabe auch vom → *Vergrösserungs*massstab abhängt (→ *Zerstreuungskreisdurchmesser*), ist die Schärfebeurteilung auf dem kleinen

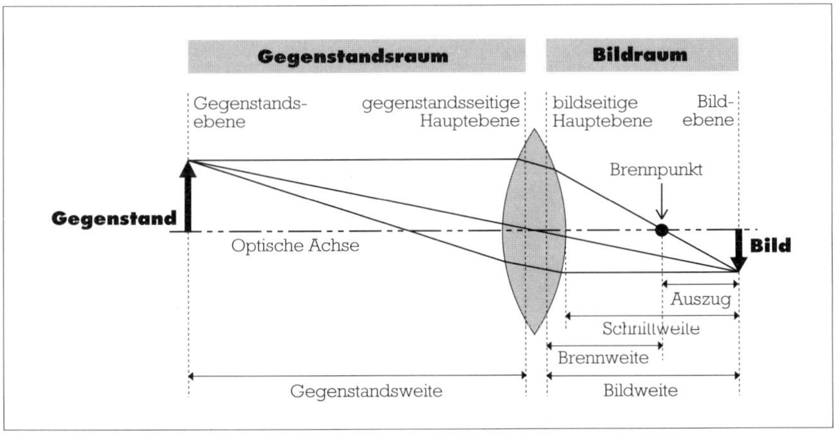

Geometrie der Abbildung

Sucherbild nur dann zuverlässig genug, wenn keine zu grossen Vergrösserungen vorgesehen sind.

Abdecklack (lab) Zähflüssiger, wasserresistenter, roter oder brauner Lack, welcher mit einem Pinsel auf gewisse Partien von → *Negativen*, → *Diapositiven* oder → *Vergrösserungen* aufgetragen wird, um eine Nachbearbeitung (→ *Abschwächen*, → *Verstärken*, → *Kolorieren*, → *Tonen*) zu verhindern oder zum → *Freistellen*. Der Abdecklack wird nach der Bearbeitung des Materials mit einem Klebeband abgezogen. zum → *Freistellen* heute gebräuchlicher ist der → *Schneidemaskierfilm*.

Aberration (opt)
1. Fremdwort für → *Abbildungsfehler*.
2. Chromatische Aberration nennt man den Farbfehler eines Objektivs, der darauf beruht, dass Strahlen verschiedener Wellenlängen ungleich gebrochen werden (→ *chromatische Aberration*).
3. → *Sphärische Aberration* (wird auch Öffnungsfehler genannt). Dieser beruht darauf, dass die achsfernen Strahlen eine andere → *Brennweite* aufweisen als achsnahe (→ *optische Achse*).

Abhalten → *Abwedeln*.

Abquetscher (lab) Gerät mit einer Gummirolle, um vor der → *Trocknung* von → *Barytpapieren* das überschüssige Wasser und Luftblasen zwischen der → *Schichtseite* und der Hochglanzfolie hervorzupressen. Nur ein absolut perfekter Kontakt zwischen Schicht und Hochglanzfolie ohne Lufteinschlüsse und Staubpartikel ergibt einen einwandfreien Hochglanz.

Abschirmklappe (at) (Im Fachjargon «Neger» genannt) Meist vierteiliger Metallteil, welcher am → *Reflektor* einer → *Fotolampe* oder eines → *Studioblitzgerätes* (→ *Kompaktblitzgerät*) angesetzt wird, um störendes Licht abzuhalten.

Abschwächen (lab, chem) Die Silbermenge eines durch Überbelichtung oder Überentwicklung zu dichten Schwarzweiss-Negativs kann durch eine chemische Nachbehandlung reduziert werden. Bevor eine exakte Belichtungsmessung möglich war, waren diese Techniken üblich. Bei modernen Kleinbildfilmen ist ein derartiger Eingriff meistens mit einer Qualitätseinbusse (gröberes Korn) verbunden. Wir unterscheiden drei verschiedene Arten:
1. Subtraktive (unterproportionale) Abschwächer reduzieren das Silberbild überall gleichmässig und führen zu keiner Kontraststeigerung (→ *Farmer' scher Abschwächer*).
2. Proportionale Abschwächer vermindern den Kontrast, da sie im Verhältnis des vorhandenen Silbers abschwächen.
3. Überproportionale Abschwächer reduzieren zunächst die Lichter eines Negativs und wirken deshalb kontrastmindernd. Das hierbei verwendete Ammoniumpersulfat arbeitet unzuverlässig, deshalb ist die Methode der → *Umentwicklung* in den meisten Fällen eher zu empfehlen.

Absorption (phys) Lichtstrahlen, die auf einen Körper auftreffen oder durch einen Körper hindurchgehen, erfahren einen Energieverlust. Durch die Eigenart dieses Körpers wird ein Teil der Strahlung reflektiert, ein Teil vom Medium absorbiert und in Wärme umgewandelt und der Rest durchgelassen. Die Auslöschung von Licht (oder Strahlung) im Innern des Körpers beruht auf der Energieumwandlung in Wärme. Diese Art der → *Lichtstrom*verringerung nennt man Absorption. → *Farbe*, → *Filter*, →← *Reflexion*.

Abwedeln (Abhalten) (lab) Um beim Vergrössern gewisse Bildteile heller erscheinen zu lassen, kann man mit Abwedelschablonen den Strahlengang während der Belichtung kurzfristig partiell unterbrechen. Die Schablone kann man sich aus Draht und schwarzem Karton selbst basteln. Sie muss während des Abwedelns bewegt werden, damit keine Kontur und kein blinder Punkt (zu helle Bildstelle) entstehen. Grössere Bildflächen der Randpartien können auch mit der Hand abgewedelt werden. → *Vergrösserung*, →← *Nachbelichten*.

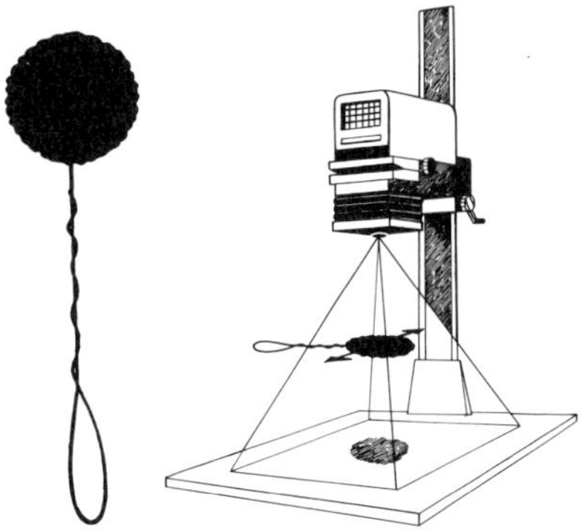

Abziehlack → *Abdecklack*.

Abzug (lab) Umgangssprache für → *Kopie*.

Achromat (opt) → *Objektiv*, dessen → *chromatische Aberration* für zwei Farben (meist Gelb, da visuell heller Farbton, und Violett, da fotografische Schichten dafür stark empfindlich sind) korrigiert ist. Die Korrektur erfolgt durch die Kombination von Linsen aus → *Flint*- und → *Kronglas*. → *Apochromat*.

Adapter (at) Mechanische Zwischenglieder, die eine Verwendung von → *Fremdmarkenobjektiv*en auf den meisten Markenkameras zulassen. Unter Umständen handelt es sich dabei um aufwendige Konstruktionen, da die Übertragungselemente für die → *Blenden*- und → *Autofokus*steuerung nicht genormt sind. → *Objektive*.

Adaption (phys) Anpassungsverhalten des menschlichen Auges an das Licht unterschiedlicher → *Farbtemperaturen*. Das Auge passt sich (weitgehend) an die Lichtfarbe an und empfindet die Farben immer neutral. Ändert sich Farbtemperatur plötzlich, z.B. von → *Kunstlicht* auf → *Tageslicht*, so empfindet das Auge während der Adaptionsphase eine starke → *Farbdominante*.

Additive Farbverfahren (at, lab) Farbprozesse, die auf der Mischung der additiven → *Grundfarben* (Blau, Grün und Rot) aufgebaut sind. → *Farbfotografie*, →← *subtraktive Farbverfahren*.

Aequidensiten (lab) sind Stellen gleicher → *Dichte* in einem fotografischen Bild (→ *Isohelie*). Mit Hilfe der → *Tontrennung* ist es möglich, Aequidensiten zu isolieren. Diese Technik gelangt vor allem in der wissenschaftlichen Fotografie zum Einsatz, wo aufgrund gleich dichter Stellen eines Negativs z.B. gleiche Eigenschaften eines Stoffes oder gleiches Verhalten bei einem Vorgang nachgewiesen werden können. In der → *Fotografik* und für fotografische → *Verfremdungen* bieten sich weitere Anwendungsmöglichkeiten.

Foto Agfa Gevaert

AF (at, opt) → *Autofokus*.

AF-Konverter (at, opt) optisch-mechanische Baugruppe, welche die Verwendung von Einstellobjektiven an → *Autofokus*-Kameras mit automatischer Scharfeinstellung ermöglicht und die → *Brennweite* (meist mit dem Faktor 1,4) verlängert. → *Konverter*.

Agitation (lab) Bewegung der → *Filme* und → *Fotopapiere* während der → *Entwicklung*, um Flecken und Zonenerscheinungen zu vermeiden. Bei der → *Dosenentwicklung* hat sich die *Kippmethode* besonders bewährt, während bei der → *Tankentwicklung* intermittierende → *Stickstoff*stösse üblich sind. Bei der → *Schalenentwicklung* von → *Fotopapier* muss die → *Entwicklungsschale* während der gesamten → *Entwicklungszeit* bewegt werden.

Aktaufnahme (at) Mit Hilfe von Licht und Form wird eine fotografische Darstellung der Schönheit des menschlichen Körpers oder einzelner seiner Teile gestaltet. Aktaufnahmen dürfen in keiner Weise anstossend oder verletzend sein und sollen eine starke ästhetische und artistische Aussage haben. Der Schritt von Kunst zu Kitsch ist sehr klein. Aktaufnahmen stellen sowohl an den Fotografen als auch an sein Modell höchste Anforderungen, und nur eine rigorose Selbstkritik führt zu überdurchschnittlichen Aufnahmen. Während sich im Atelier mit künstlichen → *Lichtquellen* zahlreiche Möglichkeiten der Kreativität ergeben, bietet sich bei Aussenaufnahmen eine natürliche Umgebung als zusätzliches Bildelement an. Die Verwendung eines → *Weichzeichners* ist in den meisten Fällen, besonders bei → *Gegenlichtaufnahmen* sehr zu empfehlen.

Aktinisch (phys) Bezeichnung für die Eigenschaften des → *Lichtes*, gewisse Stoffe chemisch oder physikalisch zu verändern. Kurzwellige Strahlen sind stärker aktinisch als langwellige. Beispiel: Bei der Belichtung werden → *Halogensilbersalze* in der fotografischen Schicht zu atomarem Silber reduziert.

Alaun (chem) Kalialaun und (seltener) Chromalaun dienen zur mechanischen Verfestigung der Schicht und sind Bestandteile der sauren → *Härtefixierbäder*.

Albedo → *Reflexionsvermögen*.

Albuminpapier (hist) Kopierpapier, dessen lichtempfindliche Substanzen in Eiweiss eingebettet waren. Blieb nach der Erfindung von Blanquart-Evrard (1850) bis zur Jahrhundertwende das erfolgreichste Fotopapier. → *Auskopierverfahren*.

Alkali (lab) 1. Chemische Stoffe mit → *ph-Wert* > 7 (Laugen). Nachweis durch Blaufärbung von Lackmus. 2. Bestandteil des → *Entwicklers* als → *Beschleunigungsmittel*.

Ambrotypie (hist) Als preiswertere Konkurrenz zu den → *Daguerreotypien* wurden von 1851 bis etwa 1863 Ambrotypien angeboten. Nach den Erfindungen von → *Archer* und Peter Fry wurde eine Glasplatte mit einer Kollodiumschicht versehen. Die bewusst unterbelichtete Platte montierte man dann auf einen dunklen Untergrund, wodurch das zarte Negativ einen positiven Bildeindruck ergab. → *Dunkelfeld*.

Sammlung Bischofberger Küsnacht

Ammoniak (lab) (NH_3) Verbindung aus Wasserstoff und Stickstoff.

Ammoniumpersulfat (chem) $(NH_4)_2\ S_2O_8$ Wird zum → *Abschwächen* kontrastreicher Negative und zur Entfernung von Gelbschleiern verwendet.

Ammoniumthiosulfat (chem) $(NH_4)_2\ S_2O_3$ Bestandteil von → *Schnellfixierbädern*.

Anaglyphen (ste) Stereoskopische Bildpaare, die in → *Komplementärfarben* (meist Blaugrün und Rot) übereinander gedruckt sind. Beim Betrachten durch eine Spezialbrille, die über ein grünes und ein rotes Glas verfügt, sieht jedes Auge das entsprechende Einzelbild, wodurch der Eindruck eines räumlich wirkenden Schwarzweissbildes entsteht (→ *Stereoskopie*).

Analyzer → *Color-Analyzer*, → *Video-Analyzer*.

Anamorphotisches Objektiv (at, pro) → *Objektiv*, welches das Seitenverhältnis des Formates bei der Aufnahme negativ und bei der → *Projektion* kompensierend positiv verändert. Ein besonders breiter → *Bildwinkel* wird auf diese Weise bei der Aufnahme auf normalem Film komprimiert (verzerrt) und bei der → *Projektion* wieder entzerrt. Anamorphoten bildeten die Grundlage zu Breitwand-Verfahren in der → *Kinematographie* (z.B. Cinemascope), können jedoch auch in der Fotografie (→ *Panorama*) eingesetzt werden.

Anastigmat (opt) → *Objektive*, bei denen der → *Astigmatismus* korrigiert ist. Durch das Erschmelzen neuer Glassorten (nach 1884) konnten Objektive in bezug auf den → *Astigmatismus* korrigiert werden. → *Abbildungsfehler*.

ANSI (lab) Empfindlichkeitssystem des «American National Standards Institute» für → *Fotopapiere*. Eine Verdoppelung des ANSI-Wertes entspricht der doppelten Empfindlichkeit.

Antireflexbelag (opt) → *Vergütung*.

Antischleiermittel (lab) (Klärmittel, Verzögerer) verzögern die → *Entwicklungs*reduktion an unbelichteten Stellen (→ *Belichtung*) und verhindern damit einen hohen → *Grundschleier* des → *Negativs*. Klassisch ist die Verwendung von → *Kaliumbromid* wobei heute auch organische Stoffe (Benzotriazol, p-Nitrobenzimidazol) zum Einsatz gelangen.

Aplanat (opt) Doppelobjektiv, das in bezug auf → *Verzeichnung*, → *Koma*, → *chromatische* und → *sphärische Aberration* korrigiert ist. 1866 von Adolph Steinheil eingeführt.

Apochromat (opt) → *Objektive*, bei denen drei Wellenlängen (z.B. Blau, Grün und Rot) exakt korrigiert sind (→ *chromatische Aberration*). Es handelt sich dabei um sehr aufwendige Objektivkonstruktionen, die vor allem als → *langbrennweitige Objektive* (→ *Teleobjektiv*) und Spezialobjektive für die → *Reproduktions*fotografie auf dem Markt sind.

Apostilb → *Leuchtdichte*, → *Lichttechnische Masseinheiten*. 1 Apostilb (asb) = 10^{-4} Stilb (sb)

Archer, Frederick Scott (bio) (1813-1857) Erfinder des nassen → *Kollodiumverfahrens* (1851), das infolge einer höheren Lichtempfindlichkeit die → *Daguerreotypie* und die → *Kalotypie* ablöste. Dabei wurde der Nachteil in Kauf genommen, dass die Kollodiumplatten unmittelbar vor der Aufnahme präpariert und sofort danach entwickelt werden mussten. Dazu war ein Dunkelzelt (→ *Kollodium*) erforderlich.

Architekturfotografie (at) Die Aufnahme eines Gebäudes kann für wissenschaftliche Zwecke, für Werbung, zur Illustration von Artikeln oder zur Dokumentation für den Architekten erfolgen. Besonders wichtig ist dabei der Sonnenstand, der die ideale Tageszeit für die Aufnahme bestimmt. Damit keine Deformationen vertikaler Parallelen entstehen, drängt sich meistens der Einsatz einer grossformatigen, verstellbaren → *Fachkamera* oder eines → *Shiftobjektivs* auf. Werden Architekturaufnahmen mit unverstellbaren Kameras gemacht, treten → *stürzende Linien* auf, sofern die Vertikalen des Gebäudes und die → *Bildebene* nicht parallel sind. Sie

Foto Wessendorf, Schaffhausen

können jedoch durch nachträgliches → *Entzerren* bei der → *Vergrösserung* oder beim → *Duplizieren* behoben werden. Einschränkende Platzverhältnisse erfordern häufig die Verwendung von Weitwinkelobjektiven (→ *Objektive*). Störende Gegenstände in der unmittelbaren Nähe des Gebäudes sollten nach Möglichkeit entfernt werden.

ASA (at) Abkürzung für «American Standard Association». → *Filmempfindlichkeit.*

Asphärische Linsen (opt) Eine Linse, deren Oberfläche von der Kugelform abweicht und mehrere Krümmungsradien besitzt, bezeichnet man als asphärische Linse. Damit kann besonders die → *sphärische Aberration* besser auskorrigiert werden. Asphärische Glaslinsen bedingen ein sehr aufwendiges Fertigungsverfahren, weshalb viele Hersteller noch von einer serienmässigen Verwendung absehen. Mit dem Verfahren des → *Blankpressens* von Linsen, das erstmals 1982 von Kodak in grossen Stückzahlen angewandt wurde (→ *Disc-Kamera*), ist die Herstellung von asphärischen Linsen auch in preis günstigen Kameras möglich geworden, weil der aufwendige Poliervorgang entfällt.

Astigmatismus (opt) (Punktlosigkeit). Für schräg eintretende Lichtbündel ist die Brennweite der Linse in verschiedenen, durch die → *optische Achse* gehenden Ebenen nicht gleich gross. Dadurch erscheinen Punkte am Bildrand als verzogene Striche, die je nach Einstellung waagrecht oder senkrecht stehen. Ein → *Objektiv*, das frei von Astigmatismus ist, nennt man → *Anastigmat.*

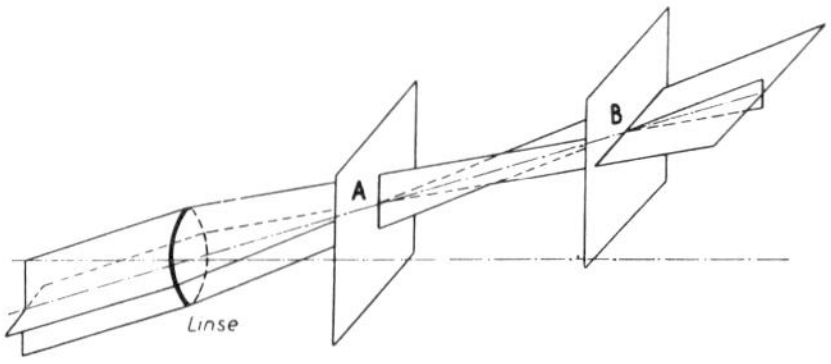

Astigmatismus; Prinzipschema

Asymmetrie 1. (at) Der asymmetrische Bildaufbau ist ein wichtiges formales Gestaltungsmittel, das den Aufnahmen Spannung und Dynamik verleiht. Ein symmetrischer Aufbau hingegen strahlt Ruhe und Harmonie aus. 2. (opt) Die meisten modernen Objektive sind mehrlinsige komplizierte Gebilde, die asymmetrisch zur → *Blende* aufgebaut sind.

Atelier (at) Der Arbeitsraum des Fotografen richtet sich in seiner Grösse nach den zu bewältigenden Aufgaben. Ein kleines Atelier, mit etwa 25 m^2 bietet genug Raum, um → *Porträts*, Personen- und einfache → *Sach*aufnahmen auszuführen. Mittlere Ateliers haben eine Grösse von etwa 100 m^2 und verfügen meist über zwei bis vier

Foto- und Film-Studio, CH-8121 Maur

Aufnahmeplätze. Grosse Ateliers weisen mehr als 100 m^2 auf. Hier können z.B. für → *Werbeaufnahmen* grosse Szenerien aufgebaut werden, die in Verbindung mit einer → *Hintergrundprojektion* den Eindruck einer Aussenaufnahme erwecken. Zur üblichen Ausrüstung eines Ateliers gehören: → *Kunstlicht-* oder → *Studioblitzanlage*, Säulenstativ (→ *Stative*), Hintergrundvorrichtung und verschiedene Kameraausrüstungen bis zur grossformatigen → *Fachkamera*. Für grosse Ateliers lässt sich die Liste bis zu Windmaschinen und Hallenkränen fortsetzen.

Ätzalkalien (chem) 1. Ätzkali (Kaliumhydroxyd, KOH) und
2. Ätznatron (Natriumhydroxyd, NaOH) ergeben in Wasser gelöst starke → *Laugen*, die Bestandteil von ge-

wissen → *Entwicklern* sind. Ätzalkalien sind sehr giftig und ätzend.

Audiovision (bpr) Zusammenwirken einer visuellen und einer akustischen Information. Ein Tonträger leitet Impulse über ein Steuergerät an den Diaprojektor weiter. Audiovisuelle Medien werden besonders für Werbung und Schulung eingesetzt. → *Tonbildschau*, → *Diaporama*, → *Multivision*.

Aufhellblitz (at) Schwachdosierter Blitz (→ *Blitzgerät*, → *Leuchtzeit*), um die → *Schatten* bei → *Gegenlichtaufnahmen* aufzuhellen. Der Blitz muss gegenüber der vorherrschenden Helligkeit zwischen 1 bis 2 → *Belichtungsstufen* schwächer sein, damit die Schattenaufhellung als natürlich empfunden wird. Kameras mit → *Zentralverschluss* oder einer besonders kurzen → *Synchronisationszeit* eignen sich dazu am besten.

Aufhellung (at) 1. Um den → *Kontrastumfang* eines Motivs zu reduzieren, wird dessen Schattenseite aufgehellt. Bei Aussenaufnahmen kann z.B. ein Blitzgerät mit reduzierter, d.h. dem Umgebungslicht angepasster Leistung eingesetzt werden, während bei Aufnahmen im Atelier die Schattenaufhellung durch → *indirektes Licht* erfolgt. Hierzu sehr geeignet sind weisse Karton- oder Styroporflächen oder spezielle Reflexschirme, die von einer Lichtquelle angestrahlt werden (→ *Blitzlicht*). Direkte Lichtquellen können in der Regel bei Atelieraufnahmen nicht verwendet werden, da meistens störende Schatten entstehen.
2. Wenig gebräuchlicher Ausdruck für → *Vergütung*.

Auflicht (at) In der → *Makro-* und der → *Mikro-Fotografie* sprechen wir von Auflicht, wenn vorwiegend undurchsichtige Objekte aus der Aufnahmerichtung beleuchtet werden. Es dient dann auch zur → *Aufhellung*, wenn ein zusätzliches → *Seitenlicht* die Struktur betont. →← *Durchlicht*.

Auflösungsvermögen (opt, at) Die Fähigkeit einer fotografischen Schicht oder eines Objektivs, feinste Details eines bestimmten Motivs erkennbar zu trennen, wird mit Auflösungsvermögen bezeichnet. Die Masszahl gibt an, wie viele Liniepaare pro Millimeter (L/mm) noch erkennbar wiedergegeben werden können (maximales Auflösungsvermögen). In der Praxis wird ein spezielles → *Testbild* unter bestimmten Voraussetzungen aufgenommen. Das entwickelte Negativ wird danach mit einer starken Lupe oder einem Mikroskop visuell ausgewertet. Das Auflösungsvermögen ist vom → *Kontrastumfang* abhängig. Um das Auflösungsvermögen eines Objektivs anzugeben, ist die Masszahl für Linienpaare pro Millimeter allein unzureichend, da die Kontrastwiedergabe dabei nur ungenügend berücksichtigt werden kann. Die → *Modulationsübertragung* gibt über die Funktion des Auflösungsvermögens und der Kontrastwiedergabe genaueren Aufschluss.

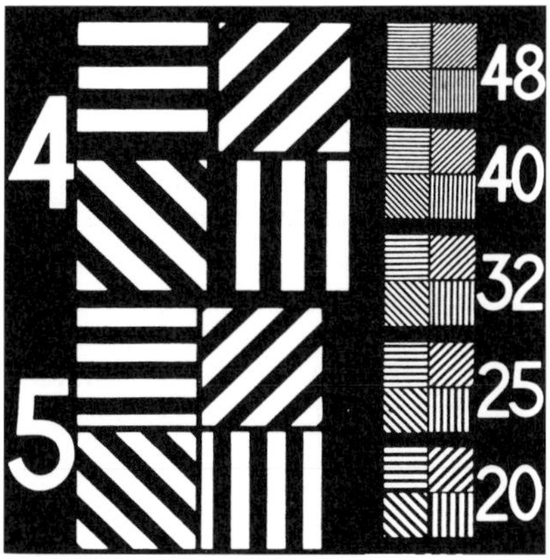

Ausschnitt aus einer Testtafel

Aufnahmeformate → *Formate*.

Aufziehen (bpt) Um Fotografien besser präsentieren und knitterfest archivieren zu können, werden diese auf Karton, Kunststoff oder Metall aufgezogen. Für Barytpapiere stehen verschienede Leime aus dem Buchbindergewerbe zur Verfügung. Um eine Planlage des Bildes zu erreichen, muss durch Gegenkaschieren mit einem gleich starken Papier auf der Rückseite ein Gegenzug erwirkt werden. Spezielle Folien, deren Klebstoff bei Erhitzung aktiv wird, stellen in Verbindung mit einer Heissaufziehpresse eine sichere Methode dar. → *RC-Papiere* können mit → *doppelseitiger Klebefolie* sehr einfach auf nahezu jede Oberfläche aufgezogen werden.

Aufziehpresse → *Aufziehen.*

Aufzughebel (at) Bedienungselement an der → *Kamera*, das gleichzeitig den Film transportiert (→ *Filmtransport*), den → *Verschluss* spannt, das → *Bildzählwerk* weiterschaltet, sowie bei einigen älteren → *Spiegelreflexkameras* den Spiegel in die Sucherstellung zurückschwenkt und die → *Blende* öffnet. Der Aufzugshebel wird nach jeder Aufnahme manuell betätigt, es sei denn, die Kamera wäre mit einem → *Winder* oder einem → *Motor* ausgestattet.

Augenkorrekturlinsen → *Okular.*

Ausbleichen (lab) 1. Bei der → *chromogenen Entwicklung* sowie bei der → *Umentwicklung* und anderen fotografischen Prozessen wird das metallische Silber in einem → *Bleichbad* wieder in ein Silbersalz zurückoxidiert.
2. Eine unkorrekt fixierte (→ *Fixieren*) oder ungenügend ausgewässerte (→ *Wässern*) Schwarzweiss-Schicht zersetzt sich allmählich.
3. Farbstoffe in modernen Farbverfahren weisen eine begrenzte Beständigkeit auf und bleichen mit der Zeit aus.

Ausentwickeln (lab) Eine fotografische Schicht ist ausentwickelt, wenn sich → *Gradation* und → *Schwärzung* durch eine verlängerte → *Entwicklung* bei einem tolerierbaren → *Schleier* nicht mehr ändern. Das Ausentwikkeln ist bei Vergrösserungen eine Voraussetzung, um eine optimale Tonwertabstufung zu erreichen. Die Negativentwicklung wird in der Regel vor diesem Stadium, bei einem bestimmten → *Gammawert*, abgebrochen.

Ausflecken (bpr) Beim Vergrössern (→ *Vergrösserung*) erscheinen Staubpartikel, welche sich in der → *Bildebene* (→ *Negativbühne*) befinden, auf dem → *Positiv* als kleine weisse Punkte, die mit einem feinen Pinsel und Retuschierfarbe (→ *Retusche*) beseitigt werden können. Diese einfache Retuschetechnik nennt man «Ausflekken». Sie erfordert etwas Geduld und Erfahrung, um den genauen Grauton der Umgebung aufzutragen und dadurch die weissen Punkte zum Verschwinden zu bringen.

Ausgleichsentwicklung (lab) Entwickler mit schwachen Alkalien haben eine verminderte Aktivität und bewirken in einem Negativ eine gute Durchzeichnung der → *Schatten*, bei gleichzeitiger Dämpfung der → *Lichter.* Solche Ausgleichsentwickler sind in der Lage, grosse Kontraste zu überbrücken und die Filmempfindlichkeit besser auszunutzen. Gerade in der Kleinbildtechnik, wo die verschiedensten Motivkontraste auf einem Film registriert werden, sind diese Entwickler üblich, die an der Schichtoberfläche operieren. →← *Tiefenentwickler.*

Auskopierverfahren (hist) Verschiedene → *Positiv*verfahren mit speziellen Auskopierpapieren, die nach einer → *Belichtungszeit* von mehreren Minuten ohne → *Entwicklung* sogleich fixiert und gewässert (→ *Fixieren*, → *Wässerung*) werden konnten. Zur Belichtung wurden die → *Negative* und das → *Fotopapier* in einen → *Kopierrahmen* unter Federdruck in Kontakt gebracht und auf Kopiergestellen → dem *Tageslicht* oder einer starken Lichtquelle ausgesetzt. Auskopierverfahren wurden von 1850 bis ca. 1920 praktiziert. Das wichtigste Auskopierpapier war das → *Albuminpapier*, weitere bekannte waren das Aristopapier und das Zelloidinpapier.

Ausleuchtung (at) Lichtverteilung am Objekt im Bereich des → *Bildwinkels* des → *Objektivs.* Besonders bei → *Reproduktionen* wird eine gleichmässige Ausleuchtung der Vorlage angestrebt, was in der Regel mit vier diffusen → *Lichtquellen* erreicht werden kann.

Auslösepriorität (at) Während die meisten → *Autofokus*kameras erst auslösen, wenn das Objekt scharf eingestellt ist (→*Schärfepriorität*) lassen sich gewisse Modelle so einstellen, dass sie auch ausgelöst werden können, wenn die → *Scharfeinstellung* noch nicht erfolgt ist, oder nicht erfolgen kann. Die Auslösung hat Priorität gegenüber der Scharfeinstellung.

Auslöser (at) Vorrichtung an der Kamera, um den → *Verschluss*ablauf auszulösen. Während es sich dabei früher um eine mechanische Baugruppe handelte, erfolgt die Auslösung heute bei den elektronischen Kameras über einen Schalter. Eine Auslösesperre verhindert eine Zweitauslösung ohne dass der → *Filmtransport* betätigt worden ist. Es existieren weitere Arten von Auslösern: → *Drahtauslöser*, → *Fernauslöser*, → *Kabelauslöser*, → *Selbstauslöser*.

Auslösesperre → *Auslöser*.

Auslöseverzögerung (at)
1. Zeitspanne, welche vom Moment der Auslösung (→ *Auslöser*) bis zum Ablauf des → *Verschlusses* verstreicht. Diese ist bei → *Spiegelreflexkameras* bedingt durch verschiedene mechanische Ablaufvorgänge, wie Schliessen der → *Springblende* und Hochklappen des → *Rückschwingspiegels*. Sie beträgt normalerweise etwa 1/100 Sekunde.
2. → *Selbstauslöser*.

Ausschnittvergrösserung (lab) → *Vergrösserung*, die nicht das gesamte → *Negativ* (oder → *Diapositiv*) zeigt, sondern einen zur Steigerung der Bildaussage vorbestimmten Bereich. Eine Ausschnittvergrösserung wird erreicht, indem am → *Vergrösserungsgerät* der entsprechende → *Abbildungsmassstab* und das gewünschte → *Format* (→ *Vergrösserungsrahmen*) gewählt werden.

Auszug (at) Die Strecke → *Bildweite* abzüglich → *Brennweite* wird als Auszug bezeichnet. Es handelt sich um den Betrag, um den der Abstand zwischen → *Objektiv* und → *Filmebene* beim → *Scharfeinstellen* (> ∞) verlängert wird. Diese Verlängerung hat bei → *Nahaufnahmen* eine Belichtungsverlängerung zur Folge, deren Faktor bei symmetrischen (→ *Symmetrie*) → *Objektiven* nach der folgenden Formel berechnet wird:

$$\text{Verlängerungsfaktor} = (1 + \text{Massstab})^2$$

oder

$$\text{Verlängerungsfaktor} = \left[\frac{\text{Bildweite}}{\text{Brennweite}}\right]^2$$

Bei asymmetrischen Objektivkonstruktionen (→ *Asymmetrie*) muss die → *Pupillenvergrösserung* mit berücksichtigt werden. Die Formel dafür lautet:

$$\text{Verlängerungsfaktor} = \left[1 + \frac{\text{Massstab}}{\text{Pupillenvergrösserung}}\right]^2$$

Um den gewünschten Auszug zu erreichen, werden → *Zwischenringe* oder ein → *Balgengerät* zwischen Objektiv und Kameragehäuse gesetzt.

Auszugsnegative (at) Ein farbiges Objekt wird auf 3 Schwarzweiss-Filmen aufgenommen, wobei jedesmal ein Filter der additiven → *Grundfarben* vorgeschaltet wird. Diese drei Auszugsnegative ergeben einen → *Farbauszug*, der im Mehrfarbendruck Verwendung findet. Die Druckfarbe entspricht der → *Komplementärfarbe* des verwendeten → *Farbauszugsfilters*. → *Farbfotografie*.

Autobracketing → *Belichtungsreihenautomatik*.

Autochrome (hist) Frühes additives Farbverfahren, das 1907 von den Gebrüdern Auguste und Louis → *Lumière* auf den Markt gebracht wurde. Autochrome-Platten bestanden aus einer Schwarzweiss-Schicht, welcher unzählige in den Grundfarben Blau, Grün und Rot eingefärbte Kartoffelstärkekörnchen vorgelagert waren. Durch diese Filterwirkung entstand ein einschichtiges → *Farbauszugs*bild, das bei der Betrachtung oder Projektion wieder als Farbbild erschien. → *Kornrasterverfahren.*

Autodynamische Belichtungsmessung (at) Die Messung des Lichtes erfolgt während des Auslösens bzw. des Belichtungsvorganges, und ein Prozessrechner ermittelt die korrekte Belichtungszeit aufgrund der bei der Aufnahme aktuellen Lichtverhältnisse.

Autofokus (at, pro) Automatische → *Scharfeinstellung* an → *Kameras,* → *Projektoren* und → *Vergrösserungsgeräten.* Man unterscheidet folgende Prinzipien:
1. Passive Systeme, welche auf die Motivreflexion reagieren, helligkeits- und kontrastabhängig sind.
Automatische Entfernungseinstellung nach dem Vistronic-System von Honeywell (Triangulationsprinzip): Über einen festen und einen beweglichen Spiegel werden zwei Bilder des Motivs in einem Modul verglichen. Während der bewegliche Spiegel so lange gedreht wird, bis die beiden Bilder im Modul übereinstimmen, verschiebt ein Kupplungsmechanismus das Objektiv.
Automatische Entfernungseinstellung nach dem Phasendetektionsprinzip: Das Bild wird in der Kamera in zwei Teilbilder zerlegt, die auf je 1 → *CCD*-Element geleitet und miteinander verglichen werden. Bei gleicher Helligkeitsverteilung besteht Phasengleichheit und Scharfeinstellung des Objekts. Stimmen die Phasen nicht überein, bestimmt eine Rechnereinheit (CPU) die Fokussierrichtung und steuert den → *Autofokusmotor.* → *Autofokusfalle,* → *Prädiktionsautofokus.*
2. Aktive Systeme, die einen Messstrahl aussenden, der vom Motiv reflektiert wird. Gleichzeitig misst ein Timer die Zeit, bis das Signal wieder zur Kamera zurückkehrt. Die Laufzeit des Timers bewirkt über eine elektronische Schaltung und den Fokussiermotor die der → *Gegenstandsweite* entsprechenden Stellung des Objektivs. Die meisten aktiven Systeme arbeiten mit → *Infrarot*strahlen. → *Sofortbildkameras* sind mit einem Autofokussystem ausgesattet, welches Ultraschallwellen aussendet, deren → *Reflexions*zeit in Einstellimpulse umgewandelt wird.
3. Automatische Fokussiereinrichtung bei Diaprojektoren. Eine Soffittenlampe sendet einen Messstrahl aus, der von der Diaoberfläche auf ein Siliziumelement gelenkt wird. Liegt das Dia nicht exakt in der Schärfeebene oder verändert es seine Position aufgrund der Erwärmung, so wird über einen

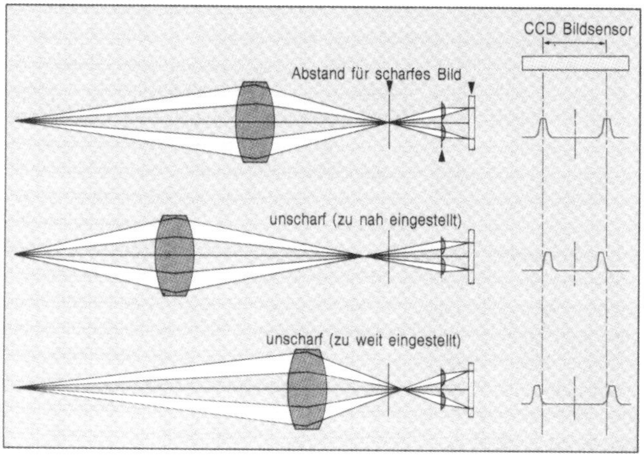

Durch die Separatorlinsen des AF-Systems werden zwei Teilbilder auf die CCD-Elemente projiziert und verglichen. Stimmen sie überein, so ist das Objektiv auf den anvisierten Motivteil scharf eingestellt.

elektronischen Impulsgeber und einen Mikromotor die Objektivstellung bis zur optimalen Schärfe verändert.

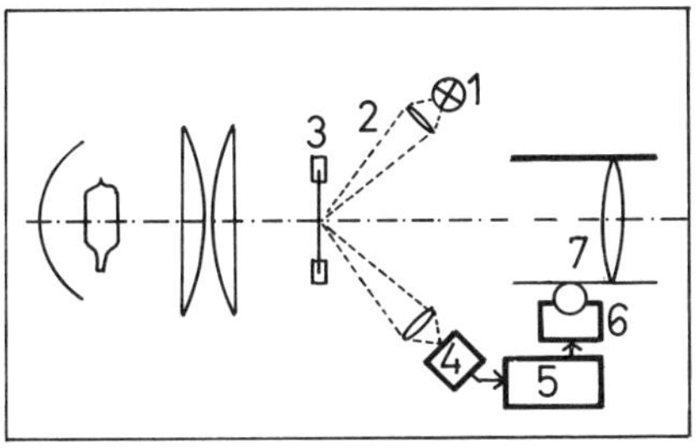

1. Soffittenlampe
2. Messstrahl
3. Dia
4. Siliciumzelle
5. Verstärker
6. Motor
7. Objektiv

4. Automatische Fokussiereinrichtung bei → *Vergrösserungsgeräten*, welche mechanisch mit Steuerkurven und Parallelogramm oder elektronisch mit Höhenabtastung und Schrittmotor die Distanz zwischen → *Objektiv* und → *Negativbühne* dem → *Abbildungsmassstab* entsprechend verändern.

Autofokusfalle (at) Verschiedene → *Autofokus-* → *Spiegelreflexkameras* bieten die Möglichkeit, eine bestimmte → *Gegenstandsweite* vorzuwählen. Gerät ein Objekt in den vorgewählten Bereich, so löst die Kamera selbsttätig aus.

Autofokusmotor (at) Motor zur automatischen Entfernungseinstellung (→ *Autofokus*), der sich entweder im → *Kamera*gehäuse oder im → *Objektiv* befinden kann. Befindet er sich im Kameragehäuse, so dreht eine den → *Objektivanschluss* durchlaufende Achse die → *Einstellschnecke* des Objektivs und bewirkt damit die Verschiebung der Linsengruppen für die → *Scharfeinstellung*.

Autooxidation (chem) Umsetzung chemischer Stoffe mit Sauerstoff bei normaler Temperatur. Vorsicht ist mit → *Entwicklern* geboten, die schon mit sehr wenig Sauerstoff über einen langen Zeitraum oxidieren können und bei der → *Entwicklung* unwirksam werden. Es empfiehlt sich deshalb Entwicklerflaschen möglichst randvoll zu füllen.

Autozoom (at) → *Vario-Objektiv*, welches eine → *Brennweite* abhängig von der → *Gegenstandsweite* (und der Motivausdehnung) selbsttätig einstellt.

Available Light-Fotografie (at) Der aus dem Englischen übernommene Begriff umfasst das Fotografieren bei vorhandenem Licht jeglicher Art ohne zusätzliche → *Aufhellung*. Die meist spärlichen Lichtverhältnisse verlangen nach Objektiven hoher → *Lichtstärke* und höchstempfindlichem → *Film*material, dessen Empfindlichkeit bei einer forcierten → *Entwicklung* bestmöglich ausgenutzt wird. Als Lichtquellen für Available Light-Aufnahmen kommt nicht nur natürliches Licht in Frage, sondern auch künstliches, das in der Szene vorkommt. Dabei entstehen häufig → *Mischlicht*aufnahmen, die sehr stimmungsvoll wirken können.

Victor Hasselblad AB, Göteborg.

Azetylzellulose (chem) Essigsäureester der Zellulose, der durch Azetylierung von Zellulose entsteht. Wird infolge seiner Schwerentflammbarkeit als → *Schichtträger* («Safety-Film», → *Sicherheitsfilm*) fotografischer Filme verwendet .

B

B (at) → *Verschluss*einstellung für unbegrenzte → *Langzeitbelichtung*. Der Verschluss bleibt geöffnet solange der Auslöser gedrückt wird. «B» steht für engl. «Bulb» und erinnert an jene Zeit, als Verschlüsse pneumatisch mit einem Gummiball manuell gesteuert wurden. → *T*, → *Verschluss*.

Bajonettanschluss (at) Befestigungsmechanismus am Kameragehäuse für → *Wechselobjektive*. Das Objektiv rastet nach maximal 1/4 Umdrehung in der Bajonettfassung ein und wird durch das Betätigen einer Entsperrungstaste wieder entriegelt. Gegenüber dem →← *Schraubgewinde* erlaubt die Bajonettfassung einen schnelleren Objektivwechsel. Mit → *Adaptern* können auch → *Fremdobjektive* an den Gehäusen der gängigsten Markenkameras verwendet werden.

Bakterienfrass (lab) Bei → *Gelatine*, die nicht vom Hersteller mit entsprechenden Zusätzen versehen wurde, kann es unter gewissen klimatischen Voraussetzungen zur Bildung von Bakterienherden kommen. Die Schicht zeigt kleine, dunkelumrandete Vertiefungen, die auf einen Bakterienbefall hindeuten. Durch die Verwendung eines → *Härtebades* und durch eine schnelle → *Trocknung* kann der Fehler vermieden werden. Eine nachträgliche Beseitigung ist nicht möglich.

Balgen (at) Lichtdichtes, faltbares Gehäuse, dessen Form in mindestens einer Achse veränderbar ist. Balgen werden bei verschiedenen Kameras (→ *Fachkamera*) und → *Balgengeräten* zur lichtdichten Verbindung zwischen → *Objektiv* und → *Filmebene* verwendet.

Balgengerät (at) Verstellbares Zusatzgerät zwischen Kameragehäuse und → *Wechselobjektiv*. Mit einem Balgengerät kann der → *Auszug* verlängert werden, was eine Vergrösserung der → *Bildweite* und damit Aufnahmen im Nahbereich (→ *Nahaufnahmen*) ermöglicht. Ein präziser mechanischer Trieb gestattet ein stufenloses Verändern des → *Abbildungsmassstabes*, und ein → *Balgen* schützt vor → *Streulicht*. Bei gewissen Ausführungen kann das Objektiv parallel verschoben und/oder geschwenkt werden (→ *Fachkamera*).

Balgengerät (Novoflex)

Barytage (chem) Auftragen einer Weisspigment-Schicht (aus Bariumsulfat in Gelatine) auf den rohen Papierfilz bei der → Herstellung von → *Barytpapier*.

Barytpapier (lab) → *Fotopapier*, das als → *Schichtträger* einen saugfähigen Papierfilz besitzt, der nicht nur Wasser, sondern auch Chemikalien aufnimmt, die in einem längeren → *Wässerungs*prozess wieder herausgewaschen werden müssen, damit die → *Kopie* haltbar (→ *Haltbarkeit*) wird. Eine besondere Barytschicht aus Bariumsulfat in Gelatine (→ *Barytage*) verhindert ein Einsinken der → *Emulsion* in den Papierfilz, glättet die Papierstruktur und verbessert durch zusätzliche optische Aufheller das Reflexionsvermögen des fertigen Fotopapiers. →← *RC-Papiere* besitzen keine Barytschicht, sondern die Polyäthylen-Versiegelung des Schichtträgers.

Batterie (at) Galvanisches Element, welches durch eine chemische Reaktion elektrischen Strom erzeugt. → *Kameras*, → *Belichtungsmesser* und → *Blitzgeräte* arbeiten heute fast ausnahmslos mit Batteriestrom. Es gibt verschiedene Arten von Batterien:

1. Kohle-Zink-Batterien. (Typ Leclanché): Geringe Kosten, stark fallende

Entladungskurve, schlechte Leistung bei niedrigen Temperaturen. Gute Umweltverträglichkeit.

2. Alkali-Mangan-Batterien (Alkaline): teurer, gradlinige Entladungskurve, gute Leistung bei niedrigen Temperaturen, quecksilberfreie Typen gut umweltverträglich.

3. Quecksilberoxid-Batterien: relativ teuer, hoch belastbar, flache Entladungskurve, umweltbelastend.

4. Silberoxid-Batterien: sehr teuer, sehr flache Entladungskurve, hohe Energieausnutzung, umweltbelastend.

5. Lithium-Batterien: teuer, sehr flache Entladungskurve, gutes Temperaturverhalten, sehr gut lagerfähig, umweltverträglich.

Bayard, Hippolyte (bio) (1801-1887) Unabhängiger Erfinder der Fotografie. Begann 1837 mit fotografischen Experimenten auf Chlorsilberpapier, wobei es ihm gelang, sowohl ein Negativ-/Positiv-Verfahren als auch ein direktes Positivverfahren zu realisieren. Mit einem Schweigegeld verhinderte François Arago, dass Bayard sein Verfahren publizierte, bevor → *Daguerre* seinen Prozess öffentlich bekanntgab. Gründungsmitglied der «Société Française de Photographie» (1854).

Beleuchtung (at) Steht natürliches Licht nur in ungenügender Intensität zur Verfügung, so ist der Fotograf auf → *Kunstlicht* angewiesen, mit dem er die aufzunehmende Szenerie ausleuchtet. Die Beleuchtungstechnik wird bei Studioaufnahmen verschiedenster Objekte zum Gestaltungsmittel, mit dessen Hilfe Form und Farbe des Motivs sowie die Aufnahmesituation (Stimmung) stark beeinflusst werden können. Zur Beleuchtung stehen dem Fotografen verschiendene → *Lichtquellen* zur Verfügung, die bezüglich ihrer spektralen Energieverteilung (→ *Farbtemperatur*) dem verwendeten → *Film*material angepasst sein müssen. Bei der Lichtführung unterscheiden wir grundsätzlich zwischen direkter (gerichteter) und indirekter (reflektierender) Beleuchtung. Neben dem → *Hauptlicht* können weitere Lichtquellen zur → *Aufhellung* oder als → *Effektlicht* eingesetzt werden. Die Beleuchtung eines Objektes kann von vorne (Vorderlicht = schattenlos, flach), von der Seite (Seitenlicht zur Betonung der Struktur), von hinten gegen die Aufnahmerichtung (Gegenlicht zur Betonung der Kontur), von oben (Oberlicht, meist diffus oder indirekt, ergibt eine grossflächige, allgemeine Ausleuchtung) oder von unten (Rampenlicht, für besondere Effekte; wirkt meist unnatürlich) erfolgen. Besondere Aufmerksamkeit muss bei der Lichtführung auch der Schattenbildung geschenkt werden, wobei die Entstehung von mehreren Schatten und übernatürlich starken Schlagschatten in der Regel vermieden werden muss.

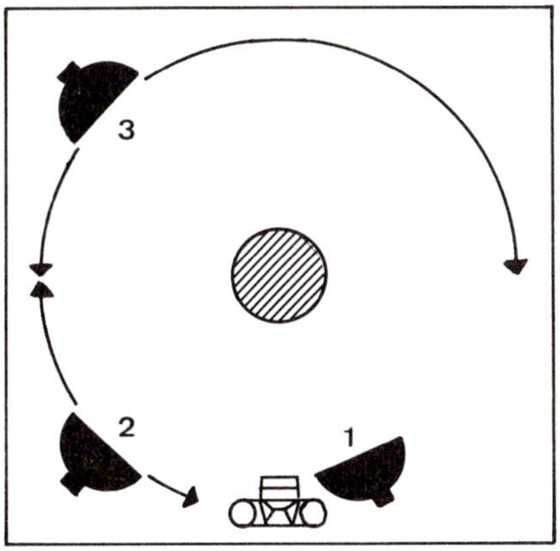

1. Vorderlicht, 2. Seitenlicht, 3. Gegenlicht

Beleuchtungskontrast (at) Verhältnis in der → *Beleuchtungstechnik* zwischen → *Hauptlicht* und → *Aufhellung*. Die Verhältniszahl 2:1 (z.B.) drückt aus, dass auf die hellsten Stellen des Motivs die doppelte → *Beleuchtungsstärke* auftrifft, wie auf die → *Schatten*partien. Zur Feststellung des Beleuchtungskontrastes wird mittels eines → *Lux*meters (oder eines geeigneten Handbelichtungsmessers (→ *Belichtungsmesser*)) die → *Beleuchtungsstärke* am Objekt ermittelt. Der Beleuchtungskontrast wird in der Praxis nach dem → *Belichtungs*umfang des Filmmaterials, nach der Art des Motivs und nach der gewünschten Bildaussage gerichtet. In der → *Porträt*-Fotografie ist bei Damen ein Beleuchtungskontrast von 2:1 üblich, während bei Aufnahmen von Männern häufig 3:1 überschritten wird. Bei → *Schwarzweiss*-Aufnahmen kann die Wirkung des Beleuchtungskontrastes durch die → *Entwicklung* und die Wahl der entsprechenden Papiergradation beeinflusst werden.

Beleuchtungsstärke (li) Die auf einer bestimmten Fläche auftreffende Lichtintensität. Masseinheit ist Lux (lx). Die Beleuchtungsstärke auf einer Fläche von 1 m^2 beträgt 1 Lux, wenn diese aus 1 m Distanz mit einer → *Lichtstärke* von 1 cd (→ *Candela*) angestrahlt wird. Je grösser die Entfernung der Lichtquelle, desto grösser ist die beleuchtete Fläche und desto geringer ist die Beleuchtungsstärke. Das Licht punktförmiger → *Lichtquellen* nimmt im Quadrat der Entfernung ab (→ *Licht*).

Belichtung (phys, at) Vorgang der Bestrahlung einer strahlungsempfindlichen Schicht. Die Belichtung in der Fotografie ist ein Produkt aus → *Beleuchtungsstärke* (Lux) und der → *Belichtungszeit* (Sekunden). Masseinheit: Luxsekunde (l x s). → *Sensitometrie*. In der fotografischen Kamera ist die Belichtung abhängig von der Öffnung des Objektivs (→ *Blende*) und der → *Verschlusszeit* und steht in Relation zur → *Filmempfindlichkeit*. Abgesehen von Extremwerten (→ *Reziprozitätsfehler*) ergibt sich bei kleiner Öffnung und langer Zeitdauer dieselbe Belichtung wie bei entsprechend grösserer Blende und kürzerer Zeit (→ *Lichtwert*). Zur Ermittlung der korrekten Belichtungszeit bei bestimmter Blende und Filmempfindlichkeit dienen verschiedene Arten von → *Belichtungsmessern*. Als Gedächtnisstütze dient folgende Belichtungsregel: Bei vollem Sonnenschein und durchschnittlichen Motiven stellen Sie Blende 16 ein. Die Verschlusszeit ergibt sich dann aus 1/ASA-Zahl (z.B. Filmempfindlichkeit 125 ASA = Verschlusszeit 1/125 Sekunde). Bei bedecktem Himmel (keine Schatten) öffnen Sie die Blende um zwei Stufen.

Belichtungsautomatik (bm, at) Steuerung in → *Kameras*, die nach den vorhandenen Lichtverhältnissen die Blende und/oder die Verschlusszeit einstellt. Wir unterscheiden zwischen → *Blendenautomatik* (bei vorgewählter Verschlusszeit stellt sich die Arbeitsblende automatisch ein) oder → *Zeitautomatik* (bei vorgewählter Blende stellt sich die Verschlusszeit automatisch ein). Die → *Programmautomatik* stellt nach gewissen vorgegebenen Parametern sowohl die Blende, als auch die Verschlusszeit automatisch ein. Dabei lässt sich bei vielen Kameras manuell eingreifen, um → *Blende* oder → *Verschlusszeit* zu verändern (shiften → *Programmshift*). Die → *Blitzautomatik* steuert die Leistung des → *Blitzgerätes* in Abhängigkeit von der Entfernung und der vorgewählten Arbeitsblende. Der Trend bei Kameras der gehobeneren Preisklasse läuft in Richtung «Mehrfachautomatik». Solche Kameras verfügen über mehrere Arten der Belichtungsautomatik. Für den → *Schnappschuss* eignet sich besonders die → *Programmautomatik*.

Belichtungskorrektur (at) Bei gewissen → *Kameras* und → *Handbelichtungsmessern* können Korrekturwerte eingegeben werden, welche bei der → *Belichtungsmessung* berücksichtigt werden. Technisch wird dies gelöst, indem die → *Filmempfindlichkeit* am Gerät korrigiert wird. Belichtungskorrekturen sind bei sehr hellen (→ *Unterbelichtung*) und sehr dunklen (→ *Überbelichtung*) Motiven zu berücksichtigen, oder wenn der Film verlängert oder verkürzt entwickelt werden soll (→ *Entwicklung*).

Belichtungsmesser (bm, at, lab) Messgerät zur Bestimmung der → *Belichtung*. Im Prinzip wird dabei die → *Beleuchtungsstärke* (→ *Lux*) bei → *Lichtmessung*, bzw das → *Reflexionsvermögens* des Motiv bei → *Objekt*-

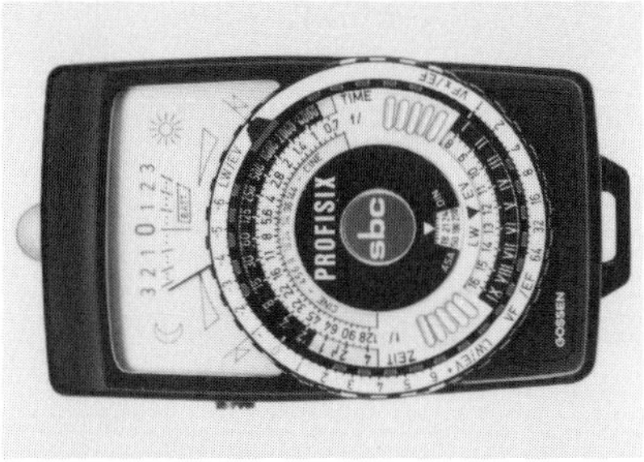

Handbelichtungsmesser (Gossen)

messung ermittelt, und der Wert auf eine Skala (mit → *Filmempfindlichkeit*, → *Blende* und → *Verschlusszeit*) übertragen. Früher wurde die Lichtenergie durch eine Fotozelle (z.B. → *Selen*) in elektrischen Strom umgewandelt, der mit einem Mikroampèremeter gemessen wurde, was zu einem Zeigerausschlag auf einer entsprechend kalibrierten Skala führte. Bei modernen Geräten wird die Leitfähigkeit eines batterieabhängigen → *Fotowiderstandes* (z.B. Gallium-Arsenid-Fotodiode oder → *CdS*-Zelle) durch das einfallende Licht verändert. Wir unterscheiden zwischen

1. Belichtungsmessern, welche in die Kamera eingebaut sind und meistens durch das Objektiv messen (→ *TTL-Messung*). Bei der TTL-Messung (engl. «Through-The-Lens») kann entweder grossflächig (integral) oder punktartig (selektiv) gemessen werden. Viele TTL-Belichtungsmesser arbeiten mit mehreren Zellen mittenbetont, um die bildwichtigen Partien stärker zu berücksichtigen.

2. Mit → *Handbelichtungsmessern* hat man die Möglichkeit, entweder eine → *Objektmessung* (von der Kamera gegen das Motiv) oder eine → *Lichtmessung* (mit Diffusorkalotte vom Motiv gegen die Kamera) durchzuführen. Durch verschiedene Zubehörteile können Handbelichtungsmesser für Spezialaufgaben eingesetzt werden; z.B. Messungen mit verschiedenen Messwinkeln, Messungen auf der Mattscheibe von Grossformatkameras, Blitzbelichtungsmessung (→ *Blitzbelichtungsmesser*), u.v.a.m. Belichtungsmesser haben auch als Spezialgeräte in der Labortechnik ihre Anwendung. Das Angebot reicht hier vom Spezialvorsatz für Handbelichtungsmesser bis zu aufwendigen Apparaturen, die nicht nur die Belichtungszeit unter dem Vergrösserungsgerät bestimmen, sondern zugleich die Filteranteile für Farbvergrösserungen festlegen und deren Verlängerungsfaktoren berücksichtigen.

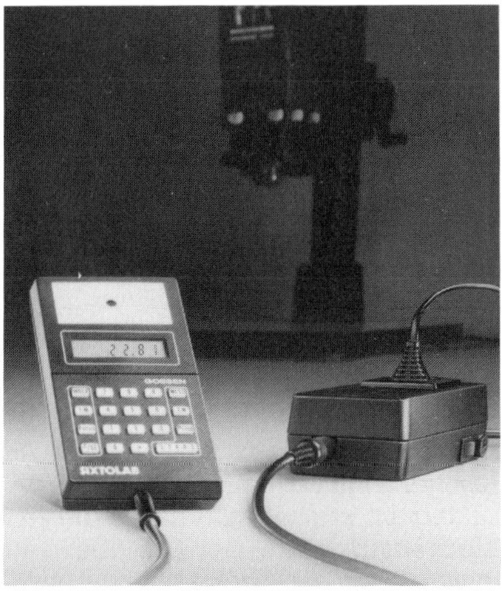

Belichtungsmesser im Labor (Gossen)

Belichtungsreihe (at) Für Tests und Aufnahmen bei schwer messbaren Lichtverhältnissen ist es empfehlenswert, mehrere gleichmässig abgestufte Belichtungen vorzunehmen. Dabei belichtet man von -2 bis +2 Belichtungsstufen des gemessenen Wertes. Infolge des geringeren → *Belichtungsspielraumes* von Diafilmen und bei besonders wichtigen Tests empfiehlt es sich sogar, in halben Belichtungsstufen zu variieren. Beispiel: gemessene Blende: 11. Belichtungsreihe: 5,6 - 5,6/8 -8 - 8/11 - 11 - 11/16 - 16 - 16/22 - 22 (→ *Blendenzahl*). In der Praxis hat es sich bewährt, zur einwandfreien Identifizierung die gemessene Belichtung zweimal auszuführen, so dass insgesamt 10 Expositionen entstehen. Viele moderne → *Spiegelreflexkameras* können so programmiert werden, dass sie eine Belichtungreihe automatisch ausführen (→ *Belichtungsreihenautomatik*).

Belichtungsreihenautomatik (at) (Auto-bracketing). → *Spiegelreflexkameras* der höheren Preis- und Leistungsklasse lassen sich so programmieren, dass sie → *Belichtungsreihen* selbsttätig durchführen. Dabei kann die Anzahl der Aufnahmen und die Belichtungsdifferenz vorgewählt werden.

Belichtungsschaltuhr (lab) (Timer). Steuergerät für die → *Lichtquelle* des → *Vergrösserungsgerätes*. Eine mechanische Uhr (oder entsprechende elektronische Elemente) setzt die Lampe während einer bestimmten, vorgewählten → *Belichtungszeit* unter Strom. Der Zeitbereich liegt bei einfacheren Geräten zwischen 1 und 60 Sekunden, während mit teureren, elektronischen Schaltuhren Zeiten von mehreren Minuten eingestellt werden können. Ferner verfügen Zeitschaltuhren auch über einen Dauerschalter, der zur Ausschnittwahl und zum → *Scharfeinstellen* der Vergrösserung dient. Es gibt auch Zeitschaltuhren, die über eine Messeinheit verfügen und damit die Bestimmung der Belichtungszeit sowie bei Schwarzweissvergrösserungen der → *Papiergradation* (durch eine → *Kontrastmessung*) ermöglichen. Eine Weiterentwicklung der Zeitschaltuhr hat zum → *Color-Analyzer* geführt, mit dem nicht nur die Belichtungszeit, sondern auch die beim Farbvergrössern notwendigen → *Korrekturfilter* bestimmt und deren → *Verlängerungsfaktor* automatisch berücksichtigt wird.

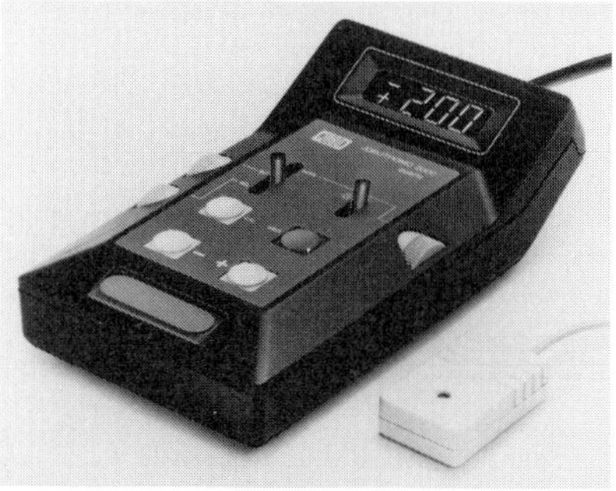

Belichtungsschaltuhr (Jobo)

Belichtungsspielraum (at, bm) Der Belichtungsspielraum gilt als Mass für zulässige → *Unterbelichtungen* und → *Überbelichtungen*. Er ist von der → *Gradation* des Materials und vom → *Kontrastumfang* des Motivs abhängig.

Belichtungssteuerung (at) Moderne → *Spiegelreflexkameras* werden nach zwei verschiedenen Prinzipien elektronisch gesteuert:

1. Analog-Steuerung (IC-controlled), bei welcher ein Transistor mit einer Spannung aus dem → *Belichtungsmesser*kreis versehen wird. Diese Spannung wird in einen Strom umgesetzt, der einen → *Kondensator* bis zu einem bestimmten Schwellenwert auflädt. Ist die Spannung höher, so ist der Kondensator schneller geladen; es resultiert eine kürzere → *Verschlusszeit* oder eine kleinere → *Blende*nöffnung.
2. Bei der Digital-(Quarz)-Steuerung wird ein hochfrequenmter Signaltakt elektronisch gezählt und nach bestimmten Perioden in einen Schaltimpuls umgewandelt.

Belichtungsstufe (at) → *Lichtwert*. Häufig wird bei → *Belichtungskorrekturen* von → *Blende*nstufen gesprochen. Da jedoch die Korrektur wahlweise mit der Blende oder der → *Verschlusszeit* vorgenommen werden kann, ist der Ausdruck Belichtungsstufe fachlich korrekt. Die Veränderung von Blende oder Verschlusszeit um eine Stufe entspricht der Veränderung eines Lichtwerts.

Belichtungsumfang (phys) Verhältnis der beiden Belichtungen, die in der gleichen Zeit die stärkste und die geringste Schwärzung auf der Schicht ergeben (→ *Schwärzungskurve*).

Belichtungszeit (at, lab) Zeitdauer, während der das Licht auf lichtempfindliches Material (→ *Film*, → *Fotopapier*) einwirkt. Während in der Labortechnik die Belichtungszeit mit einer einstellbaren Schaltuhr (→ *Belichtungsschaltuhr*) gesteuert wird, übernimmt an der Kamera der → *Ver-*

schluss diese Funktion. Korrekterweise sollte man in diesem Falle nicht von Belichtungszeit, sondern von Verschlusszeit sprechen, deren Reihe international genormt ist: 1 - 1/2 - 1/4 - 1/8 - 1/15 - 1/30 - 1/60 - 1/125 - 1/250 - 1/500 - 1/1000 - 1/2000 - 1/4000 - 1/8000 Sekunde. Zur Vereinfachung wird auf allen Skalen der Zähler dieser Brüche weggelassen. Belichtungszeiten, die länger als 1 Sekunde dauern, werden meistens mit der → *B*- oder → *T*-Stellung ausgelöst. Auch in diesem Zeitenbereich verdoppeln sich die Zeiten: 1 - 2 - 4 - 8 - 15 - 30...

Beschleunigungsmittel (lab) → *Alkali*scher → *Entwickler*bestandteil, welcher den → *pH-Wert* des Entwicklers erhöht und damit die → *Entwicklungszeit* erheblich verkürzt. Am häufigsten werden → *Natriumkarbonat* («Soda», Na_2CO_3), → *Kaliumkarbonat* («Pottasche», K_2CO_3) oder → *Natriumtetraborat* («Borax», $Na_2B_4O_7 \cdot 10\ H_2O$) verwendet.

Betawert (lab) Masszahl des mittleren Gradienten (→ *Gradation*) in der → *Sensitometrie* (→ *Gammawert*). Der Betawert wird bei nicht geradlinigem Verlauf des mittleren Teils der → *Schwärzungskurve* durch zwei Grenzpunkte bestimmt, wobei der untere 0,1 Dichtewerte über dem → *Grundschleier*, der obere 0,5 log Einheiten davon entfernt liegt. → *Kontrastindex*.

Betrachtungsabstand (bpr) Um die → *Perspektive* eines Bildes korrekt wahrnehmen zu können, muss auf den Betrachtungsabstand geachtet werden. Er ergibt sich aus dem Produkt von

Brennweite x Vergrösserungsfaktor

Ein Bild, das mit einem 50mm- → *Objektiv* ausgenommen und hinterher auf das Format 50x70 cm vergrössert (→ *Vergrösserung*) wurde, sollte aus

50 mm x 20 = 1 Meter

betrachtet werden. Mit einem 35mm-Objektiv aufgenommen, verringert sich die Betrachtungsdistanz auf 70 cm, während sie bei einem 135mm-Teleobjektiv 2,7 Meter beträgt.

Beugung (phys) Abweichung von der geradlinigen Ausbreitung des → *Lichtes*, die nicht durch → *Brechung* oder → *Reflexion* bedingt ist. Sie tritt infolge der Wellennatur des Lichtes auf. In der Fotografie kann die Beugung in Erscheinung treten, indem die Verwendung zu kleiner Blenden zu unscharfen und kontrastarmen Bildern führt. Deshalb sehen viele Objektivhersteller davon ab, einen Blendenmechanismus (→ *Blende*) einzubauen, der sich sehr weit schliessen lässt. Aufgrund der Beugungserscheinungen würden die Eigenschaften des Objektivs stark verschlechtert.

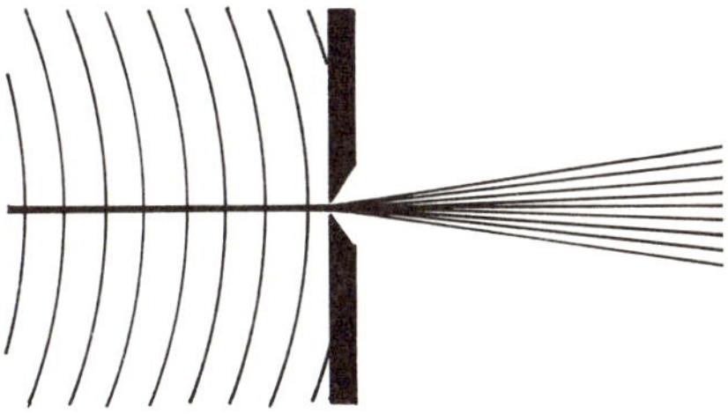

Bewegungsunschärfe (at)
1. Bildunschärfe aufgrund bewegter Objekte, die mit einer relativ langen Belichtungszeit aufgenommen wurden. Die erforderliche Verschlusszeit lässt sich nach folgender Formel leicht ermitteln:

$$\text{Verschlusszeit} = \frac{\text{Entfernung in m}}{1500 \cdot v}$$

v = Bewegungsgeschwindigkeit in m/Sek.

Die Formel hat Gültigkeit für Aufnahmen, die senkrecht zur Bewegungsrichtung aufgenommen werden. Bei spitzerem Aufnahmewinkel kann eine längere Verschlusszeit eingestellt werden:

Aufnahmewinkel 60°: Bel.-Zeit x 1,2
Aufnahmewinkel 45°: Bel.-Zeit x 1,4
Aufnahmewinkel 30°: Bel.-Zeit x 2,0

Um den Eindruck der Bewegung bildmässig zum Ausdruck zu bringen, kann bewusst eine zu lange Belichtungszeit verwendet werden, wenn die Kamera während der Aufnahme dem sich bewegenden Objekt nachgeführt wird.
2. Bewegungsunschärfe kann auch entstehen, wenn die Kamera während der Belichtung bewegt wird. Obwohl diese Art der Unschärfe meist «fehlerhaft» wirkt, lassen sich auf diese Weise effektvolle Aufnahmen erzielen.

Bifokalkamera (at) → *Kompaktkamera*, welche ein → *Objektiv* mit zwei → *Bildwinkel*stufen besitzt, das beliebig von Weitwinkel auf Tele umgeschaltet werden kann. Zur Veränderung der Brennweite wird ein → *Konverter* in den Strahlengang eingeschwenkt.

bikonkav (opt) → *Linsenformen*.

bikonvex (opt) → *Linsenformen*.

Bildbühne → *Negativbühne*.

Bildebene (opt) Durch ein Aneinanderreihen unzähliger Bildpunkte entsteht im Bildraum der Kamera ein reelles scharfes Abbild eines Gegenstandes in einer geometrischen Ebene. Diese wird als Bildebene bezeichnet (→ *Abbildung*). Fällt die Bildebene mit der → *Filmebene* zusammen, so resultiert eine scharfe Aufnahme (→ *Scharfeinstellung*).

Bildfeld (opt) Die durch den Bildkreis begrenzte → *Bildebene*. Das Bildfenster innerhalb des → *Bildkreises* ergibt das Aufnahmeformat. Das Aufnahmeformat kann beim Arbeiten mit langen → *Teleobjektiven* geringfügig verkleinert werden (→ *Bildfeldschwund*). → *Vignettierung*.

Bildfeldschwund (opt) Durch die Distanz zwischen → *Bildfenster* und → *Filmebene* kann das effektive Bild- → *Format* abhängig von der → *Brennweite* des → *Objektivs* etwas variieren. Diese in der Praxis praktisch unwesentliche Differenz zwischen grösstmöglichem Bildformat (mit einem → *Weitwinkelobjketiv*) und einem kleineren Bildformat (mit einem extremen → *Teleobjektiv*) nennt man Bildfeldschwund.

Bildfeldwölbung (opt) Aufgrund des → *Astigmatismus* liegen die Bildpunkte nicht auf einer Ebene (→ *Bildebene*), sondern in einer Bildschale. Rand- oder Zentrumsunschärfen sind die Folge dieses → *Abbildungsfehlers*, der zusammen mit dem Astigmatismus und der → *Koma* beseitigt werden kann.

Bildfenster (at) Ausschnitt in der Rückseite des → *Kamera*gehäuses, welcher das Bild- → *Format* auf dem → *Film* bestimmt. Die Kanten des Bildfensters müssen so abgeschrägt und schwarz mattiert werden, dass sie weder → *Reflexionen* noch → *Streulicht* bewirken können.

Bildgrösse (at, lab) Abmessungen des fotografischen Bildes. Für die Grössen der Aufnahme- und der Wiedergabematerialen werden Nenngrössen verwendet, deren Ist-Masse innerhalb gewisser Toleranzen abweichen dürfen.

Nennformat	Effektivformat
6x6 cm	55 x 55 mm
6x9 cm	55 x 87 mm
9x12 cm	87 x 118 mm
13x18 cm	125 x 176 mm
18x24 cm	178 x 238 mm

Die Bildgrösse wird bei der Kamera durch das Bildfenster begrenzt.

Bildkreis (opt) Durch die Konstruktion des → *Objektivs* und abhängig von der → *Bildweite* (→ *Auszug*) ergibt sich eine kreisförmige Begrenzung des → *Bildfeldes*. Innerhalb des Bildkreises ist eine fotografische Abbildung ohne → *Vignettierung* möglich. Objektive für → *Fachkameras* und spezielle → *Shiftobjektive* weisen einen besonders grossen Bildkreis auf und bieten damit grosse Verstellmöglichkeiten.

Bildpräsentation (bpr) Begriff, der sämtliche Arten der Bilddarstellung umfasst. Er reicht vom → *Aufzie-*

hen von Fotos über deren Rahmung für die Präsentation in Ausstellungen und Galerien, über die Präsentationsmappen, in denen Fotos in Redaktionen oder anderen interessierten Kreisen gezeigt werden, bis hin zur Präsentation der Aufnahmen als → *Diapositive* in einer Dia- oder → *Multivisionsschau.* Die Art, wie ein Bild präsentiert wird, hat einen sehr grossen Einfluss auf den Betrachter, der nicht nur das Bild gedanklich beurteilt, sondern sich anhand einer sauberen oder misslungenen Präsentation eine Vorstellung zum Charakter des Fotografen macht.

Bildsteg (at) Unbelichteter Zwischenraum zwischen zwei → *Bildfeldern.* Einige → *Datenrückwände* belichten Daten in den Bildsteg ein, und nicht in das → *Bildfeld*, um das Bild nicht zu stören.

Bildton (lab) Ein → *Schwarzweissbild* ist nie völlig neutralgrau, sondern es weist einen minimen Farbton auf, der von chemischen Zusätzen in der → *Emulsion* abhängt. → *Warmtonpapiere* tendieren in die gelblich-bräunliche Richtung, während kalte Bildtöne eine leichte Blaudominanz aufweisen. Der Bildton lässt sich durch bestimmte → *Entwickler* leicht, und durch die Technik der → *Tonung* sehr stark beeinflussen.

Bildweite (opt) Abstand zwischen der bildseitigen → *Hauptebene* des Objektivs und der → *Bildebene.* Bei der Einstellung auf ∞ entspricht die Bildweite der → *Brennweite* des Objektivs. → *Abbildung.*

Bildwinkel (opt) Der gesamte Bildwinkel eines Objektivs ergibt im Bildraum den Bildkreis. Der ausgenutzte Bildwinkel ist bestimmt durch die Diagonale des → *Bildfensters* und die → *Bildweite.* (→ *Objektive*). Der effektive Bildwinkel bezieht sich auf die Längs- oder Querseite des Bildformates.

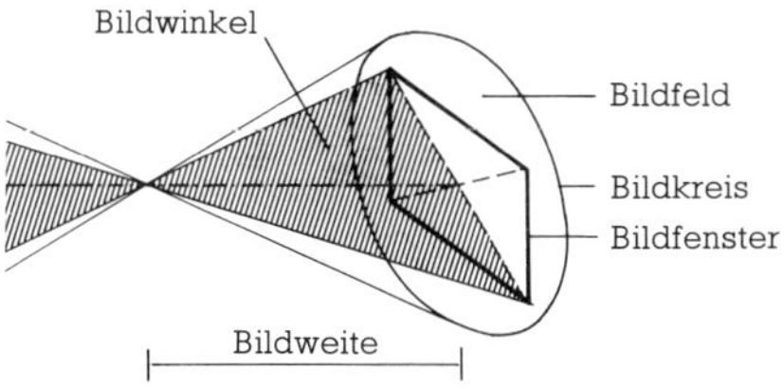

Einige Bildwinkelangaben, bezogen auf das → *Kleinbild*format:

Brennweite	diagonal	vertikal 24mm	horizontal 36mm
21mm	92°	60°	82°
24mm	84°	53°	74°
35mm	62°	38°	54°
50mm	46°	27°	40°
90mm	27°	15°	22°
135mm	18°	10°	15°
200mm	12°	7°	10°
400mm	6°10'	3°30'	5°10'
800mm	3°06'	1°40'	2°35'

Blankpressen (opt) Verfahren zur Herstellung von Einzellinsen (→ *Linsen*) mit hochpolierten Formen, in welchen die Kunststoff- oder Glaskörper in einem Arbeitsgang ihre definitive Form und Oberfläche erhalten. Das Verfahren wurde erstmals 1982 angewandt, um für die → *Disc-Kamera* → *asphärische Linsen* in grossen Stückzahlen herzustellen.

Blanquart-Evrard, Louis-Desiré (bio) (1802-1872) Französischer Amateurfotograf und Erfinder. Verbesserte die → *Kalotypie* (1847) und erfand das → *Albuminpapier* (1850). Gründete 1851 in Loos-de-Lille die erste Kopieranstalt der Welt, die für Massenproduktion eingerichtet war. Blanquart-Evrard gab zahlreiche mit Fotos illustrierte Bücher heraus.

Blattkopie → *Kontaktkopie.*

Blaustich (at) Früher war ein Blaustich bei → *Farbdias* auf einen zu hohen → *UV*-Anteil des Lichtes auf Höhen über 2000 Meter und bei Strandaufnahmen ohne die Verwendung eines → *UV*- Sperrfilters zurückzuführen. Treten Blaustiche mit modernen → *Objektiven* (neue → *Glas*sorten und bessere → *Vergütungen*) und heutigen → *Filmen* (mit grossen Mengen UV-Absorber) auf, so liegt die Ursache in einer zu hohen → *Farbtemperatur*. Diese kann um die Mittagszeit bis zu 8'000 K betragen. Um den → *Farbstich* vermeiden, ist ein passendes → *Konversionsfilter* zu verwenden.

Blautonung → *Tonung*.

Bleichbad (lab, chem) Bleichbäder in Farbprozessen dienen dazu, Silber zu einem fixierbadlöslichen Silbersalz umzuwandeln. Bei einigen Verfahren liegt die Kombination des Bleichbades und des Fixierbades zu einem → *Bleichfixierbad*es vor. Auch bei verschiedenen →*Schwarzweiss*-Techniken, z.B. bei Schwarzweiss- → *Umkehrentwicklung* und bei der → *Umentwicklung* unterentwickelter Negative, kommen Bleichbäder zum Einsatz.

Bleichfixierbad (lab) Bei der → *Entwicklung* von Farbmaterialien dient das Bleichfixierbad dazu, nach dem → *Farbentwickler* das metallische → *Silber* und das → *Silberhalogenid* aus den Schichten herauszuslösen und das Farbstoffbild haltbar zu machen. (→ *Chromogene Entwicklung*, → *chromolytische Entwicklung*.)

Blende (at) Mechanische Vorrichtung im → *Objektiv*, um den Durchmesser des Strahlenbündels des einfallenden Lichtes zu reduzieren. Die häufigste Form ist die Irisblende, die aus 5 oder mehr Lamellen besteht.

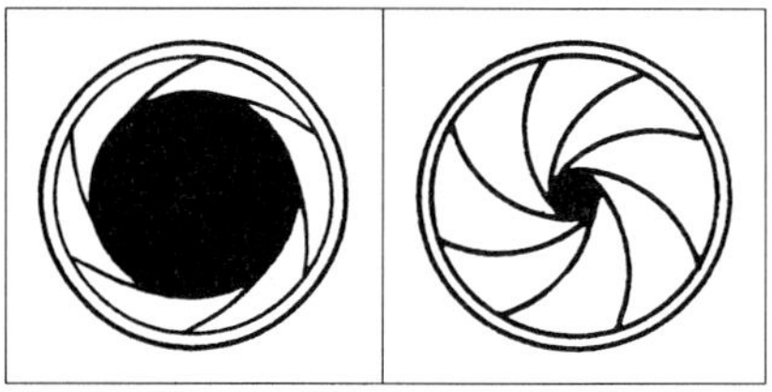

Irisblende geöffnet Irisblende geschlossen

Durch Drehen des Blendenrings verändert die Irisblende ihren Durchmesser und behält dabei ihre annähernd runde Innenform bei. Durch Schliessen der Blende wird die Bildhelligkeit verringert, die → *Schärfentiefe* erweitert und die Abbildungsleistung (→ *Abbildungsfehler*) verbessert (aber: → *Beugung*). Die Steuerung der Blende unterscheidet sich bei verschiedenen Fabrikaten. Neben der rein manuellen Blendeneinstellung kommt auch die Vorwahlblende (Schliessen der Blende beim Auslösen auf eine vorgewählte → *Blendenzahl*) sowie die Blendenautomatik (→ *Belichtungsautomatik*) in Betracht.

Blendenautomatik (at) → *Belichtungsautomatik* mit Vorwahl der → *Verschlusszeit* und automatisch, stufenlos gebildeter → *Blende*nöffnung. Die Blendenautomatik ist vor allem beim Fotografieren von schnell bewegten Motiven empfehlenswert (→ *Bewegungsunschärfe*) Dabei wird die Verschlusszeit als fester Wert in Abhängigkeit von Geschwindigkeit des Objektes und der Aufnahmerichtung eingestellt. Die → *Schärentiefe* ist bei Aufnahmen von sich schnell bewegenden Objekten von untergeordneter Bedeutung.

Blendenreflexe (at) Die Sonne oder eine starke Lichtquelle im Gegenlicht können bewirken, dass eine Vielfachabbildung der Blendenöffnung auf dem Film registriert wird. Dieser Effekt beruht auf Spiegelungen, die an mehreren Glas-Luft-Flächen entstehen. Moderne → *Vergütungs*verfahren haben diese Erscheinung stark reduziert, aber noch nicht ganz zum Verschwinden gebracht. → *Nebenbilder*.

Blendenzahl (at) Verhältniszahl der wirksamen Öffnung (→ *Blende*) zur → *Brennweite*. Die Blendenzahl ergibt sich aus der Division der Brennweite durch den Öffnungsdurchmesser. Daraus folgt: Eine grosse Blen-

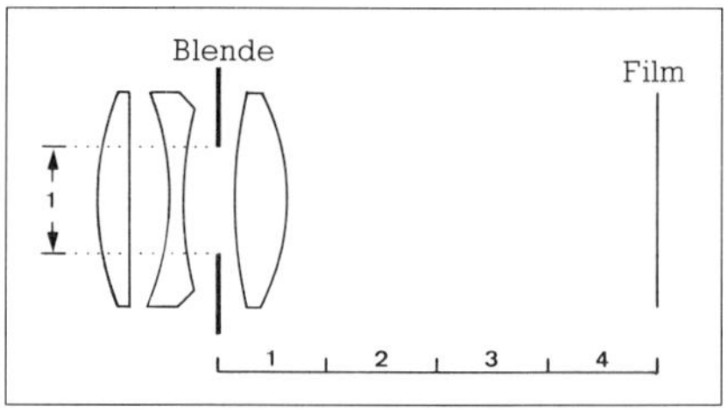

Blendenzahl k = 4

denöffnung wird mit einer niedrigen Blendenzahl (z.B. 2,8) angegeben, während eine kleine Öffnung in einer hohen Blendenzahl (z.B. 22) ausgedrückt wird. Die Blendenreihe ist wie folgt normiert: 1 - 1,4 - 2 - 2,8 -4 -5,6 -8 - 11 - 16 - 22 - 32 - 45 - 90. Die nächsthöhere Blendenzahl ergibt jeweils eine Halbierung und die nächstniedrigere eine Verdoppelung des → *Lichtstromes* bei gleicher → *Belichtungszeit.*

Blitzautomatik (at) Mit System-→ *Blitzgeräten* (z.B. → *SCA*) wird die → *Verschlusszeit* automatisch auf die → *Synchronisationszeit* umgestellt und die → *Blitzbereitschaft* sowie die → *Blitzkontrolle* im → *Sucher* angezeigt. Bei dem meisten systemkonformen → *Computerblitzgeräten* kann eine beliebige → *Blende* oder die → *Programmautomatik* an der → *Kamera* gewählt werden.

Blitzbelichtungsmesser (Minolta)

Blitzbelichtungsmesser (bm) Gerät zum Messen der Beleuchtungsstärke (→ *Lux*) während einer kurzen → *Leuchtzeit.* Die meisten Blitzbelichtungsmesser sind auf → *Lichtmessung* ausgelegt; nur wenige lassen auch → *Objketmessung* zu. Nach Einschalten des Gerätes bewirkt der Blitz selbst im Belichtungsmesser einen Stromfluss, der zum Blitzlicht proportional ist. Damit entsteht in einem → *Kondensator* eine Ladung, die mit einem Messwerk oder digital zur Anzeige gebracht wird.

Blitzbereitschaft (at) Ist an einem → *Blitzgerät* ein Blitz ausgelöst worden, so vergeht eine gewisse Zeit, bis die → *Kondensatoren* wieder zur Abgabe des nächsten Blitzes aufgeladen sind. Diese Blitzbereitschaft wird am Blitzgerät oder bei der Verwendung von Systzemblitzgeräten (→ *Computerblitzgerät*) im → *Sucher* der → *Kamera* angezeigt. Nach einer Festlegung in einer DIN-Norm darf die Blitzbereitschaft bereits angezeigt werden, wenn die Kondensatoren zu 70% geladen sind. Es empfiehlt sich deshalb in der Praxis, nach dem Aufleuchten der Kontrollampe mit der Auslösung noch etwas länger zuzuwarten. (→ *Blitzfolgezeit*).

Blitzdauer → *Leuchtzeit.*

Blitzfolgezeit (at) (Blitzbereitschaft) Zeitraum nach einer Blitzauslösung bis die → *Kondensatoren* des → *Blitzgerätes* wieder zu mindestens 70 Prozent aufgeladen sind. Nach DIN-Norm ist lediglich eine 70%ige Aufladung erforderlich, damit die Blitzbereitschaft erneut angeziegt werden darf.

Blitzgerät (at) Künstliche Lichtquelle, die während einer kurzen → *Leuchtzeit* einen hohen Lichtstrom (→ *Lumen*) ausstrahlt. Wir unterscheiden grundsätzlich 3 Arten von Elektronenblitzgeräten:

1. Handblitzgeräte verfügen über einen wieder aufladbaren Akku oder werden über einen eingeschobenen Batteriesatz gespiesen. Über einen Spannungswandler wird der Blitzkondensator auf einige hundert Volt aufgeladen. Dabei wird dem → *Kondensator* während einer Zeit von etwa 2 bis 10 Sekunden ein relativ schwacher Strom zugeführt. An den Kondensator ist die Blitzröhre angeschlossen. Die-

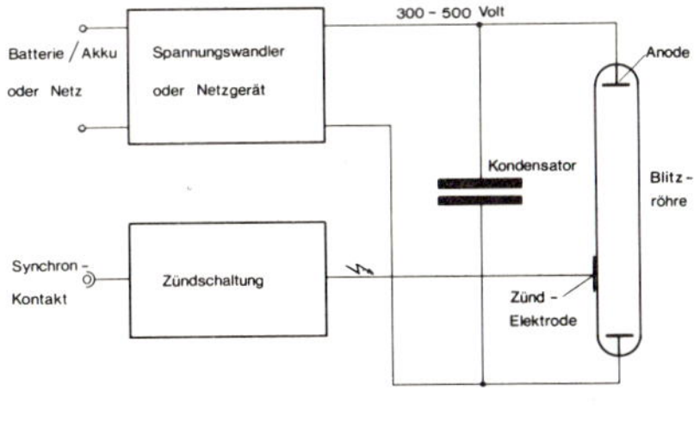

Elektronblitzgerät, Prinzipschema

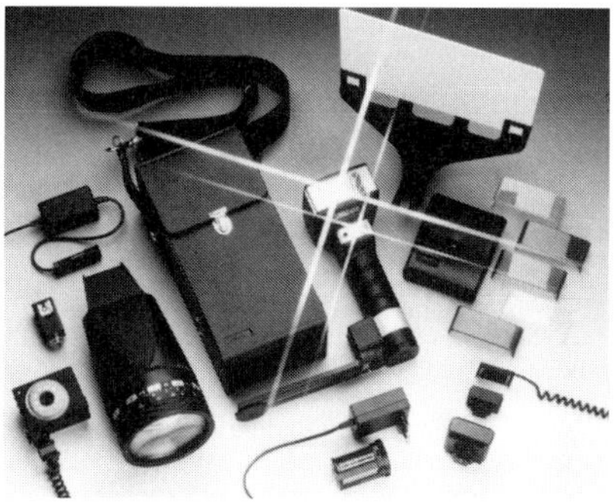

Systemblitzgerät (Metz)

se besteht aus einem Glasrohr, das mit einer Edelgasmischung gefüllt ist. An beiden Enden der Blitzröhre befinden sich eingeschmolzene Elektroden, die der Stromzufuhr dienen. Im Moment der Zündung wird mit einer Zündschaltung ein kurzer Spannungsimpuls von etwa 10'000 Volt auf die Zündelektrode der Blitzröhre gegeben. Dadurch wird das Gas (Xenon) in der Blitzröhre ionisiert, d.h. elektrisch leitend. Infolgedessen wird die Energie des Kondensators in sehr kurzer Zeit (etwa 1/1000 Sekunde) über die Blitzröhre entladen. Dabei fliesst ein Strom von über 100 Ampère, der das ionisierte Gas aufleuchten lässt. Viele Handblitzgeräte sind als sogenannte → *Computerblitzgeräte* auf dem Markt. Sie verfügen über einen Sensor, der den vom Gegenstand reflektierten Blitz misst und die → *Leuchtzeit* beschränkt, sobald die zur korrekten Belichtung erforderliche Lichtmenge erreicht worden ist (→ *Regelautomatik*). Die Leuchtzeit ist von der Distanz abhängig und dauert zwischen 1/1500 und 1/50000 Sekunde bei sehr nahe gelegenen Objekten. Die Arbeitsblende wird nach der Filmempfindlichkeit eingestellt.

2. → *Kompaktgeräte* für den Studiogebrauch sind netzabhängig und weisen einen in das Gerät integrierten Generatorteil auf. Mit einem dem Blitz proportionalen Einstellicht ist eine exakte Lichtführung gegeben, die durch verschiedene Zubehörteile (Diffusoren, Reflexschirme, Wabenvorsätze, Spotvorsätze, Filter usw.) zahlreiche kreative Möglichkeiten bietet. Eingebaute Fotozellen gestatten ein synchrones Auslösen mehrerer Geräte ohne Verbindungskabel. Preiswerte Kleingeräte dieser Art finden immer mehr ihren Platz bei den Amateurfotografen.

3. → *Studioblitzanlagen* sind ebenfalls netzabhängig, verfügen jedoch über einen getrennten Generatorteil, an dem mehrere Blitzleuchten angeschlossen werden können. Hier steht ein noch reichhaltigeres Zubehörprogramm zur Verfügung, das besonders durch Flächenleuchten ergänzt wird, die im → *Atelier*, z.B. für → *Sachaufnahmen* eingesetzt werden.

Blitzkontakt (at) Elektrischer Kontakt für die → *Blitzsynchronisation*. Während → *Kameras* für den professionellen Gebrauch eine spezielle Buchse besitzen (DIN-Norm), um die → *Synchronkabel* der Studioblitzgeräte anzuschliessen, werden die meisten Handblitzgeräte über den → *Mittenkontakt* ausgelöst.

Blitzkontrollanzeige (at) Kontrolleuchte am → *Computerblitzgerät* oder im → *Sucher* der → *Kamera*, welche anzeigt, dass die für die korrekte → *Belichtung* erforderliche → *Beleuchtungsstärke* erreicht wurde. Eine Messzelle (→ *Belichtungsmessung*) misst das vom Motiv reflektierte Licht → und unterbricht über die → *Thyristorschaltung* die → *Leuchtzeit* des Blitzes.

Blitzlampe (at) Die Blitzlampe, früher «Kolbenblitz» genannt, besteht aus einem glühlampenähnlichen, durchsichtigen und hermetisch abgeschlossenen Glaskolben, in dem ein-

Blitzlampen (Foto Osram)

malig → *Blitzlicht* durch Verbrennen von Metallen in Sauerstoff erzeugt wird. Die Zündung des Füllmaterials (meist Zirkonium) wird durch einen elektrischen oder einen mechanischen (piezoelektrische Zündung) Impuls ausgelöst. Man unterscheidet zwischen Blitzlampen mit eigenem Reflektor (→ *Blitzwürfel*, → *Reihenblitz*) und Blitzlampen, die in einem Zündgerät mit Reflektor verwendet werden. Der Glaskolben wird mit einem blauen Lack überzogen, damit die → *Verteilungstemperatur* für → *Tageslichtfilm*material erreicht wird. Der Lack verhindert zudem ein eventuelles Zersplittern des Glaskolbens. Blitzlampen weisen einen blauen Indikatorpunkt auf. Ist dieser rosa verfärbt, ist die Blitzlampe nicht mehr brauchbar.

Blitzleitzahl (at) Die Leistung von Handblitzgeräten (→ *Blitzgeräte*) wird mit einer Leitzahl angegeben, die sich auf eine → *Filmempfindlichkeit* von ISO 100/21° bezieht. Anhand der Leitzahl lässt sich auch auf einfache Weise die in Relation zur Distanz stehende Arbeitsblende errechnen:

$$\text{Blende} = \frac{\text{Leitzahl}}{\text{Aufnahmedistanz in m}}$$

Die Leitzahl hat ihre Gültigkeit bei Innenaufnahmen. Bei Aussenaufnahmen entfällt der Raumfaktor (Reflektion weisser Wände), was ein Öffnen der Blende um eine halbe bis eine Blendenstufe erfordert. → *Computerblitzgeräte* machen solche Rechnereien heute überflüssig.
Zwischen amerikanischen Leitzahlen (in feet) und den metrischen bestehen folgende Beziehungen:

Leitzahl in Meter = LZ in feet x 0,3
Leitzahl in feet = LZ in Meter x 3,3

Die von den Herstellern angegebenen Leitzahlen beziehen sich immer auf eine → *Filmempfindlichkeit* von ISO 100/21°. Möchte man diese auf andere Werte umrechnen, so geschieht dies mittels folgender Faktoren:

Differenz DIN-Wert	Faktor
1 DIN	1,14
2 DIN	1,26
3 DIN	1,4
6 DIN	2,0
9 DIN	2,8
12 DIN	4,0

Blitzlicht (at) Kurzzeitige Lichtstrahlung hoher Intensität. Sie kann mittels → *Blitzlampen* oder → *Blitzgeräten* erzeugt werden. Die → *Leitzahl* oder ein → *Belichtungsmesser* dienen zur Ermittlung der Arbeitsblende.

Blitzsynchronisation (at) Durch eine dem Bewegungsablauf des Kameraverschlusses angepasste Kontaktgabe wird die Blitzlichtquelle im leistungsgünstigsten Zeitpunkt gezündet. Die Synchronisationsmöglichkeit ist abhängig von der Verschlussart und vom Blitzlichttyp. Bei der heute gebräuchlichsten X-Synchronisation wird der Blitz gezündet, wenn der Kameraverschluss voll geöffnet ist. Bei → *Schlitzverschlüssen* beträgt diese kürzestmögliche Synchronisationszeit je nach Konstruktion 1/60 bis 1/125 Sekunde, während mit → *Zentralverschlüssen* eine Synchronisation von 1/500 Sekunde mit Elektronenblitzgeräten möglich ist. → *Blitzlampen*, die eine wesentlich längere → *Leuchtzeit* haben, verlangen in der Regel 1/30 Sekunde ← *Synchronisationszeit*. Die M- Synchronisation bewirkt eine Vorzündung, so dass für Blitzlampen kürzere Verschlusszeiten eingestellt werden können. Mit Elektronenblitzgeräten und der M- Synchronisation erfolgt keine Belichtung, da der verzögerungsfreie Blitz mit seiner kurzen Leuchtzeit innerhalb der Vorzündungsphase ausgelöst wird.

Blitzwürfel (at) Eine Weiterent wicklung der → *Blitzlampe* stellt der Blitzwürfel dar. Dieser enthält 4 Blitzlämpchen und je einen Reflektor, die entweder elektrisch oder mechanisch (piezoelektrisch) gezündet werden können. Gleichzeitig mit dem Filmtransport in der Kamera wird eine Drehung des Würfels in die nächste Position erreicht.

Borax (chem) (Natriumtetraborat) $Na_2B_4O_7$ 10 H_2O. Weisse Kristalle, die in Wasser gelöst ein schwaches Alkali ergeben. Verwendung in → *Entwicklern* und → *Härtebädern* oder → *Härtefixierbädern.*

Borsäure (chem) H_3BO_3. Weisse Schuppen oder Pulver. Fühlt sich fettig an. Wasserlöslich. Wird als Zusatz in → *Entwicklern* und → *Härtefixierbädern* verwendet.

Boxkamera (at, hist) Einfache Form einer Kamera. Sie besteht aus einem Kasten, einem einfachsten Objektiv und einem Verschluss. Sowohl die Verschlusszeit, die Blende als auch die → *Bildweite* sind meist nicht verstellbar. Die erste Boxkamera wur-

Eastman Kodak Co., Rochester, USA

de 1888 von → *Eastman* unter der Bezeichnung «Kodak» eingeführt und eröffnete der Amateurfotografie neue Wege. Die Kamera war mit einem Rollfilm für 100 Aufnahmen geladen. Nach erfolgter Belichtung wurde sie an den Hersteller zurückgeschickt, wo der Film entwickelt, Kopien angefertigt und die Kamera, mit einem neuen Film geladen, anschliessend an den Eigentümer zurückgesandt wurde.

Brauntonung → *Tonung.*

Brechung (opt) Ein Lichtstrahl (→ *Licht*) breitet sich im gleichen Medium

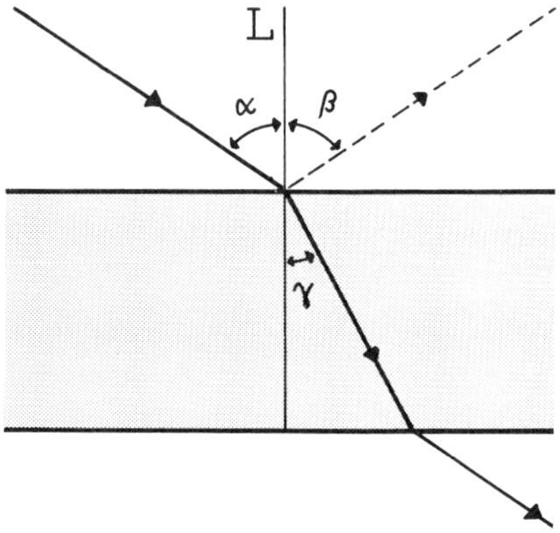

α = Einfallswinkel, β = Reflexionswinkel, γ = Brechungswinkel, L = Lot.

geradlinig mit gleicher Geschwindigkeit aus. Im luftleeren Raum beträgt diese Geschwindigkeit 300'000 km/Sekunde. Gerät der Strahl nun in ein anderes optisches Medium, so wird diese Geschwindigkeit verändert, und der Strahl weicht von seiner Richtung ab; er wird gebrochen. Tritt ein Lichtstrahl von einem dünneren in ein dichteres Medium, so wird er gegen das Lot, tritt er aus einem dichteren in ein dünneres Medium, so wird er vom Lot weg gebrochen. Wie stark der Lichtstrahl gebrochen wird, ist abhängig vom → *Brechungsindex* des Mediums und von der Wellenlänge des Lichtes (→ *Dispersion*). Gleichzeitig mit jeder Brechung tritt eine → *Reflexion* auf.

Brechungsindex (opt) (Brechwert, Brechzahl) Materialkonstante eines optischen Mediums, die für die Ausbreitung einer elektromagnetischen Schwingung massgebend ist. Der absolute Brechungsindex «n» ist definiert als das Verhältnis der Lichtgeschwindigkeit im Vakuum zur Lichtgeschwindigkeit in dem betreffenden Medium. Die Brechungsindizes zweier Medien verhalten sich umgekehrt wie die Ausbreitungsgeschwindigkeit. Der Brechungsindex für Vakuum (und in der Praxis auch für Luft) ist 1,0. Die Indizes für → *optisches Glas* liegen zwischen 1,4 und 1,9.

Brennpunkt (opt) Im Brennpunkt einer Linse vereinigt sich ein parallel zur → *optischen Achse* einfallendes Strahlenbündel. Der Brennpunkt liegt im Abstand der → *Brennweite* von der → *Hauptebene* des abbildenden Systems auf der optischen Achse. Jedes optische System besitzt sowohl einen bildseitigen als auch einen gegenstandsseitigen Brennpunkt. Die Bezeichnung «Brennpunkt» geht aus der Eigenschaft der Sammellinse (→ *Linsenformen*) hervor, durch Konzentration der Sonnenenergie in einem bestimmten Punkt (Abstand zur Linse) leichtentflammbare Materialien zum Brennen zu bringen.

Brennweite (opt) Die Brennweite ist die wichtigste Kenngrösse eines Objektivs. Sie ist gleich dem Abstand des bildseitigen Hauptpunktes und dem Bildpunkt eines unendlich entfernten Gegenstandes auf der → *optischen Achse* (→ *Abbildung*). Die Brennweite ist massgebend für die Grösse der Abbildung eines Gegenstandes. Die kurze Brennweite eines Weitwinkelobjektivs (→ *Objektive*) führt zu einer kleinen, die lange Brennweite eines Teleobjektivs (→ *Objektive*) bei gleicher → *Gegenstandsweite* zu einer grossen Darstellung auf dem Film. Als Normalbrennweite bezeichnet man Brennweiten, die etwa den

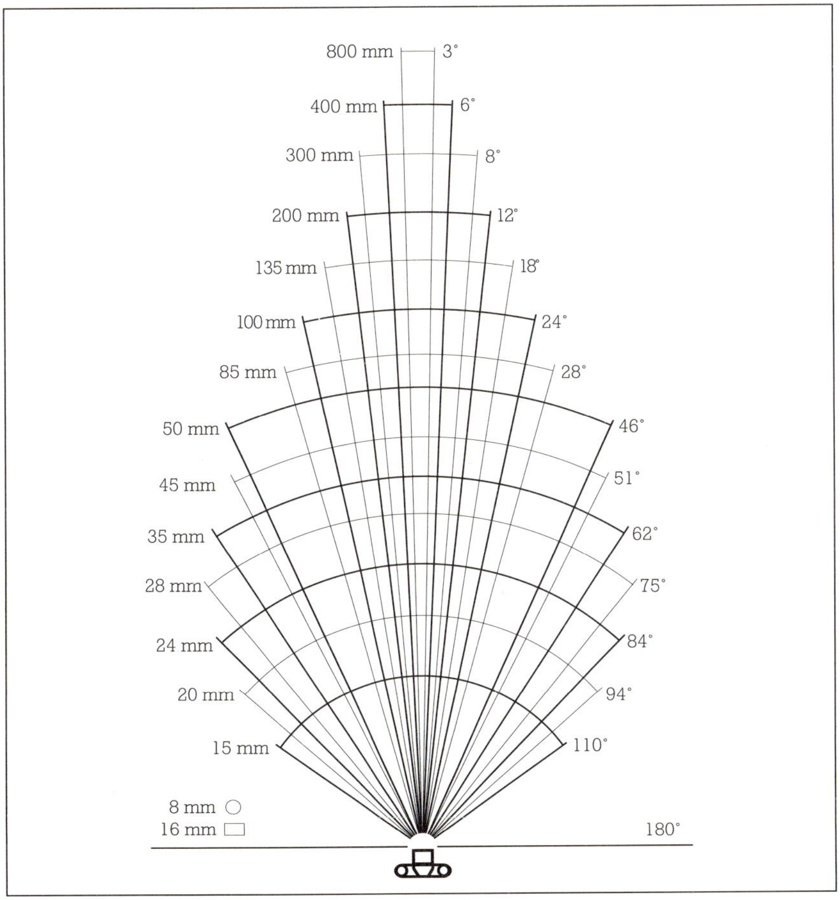

Brennweiten und Bildwinkel; Werte für Kleinbildkameras (180°: 8 mm für kreisrunde Abbildung; 16 mm für formatfüllende Abbildung). Grafik: H. Leuzinger

Formatdiagonalen entsprechen. Da die Lage der → *Hauptpunkte* bei einem Objektiv nicht bekannt und schwer ermittelbar ist, geht man zur Bestimmung der Brennweite folgendermassen vor: Man stellt einen Gegenstand genau 1:1 ein, misst die Distanz zwischen Bildebene und Gegenstandsebene und dividiert diese Strecke durch 4.

Brewster, Sir David (bio) (1781-1868) Schottischer Wissenschaftler und Freund von → *Talbot.* Förderte die → *Kalotypie* in Schottland. Vereinfachte die → *Stereoskopie* durch eine kastenförmige zweiäugige Kamera und ein Linsen-Betrachtungsgerät (1849). Erfinder des Kaleidoskops.

Bridgekamera → *Kompakt-Spiegelreflexkamera.*

Bromöldruck (hist, bpr) Erstes → *Edeldruckverfahren*, das nach einer Vergrösserung ohne Zwischennegativ hergestellt werden konnte. Erfunden im Jahre 1907 von E.J. Wall. Das Silberbild einer Bromsilbervergrösserung wurde in einem → *Bleich*bad entfernt. Dabei wurde gleichzeitig die Schicht an den Bildstellen dem Silberquantum entsprechend gehärtet. Die feuchte Schicht wurde danach mit einer fetthaltigen Druckfarbe eingefärbt, die lediglich an den gehärteten wasserabstossenden Bildstellen haften blieb.

Bromölumdruck (hist, bpr) → *Edeldruckverfahren*, das durch Umdrucken eines frischen → *Bromöldrucks* auf ein schwach geleimtes Übertragungspapier entsteht. Im Gegensatz zum → *Bromöldruck* ist das Bild seitenverkehrt und besteht aus reiner Druckfarbe.

Bromsilber → *Silberhalogenide.*

Bromsilberpapier (lab) → *Fotopapier* mit einer → *Emulsion* von → *Silber*bromid, welche eine hohe Empfindlichkeit (→ *Vergrösserung*) und einen neutralschwarzen → *Bildton* aufweist. Es ist das zur Zeit populärste Schwarzweisspapier mit vielen Praxisvorteilen, wie hoher Empfindlichkeit und neutralschwarzem → *Bilton.*

Bulb → B.

C

Callier-Effekt (lab, phys) Kontrasteffekt beim Vergrössern. Vergrösserungen, die mit einem → *Kondensor*gerät gemacht werden, fallen kontrastreicher aus und müssen deswegen auf weicheres Papier kopiert werden als solche, die mit einem Diffusor oder im Kontaktverfahren hergestellt werden. Der Callier-Effekt ist darauf zurückzuführen, dass die Silberkörner in der → *Emulsion* nicht nur Licht absorbieren, sondern auch lichtstreuend wirken.

Camcorder (at) → *Video*kamera mit integriertem Rekorderteil.

Camera obscura (hist, opt) Urform der heutigen Kamera. In einem dunklen Raum, dessen eine Seitenwand ein kleines Loch aufweist, entsteht an der dem Loch gegenüberliegenden Wand eine kopfstehende und seitenverkehrte Abbildung der aussenliegenden Landschaft. Die erste Erwähnung der Camera obscura geht auf Aristoteles im 4. Jahrhundert v. Chr. zurück. Der arabische Naturforscher Ibn al Haitham erklärte dieses Phänomen um das Jahr 1000 eingehender, und Girolamo Cardano verbesserte die Camera obscura, indem er sie mit einer Sammellinse versah. In dieser Form verblieb die Camera obscura ein beliebtes Beobachtungs- und Zeichengerät, bis es → *Niépce* 1826 gelang, deren Abbild mit einer lichtempfindlichen Schicht chemisch festzuhalten.

Agfa-Gevaert Foto-Historama, Leverkusen

Cameron, Julia Margaret (bio) (1815-1879) Englische Fotografin, begann erst 1863 zu Fotografieren und porträtierte mit grossformatigen Kameras ihre prominentesten Zeitgenossen. → *Weichzeichnung* und gewollte Unschärfe gaben den Porträts ein eigenständiges künstlerisches Gepräge.

Candela (li, phys) Lichttechnische Masseinheit der → *Lichtstärke*. 1 cd ist 1/60 des Lichtstromes, der von 1 cm^2 einer schmelzenden Platinoberfläche (2042 → *K*) ausgestrahlt wird.

Carbro-Druck (hist, bpr) → *Edeldruckverfahren*, das auf dem Übertragungsprinzip beruhte und 1919 von Howard E. Farmer erfunden wurde. Der Name «Carbro» deutet darauf hin, dass Kohle (engl. Carbon) und Bromsilber die Grundlage bildeten. Eine Vergrösserung auf → *Bromsilberpapier* gelangte in ein Bleichbad und danach in die Wässerung. In noch feuchtem Zusand wurde mit einem lichtempfindlichen Pigmentpapier in Kontakt gebracht. Dabei übertrug sich die Gerbung auf das Pigmentpapier, welches dann in warmem Wasser entwikkelt werden konnte.

CCD (at) engl. Charge Coupled Device. Bildhalbleiter, der bei → *Autofokus*-Sensoren und in elektronischen Bildsystemen (→ *elektronische Fotografie*) Verwendung findet.

CdS-Fotowiderstand (bm, chem) (CdS = Cadmium-Sulfid) CdS-Fotowiderstände werden in → *Belichtungsmessern* verwendet. Das einfallende Licht verändert die Leitfähigkeit, was analog zur Lichtintensität zu einem unterschiedlich starken Messstrom führt. CdS-Fotowiderstände sind batterieabhängig und arbeiten relativ träge (Lichtgedächtnis). → *Siliziumzellen*.

Chemische Entwicklung → *Entwicklung*.

Chipkarten (at) Elektronische Komponenten mit gewissen Einstellungs- und Programmvorgaben, die in modernen → *Spiegelreflexkameras* als externe Software verwendet werden können.

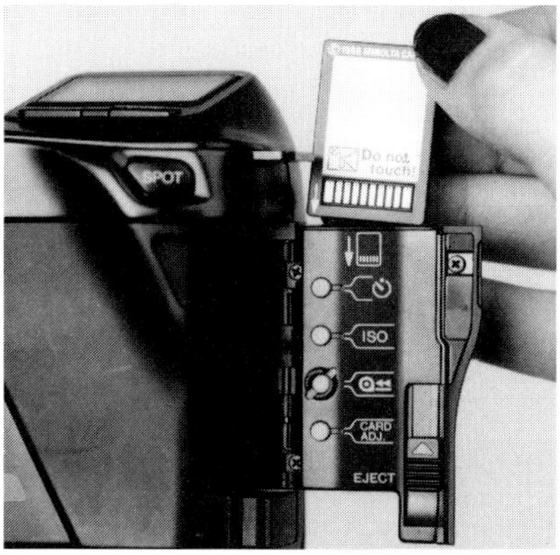

Chipkarte (Minolta)

Chlorbromsilberpapier (lab) Eine → *Emulsion*, die als lichtempfindliche Substanzen Chlorsilber und Bromsilber aufweist, ergibt ein → *Fotopapier*, das zwar etwas geringer empfindlich ist als → *Bromsilberpapier*, sich jedoch durch einen warmschwarzen bis braunen → *Bildton* ausweist.

Chromatische Aberration (Farbfehler) Ähnlich wie bei einem → *Prisma* wird weisses Licht beim Durchgang durch eine Linse in seine Anteilfarben zerlegt. Kurzwellige blaue Strahlen werden stärker gebrochen als langwellige rote. Daraus ergeben sich verschiedenfarbige Abbildungen, die sowohl in ihrer Grösse (Vergrösserungsdifferenz) als auch in ihrer Lage auf der optischen Achse (→ *Fokusdifferenz* oder Farblängsfehler)

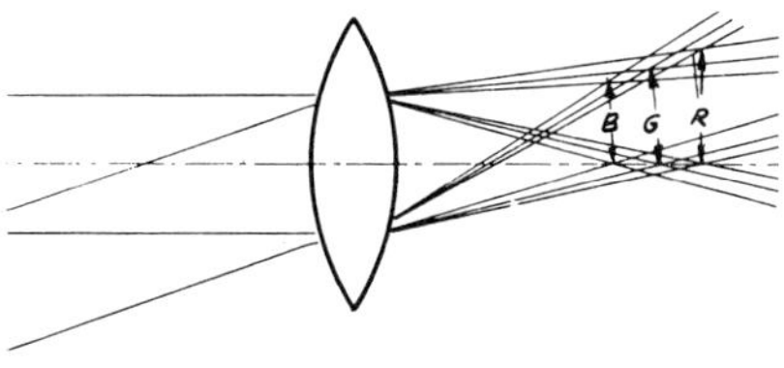

Chromatische Aberration

ungleich sind. Unscharfe Aufnahmen und Farbsäume resultieren. Die Korrektur erfolgt durch die Kombination verschiedener Linsen und den symmetrischen Aufbau des optischen Systems (→ *Achromat*, → *Apochromat*).

Chromogene Entwicklung (lab, chem) Während der Entwicklung von Farbfilmen wird gleichzeitig ein Silberbild und ein farbiges Bild in den → *Emulsions*schichten gebildet. Die dabei entstehenden Farbstoffe sind wasserunlöslich und diffusionsfest. Die chromogene Entwicklung geht auf die Forschungsarbeiten von Rudolf Fischer und Johann Wilhelm Siegrist aus dem Jahre 1912 zurück. Dabei reagiert das Oxidationsprodukt der Farbentwicklersubstanz mit den → *Farbkupplern* zu Farbstoff. Das Silberbild wird nach der Entwicklung durch Bleichen und Fixieren aus der Schicht entfernt, so dass das reine Farbstoffbild übrig bleibt. (→ *Farbentwicklung*, → *Farbfilme*).

Chromogene Filme (chem) Filme, die chromogen entwickelt werden (→ *chromogene Entwicklung*). Dabei wird das Silberbild der Schicht in ein Farbstoffbild umgewandelt und das Silber aus der Schicht herausgelöst. Sämtliche modernen → *Farbfilme* arbeiten nach diesem Prinzip. Es gibt auch einen chromogenen Schwarzweissfilm (→ *Schwarzweiss-Fotografie*), den Ilford XP2, der im Farbprozess C-41 zu verarbeiten ist.

Chromolytische Entwicklung → *Silberfarbbleichverfahren*.

Clayden-Effekt (phys, chem) Wird eine Schicht sehr kurz mit hoher Intensität belichtet und darauffolgend diffus mit einer niedrigen Intensität, so kann man eine Desensibilisierung der → *Schicht* durch die Erstbelichtung feststellen. Der Clayden-Effekt kann in der Praxis bei Blitzaufnahmen zu Fehlern führen.

Color-Analyzer (lab) Messgerät, mit dem beim Erstellen von Farbvergrösserungen nach Farbnegativen nicht nur die Belichtungszeit, sondern auch die korrekten Filterwerte bestimmt werden können. Es kann entweder in der Objektivebene integral oder auf dem Vergrösserungsrahmen selektiv gemessen werden. → *Belichtungsmesser.* Mit → *Video-Analyzern* kann das Farbnegativ unter Benutzung der Fernsehtechnik als Positiv betrachtet werden, was die Filterbestimmung wesentlich vereinfacht.

Colorieren → *Kolorieren.*

Computerblitzgerät (at) → *Blitzgerät,* das über eine → *Regelautomatik* verfügt. Ein → *Fotoelement* misst das vom Objekt reflektierte → *Blitzlicht* und beendet die → *Leuchtzeit* (→ *Thyristorschaltung*), sobald die von der → *Filmempfindlichkeit* und der Arbeitsblende abhängige Intensität (→ *Leuchtdichte*) erreicht worden ist.

Copyright → *Urheberrecht.*

Curved Field (pro) → *Projektions*-objektive mit gekrümmtem → *Bildfeld,* welche bei ungeglasten → *Diapositiven* (→ *Diarahmung*) die Diawölbung, welche von der Temperatur und der Luftfeuchtigkeit abhängt, auszugleichen, um eine bessere Schärfeverteilung zu erreichen.

Cyan (Blaugrün) → *Subtraktive Grundfarbe,* → *Komplementärfarbe* von Rot (Weiss minus Rot).

D

Dachkantprisma → *Pentaprisma.*

Daguerre, Louis Jacques Mandé (bio) (1787-1851) Maler und Besitzer eines Lichtspieltheaters in Paris. 1829 Partnerschaftsvertrag mit → *Niépce* zur Verbesserung der von Niépce gemachten Erfindung. Daguerre erfindet 1837 die → *Daguerreotypie* und lebt danach sehr zurückgezogen.

Daguerreotypie (hist) Von → *Daguerre* erfundenes frühes fotografisches Verfahren. Eine einseitig versilberte und hochpolierte Kupferplatte wurde in Joddämpfen empfindlich gemacht. Dabei bildete sich oberflächliches, lichtempfindliches Silberjodid (AgJ). Danach erfolgte die Belichtung in der Kamera und das Entwickeln in Quecksilberdämpfen. Mit dem durch das Licht entstandene → *Silber* und dem → *Quecksilber* entsteht eine neue Legierung: Amalgam. Nach dem Fixieren und Wässern fasste man die getrocknete Platte hinter einem

Daguerreotypie

Schutzglas in kunstvollen Rahmen. Daguerreotypien sind meistens seitenverkehrt und zeigen je nach Betrachtungswinkel (Reflexion von Hell- oder Dunkelfeld) ein positives oder ein negatives Bild. Die Erfindung wurde am 19. August 1839 an der Akademie der Wissenschaften in Paris veröffentlicht. In Form einer lebenslänglichen Rente kaufte die französische Regierung sämtliche Rechte von Daguerre und stellte diese als Geschenk der ganzen Welt zur Verfügung. Mit der Erfindung des → *Kollodium*verfahrens endete die Aera der Daguerreotypie.

Datenfenster (at) (Auch LCD-Monitor oder Datendisplay genannt.) → *Flüssigkristall*anzeige an der → *Kamera*oberseite, welche sämtliche aktuellen Funktionen und Einstellungen anzeigt. Bei einigen Modellen kann das Datenfenster beleuchtet oder durchleuchtet werden.

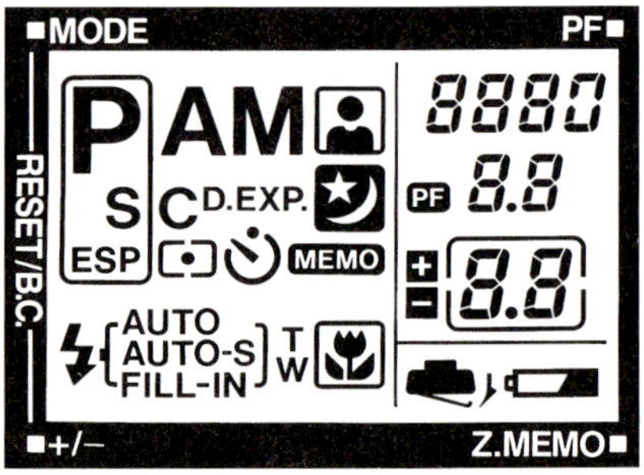

Datenfenster (Olympus)

Datenrückwand (at) → *Kamera*teil, der die Einbelichtung von Daten und/oder die Steuerung gewisser Kamerafunktionen (→ *Intervallsteuerung*) ermöglicht. Am häufigsten ist die Einbelichtung des Kalenderdatums in drei verschiedenen ansteuerbaren Varianten (Tag-Monat-Jahr, Monat-Tag-Jahr, Jahr-Monat-Tag) und der Uhrzeit. Bei einigen Modellen können kurze Texte einbelichtet werden. Die Einbelichtung erfolgt durch eine kleine → *Punktlichtlampe*, die eine → *LCD*-Maske durchleuchtet und als Schattenriss durch die → *Rückschicht* des → *Films* hindurch den Film belich-

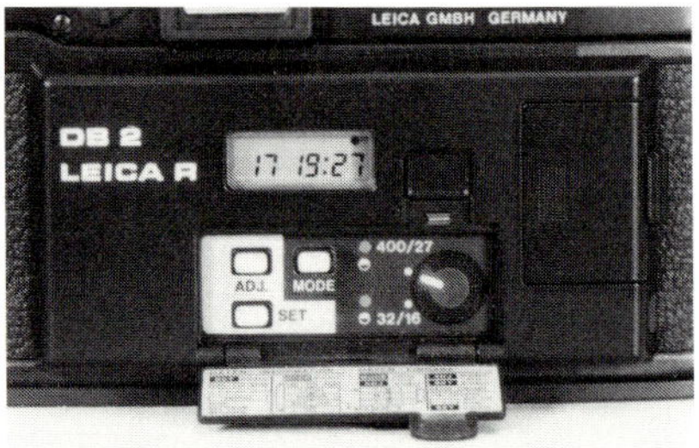

Datenrückwand (Leica)

tet. Ein weiteres Prinzip funktioniert mit einer vertikal angeordneten → *LED*-Reihe, die während des → *Filmtransports* (ähnlich wie ein Matrix- oder Tintenstrahldrucker) angesteuert wird. Bei einigen Datenrückwänden erfolgt die Einbelichtung nicht im → *Bildfeld*, da sie dort das Bild stören kann, sondern im → *Bildsteg*.

Dekamired (phys) Einheit der → *Farbtemperatur*. 10 → *Mired* = 1 Dekamired. → *Kelvin*.

$$\text{Dekamired} = \frac{100'000}{\text{Kelvin}}$$

Densitometer (lab) Gerät zum Messen der → *Dichte* von Durchsichts- oder Aufsichtsbildern in Schwarzweiss oder Farbe. Zur Messung der → *Farbdichte* werden → *Farbfilter* in den Strahlengang geschwenkt. Mit einfachen Geräten wird die Dichte des Prüflings rein visuell mit derjenigen eines kalibrierten Graukeils verglichen. Bei elektronischen Messgeräten reduziert die Dichte des Prüflings die Intensität eines Lichtstrahls, wodurch über eine lichtempfindliche Zelle ein Messstrom verändert wird. Auf einer Messwertskala kann die → *Transparenz* bzw. die Dichte abgelesen werden.

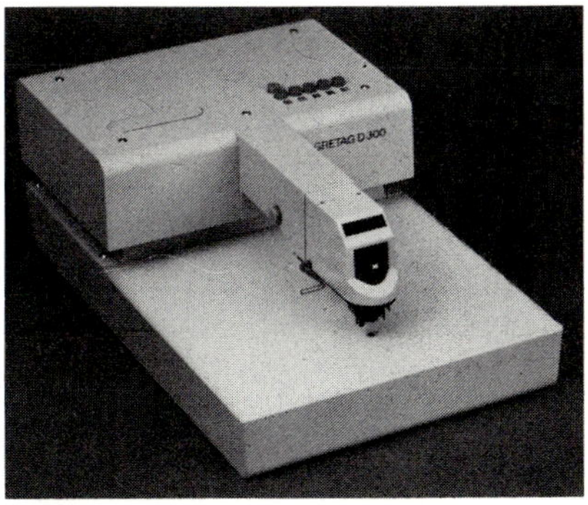

Gretag AG, CH-8105 Regensdorf

Desensibilisierung (lab)
1. Durch die Behandlung des unentwickelten Filmmaterials mit gewissen Farbstoffen wird die Empfindlichkeit so weit reduziert, dass bei hellerem → *Schutzlicht* entwickelt werden kann (Hellichtentwicklung). Desensibilisatoren können sowohl als Vorbad oder als Zusatz im Entwickler verwendet werden.
2. Chemische Umwandlung des Bromsilbers in sehr schwach lichtempfindliches Jodid vor der Hellichtentwicklung.

Diaduplikat → *Duplikat*.

Diafilm → *Farbdiafilm*, → *Farbfilm*.

Diaporama (bpr) → *Tonbildschau*, die mit mindestens zwei Projektoren vorgeführt wird und keinen kommerziellen Charakter, aber eine künstlerische Aussage hat. In der Regel erfolgt die Vorführung mit → *Überblendprojektion*. → *Tonbildschau*. → *Multivision*.

Diapositiv (bpr, at) Fotografisches Einzelbild, farbig oder schwarzweiss, das durch seine → *Transparenz* und → *Tonwert*richtigkeit direkt betrachtet, projiziert (→ *Projektion*) oder als Druckvorlage verwendet werden kann. Die Bezeichnungen und Abmessungen sind wie folgt normiert:

Diabezeichnung	Bildgrösse in mm	Nenngrösse in cm
Kleinstbilddia	min. 8x11 max. 13x17	3 x 3
Kleinbilddia	min. 18x24 max. 40x40	5 x 5
Mittelformatdia	min. 45x60 max. 60x60	7 x 7
Grossformatdia	min. 56x72 max. 65x90	8,5x8,5 8,5x10
Grossdia	> Grossformatdia	

Diapositive, die projiziert werden, müssen in Diarahmen gefasst werden, die sowohl mit oder ohne Schutzglas im Handel sind. →← *Negativ*.

Diarahmung (pro) Entwickelte → *Diapositive* müssen zur → *Projektion* in Diarahmen montiert werden, damit sich vom Greifermechanismus des → *Projektors* gefasst und plan in der → *Bildebene* gehalten werden können.

Man unterscheidet zwischen glaslosen Diarähmchen, die sehr preisgünstig sind, und Glasdiarähmchen, welche das Diapositiv besser gegen mechanische Verletzungen schützen und eine bessere → *Planlage* gewährleisten.

Diasortierpult (pro) → *Leuchtpult* mit spezieller Oberflächenstruktur, welche das Sortieren von → *Diapositiven* erleichtert.

Diasteuergerät (pro) Elektronische Steuereinheit, welche die → *Projektion* von → *Diapositiven* mit einem oder mehreren → *Projektoren* automatisch ablaufen lässt. Die meisten Diasteuergeräte sind mit einem Tonbandgerät verbunden und erhalten synchron mit dem Ton entsprechende Steuerimpulse. Einfachere Diasteuergeräte haben eine reine Timerfunktion (→ *Schaltuhr*) und bewirken die Weiterschaltung des Projektors nach einer vorgegebenen Zeitspanne.

Diazotypie (bpr, lab) Silberloses lichtempfindliches Verfahren zur Herstellung von Strichkopien und → *monochromen* Strichdias. Diazoschichten enthalten lichtempfindliche Stoffe (aromatische Diazoniumsalze), die bei der Belichtung in nicht mehr kupplungsfähige Teilgruppen zerfallen. Deshalb kann kein Farbstoff mehr gebildet werden. Neben diesen Positiv-/Positiv-Schichten gibt es auch Diazomaterial, das Negativ/Positiv arbeitet. Diazomaterialien finden vermehrt Verwendung bei technisch- wissenschaftlichen Vorträgen, da ein monochromes Strichbild angenehmer wirkt als ein reines Schwarzweissdia. In der praktischen Fotografie können Diazoschichten nicht verwendet werden, weil ihre Empfindlichkeit zu gering ist.

Dichroitische Filter (phys) Interfrenzfilter. Durch Aufdampfen von dünnen Metallschichten auf eine Glasplatte, die durch ein farbloses Salz (Dielektrikum, z.B. MgF) getrennt sind, wird erreicht, dass Strahlen eines bestimmten Spektralbereichs reflektiert werden, während andere die Glasplatte gradlinig passieren. Im Gegensatz zu → *Farbfiltern* sind dichroitische Filter praktisch frei von Nebenabsorptionen. Die gewünschte Filterwirkung wird durch Variation der Dicke der dielektrischen Schicht erreicht. Dichroitische Filter finden häufig in → *Farbmischköpfen* von Vergrösserungsgeräten Verwendung.

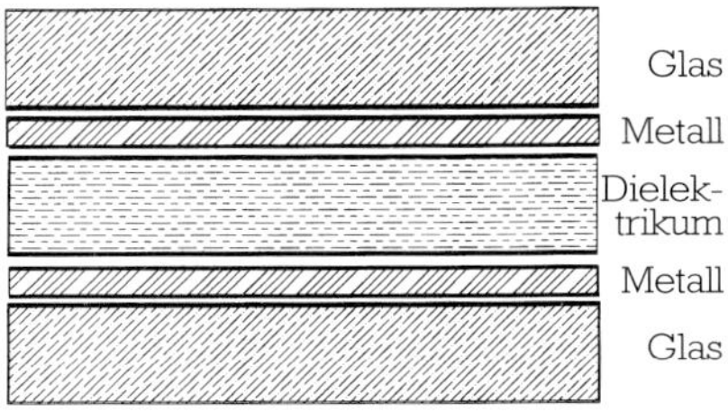

Dichroitischer Schleier (lab) Infolge chemischer Verunreinigung des → *Entwicklers* oder des → *Fixierbades* können auf Schwarzweiss-Negativen oder -Positiven Silber- und Schwefelsilberausscheidungen entstehen. Diese sehen bei auffallendem Licht silberglänzend grüngelblich und in der Durchsicht rotbräunlich aus. Dichroitische Schleier erhöhen die → *Dichte* partiell und reduzieren dort den Kontrast. Durch eine chemische Nachbehandlung lässt sich der Schleier entfernen.

Dichte (opt) Lichtdurchlässigkeit einer entwickelten fotografischen Schicht (→ *Schwärzung*). Sie ist als negativer Zehnerlogarithmus ihrer → *Transparenz* definiert.
Die Zusammenhänge zwischen Dichte und → *Belichtung* lassen sich mit Hilfe der → *Schwärzungskurve* darstellen.

$$\text{Dichte} = \log \frac{1}{\text{Transparenz}}$$

Dichte	Transparenz	% Licht
0	1,0	100,0
1	0,1	10,0
2	0,01	1,0
3	0,001	0,1

Dichtekurve (opt) → *Schwärzungskurve.*

Dichteumfang (opt) Differenz zwischen der grössten und der kleinsten → *Dichte* einer fotografischen Schicht oder eines fotografischen Bildes (= Schwärzungsumfang).

Diffraktion (opt) → *Beugung.*

Diffusion (phys, chem) Von selbst eintretende Vermischung von Flüssigkeiten, die miteinander in Berührung stehen. In der Fotografie begegnen wir der Diffusion in der → *Sofortbildfotografie*: Aus einem Negativ diffundieren Silberionen in die Schicht des Übertragungspapiers und bilden dort ein positives Bild. → *Farbfilme* oder Farbentwickler enthalten → *Farbkuppler*, die diffusionsecht sein müssen, d.h. nur in der ihnen zugehörigen Schicht Silber in Farbstoff umwandeln dürfen.

Diffusionslichthof (phys) Ein auf eine fotografische Schicht auftreffender Lichtstrahl wird an den → *Silberhalogenid*körner der → *Emulsion* gestreut und breitet sich in der Schicht

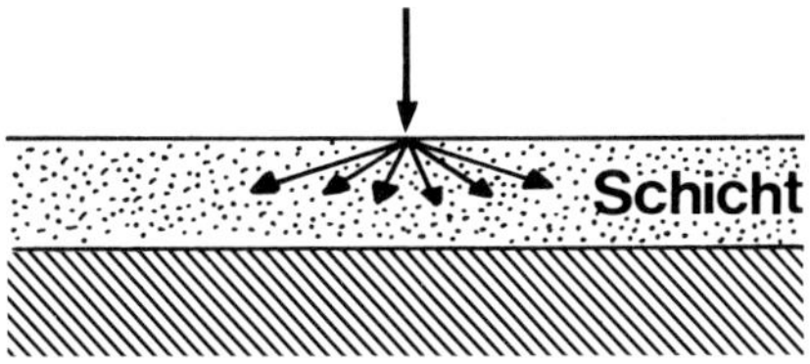

aus, was zu Unschärfe führt. Der Diffusionslichthof hängt vom optischen Verhalten der Schicht und ihrer Dicke ab. Bei modernen Dünnschichtfilmen ist diese Erscheinung fast gänzlich zum Verschwinden gebracht worden. Auch werden heute den Emulsionen lichtabsorbierende Farbstoffe beigemischt, die den Diffusionslichthof noch weiter unterdrücken. → *Reflexionslichthof.*

Diffusionsschirm (at) Regenschirmförmiger, mit weissem Stoff bespannter → *Diffusor*, welcher vor den Blitzreflektor (→ *Blitzgerät*) gesetzt wird und aufgrund der grossen Leuchtfläche ein praktisch schattenloses, → *weiches Licht* bewirkt. (→ *Reflexionsschirm*)

Diffusor (li, bm) Um einen geringeren Kontrast bei der Lichtführung zu erzielen, können die Strahlen einer Lichtquelle mit einer Folie gestreut werden. Solche Vorrichtungen nennt man Diffusoren. Bei Belichtungsmessern ermöglichen Diffusoren in Kalottenform durch Aufhebung des Messwinkels die → *Lichtmessung.*

DIN (at) Abkürzung für «Deutsches Institut für Normung e.V.», die auch die Bestimmung der Lichtempfindlichkeit von fotografischem Material festgelegt hat. In der logarithmischen Zahlenreihe steht für eine Empfindlichkeitsverdoppelung ein um drei Zahlen höherer Wert. In der arithmetischen → *ASA*-Reihe wird die doppelte Empfindlichkeit durch den doppelten Zahlenwert angegeben. Seit 1983 wird die Filmempfindlichkeit nicht mehr in DIN oder ASA angegeben, sondern in ISO (→ *Filmempfindlichkeit*).

Dioptrie (opt) Einheit für die Brechkraft einer Linse oder eines optischen Systems. Reziproker Wert der → *Brennweite*, in Metern gemessen.

$$\text{Dioptrie} = \frac{1}{\text{Brennweite in mm}}$$

Da sich die Dioptriezahlen direkt addieren lassen, ist die Gesamtberechnung der Brechkraft eines Systems leicht zu bewerkstelligen. Das Vorzeichen einer Dioptriezahl gibt die → *Linsenform* an, wobei + (plus) für eine Konvexlinse oder - (minus) für eine Konkavlinse steht.

Direkte Tonung (lab) Einstufiges → *Tonung*sverfahren, bei dem das metallische → *Silber* direkt in eine Farbverbindung umgewandelt oder durch eine solche ersetzt wird.

Direktpositivfilm (at, lab) Spezialfilm, welcher durch eine entsprechende fabrikatorische Vorbehandlung (chemische «Vorbelichtung») direkt ein positives Bild ergibt, d.h. keine → *Tonwertumkehrung* bewirkt. Solche Filme werden beispielsweise Verwendet, um → *Duplikate* von → *Schwarzweiss-* → *Negativen* zu erhalten.

Direktpositivpapier (lab) → *Fotopapier*, das (ähnlich wie beim → *Direktpositivfilm*) keine → *Tonwertumkehrung* zur Folge hat. Direktpositivpapiere weisen eine harte → *Gradation* auf und werden vor allem für reprografische Zwecke (→ *Reproduktion*) benutzt.

DIR-Kuppler (lab) engl. development inhibitor releasing coupler. → *Farbkuppler*, die bei der → *Oxidation* eine entwicklungshemmende Substanz abgeben, welche die → *Entwicklung* von Silber in der unmittelbaren Umgebung von stark belichteten Stellen verhindert. DIR-Kuppler haben die → *Kantenschärfe* und die → *Farbsättigung* bei → *Farbfilmen* wesentlich verbessert.

Disc-Film (at) Scheibenförmiger → *Film* für die → *Disc-Kamera* für 15 Aufnahmen im Format 8x11mm.

Disc-Kamera (at) → *Kamera* besonders flacher Bauweise, welche einen scheibenförmigen → *Film* verwendet. 1982 von Kodak eingeführt, wies die Disc-Kamera einen sehr hohen Automatikkomfort auf, doch erwies sich das Bildformat von 8x11mm als zu klein und qualitativ ungenügend. Dennoch hat die Disc-Kamera in der Kameratechnik entscheidende Meilensteine gesetzt (→ *Blankpressen* von → *asphärischen Linsen*, → *Programmautomatik*, Lithium- → *Batterie*, höherer Automatikstandard bei → *Kompaktkameras*).

Disdéri, André Adolphe Eugène (bio) (1819-1890) Französischer Maler und Fotograf. Auf Anregung von Louis Dedéro begann Disdéri 1851 Fotos im Format einer Visitenkarte (6,3 x 10,5 cm) herzustellen. Er nahm 1854 ein Patent, um mit einer Spezialkamera 8 Belichtungen auf einer Platte anbringen zu können. Nachdem sich 1859 Napoleon III. von Disdéri Fotografieren liess, kamen die «Cartes-de-visite»-Bildchen in grosse Mode, und die preiswerten Fotografien fanden eine starke Verbreitung. Disdéri gründete Zweiggeschäfte in Toulon, London und Madrid.

Dispersion (opt) Ändern Lichtstrahlen das optische Medium, so verändert sich auch die Geschwindigkeit des → *Licht*es, was zur → *Brechung* der Lichtstrahlen führt. Da der → *Brechungsindex* von der → *Wellenlänge* abhängig ist, wird jede Farbe in einem anderen Masse gebrochen. Ein «weisser» Lichtstrahl zerstreut sich in seine → *Spektralfarben*, was die Be-

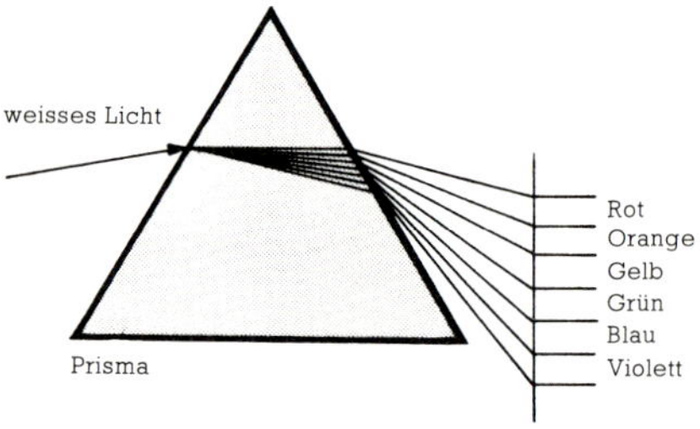

rechnung eines Objektivs stark erschwert. Am deutlichsten tritt die Dispersion an einem Prisma in Erscheinung. Bei Eintritt eines Lichtstrahls aus einem dünneren in ein dichteres Medium werden die langwelligen roten Strahlen weniger stark gebrochen als die kurzwelligen blauen. → *Chromatische Aberration*.

Distorsion (opt) → *Verzeichnung*.

Divergenz (opt) Auseinanderlaufen von Strahlen. (→← *Konvergenz*).

Dokumentenfilme (at) Schwarzweiss-Filme steiler → *Gradation*, die für → *Strichreproduktionen* ausgelegt sind. Dokumentenfilme sind extreme Dünnschichtfilme und weisen ein sehr hohes → *Auflösungsvermögen*, ein geringes → *Korn* und eine niedrige → *Filmempfindlichkeit* auf. Neben der Anwendung in der → *Reproduktionstechnik* werden Dokumentenfilme ihrer steilen Gradation wegen auch in der bildmässigen Fotografie für besondere Effekte eingesetzt.

Doppelaplanat (opt) Aus zwei Teilen symmetrisch oder halbsymmetrisch aufgebauter → *Aplanat*.

Doppelbelichtung (at) Erfolgen zwei Belichtungen auf einen → *Film*, ohne dass dieser weitertransportiert wurde, sprechen wir von einer Doppelbelichtung. Moderne Kameras verfügen über eine Doppelbelichtungssperre (Auslösesperre), eine mechanische Vorrichtung, die ein zweimaliges Auslösen ohne Filmtransport verunmöglicht. Für gewollte Doppelbelichtungen, die neue kreative Möglichkeiten ergeben und in die Welt der Illusion führen können, lässt sich bei vielen Kameras die Doppelbelichtungssperre entriegeln. Bei absichtlichen Doppelbelichtungen ist darauf zu achten, dass keine unschönen Überschneidungen entstehen und dass die Aussage eines Teilbildes überwiegt. → *Doppelgängeraufnahmen*, → *Mehrfachbelichtung*.

Doppelbrechung (phys) Bestimmte Kristalle (z.B. Kalkspat) und durchsichtige Kunststoffe (wie Acrylglas, Polyester und Epoxidharze) sind in der Lage senkrecht auffallendes → *Licht* in zwei Teilbündel aufzuspalten, von denen das eine das optische Medium gradlinig und das andere gebrochen (→ *Brechung*) verlässt. Solche optische Medien nennt man anisotrope Materialien. Sie können natürliches Licht in linear polarisiertes Licht umwandeln (→ *Polarisation*). Die Doppelbrechung wurde 1669 von Erasmus Bartholinus entdeckt.

Doppelgängeraufnahmen (at) Vor einem → *Kompendium* oder einer

→ *Gegenlichtblende* wird eine verschiebbare Maske so montiert, dass sie zur → *Doppelbelichtung* zuerst die eine und danach die zweite Bildhälfte abdeckt. Die aufzunehmende Person ändert in der Zwischenzeit die Position, wodurch das Modell zweifach, als «Doppelgänger», auf einem Bild wiedergegeben wird.

Doppelkondensor → Kondensor.

Doppelschichtprinzip Mittel- und hochempfindliche (→ *Filmempfindlichkeit*) → *Schwarzweiss-* und → *Farbfilme* bestehen oft aus zwei → *Emulsionen* unterschiedlicher Empfindlichkeit. Die eine ist feinkörnig mit normaler → *Maximaldichte*, während die andere höher empfindlich ist und eine begrenzte Maximaldichte erreicht. Das ergibt Negative mit feinkörnigen hohen Dichten und grobkörnigeren und besser durchzeichneten niedrigen Negativdichten. → *Schattenzeichnung*, → *Körnigkeit*.

Doppelseitige Klebefolie (bpr) Klebefolie, die auf beiden Seiten eine Haftschicht besitzt und gut zum → *Aufziehen* von Fotos geeignet ist. Damit keine Falten und Lufteinschlüsse entstehen, empfiehlt es sich, sowohl beim Aufziehen der Folie auf das Foto, als auch beim Aufziehen des beschichteten Bildes jeweils an einer Seite zu beginnen.

Entwicklungsdosen (Jobo)

Dosenentwicklung (lab) Zur Entwicklung von Rollfilmen werden Entwicklungsdosen verwendet, die aus einem lichtdichten Gehäuse und einer Filmspirale aus Kunststoff oder Metall bestehen. Die Filme werden im Dunkeln eingespult. Danach wird der Entwickler eingegossen. Der Bewegungsrythmus, meist nach der → *Kippmethode*, ist mitbestimmend für die effektive Entwicklungszeit und verhindert → *Strömungserscheinungen*. Nach der Entwicklung erfolgen eine Zwischenwässerung oder ein → *Stoppbad*, das → *Fixieren*, und die Schlusswässerung. Entwicklungsdosen existieren in den verschiedensten Ausführungen, so dass auch mehrere Roll- und Kleinbildfilme gleichzeitig entwickelt werden können (→ *Entwicklung*).

Drahtauslöser (at) → *Auslöser* in Form einer biegsamen Saite, die von einer Drahtspirale umgeben ist (Bowdenzug), der biegsam ist und beim Auslösen Erschütterungen vermeidet. Es gibt auch Doppeldrahtauslöser, um gleichzeitig den → *Verschluss*mechanismus am → *Kamera*gehäuse und den → *Blenden*körper am → *Objektivkopf* eines → *Balgengerätes* auslösen zu können. Bei modernen elektronischen Kameras ist der Drahtauslöser durch einen → *Kabelauslöser* ersetzt worden.

Drehzoom (at, opt) → *Zoom-Objektiv*, bei welchem die → *Linsen*gruppen zur stufenlosen Verstellung der → *Brennweite* durch Drehen eines Ringes bewegt werden. (→← *Schiebezoom*).

Dreischichten-Farbfilm → *Farbdiafilm*, → *Farbnegativfilm*, → *Farbfilm*.

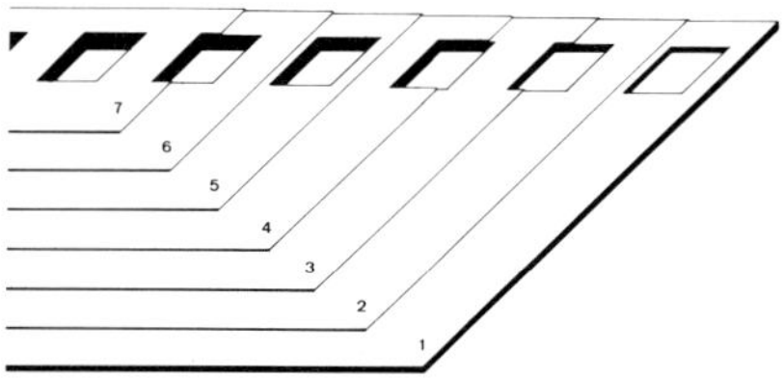

1. Schichtträger 2. Haftschicht 3. Rotempfindliche Schicht 4. Grünempfindliche Schicht 5. Gelbfilterschicht 6. Blauempfindliche Schicht 7. Gelatineschutzschicht

Dreifarben-Fotografie (at, hist) Bevor 1935 der erste → *Dreischichtenfarbfilm* auf den Markt kam, wurden mit speziellen Dreifarbenkameras, die über einen Strahlenteiler verfügten, gleichzeitig durch Auszugsfilter auf → *panchromatischem Film*material drei → *Auszugsnegative* in den → *additiven Grundfarben* erstellt (→ *Farbfotografie*).

Dreifarbenkamera (Deutsches Museum, München)

Driffield, Vero Charles (bio) (1848-1915) erforschte in Zusammenarbeit mit → *Hurter* die Beziehungen zwischen der → *Belichtung*, der → *Entwicklung* und der resultierenden → *Dichte* lichtempfindlicher → *Emulsionen*. Mit der ersten Veröffentlichung ihrer Erkenntnisse im Jahre 1890 war der Grundstein zur → *Sensitometrie* gelegt, und brauchbare Empfindlichkeitssysteme konnten eingeführt werden.

Ducos du Hauron, Louis (bio) (1837-1920) Pionier der Farbfotografie. Angeregt durch die Versuche von → *Maxwell*, beschrieb er 1869 nahezu alle möglichen Prinzipien der Farbfotografie, die er, soweit dies mit nichtsensibilisiertem Material (→ *Sensibilisierung*) möglich war, in der Praxis erprobte. 1891 beschrieb er ein Verfahren zur Herstellung farbiger → *Anaglyphen*. Mit dem Aufkommen → *pan-*

chromatischer Schichten arbeitete Ducos du Hauron erfolgreich mit → *Auszugsnegativen*, die er mit einem dem → *Carbro-Druck* ähnlichen → *Edeldruckverfahren* in farbige Aufsichtsbilder umarbeitete. → *Farbfotografie*.

Dufaycolor (at, hist) Erfolgreiches → *additives Farbverfahren* nach dem → *Linienraster*prinzip. Zurückgehend auf die Erfindung von John Joly, realisierte der französische Fotograf Louis Dufay Diafilme mit einem netzartigen Farbraster, das aus blauen, grünen und roten Streifen bestand (20 bis 25 Linien pro mm). → *Farbfotografie*.

Dunkelblitz (at) Deckt man das Reflektorschutzglas eines → *Blitzgerätes* mit einem → *Infrarot*- Filter ab, der das sichtbare → *Spektrum* völlig absorbiert, so können auf Infrarot-Filmmaterial unbemerkt Blitzlichtaufnahmen gemacht werden. Mit dieser Technik ist es auch möglich, gewisse lichtempfindliche Vorgänge, wie z.B. die Laborarbeit eines Fotografen, (siehe Bild) aufzunehmen.

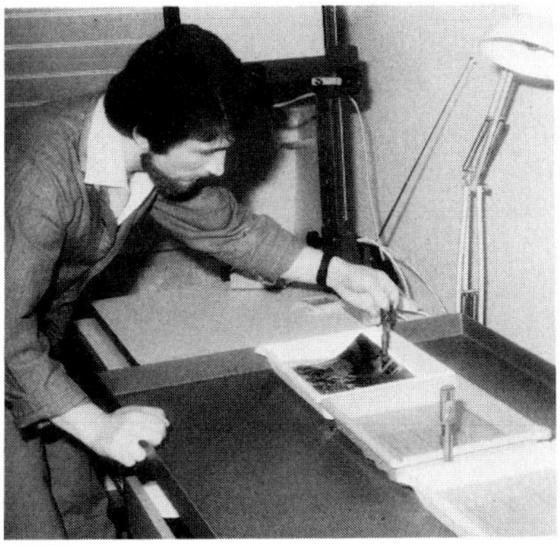

Dunkelfeld (at) Diese → *Beleuchtungs*art beruht darauf, dass ein Objekt vor einem unbeleuchteten Hintergrund seitlich angestrahlt wird. Lediglich das vom Objekt gestreute Licht gelangt durch das → *Objektiv* auf den → *Film*. Durch die flache Beleuchtungsart können auch minimale Erhebungen oder Vertiefungen sichtbar gemacht werden. In der praktischen Fotografie können stark unterbelich-

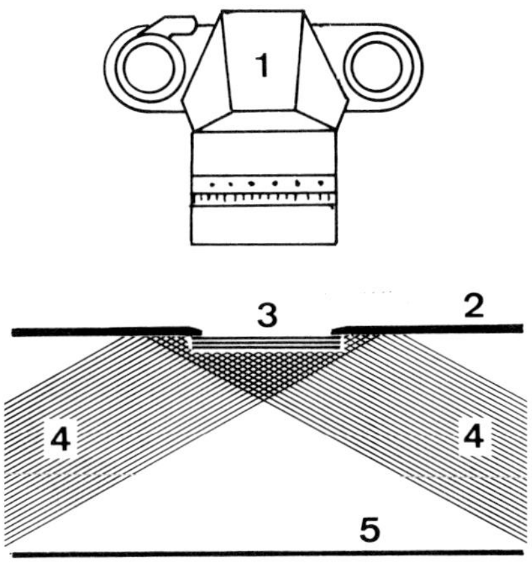

1. Kamera 2. Schwarzer Karton 3. Unterbelichtetes Negativ zwischen Glas 4. Gerichtetes Licht 5. Schwarzer Hintergrund

tete (→ *Belichtung*) → *Negative* im Dunkelfeld reproduziert werden. Bei dieser Beleuchtungsart erscheint ein solches Negativ als Positiv, so dass wir auf einfache Weise wieder ein stärker gedecktes Negativ erhalten. Die Dunkelfeld-Beleuchtung wird auch häufig in der Mikroskopie angewandt.

Dunkelkammer (lab) veralteter Begriff für → *Fotolabor*.

Dunkelkammerleuchte (lab) Veralteter Begriff für → *Laborleuchte*.

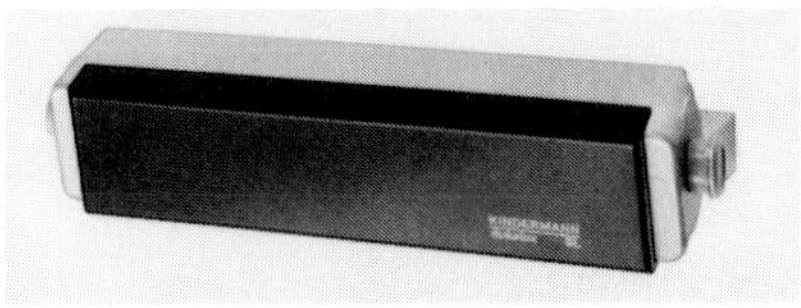

Laborleuchte (Kindermann)

Dunst (at) Atmosphärischer Dunst ist eine Suspension von Wasserdampf, Rauch, Staub und anderen winzigen Partikeln. Diese streuen vor allem kurzwelliges Licht, was zur Einschränkung von Fernsichten führt.
Bei Schwarzweiss-Aufnahmen (→ *Schwarzweissfotografie*) kann der atmosphärische Dunst mit einem Gelb-, Orange- oder Rotfilter (→ *Filter*) weitgehend durchdrungen werden. Eine optimale Wirkung wird mit → *Infrarot*material und entsprechenden Fil-

tern erreicht. Bei Farbaufnahmen (→ *Farbfotografie*) ist eine Verbesserung der Fernsichten mit einem → *Polarisationsfilter* möglich, weil die Lichtstreuung im Dunst polarisierend wirkt. Die Wirkung ist am stärksten, wenn der Aufnahmewinkel senkrecht zur Sonneneinstrahlung steht.

Duplikat (lab, at) Diapositive (und auch Negative) sind meist Unikate. Um diese Originale zu schonen und um einen eventuellen Verlust zu verhindern, fertigt man ein Duplikat an. Es handelt sich dabei um ein gleichartiges Produkt, das möglichst originalgetreu entweder im → *Kontaktkopier*verfahren oder optisch hergestellt wird. Um eine → *Kontrast*steigerung zu vermeiden, können entweder Duplikatfilme verwendet werden, die eine besonders flache → *Gradation* aufweisen, oder das Original wird mit einer kontrastreduzierenden → *Silbermaske* (→ *Maskieren*) versehen, was das Duplizieren auf gewöhnliches Aufnahmematerial ermöglicht. Eine weitere Möglichkeit der Kontrastreduktion ist die → *Vorbelichtung*.

Durchfokussieren (at) Bei einigen langen → *Teleobjektiven* besitzt die Entfernungseinstellung bei → *Unendlich* keinen festen Anschlag. Es ist also möglich, über den Unendlichpunkt hinaus zu fokussieren (→ *Scharfeinstellung*), wodurch die Einstellung von Unendlich genauer vorgenommen werden kann.

Durchhang → Schwärzungskurve.

Durchlauftrockner (lab) Gerät zur kontinuierlichen → *Trocknung* von → *Fotopapier*. Die nassen Papiere werden durch einen Mechanismus von Gummirollen durch das Gerät transportiert, in welchem sich ein Infrarot-Heizstab befindet. Temperatur und Transportgeschwindigkeit müssen auf die Art des Papieres abgestimmt sein.

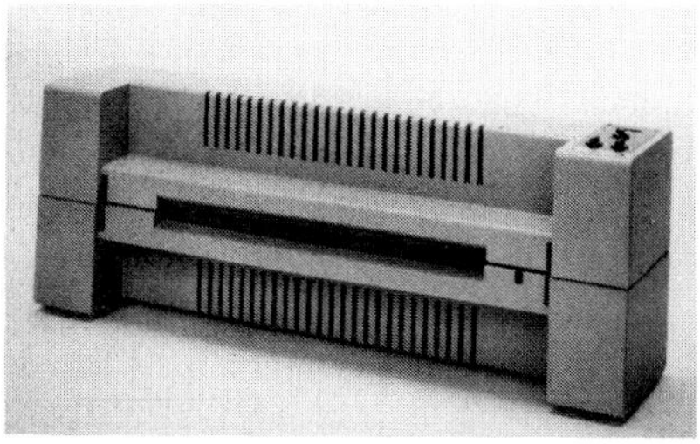

Durchlauftrockner für RC-Papier

Durchlicht (at) Dünne, durchscheinende Objekte werden häufig in einem gerichteten oder gestreuten Strahlenbündel aufgenommen, welches als → *Gegenlicht* das Objekt durchdringt. → *Reproduktionen* von Diapositiven, auch zur → *Duplikat*herstellung, werden im Durchlicht angefertigt. Das Durchlicht ist auch die meisteingesetzte Beleuchtungsart in der Mikroskopie. →← *Auflicht*.

DX-Code (at) Elektrische Leitfelder auf der → *Filmpatrone* geben der → *Kamera*elektronik automatisch die → *Filmempfindlichkeit* ein. Dadurch wird ein falsche Einstellung der Filmempfindlichkeit verhindert. Weiter umfasst der DX-Code einen Strichcode und einen Lochcode (auf dem Film- → *Vorspann*) für die Filmerkennung im Labor, sowie einen einbelichteten Strichcode zur → *Printer*steuerung.

Dye Transfer (lab, bpr) Farbfotografisches Druckverfahren. Nach einem Diapositiv werden drei → *Auszugsnegative* angefertigt, die auf spezielle Matrix-Filme umkopiert werden. Diese werden nach einer Gerbentwicklung (→ *Entwicklung*) und dem → *Fixieren* heiss gewässert, wobei an den unbelichteten Stellen die nicht gehärtete Gelatine weggewaschen wird. Die auf diese Weise hergestellten trockenen Matrizen sind → *Gelatine*reliefs auf einem masshaltigen Träger, deren Dicke im Verhältnis zur erfolgten Belichtung steht. Dann werden die Matrizen mit der jeweiligen → *Komplementärfarbe* eingefärbt, wobei dickere Gelatinestellen mehr Farbe aufnehmen. Beim passgenauen → *Umdrucken* auf ein Übertragungspapier entsteht nach dem → *subtraktiven* Mischprinzip ein hochwertiges, lichtbeständiges Farbbild (→ *Farbfotografie*). Beim Anfertigen der Auszugsnegative, besonders jedoch beim Umdruckvorgang kann die Farbgebung stark beeinflusst werden, so dass wiederholbare, gestalterische → *Verfremdungen* möglich sind.

Prinzipschema Kodak Dye Transfer

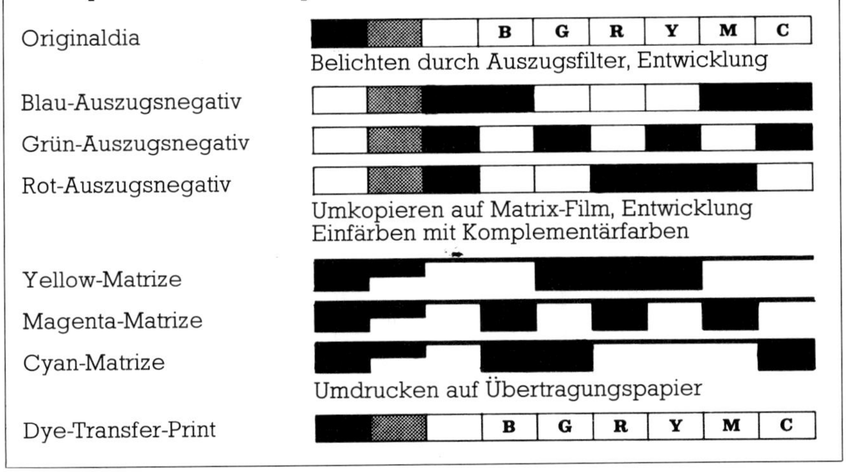

E

Eastman, George (bio) (1854-1932) Amerikanischer Industrieller, Begründer der Eastman Kodak Company. Als in einer Bank tätiger Amateurfotograf beschloss er 1880, → *Trockenplatten* selbst fabrikatorisch herzustellen. Nach der Erfindung des → *Rollfilms* brachte Eastman eine einfache → *Boxkamera* auf den Markt, die die Fotografie einem breiten Publikum zugänglich machte. Deshalb gilt Eastman als Vater der Amateurfotografie. Er förderte auch die → *Farbfotografie* und die → *Kinematografie* und unterstützte philanthropische Werke, die der Volksgesundheit, der Kultur und der Wissenschaft dienten.

Eberhard-Effekt (lab) Kanteneffekt, der besonders bei unbewegter Entwicklung in zwei verschiedenen Erscheinungsformen auftritt.
1. Randeffekt: Die Kante einer stark geschwärzten Fläche weist eine höhere → *Dichte* auf.
2. Saumeffekt: Die Kante einer gering geschwärzten gleichmässigen Fläche ergibt eine helle Linie, wenn sie an eine Zone höherer Dichte angrenzt.
Der Eberhard-Effekt beruht darauf, dass verbrauchte Entwicklungssubstanz die Entwicklung verzögert, während frische Entwicklersubstanz benachbarter Schwärzungszonen an die Ränder diffundiert und dort zu einer intensiveren Entwicklung führt. Der Eberhard-Effekt sieht dem → *Sabattier-Effekt* ähnlich, hat aber mit diesem nichts zu tun.

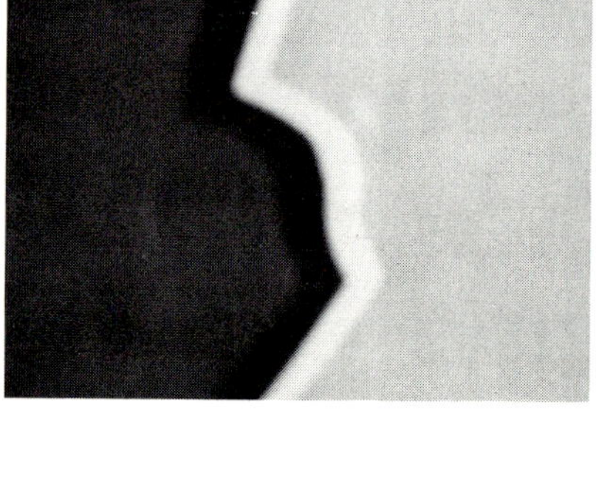

Edeldruckverfahren (bpr, hist) Um impressionistische, malereiähnliche Bilder zu schaffen, die auf silberlosem Material besonders gut haltbar («unvergänglich») sein mussten, erlebten verschiedene fotografische Druckverfahren um die Jahrhundertwende eine Blütezeit. Die meisten Edeldruckverfahren beruhten darauf, dass nach einem fotografischen Negativ (oder Positiv) ein mit einer Bichromatgelatine-Emulsion beschichtetes Papier belichtet wurde. An belichteten Stellen wurde die Chromatgelatine wasserunlöslich, wodurch ein Gelatinerelief entstand, das mit Druckfarbe eingefärbt werden konnte. Dieses konnte entweder so getrocknet oder auf ein Übertragungspapier umgedruckt werden (→ *Umdruck*). Die Technik der Edeldrucke war schwarzweiss, ein- oder mehrfarbig möglich. Die bekanntesten Edeldruckverfahren sind: → *Bromöldruck*, → *Carbrodruck*, → *Gummidruck*, → *Kohledruck*, → *Öldruck*, → *Pigmentdruck*. Auch das → *Dye-Transfer*-Verfahren basiert auf dem Prinzip der Edeldrucke.

Edelmetallsalztonung
→ *Tonung*

Eder, Joseph Maria (bio) (1855-1944) Fotochemiker. Studierte an der Universität und an der Technischen Hochschule Wien. Er wurde 1882 an die höhere Gewerbeschule als Professor für Chemie und Physik berufen. Erfand das → *Chlorbromsilberpapier*, verbesserte die → *Trockenplatte* und entdeckte neue Sensibilisatoren (→ *Sensibilisierung*). 1889 wurde er erster Leiter der neugegründeten Graphischen Lehr- und Versuchsanstalt in Wien und dozierte weiterhin Fotografie an der Technischen Hochschule. 1925 trat er von seiner Lehrtätigkeit zurück. Seine Arbeiten auf dem Gebiet der Fotochemie, der → *Sensitometrie* und der Spektralfotografie waren grundlegend. Er hat auch die Geschichte der Fotografie systematisch erforscht. Allein die Anzahl der von ihm verfassten Publikationen, über 650 Titel, geben uns eine Vorstellung von seinem Schaffen.

Effekte, fotografische (phys, chem) Sowohl beim Entstehen des → *latenten Bildes* als auch bei der Weiterverarbeitung können Abweichungen im Verhalten von lichtempfindlichen Schichten auftreten.
1. Fotografische Effekte des latenten Bildes: Clayden-Effekt, → *Herschel-Effekt*, → *Intermittenz-Effekt*, → *Kurzzeit-Effekt* bzw. → *Reziprozitätsfehler*, → *Latensifikation*, → *Solarisation* und Abbau des latenten Bildes.
2. Fotografische Effekte, die durch die Verarbeitung von belichtetem Material auftreten: → *Nachbareffekte*, → *Eberhard-Effekt*, → *Kostinsky-Effekt*, Lainer-Effekt, Ross-Effekt und → *Sabattier-Effekt*.

Effekte, kreative (at, lab)
1. Mit → *Filtern* und verschiedenartigsten Vorsätzen vor dem Aufnahmeobjektiv kann die bei der Aufnahme vorherrschende Stimmung verändert werden. → *Weichzeichner*, → *Tricklinsen*.
2. Verschiedene Labortechniken führen zu → *Verfremdungen* des aufgenommenen Motivs. → *Aequidensiten*, → *Isohelie*, → *Pseudosolarisation*, → *Retusche* und → *Tontrennung*.
3. Doppelbildeffekte, die entweder durch → *Doppelbelichtung* oder → *Montagen* angefertigt werden können.

Effektlicht (at) Um bei einer Aufnahme gewisse Details hervorzuheben, werden diese mit einem → *Spotlicht* oder mit → *indirektem Licht* zusätzlich beleuchtet. Besonders in der → *Porträt*-Fotografie, in der → *Werbefotografie* und bei → *Sachaufnahmen* werden häufig auch farbige Effektlichter eingesetzt.

Effektnegative (lab) sind → *Strichnegative*, die feine Texturen oder Raster aufweisen. Sie werden beim → *Vergrössern* mit einem → *Halbton*negativ in Kontakt gebracht. Das gemeinsame Vergrössern beider Negative führt zu einer → *Verfremdung* des Halbtonbildes. Effektnegative können auf → *Dokumentenfilm* oder auf → *Strichfilm* leicht selbst hergestellt werden, wobei sich Nahaufnahmen von Textilien und anderen strukturierten Materialien sehr gut eignen.

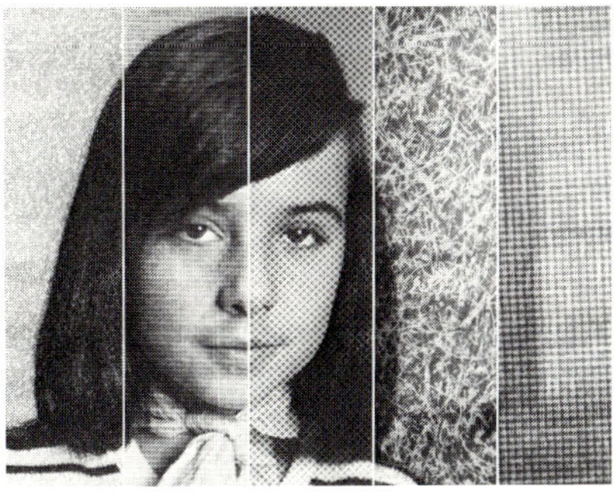
Paterson Products Ltd. London

Einbadtonung → *Tonung*.

Einkopieren (lab) → *Mehrfachbelichtung*, die im Labor vorgenommen wird, um mehrere Motive oder Kombinationen mit Schrift im Bild zu realisieren. Dabei deckt man meistens die bereits belichteten Partien des → *Fotopapiers* mit einer Maske ab, um eine → *Verschleierung* zu verhindern.

Einmalentwicklung (lab) (engl. «totalloss») Bei zahlreichen Prozessen werden die Verarbeitungsbäder nach einmaliger Verwendung weggeleert. Kleinere und mittlere → *Entwicklungsmaschinen* arbeiten häufig nach diesem Prinzip, das auch bei unregelmässigen Filmquantitäten stets reproduzierbare Ergebnisse garantiert. →← *Regenerierung*. In der Schwarzweiss-Fotografie gibt es Einmalentwickler, die nur in hochkonzentrierter Form haltbar sind. Zum Gebrauch werden sie mit Wasser stark verdünnt. Sie sind dadurch auf jeden Filmtyp und → *Objektumfang* genau abstimmbar → *Entwicklung*.

Einstellebene (at) Optische Ebene in der → *Kamera* oder im → *Sucher*system, welche gleich weit vom optischen System (→ *Objektiv*) entfernt (→ *Bildweite*) ist, wie die → *Bildebene*. In der Einstellebene des Suchersystems ist die → *Mattscheibe* angebracht, und dient aufgrund ihrer speziell mattierten Oberfläche zum Einstellen (→ *Scharfeinstellung*) der → *Schärfe*. Bei → *Vergrösserungsgeräten* entspricht die Einstellebene der Oberfläche des Grundbrettes, bzw. des → *Vergrösserungsrahmens*.

Einstellicht (at) Studioblitzgeräte (→ *Blitzgerät*) verfügen meist im Zentrum der kreis- oder wendelförmigen Blitzröhre über eine Krypton- oder → *Halogenlampe*, die vom Blitzlicht getrennt eingeschaltet werden kann und zur Kontrolle der präzisen Lichtführung dient. Das Einstellicht ist proportional mit der Leistungsteilung des Blitzes geschaltet.

Einstellnegativ (lab) Um das Scharfstellen beim → *Vergrössern* zu erleichtern, sind → *Strich*negative im

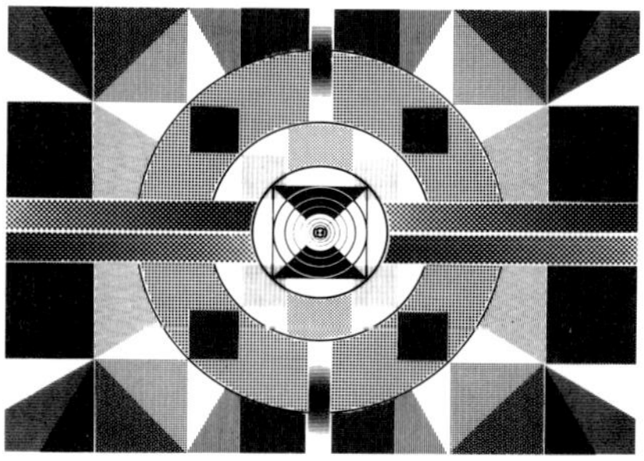

Handel, die an Stelle des zu vergrössernden Negativs in die Negativbühne des → *Vergrösserungsgerätes* eingelegt werden. Sinnvoll ist dies vor allem bei starken Vergrösserungen sowie dichten und unscharfen Negativen, die schwierig von Auge kornscharf einzustellen sind.

Einstellscheibe → *Mattscheibe*.

Einstellschnecke (opt) Mechanischer Bestandteil einer → *Objektivfassung*, welcher zur präzisen Verschiebung der → *Linsen* und Linsengruppen dient, um die Bildschärfe (→ *Scharfeinstellung*) oder bei → *Zoomobjektiven* (→ *Drehzoomobjektiv*) die → *Brennweite* einzustellen. Einstellschnecken sind hochpräzise Drehteile mit mehrgängigen Gewinden.

Einstellupe (at, lab) Hilfsmittel, um in der → *Einstellebene* bzw. in der → *Bildebene* die Schärfe einzustellen (→ *Scharfeinstellung*).

Eisen (chem) Fe. Eisenverbindungen werden in der Fotochemie in → *Abschwächern*, in → *Entwicklern* und Bleichfixierbädern (→ *Bleichbad*, → *Farbfotografie*) und in Tonern (Eisenblau- → *Tonung*) verwendet.

Eisessig (chem) Wasserfreie → *Essigsäure*. Verwendung in → *Unterbrecherbädern*.

Eiweisslasurfarben (lab, bpr) Spezielle, transparente → *Retuschefarben* zum → *Kolorieren* von → *Schwarzweiss*materialien und → *Ausflecken* von → *Kopien*.

Elektronenblitzgerät (at) → *Blitzgerät*.

Elektronik (at, bm, phys) Regel- und Steuerfunktionen können in einer Kamera (→ *Belichtungsautomatik*) und in → *Blitzgeräten* von elektronischen Bauelementen übernommen werden. In der Belichtungsmessung (→ *Belichtungsmesser*) werden Transistoren als Verstärker eingesetzt. Halbleiterbauteile steuern den → *elektronischen Verschluss*, und die Sucheranzeige von → *Belichtungszeit* und → *Blendenzahl* erfolgt mittels → *LED*- oder → *LCD*-Elementen. Bei → *Computerblitz*geräten wird die automatische Regelung der → *Leuchtzeit* ebenfalls von elektronischen Bauelementen übernommen.

Elektronische Fotografie (at) 1. → *Kameras*, die anstelle eines → *Films* einen Bildsensor (→ *CCD*-Element) besitzen und Bildsignale auf einer Diskette oder einer Speicherkarte

speichern. Das Bild kann auf dem Fernsehmonitor betrachtet oder über einen Drucker auf Papier ausgedruckt werden können. Erste Geräte dieser Art (seit 1981, Sony Mavica) zeigen interessante technologische Möglichkeiten auf, sind jedoch der Silberfotografie qualitativ deutlich unterlegen.
2. Bearbeitung digitalisierter Bildinformationen. Die Daten elektronisch aufgezeichneter oder eingescannter Bilder können mit Hilfe eines Computers und geeigneten Programmen beliebig verändert oder ineinander kopiert werden.

Elektronischer Verschluss (at)
Im Verschlussbau werden zur Steuerung des Verschlussablaufs elektronische Bauteile zugezogen. Dadurch entfällt das aufwendige mechanische Hemmwerk, und auch längere Verschlusszeiten können eingestellt werden. Abhängig von der → *Filmempfindlichkeit*, der Lichtverhältnisse und der vorgewählten → Arbeits*blende*, wird über Schaltwiderstände ein Zeitkondensator mit einem bestimmten Ladestrom geladen. Der Zeitkondensator steuert einen Elektromagneten, der beim Auslösen das Wiederschliessen des Verschlusses der → *Beichtungszeit* entsprechend verzögert.

Empfindlichkeit, fotografische (at) → *Filmempfindlichkeit.*

Empfindlichkeit, spektrale
(at) Reines → *Silberhalogenid* in einer fotografischen → *Emulsion* ist lediglich für ultraviolette und blaue Strahlen empfindlich. Erst durch das Beimischen bestimmter Farbstoffe (→ *Sensibilisierung*) bei der Emulsionsherstellung werden fotografische Schichten auch für die übrigen → *Spektralfarben*, für Grün und Rot, bei Spezialfilmen sogar über den Bereich des sichtbaren Spektrums hinaus, für → *Infrarot*, empfindlich gemacht. Blauempfindliche Filme nennt man unsensibilisiert. Schliesst die spektrale Empfindlichkeit den Grünbereich mit ein, so handelt es sich um einen → *orthochromatischen Film*, und ist die Schicht für sämtliche Spektralfarben des sichtbaren Spektrums empfindlich, nennt man den Film → *panchromatisch.*

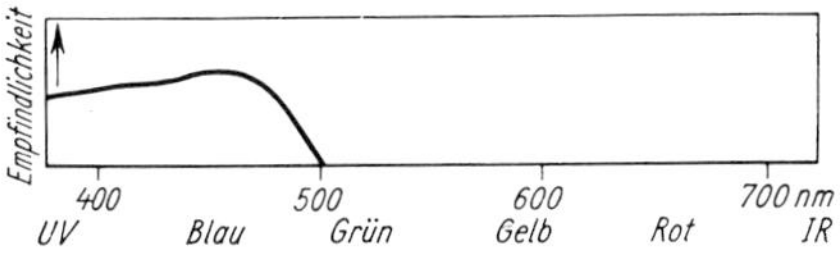

Spektrale Empfindlichkeit einer unsensibilisierten photographischen Schicht

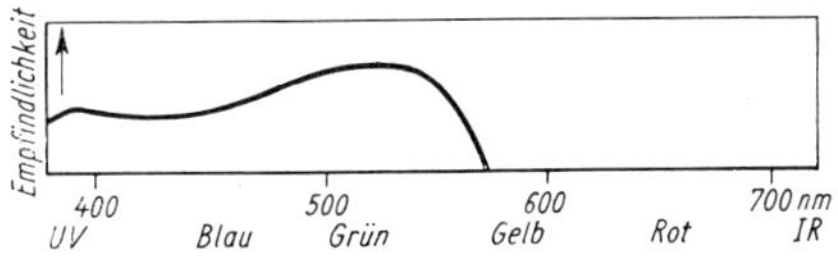

Orthochromatische Schicht

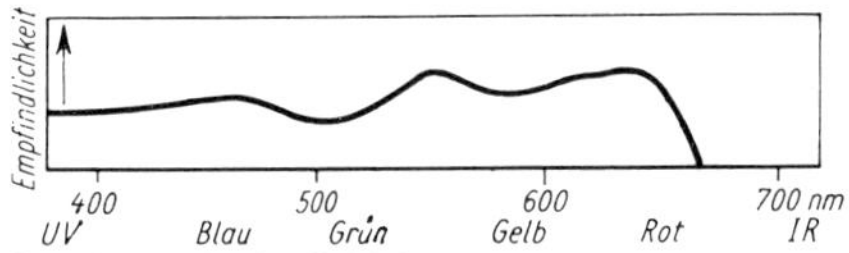

Panchromatische Schicht

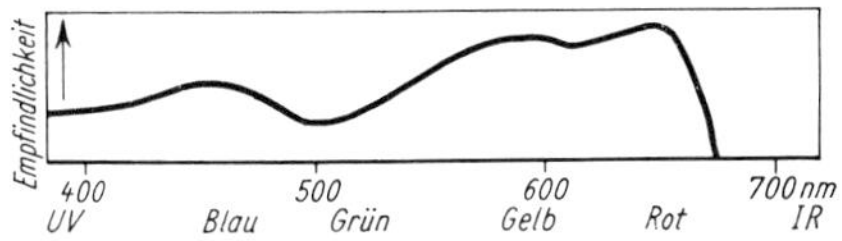

Panchromatische Schicht mit erhöhter Rotempfindlichkeit

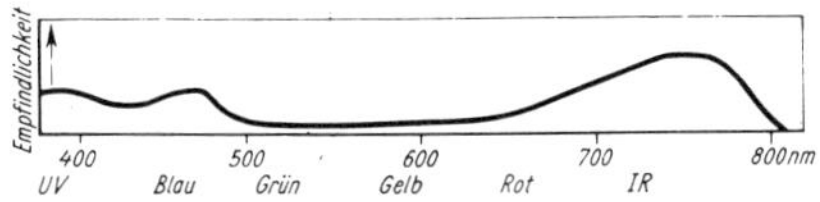

Infrarotempfindliche Schicht.

Empfindlichkeitssteigerung
(lab) Die → *Filmempfindlichkeit* lässt sich bei geringem → *Motivkontrast* (→ *Kontrastumfang*) mit gewissen → *Entwicklern* durch eine verlängerte → *Entwicklungszeit* oder durch eine Vorbehandlung besser ausnutzen. Gerade bei → *Reportagen* oder in der → *Sportfotografie*, wo unter spärlichen Lichtverhältnissen bei möglichst kurzen Verschlusszeiten ein optimales Resultat erbracht werden muss, ist es üblich, dass man höchstempfindliche → *Filme* forciert, d.h. verlängert entwickelt (→ *Push-Entwicklung*). Auf diese Weise ist es möglich, bei Schwarzweissfilmen zwei bis drei und bei Farbdiafilmen ein bis zwei Belichtungsstufen zu gewinnen, wobei in Kauf genommen werden muss, dass

→ *Körnigkeit* und → *Gradation* ungünstig verändert werden. Weitere Möglichkeiten der Empfindlichkeitssteigerung sind Sonderbehandlungen vor dem Belichten (→ *Hypersensibilisierung*) oder nach der → *Belichtung* (→ *Latensifikation*). Mit Ausnahme von gewissen Spezialanwendungen, zum Beispiel in der Astrofotografie, haben sie heute kaum mehr Bedeutung.

Emulsion (chem) Gemenge von lichtempfindlichen Silbersalzen (→ *Silberhalogenide*) und → *Gelatine*, das, hauchdünn auf einem → *Schichtträger* verteilt, die lichtempfindliche Schicht darstellt. Der Ausdruck «Emulsion» ist, obwohl allgemein gebräuchlich, nicht ganz korrekt. Es handelt sich eigentlich um eine Suspension, da die feinen Silberhalogenide in einem kolloidalen Bindemittel (Gelatine) keine homogene Lösung ergeben können, sondern darin eingebettet sind. Die Herstellung einer Emulsion ist ein komplizierter Vorgang: Zuerst wird das Silberhalogenid gefällt, d.h., die Komponenten Silbernitrat und z.B. Kaliumbromid in Gelatine laufen in einem Rührprozess zusammen. Dann folgt die Reifung, die darin besteht, dass die flüssige Emulsion längere Zeit unterschiedlichen Temperaturen ausgesetzt wird. Die Emulsion wird durch chemische Zusätze ausgeflockt und gewaschen, um überschüssige Halogensalze und das entstandene Kaliumnitrat zu entfernen. Unter dem Einfluss zugesetzter Gold- und Schwefelverbindung bilden sich während der nachfolgenden 2. Reifungsstufe die Empfindlichkeits- und Reifekeime heraus. Mit Sensibilisatoren (→ *Sensibilisierung*) erreicht man, dass die Emulsion nicht nur für Blau, sondern für das gesamte sichtbare Spektrum empfindlich ist. Gerbende Stoffe, die die Emulsion mechanisch härten, Stabilisatoren, die die Emulsion haltbar machen und, bei Emulsionen für Farbfilme, die → *Farbkuppler* (→ *DIR-Kuppler*), die bei der Farbentwicklung zusammen mit oxidiertem Entwickler Farbstoffe bilden, werden hinzugefügt, bevor die Emulsion in die Giessmaschine gelangt. In einer Dicke von ca. 0,01 mm wird sie dann auf die Haftschicht des Filmträgers gegossen. Je nach Filmtyp werden mehrere Schichten übereinander gegossen.

Emulsionsnummer (at) Fabrikationsnummer bei lichtempfindlichem Material. Sie gibt Aufschluss über Fabrikationsdaten, Herstellungszeitpunkt und Produktart. Verschiedene → *Emulsionen* können in ihrer Charakteristik geringfügig abweichen, so dass bei Beanstandungen die Emulsionsnummer von grundlegender Bedeutung ist. Sie ist auf der Packung aufgedruckt und im Filmmaterial eingestanzt oder einbelichtet.

Endoskop (at) Rohrförmiges Spezialobjektiv, mit dem → *Nahaufnahmen* von unzugänglichen Orten (z.B. Körperhöhlen) möglich sind. Durch ein Linsensystem und biegsame → *Lichtleiter* gelangen die Strahlen direkt in das Kameragehäuse. Endoskope werden besonders in der Medizin, aber auch bei Innenaufnahmen von Geräten und Architekturmodellen eingesetzt.

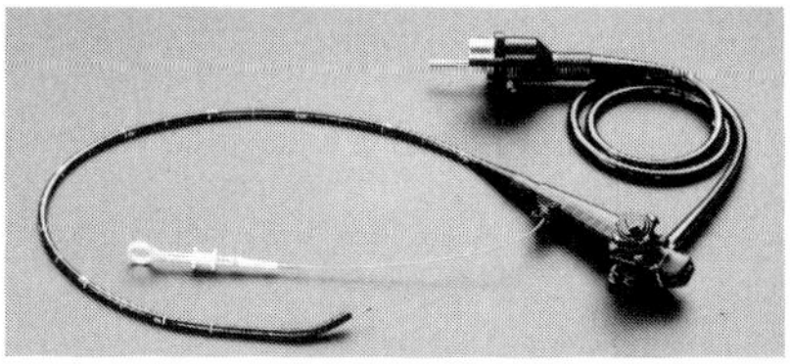

Endoskop (Olympus)

Entfernungsmesser (at) (auch «Telemeter») 1. Messinstrument bzw. -vorrichtung zum Ermitteln der → *Gegenstandsweite*, das in → *Messsucherkameras* meistens mit der Entfernungseinstellung gekoppelt ist. Von zwei Punkten wird über einen festen,

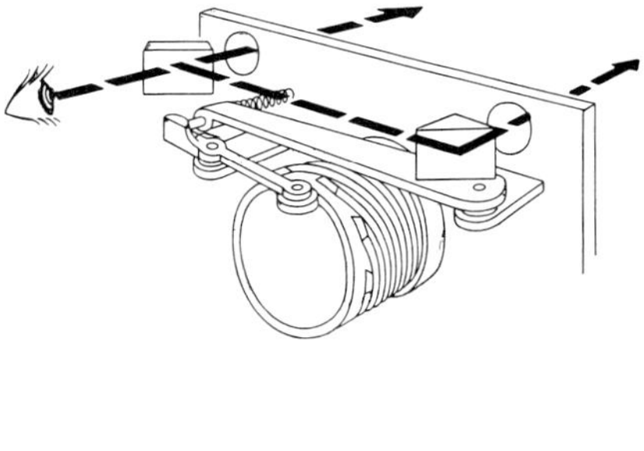

teildurchlässigen und einen zweiten beweglichen → *Spiegel* das Motiv anvisiert (Triangulationsprinzip). Durch die Winkeländerung der beiden Messstrahlen werden zwei Teilbilder zur Deckung gebracht, wonach die exakte Entfernung auf einer Skala abgelesen werden kann.
2. Das Sucherzentrum von einäugigen → *Spiegelreflexkameras* weist meistens auf der Mattscheibe einen → *Schnittbildindikator* und/oder einen → *Mikroprismenraster* auf, die das Scharfstellen erleichtern.

Entladungslampen (li) Im Gegensatz zu → *Glühlampen* erzeugen Metalldampflampen → *Licht*, indem in einem mit Gas (→ *Gasentladungslampen*) oder Metalldampf (→ *Metalldampflampen*) → gefüllten Glaskolben eine Bogenentladung stattfindet. Entladungslampen haben gegenüber Glühlampen eine Reihe entscheidender Vorteile, (tageslichtähnliche → *Verteilungstemperatur*, bis zu vierfache → *Lichtausbeute* gegenüber Glühlampen, höhere → *Leuchtdichte* und geringere Empfindlichkeit gegen elektrische Überlastung und mechanische Erschütterungen) und kommen deshalb als → *Lichtquellen* für Fotografie, Video und Film zunehmend zum Einsatz.
Zur Strombegrenzung benötigt jede Entladungslampe ein Vorschaltgerät (Gleichrichter, Drosselspule, Streufeldtransformator oder elektronische Betriebsgeräte) und zur Einleitung der Entladung ein Zündgerät. Die wohl bekanntesten Entladungslampen sind → *Leuchtstoffröhren*, die allerdings aufgrund ihres diskontinuierlichen → *Spektrums* für fotografische Zwecke nur bedingt geeignet sind. Als → *Laborleuchte* sind → *Natriumdampflampen* sehr verbreitet, die eine sehr hohe → *Lichtausbeute* besitzen und eine Spektralverteilung, die optimal auf die → *Sensibilisierungslücke* des lichtempfindlichen Materials abgestimmt ist.

Entspiegelung (opt) → *Vergütung*.

Entwickler (chem) Lösung, die das → *latente Bild* in ein sichtbares umwandelt. Dabei wird das belichtete → *Silberhalogenid* durch Abgabe von Elektronen zu metallischem → *Silber* reduziert. Die als Reduktionsmittel verwendete → *Entwicklersubstanz* wird während der → *Entwicklung* in ihr entsprechendes Oxidationsprodukt übergeführt (→ *chromogene Entwicklung*, → *Farbkuppler*). Ein Entwickler muss folgende 5 Hauptbestandteile aufweisen: Wasser als Lösungsmittel, die → *Entwicklersubstanz* als Reduktionsmittel, → *Konservierungsmittel*, um vorzeitige Oxidation zu verhindern, ein *Beschleunigungsmittel* (→ *Alkali*), ein → *Klärmittel* (→ *Kaliumbromid*) zur Unterdrückung der Schleierbildung und verschiedene Zusätze zur Wasserenthärtung, als Kalkschutzmittel oder zur Veränderung gewisser Charakteristiken der → *Emulsion*. Wir unterscheiden verschiedene Arten von Entwicklern in der bildmässigen Fotografie: Für → *Negative*: Ausgleichsentwickler (→ *Ausgleichsentwicklung*), Feinkornentwickler (→ *Feinkornentwicklung*), Entwickler zur → *Empfindlichkeitssteigerung* und Spezialentwickler. Für → *Positive*: → *Tiefenentwickler*, die meistens mit Zusätzen versehen sind, um den Bildton (Warmton, Neutralgrau, Blauschwarz) zu steuern. Es gibt sowohl Entwickler, die sich lediglich einmal (→ *Einmalentwicklung*) verwenden lassen, als auch solche, die regenierierbar (→ *Regenerierung*) sind. Die Haltbarkeit von Entwicklern ist von der Oxidation und der Ausnutzung abhängig.

Entwicklersubstanz (chem) Reduktionsmittel im → *Entwickler*, das belichtetes Silberhalogenid reduziert und dadurch das → *latente Bild* in ein sichtbares umwandelt. Von den rund 800 bekannten Entwicklersubstanzen finden in der Praxis etwa 30 Verwendung. Die wichtigsten sind Verbindungen der organischen Chemie und lassen sich vom Benzol ableiten: Phenole (Hydrochinon, Pyrogallol, Brenzkatechin), Aminophenole (Monomethyl-para-aminophenolsulfat, para-Aminophenol), Polyamine (Para-Phenylendiamin) und Pyrazole (Phenidon). Bei der → *Entwicklung* entsteht aus der → *Entwicklersubstanz* ein Oxidationsprodukt, das bei den Schwarzweiss-Verfahren und in → *Silberfarbbleichverfahren* für die Bildentstehung bedeutungslos ist. In der → *chromogenen Entwicklung* hingegen reagieren die Oxidationsprodukte des Farbentwicklers mit den → *Farbkupplern* (→ *DIR-Kuppler*) zu Farbstoffen (→ *Farbfotografie*).

Entwicklerzusammensetzung → *Entwickler.*

Entwicklung (chem, lab, phys) Im → *Entwickler* wird das → *latente Bild* in ein sichtbares umgewandelt. Es handelt sich dabei um eine milliardenfache Verstärkung, die durch Reduktion des belichteten → *Silberhalogenids* zu metallischem → *Silber* in der fotografischen → *Emulsion* erfolgt. Die Entwicklung ist abhängig von der Zusammensetzung und der Konzentration des → *Entwicklers*, von der Temperatur, von der Entwicklungszeit und von der Bewegung des Materials im Entwickler. Während → *Negative* bis zu einem bestimmten → *Gammawert* entwickelt werden, ist bei → *Positiven* das → *Ausentwickeln* üblich. Nach dem eigentlichen Entwicklungsvorgang gelangt das fotografische Material in ein → *Stoppbad* zur Unterbrechung der Entwicklung. Danach wird im → *Fixierbad* das nicht reduzierte → *Silberhalogenid* herausgelöst, wodurch das Bild lichtunempfindlich und haltbar wird. Eine Wässerung (→ *Wässern*) beseitigt die noch in der → *Schicht* vorhandenen Chemikalien. Als besondere Arbeitstechniken sind noch die → *Umentwicklung*, die → *Umkehrentwicklung*, die → *Fixierentwicklung* sowie die Entwicklung zur → *Empfindlichkeitssteigerung* erwähnenswert. Die heute gebräuchlichsten Farbverfahren arbeiten meist nach dem Prinzip der → *chromogenen Entwicklung* (→ *Farbkuppler*), in besonderen Fällen nach dem → *Silberfarbbleichverfahren* (→ *Farbfotografie*). Neben der chemischen gibt es auch noch eine physikalische Entwicklung. Dabei wird durch → *Fixieren* zuerst das → *Silberhalogenid* aus der Schicht herausgelöst. Dann entwickelt man in einer Lösung, die neben der → *Entwicklersubstanz* lösliches → *Silbersalz* enthält, welches sich an den Entwicklungskeimen des → *latenten Bildes* niederschlägt. Die physikalische Entwicklung findet bei den → *Silbersalz-Diffusionsverfahren* (→ *Sofortbildfotografie*) eine praktische Anwendung.

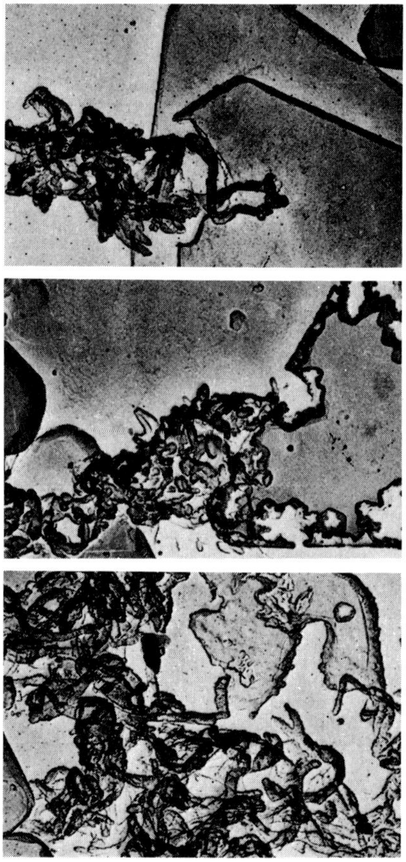

Elektronenmikroskopische Aufnahme der Entwicklung einer Bromsilberemulsion. Die obere Aufnahme zeigt die Anentwicklung, die beiden unteren Aufnahmen verdeutlichen die fortschreitende Entwicklung des Silberhalogenids (Foto Agfa-Gevaert, Leverkusen)

Entwicklungsdose → *Dosenentwicklung.*

Entwicklungsmaschinen (lab) Neben der manuellen → *Entwicklung* können grössere Mengen von Filmen und Papieren auch maschinell verarbeitet werden. Grundsätzlich unterscheidet man vier verschiedene Maschinentypen:

1. Trommelmaschine: Das Entwicklungsgut wird auf eine Trommel aufgespannt, die sich in den Lösungen dreht. Die Bäder werden in eine Schale unterhalb der Trommel gepumpt.
2. Hängermaschine: Sie verfügt über eine Anzahl grosser Tanks. Die Filme werden in Chromstahlrahmen aufgespannt, die über einen Transport- und Bewegungsmechanismus von Bad zu Bad befördert werden.
3. Rollen-Durchlaufmaschine: ein Transportsystem von zahlreichen Gummi- oder Kunststoffrollen (sog. Racks) leitet das Entwicklungsgut durch die einzelnen Tanks weiter.
4. Band-Durchlaufmaschinen: Durch die Maschine läuft ein Kunststoffband (sog. Leaderband), an dem die zu verarbeitenden Filme befestigt werden.

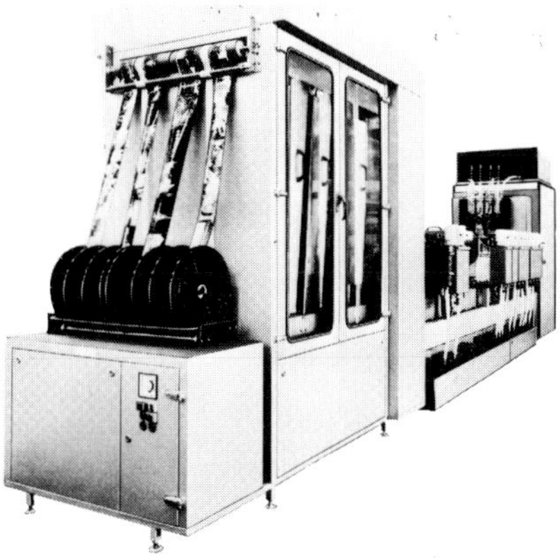

Hostert-Fotomata GmbH, Düsseldorf

Entwicklungsmaschinen sind mit selbsttätigen → *Regenerierungs*einrichtungen versehen, die die verbrauchten Chemikalien laufend ersetzen.

Entwicklungsschale (lab) Hilfsmittel, um planes Fotomaterial (→ *Planfilme*, → *Fotopapier*) zu verarbeiten. Um Fehler, die aufgrund chemischer Verunreinigungen entstehen können, zu vermeiden, empfiehlt es sich für → *Entwickler*, → *Stoppbad* und → *Fixierbad* jeweils eine Entwicklungsschale zu benutzen. Die Schalen sind nach jeder Benutzung auszuwaschen.
Beim Kauf von Entwicklunsschalen ist darauf zu achten, dass diese über Bodenrillen verfügen. Diese verhindern das Anhaften des Entwicklungsgutes auf dem Schalenboden.

Entwicklungstanks (lab) Einrichtung, um Filme (→ *Kleinbildfilme*, → *Rollfilme* und → *Planfilme*) zu verarbeiten. Für den → *Entwickler*, die (Zwischen-) → *Wässerung* und das → *Fixierbad* ist je ein Tank erforderlich. Um die Ausnutzung des Entwicklers zu kompensieren, wird enstsprechend des Entwicklungsgutes Regenerator (→ *Regenerierung*) beigefügt. Damit Entwicklungsflecken und → *Strömungserscheinungen* vermieden werden können, durchflutet man den → *Entwickler* in regelmässigen Zeitintervallen mit → *Stickstoff*, während die übrigen nicht oxidierenden Lösungen mit Druckluft bewirbelt werden. Man unterscheidet zwischen

1. Standtankanlagen mit einem Fassungsvermögen von 6 bis 13,5 Liter. Das Entwicklungsgut wird in Rahmen (für → *Planfilme* und → *Rollfilme*) und

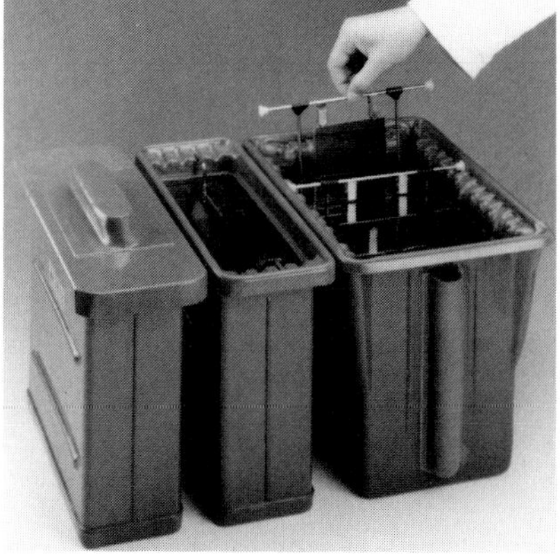

Planfilmtanks (Kindermann)

Spiralen (für → *Kleinbildfilme* und → *Rollfilme*) in einen Drahtkorb eingelegt und in einem bestimmten Rhytmus bewegt.
2. Hochtankanlagen mit 70 und mehr Liter Fassungsvermögen, in denen das Entwicklungsgut auf Rahmen aufgespannt entwickelt wird.

Entwicklungstrommel (lab) Bestandteil der Trommelmaschine (→ *Entwicklungsmaschine*), auf welche die → *Filme* und → *Fotopapiere* zur → *Entwicklung* aufgespannt werden.

Entwicklungszeit (lab) Zeitpanne, während der belichtete → *Filme* und → *Fotopapiere* entwickelt (→ *Entwicklung*) werden. Dabei ist die Temperatur und der Bewegungsrhythmus genau einzuhalten. Eine zu lange Entwicklungszeit führt zu dichten und kontrastreichen → *Negativen*, während eine zu kurze Entwicklungszeit flaue, kontrastarme Negative ergibt. Ein gezieltes Verlängern der Entwicklungszeit bewirkt eine bessere Ausnutzung der → *Filmempfindlichkeit* (→ *Empfindlichkeitssteigerung*).

Entzerren (at, lab) Perspektivische Verzerrungen, wie sie z.B. als → *stürzende Linien* in der → *Architekturfotografie* vorkommen können, werden entweder bei der Aufnahme (→ *Fachkamera, Shift-Objektiv*) oder beim → *Vergrössern* parallel ausgerichtet. Dabei müssen sich die Negativebene, die Objektivebene und Papierebene in einer Linie (S) schneiden (→ *Scheimpflug*), was entsprechende Verstellmöglichkeiten am Vergrösserungsgerät voraussetzt.

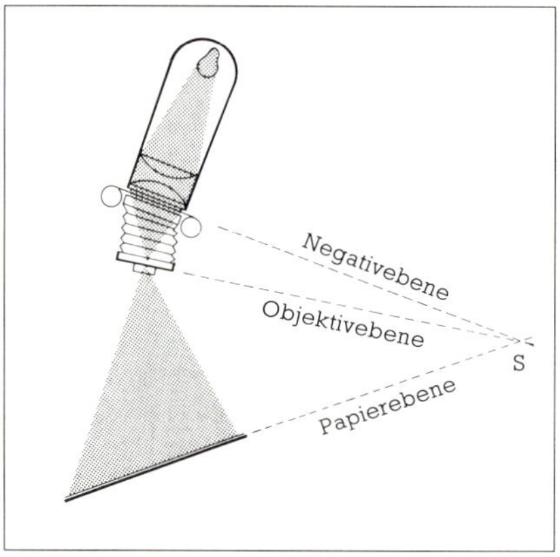

Entzerren mit dem Vergrösserungsgerät

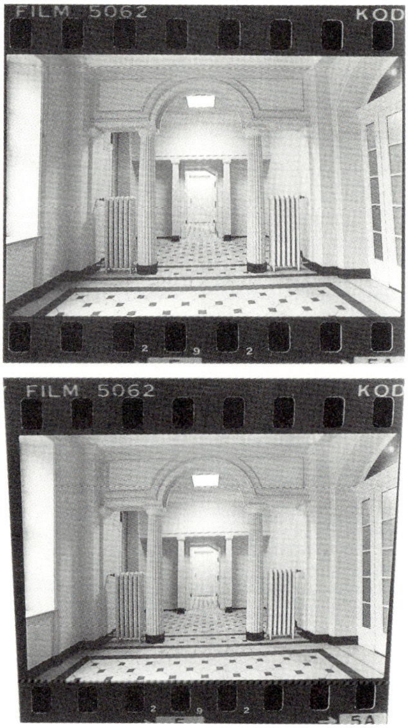

Volker Minkus, Durst

Episkop (pro) Projektionsgerät für nicht transparente Vorlagen. Damit können Aufsichtsbilder und Darstellungen aus Büchern über ein Spiegelsystem projiziert werden. Episkope sind, verglichen mit Diaprojektoren (→ *Projektion*), ziemlich licht-

Episkop (Liesegang)

schwach und deshalb nur für kleine Räume geeignet. Früher gab es noch Epidiaskope, die sowohl für Aufsichtsvorlagen als auch für Grossformatdias eingesetzt werden konnten.

Erstentwickler (lab) Erster Entwickler bei der → *Umkehrentwicklung* (→ *Farbentwicklung*, → *Farbfotografie*). Im Prinzip handelt es sich um einen Schwarzweiss- → *Entwickler*, der Silberbilder in den drei Schichten des → *Farbumkehrfilms* entstehen lässt.

Essigsäure (chem) CH_3COOH. Wasserhelle, stechend riechende Flüssigkeit. Erstarrt bei + 16,5°C. Wird in höchster Konzentration (99%) auch → *Eisessig* genannt. Hauptbestandteil von → *Stoppbädern*.

EV (at) engl. «Expusure value» → *Lichtwert*

Exploded view (at) Um sämtliche Bestandteile eines Gerätes deutlich zeigen zu können, baut man eine → *Sachaufnahme* so auf, dass die Einzelteile deutlich voneinander getrennt in der Reihenfolge des Zusammenbaus nebeneinander liegen. Dadurch entsteht der Eindruck, der Gegenstand sei «explodiert».

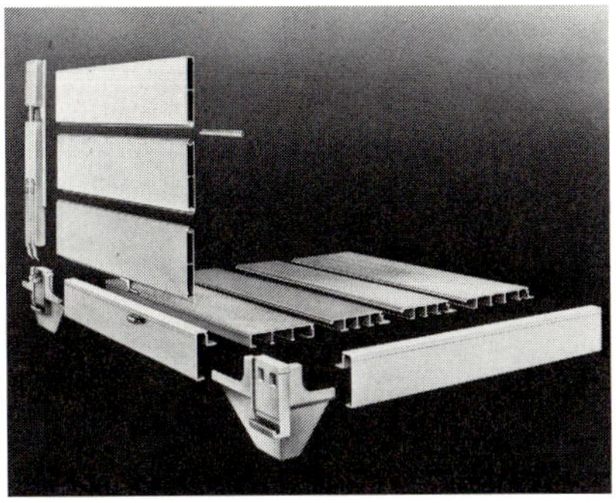

Exposition (phys, at) Veralteter Ausdruck für → *Belichtung*.

Extender (at) 1. Zwischenstück, welches die Distanz zwischen der → *Pocket-Kamera* und dem → *Blitzwürfel* vergrössert, um den → *Rotaugen-Effekt* zu vermeiden. 2. → *Konverter*.

F

Fachkamera (at) Grossformatkamera für vorwiegend professionellen Einsatz im → *Atelier* (→ *Sachaufnahme*, → *Modefotografie*, → *Werbefotografie*) oder in der → *Architektur-* und *Industriefotografie*. Die meistverbreitete Art von Fachkameras basiert auf dem Prinzip der → *optischen* Bank.

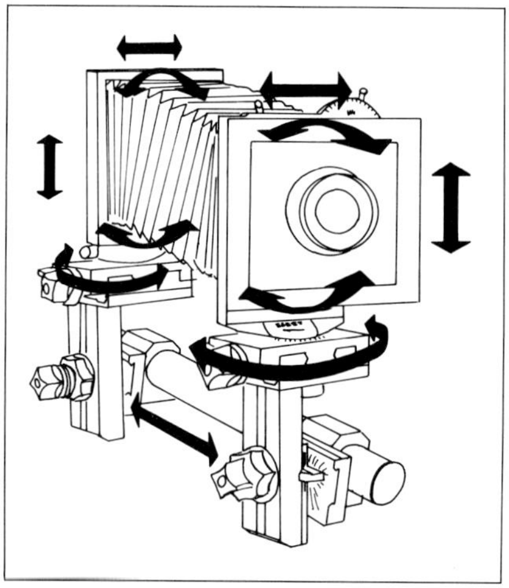

Verstellungen an einer Fachkamera, Prinzipschema

Zwei darauf verschiebbare → *Standarten* enthalten das → *Objektiv* und die zur Bildbetrachtung dienende Mattscheibe bzw. das lichtempfindliche Material in einer Kassette. Zur lichtdichten Verbindung zwischen den beiden Standarten wird ein → *Balgen* eingesetzt. Jede Standarte ist so konstruiert, dass sie sich horizontal und vertikal parallel verschieben und um ihre Horizontal- und Vertikalachse schwenken lässt. Die Verstellungen einer Fachkamera sind durch die Grösse des → *Bildkreises* und durch ihre Mechanik begrenzt. Die Parallelverschiebungen der beiden Standarten gestatten eine Veränderung des Bildausschnittes bei gleichem Kamerastandpunkt und paralleler → *Gegenstands-* und → *Bildebene*. Klassisches Anwendungsbeispiel ist das Aufheben → *stürzender Linien* in der → *Architekturfotografie* oder bei → *Sachaufnahmen*. Horizontale oder vertikale Schwenkungen heben die Parallelität der Schärfeebene des → *Objektivs* zur → *Filmebene* auf und ermöglichen, bei Einhaltung der → *Scheimpflug*' schen Bedingung, nahe und ferne Gegenstände, die auf einer Ebene liegen, bei offener → *Blende* scharf abzubilden. (→ *Schärfentiefe*). Durch Schwenken der hinteren Standarte (Lageänderung der → *Filmebene*) wird die → *Perspektive* beeinflusst. In Fachkameras verwendet man → *Planfilme*, die sich in einer lichtdichten → *Kassette* befinden, die an Stelle der zur Bildbetrachtung dienenden Mattscheibe eingeschoben wird. Durch Herausziehen eines Schiebers wird der Film zur → *Belichtung* freigegeben. Die Verstellbarkeit, das grosse Bildformat und die systematische Ausbaufähigkeit sind die Vorteile einer Fachkamera, denen sich die → *Stativ*gebundenheit nachteilig entgegenstellt.

Falschfarbenfilm (at) (Kodak Ektachrome Infrared-Film). → *Farbfilm* für → *Diapositive*, dessen Aufbau von den üblichen → *Dreischichten-Farbfilmen* abweicht. Anstelle der blauempfindlichen Schicht wird eine infrarotempfindliche (→ *Infrarot*) aufgegos-

Verschiebung der spektralen Empfindlichkeitsbereiche beim IR-Farbfilm

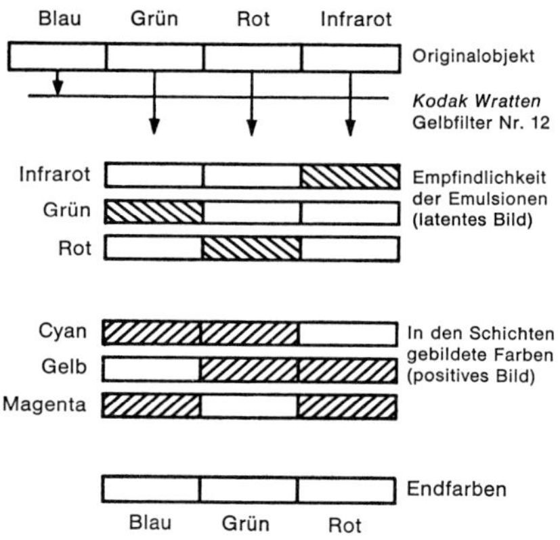

sen, was zu einer «falschen» Farbwiedergabe führt. Die unerwünschte Blauempfindlichkeit (Eigenempfindlichkeit des Silberhalogenids) wird durch die Verwendung eines Gelbfilters (→ *Filter*) ausgeschaltet. Die → *Reflexion* infraroter Strahlung im Aufnahmeobjekt gibt der Falschfarbenfilm rot wieder. Ursprünglich für militärische Zwecke hergestellt, wird der Film heute in Forschung, Wissenschaft und Technik sowie für → *Verfremdungen* in der experimentellen Fotografie eingesetzt.

Farbabschwächung → *Farbkorrektur.*

Farbauszug (at, hist) Ein Farbbild lässt sich mit Hilfe von → *Farbauszugsfiltern* bei der → *Reproduktion* in die drei → *Grundfarben* zerlegen. Durch einen Blaufilter entsteht der Gelbauszug, mit einem Grünfilter der → *Magenta*auszug, und ein Rotfilter ergibt den → *Cyan*auszug. Zusammen mit einem Schwarzauszug, der, meistens ohne Filter angefertigt, zur besseren Kontrastwiedergabe dient, bilden diese Farbauszüge die Grundlage für den → *Vierfarbendruck.* → *Farbmischung.* Vor der Erfindung der → *Dreischichten-Farbfilme* war es üblich, die Farbauszüge bei der Aufnahme nacheinander oder mit einer Dreifarbenkamera (→ *Dreifarben-Fotografie*) gleichzeitig zu belichten.

Farbauszugsfilter (at) Blau-, Grün- und Rotfilter, die einen Drittel des Spektrums durchlassen und zum Erstellen von Farbauszügen (→ *Farbauszug*) verwendet werden.

Farbdiafilm (at, hist) Modernes Farbmaterial für → *Diapositive* besteht aus drei lichtempfindlichen Schichten, die jeweils für einen gewissen Spektralbereich sensibilisiert sind. Auf den → *Schichtträger* (1) wird eine Haftschicht (2) gegossen, der die rotempfindliche (3) und die grünempfindliche (4) Schicht folgen. Eine Gelbfilterschicht (5) verhindert, dass die grün- und die rotempfindliche Schicht durch blaue Strahlen belichtet wird. Die

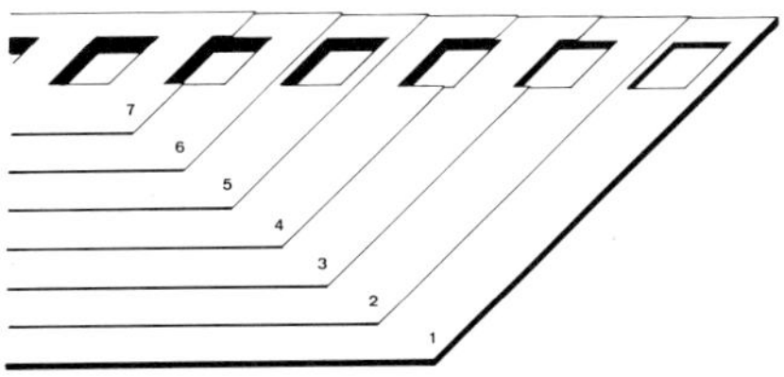

1. Schichtträger 2. Haftschicht 3. Rotempfindliche Schicht 4. Grünempfindliche Schicht 5. Gelbfilterschicht 6. Blauempfindliche Schicht 7. Gelatineschutzschicht

blauempfindliche Schicht (6) wird durch eine Gelatineschutzschicht (7) gegen mechanische Verletzungen geschützt. Während des Entwicklungsprozesses wird in jeder Schicht belichtetes Halogensilber in zur *spektralen* → *Empfindlichkeit* komplementäre (→ *Komplementärfarben*) Farbstoffe umgewandelt (→ *Chromogene Entwicklung,* → *Farbentwicklung,* → *Farbfilme,* → *Farbkuppler*).
Der erste Dreischichten-Farbfilm wurde von → *Godowsky* und → *Mannes* erfunden und kam 1935 unter der Bezeichnung «Kodachrome» auf den Markt.

Farbdichte (opt) 1. Wie man in der Schwarzweiss-Fotografie mit → *Dichte* die Undurchlässigkeit einer entwickelten fotografischen Schicht bezeichnet, spricht man in der → *Farbfotografie* von Farbdichte für die Undurchlässigkeit des Farbstoffbildes (→ *chromogene Entwicklung,* → *Silberfarbbleichverfahren*) für *Licht* einer bestimmten → *Wellenlänge.* Abgesehen von dieser Hauptfarbdichte treten jedoch auch gewisse Nebenabsorptionen in den beiden anderen Spektralbereichen auf, die man als Nebendichte bezeichnet. Um diese bei → *Farbnegativfilmen* auszuschalten und um dadurch die Farbsättigung und den Farbton zu verbessern, gehört eine orangefarbene Maske (→ *Farbmaske*) zum Filmaufbau.
2. Auch für die Durchlässigkeit von Farbfiltern (→ *Filter*) wird der Begriff Farbdichte verwendet (→ *Densitometer*).

Farbdominante 1. Ist ein Farbbild in seiner Farbgebung nicht neutral, d.h. dass eine überwiegende Farbe die übrigen Farben verfälscht, sprechen wir von einer Farbdominante oder einem → *Farbstich*. Durch → *Filter* können Farbdominanten abgeschwächt oder aufgehoben werden.
2. Farben können auch flächenmässig in einem Bild dominieren, so dass der Eindruck einer vorherrschenden Farbe beim Betrachter entsteht. Werden solche Negative oder Dias mit einem integral messenden → *Color-Analyzer* ausgemessen, entsteht zwangsläufig ein → *Farbstich*.

Farbempfindlichkeit (at, phys) *Spektrale* → *Empfindlichkeit*.

Farben (phys) Empfindungen der Sinneszellen auf der Netzhaut im Auge, die durch Licht ausgelöst werden. Physikalisch ist die Farbe durch die spektrale Energieverteilung (→ *Spektrum*) des das Auge betreffenden Lichts bestimmt. Jeder Farbe hat eine bestimmte → *Wellenlänge*. Trifft weisses → *Licht* auf ein Objekt, so werden gewisse Bereiche des Spektrums absorbiert und das Objekt wird vom Auge in einer bestimmten Farbe wahrgenommen. Mit Hilfe eines → *Prismas* kann weisses Licht in die Spektralfarben zerlegt werden. In der Natur kann dies durch Regentropfen geschehen, was zur optischen Erscheinung eines Regenbogens führt. Violett, Blau, Grün und Gelb bezeichnet man als kurzwellige Farben (von ca 400 bis 550 → *Nanometer*), während Orange, Rot und Purpur als langwellige Faben (550 bis 700 nm) gelten.

Farbentwickler (chem, lab) Während der → *chromogenen Entwicklung* entstehen aus der → *Entwicklersubstanz* des Farbentwicklers Oxidationsprodukte, die zusammen mit den → *Farbkupplern* Farbstoffe erzeugen.

Farbentwicklung (chem, lab) → *Farbfotografie*, → *chromogene Entwicklung*.

Farbfehler (opt, phys) → *chromatische Aberration*.

Farbfilme (at) Wir unterscheiden grundsätzlich zwei Arten von → *Dreischichten-Farbfilmen*:
1. → *Farbdiafilme*: Sie ergeben transparente Positivbilder (→ *Diapositiv*). Es gibt Farbumkehrfilme mit eingelagerten → *Farbkupplern* oder solche, deren einzelne Schichten mit den in den → *Farbentwicklern* enthaltenen Farbkupplern bei diffuser Nachbelichtung reagieren. → *chromogene Entwicklung* (Kodachrome).
2. → *Farbnegativfilme*: Sie arbeiten nach dem chromogenen Verfahren mit → *Farbkupplern* (→ *DIR-Kuppler*). Das → *Farbnegativ* enthält → *Komplementärfarben* und dient zur Herstellung farbiger → *Vergrösserungen*. Farbumkehrfilme und Farbnegativfilme existieren als → *Tageslicht-* oder → *Kunstlicht*filme, die je nach vorherrschendem → *Licht* für Aufnahmen ohne → *Farbstich* eingesetzt werden. → *Farbtemperatur*, → *Konversionsfilter*. Daneben gibt es noch Spezialfilme: Kontrastreduzierende → *Duplikat*filme, → *Internegativfilme*, mit denen nach Diapositiven Farbnegative hergestellt werden können, infrarotempfindliche → *Falschfarbenfilme* und → *Printfilme*, die nach einem Farbnegativ ein Diapositiv ergeben.

Farbfilter (at, lab) Soll die spektrale Energieverteilung des Aufnahmelichtes verändert werden, sind Farbfilter (→ *Filter*) zu verwenden. Diese sind als in der Masse gefärbte Glasfilter, als oberflächlich eingefärbte Plangläser oder als → *Gelatinefilter* im Handel.
1. Farbfilter für die → *Schwarzweissfotografie* verändern die → *Tonwerte*.
2. Farbfilter für die → *Farbfotografie* dienen entweder zur Selektion gewisser Farben (→ *Auszugsfilter*), zur Veränderung der → *Farbtemperatur* (→ *Konversionsfilter*) oder zur Verhinderung von → *Farbdominanten* oder → *Farbstichen* (Korrekturfilter). → *Dichroitische Filter*.

Farbfilterung (at, lab) Sowohl bei der Aufnahme als auch bei der → *Vergrösserung* können → *Farbstiche* mit Korrekturfiltern eliminiert werden.

Farbfotografie (at, lab, hist) Grundlage der Farbfotografie sind die zwei Prinzipien der → *Farbmischung*. Durch die Mischung von drei Grundfarben kann jeder gewünschte Farbton erzeugt werden; entweder durch Addition von blauem, grünem und rotem → *Licht* (→ *additive Farbverfahren*) oder Übereinanderbringen von → *Yellow*-, → *Magenta*- und → *Cyan*farbstoff (→ *subtraktive Farbverfahren*). → *Farbstern*.

Bereits 1861 wies der schottische Physiker James Maxwell (1831 -1879) die additive → *Farbmischung* anhand eines praktischen Versuches nach. Das erste praktikable Farbverfahren war die → *Dreifarben-Fotografie*. Hierzu wurden drei panchromatische Platten (→ *panchromatischer Film*) durch → *Auszugsfilter* belichtet. Die drei Platten konnten entweder in kurzer Reihenfolge nacheinander oder in einer Dreifarbenkamera über geeignete Strahlenteiler gleichzeitig belichtet werden. Nach diesen Negativen wurden die Druckformen hergestellt, die durch Einfärben mit den subtraktiven Grundfarben und einer zusätzlichen, kontrasterhöhenden Schwarzplatte einen → *Vierfarbendruck* ergaben. Die → *Autochrome*-Platten der Gebrüder → *Lumière* gestatteten nach 1907 erstmals, durchsichtige Farbbilder in einem Arbeitsgang zu erhalten. Nach demselben Prinzip arbeiteten auch die späteren Kornrasterfilme (→ *Kornrasterverfahren*), die mit dem Aufkommen der → *Dreischichten-Farbfilme* technisch überholt waren. Dasselbe gilt für die → *Linienraster*- und → *Linsenraster*filme. Der erste → *Dreischichten-Farbfilm* wurde von → *Godowsky* und → *Mannes* erfunden und kam 1935 unter der Bezeichnung «Kodachrome» auf den Markt. Die → *Farbkuppler* befanden sich in drei → *Farbentwicklern*, im Gegensatz zu dem bald darauf folgenden «Agfacolor-Neu»-Diafilm, bei dem die Kuppler in den Schichten eingelagert waren. Das → *Farbnegativ* und die ersten farbigen Papierbilder waren 1941 von Agfa zu sehen. Sowohl die Farbumkehr-Verfahren als auch der Negativ-Positiv-Prozess beruhen auf der → *chromogenen Entwicklung*, bei der das Oxidationsprodukt der → *Entwicklersubstanz* mit den → *Farbkupplern* reagiert und das geschwärzte Silberbild in jeder Schicht in ein entsprechendes Farbstoffbild umwandelt. Um möglichst haltbare und fein abstimmbare Aufsichtsbilder zu erhalten, erfand man bei Kodak 1945 den → *Dye-Transfer-Prozess*. Neben der chromogenen Entwicklung gibt es noch das Prinzip der chromolytischen Entwicklung, bei welchem der in der Schicht vorhandene Farbstoff an den nichtbelichteten Stellen ausgebleicht wird (→ *Silberfarbbleichverfahren*). Auch die → *Sofortbildverfahren* liefern seit 1962 (Dr. E. → *Land*, «Polacolor») farbige Bilder, die sich innerhalb weniger Minuten aufbauen.

Farbkontrast (at, bpr, phys) Ein wesentliches Element in der → *Farbfotografie* ist neben den Hell-Dunkel-Werten auch das Verhältnis von Gegenfarben (→ *Komplementärfarben*) mengen- und kompositionsmässig zueinander. Es wird unterschieden zwischen Komplementärkontrast (Mengengleichgewicht komplementärer Farben), Quantitätskontrast (Mengenungleichgewicht komplementärer Farben), Hell-Dunkel-Kontrast (Gegensatz heller und dunkler Farben) und Warm-Kalt-Kontrast (Rot-Blau-Verhältnis).

Farbkorrektur (at, lab) Die Farbwiedergabe eines Aufsichts- oder Durchsichtsbildes lässt sich über ein → *Duplikat* mit → *Korrekturfiltern*, durch chemische Behandlung (Farbabschwächung) oder durch manuell erstellte Farbmasken beeinflussen. → *Farbfilter*.

Farbkuppler (chem) Farblose (oder komplementärfarbene Maskenkuppler bei → *Farbnegativfilmen*) chemische Verbindungen, aus denen während der → *chromogenen Entwicklung* gemäss dem Silberbild in jeder Schicht des → *Farbfilms* das Farbstoffbild aufgebaut wird. Hervorgerufen wird diese Reaktion durch die Oxidationsprodukte des → *Farbentwicklers*, die sich mit dem Farbkuppler zu Farbstoff verbinden. Im nachfolgenden Bleichfixierbad (→ *Bleichbad*) wird das Silber aus der Emulsion herausgelöst, wonach ein reines Farbstoffbild zurückbleibt. Besonders in hochempfindlichen Farbmaterialien werden → *DIR-Kuppler* (developing inhibitor releasing coupler) verwendet, die zu einer geringeren → *Körnigkeit* des Farbbildes und zu einer besseren Farbsättigung führen. Farbkuppler müssen diffusionsecht (→ *Diffusion*) sein, d.h. sie müssen in der ihnen zugeteilten Schicht verbleiben, ohne die Farbstoffbildung in den Nachbarschichten zu beeinflussen. Bei den Kodachrome-Diafilmen sind die Farbkuppler nicht in den Schichten enthalten, sondern in den verschiedenen Entwicklern, was zu dünneren Schichten, feinerem Korn und besserer Schärfe führt.

Farbmaske (chem) Die in den drei Schichten eines → *Farbnegativfilms* während der → *chromogenen Entwicklung* entstehenden Farbstoffe absorbieren nicht nur den ihnen zugehörigen Spektraldrittel (→ *Spektrum*) des auffallenden Lichtes. Die → *Absorptions*bereiche der Farbstoffe → *Yellow*, → *Magenta* und → *Cyan* überschneiden sich, so dass auch Energie der benachbarten Spektraldrittel absorbiert wird (→ *Nebenfarbdichte*, Nebenabsorptionen). Um diese zwangsläufige Fehlerscheinung aufzuheben, bilden sich in modernen Farbnegativfilmen während der Entwicklung Farbmasken, deren → *Farbdichten* sich umgekehrt zur Belichtung verhalten. In der Magenta-Schicht wird durch eine Gelbmaske die Yellow-Nebendichte korrigiert, während in der Cyan-Schicht die Nebendichten von Yellow und Magenta durch eine Rotmaske eliminiert werden. Diese Farbmasken verleihen den Farbnegativen ihr orangerotes Aussehen, ein → *Farbstich*, der sich beim Anfertigen der → *Vergrösserung* korrigieren lässt.

Farbmischkopf (lab) Lampengehäuse des → *Vergrösserungsgerätes*, das eine mechanische Einrichtung zum Einschwenken von Korrekturfiltern (→ *Filter*, → *Farbfilterung*, → *Negativ-Positiv-Verfahren*) enthält. Es handelt sich meistens um → *dichroitische Filter* in den subtraktiven Grundfarben (→ *Farbmischung*), die der Filtereinheit entsprechend mehr oder weniger in den Strahlengang eingeschwenkt werden.

Schnitt durch Farbmischkopf (Kaiser)

Farbmischung (phys, at, lab) Grundsätzlich unterscheiden wir zwischen additiver und subtraktiver Farbmischung: Additive Grundfarben, Blau, Grün und Rot, ergeben in ihrer Mischung (z.B. durch Projektion mit drei Projektoren) Weiss. Dabei wird die Lichtenergie addiert. Mischen wir nur zwei additive Grundfarben miteinander, so entsteht eine subtraktive Grundfarbe:

Additive Farbmischung:

Blau + Grün + Rot	= Weiss
Blau + Grün	= Cyan
Blau + Rot	= Magenta
Rot + Grün	= Yellow

Die dabei entstehende subtraktive Grundfarbe ist die → *Komplementärfarbe* der zur Farbmischung fehlenden additiven Grundfarbe (Blau →← Yellow, Grün →← Magenta, Rot →← Cyan). (→ *additive Farbverfahren*).

Subtraktive Grundfarben, → *Yellow*, → *Magenta* und → *Cyan* ergeben übereinandergedruckt in ihrer Mischung Schwarz, weil dabei Lichtenergie absorbiert (subtrahiert) wird. Umgekehrt entsteht durch Subtraktion Weiss minus eine additive Grundfarbe die komplementäre subtraktive Grundfarbe (Weiss minus Blau = Yellow, Weiss minus Grün = Magenta, Weiss minus Rot = Cyan).

Subtraktive Farbmischung:

Yellow + Magenta + Cyan = Schwarz
Cyan + Magenta = Blau
Yellow + Cyan = Grün
Yellow + Magenta = Rot
Weiss - Blau = Yellow
Weiss - Grün = Magenta
Weiss - Rot = Cyan

Die entstehende additive Grundfarbe ist die Komplementärfarbe der zur Farbmischung fehlenden subtraktiven Grundfarbe (Yellow →← Blau, Magenta →← Grün, Cyan →← Rot) (→ *subtraktive Farbverfahren*). Durch die Mischung von drei Grundfarben kann jeder gewünschte Farbton erreicht werden, entweder durch die Addition von Blau, Grün und Rot oder durch die Subtraktion von Yellow, Magenta und Cyan. Die Zusammenhänge dieser Grundfarben und deren Mischungen können auch sehr deutlich am → *Farbstern* gezeigt werden.

Farbnegativfilm (at, lab) In seinem Aufbau dem → *Dreischichten-Farbfilm* ähnlich, liefert der Farbnegativfilm nach der → *chromogenen Entwicklung* ein Farbstoffbild in → *Komplementärfarben*. Nach dem Prinzip der subtraktiven → *Farbmischung* können nach Farbnegativen Farb-→ *Vergrösserungen* hergestellt werden (→ *Negativ-Positiv-Verfahren*). Farbstoffe haben Nebenabsorptionen, die eine schlechtere → *Farbsättigung* und Farbverschwärzlichungen zur Folge haben. Um diese Nachteile zu beheben, konzipiert man den Entwicklungsprozess so, dass automatisch eine → *Farbmaske* entsteht. Hierzu ist

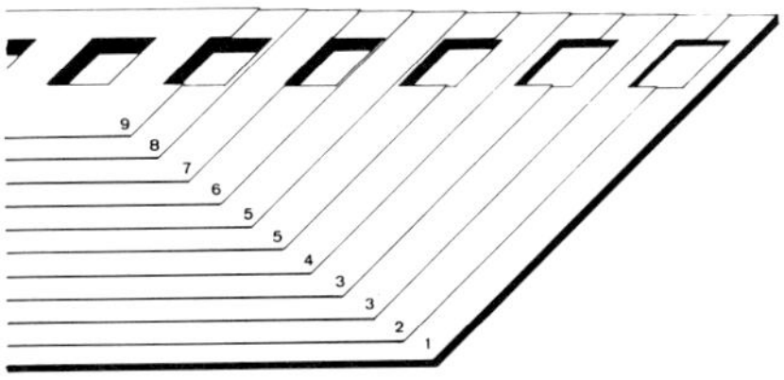

1. Schichtträger 2. Lichthofschutzschicht und Haftschicht 3. Rotempfindliche Schichten 4. Rotfilter 5. Grünempfindliche Schichten 6. Trennschicht 7. Gelbfilterschicht 8. Blauempfindliche Schicht 9. Schutzschicht

bei den Farbnegativfilmen ein komplizierter Schichtaufbau notwendig: Die lichtempfindlichen Schichten sind für einen bestimmten Spektralbereich sensibilisiert. Auf den Schichtträger (1) wird eine Haft- und eine → *Lichthofschutz*schicht (2) aufgegossen, der zwei rotempfindliche Schichten (3) und eine Rotfilterschicht (4) folgen. Sie verhindert bei der Belichtung eine Rückstreuung von grünem Licht in die grünempfindlichen Schichten (5), die wesentlich für den visuellen Schärfeeindruck verantwortlich sind. Nach einer Trennschicht (6) folgt eine Gelbfilterschicht (7), die verhindert, dass die rot- und grünempfindlichen Schichten durch blaues Licht belichtet werden. Die blauempfindliche Schicht (8) wird durch eine Gelatineschutzschicht (9) gegen mechanische Verletzungen geschützt. Artverwandt mit den Farbnegativfilmen, mit ähnlichem Schichtaufbau, dienen → *Internegativ*filme dazu, von einem Dia ein Farbnegativ herzustellen.

Farbpapier (lab) Lichtempfindliches → *Fotopapier*, das nach dem Aufbelichten (→ *Belichtung*) eines → *Farbnegatives* oder eines → *Diapositives* und der prozessgerechten Verarbeitung ein farbiges Aufsichtsbild ergibt. Wir unterscheiden grundsätzlich drei Arten:

1. Farbpapiere für das → *Negativ-Positiv-Verfahren*: Der Schichtaufbau weist die umgekehrte Reihenfolge eines → *Dreischichten-Farbfilms* auf. Dieser Schichtaufbau ist durch die Verwendung neuartiger → *Sensibili-*

Farbpapier

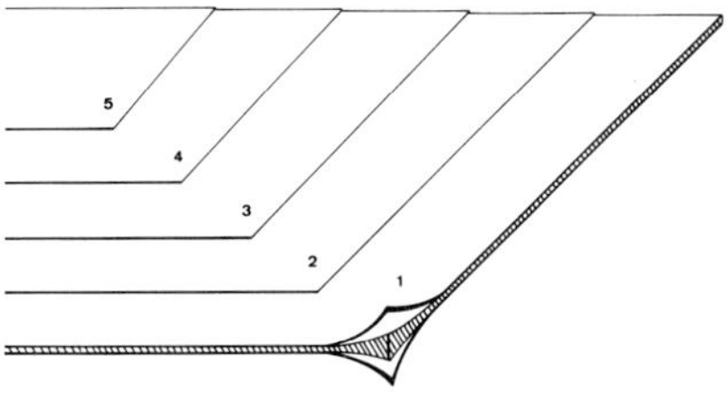

1. Schichtträger (kunststoffbeschichtetes Papier) 2. Haftschicht 3. Blauempfindliche Schicht 4. Grünempfindliche Schicht 5. Rotempfindliche Schicht 6. Schutzschicht

satoren in der grün- und der rotempfindlichen Schicht möglich geworden, die bei Unterdrückung der naturgemässen Blauempfindlichkeit nur für sehr eng begrenzte Spektralbereiche empfindlich sind (*spektrale* → *Empfindlichkeit*). Dadurch werden die blauen Strahlen nur in der blauempfindlichen Schicht registriert. Die umgekehrte Reihenfolge der Schichten hat eine Verbesserung des → *Auflösungsvermögens* zur Folge. Abgesehen davon, entfällt das Aufgiessen der Gelbfilterschicht (→ *Dreischichten-Farbfilme*). Die Empfindlichkeit der drei Schichten ist so konzipiert, dass der Maskenschleier (→ *Farbmaske*) der → *Farbnegativfilme* kompensiert wird. → *Farbstiche*, die fabrikatorisch oder aufnahmetechnisch bedingt sind, können mittels → *Korrekturfilter* ausgefiltert werden. Bei der Farbentwicklung (→ *chromogene Entwicklung*) werden die belichteten Stellen zu schwarzem Silber reduziert, wobei aus der → *Entwicklersubstanz* ein Oxidationsprodukt entsteht, das mit den → *Farbkupplern* reagiert, die dann den subtraktiv wirkenden Farbstoff

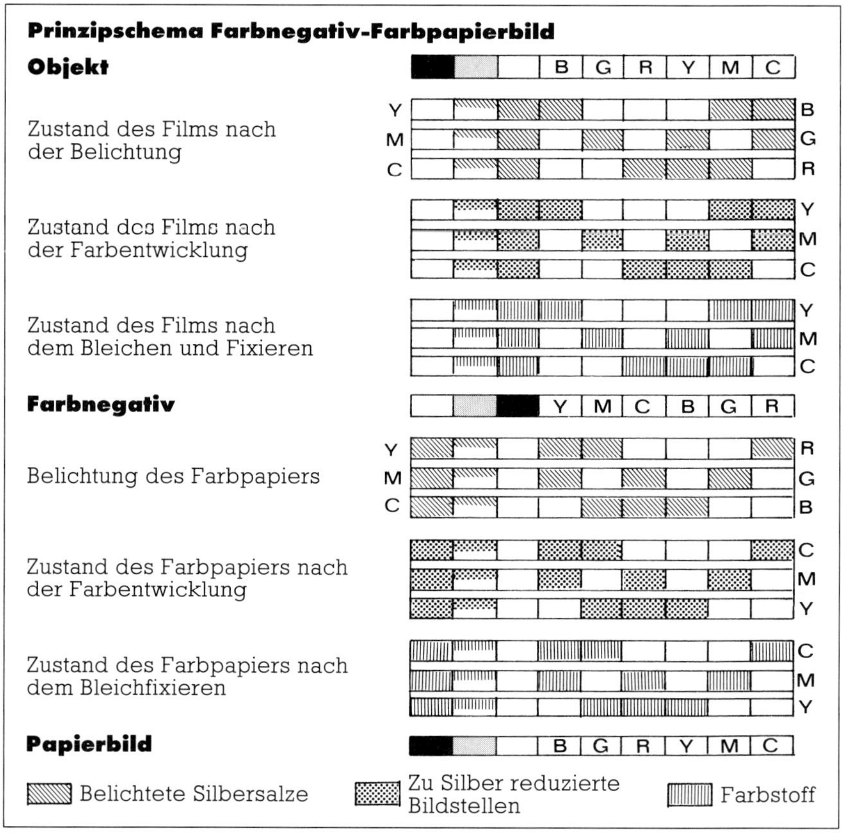

(→ *subtraktive Farbverfahren*) bilden.
2. → *Farbumkehrpapiere*: Um von einem → *Diapositiv* ein farbiges Aufsichtsbild zu erhalten, verwendet man ein Farbumkehrpapier. Dieses ist grundsätzlich gleich aufgebaut wie ein → *Dreischichten-Farbfilm*, d.h. in umgekehrter Schichtfolge eines Farbpapiers für den Farbnegativ-Prozess. Die → *Gradationen* der drei Schichten sind wesentlich flacher, da ein Diapositiv einen höheren Kontrast aufweist als ein → *Farbnegativ*. Während der → *Farbumkehrentwicklung* entsteht nach dem Prinzip der → *chromogenen Entwicklung* ein Farbstoffbild.
3. Farbpositivmaterialien ohne → *Umkehrentwicklung*: Nach dem Prinzip des chromolytischen → *Silberfarbbleichverfahrens* (Ilfochrome) entsteht ein positives Farbbild direkt nach einem Diapositiv. Die subtraktiven Farbstoffe (→ *subtraktive Farbverfahren*) sind bereits in den Schichten vorhanden und werden auf direktem Weg, ohne Umkehrentwicklung an den nichtbenötigten Stellen ausgebleicht. Schichtträger von Farbpapieren bestehen entweder aus einem Kunststoff-Papier-Sandwich (→ *RC-Papier*) oder aus reinem Kunststoff (Polyester).

Farbrasterverfahren (at, hist) Oberbegriff für → *Kornrasterverfahren*, → *Linienrasterverfahren* und → *Linsenrasterverfahren*, die nach dem Prinzip der additiven → *Farbmischung* ein farbiges → *Projektionsbild* ergaben. Mit der Erfindung der → *Dreischichten-Farbfilme* waren diese Verfahren zwar grundsätzlich überholt, hielten sich aber noch vereinzelt bis in die fünfziger Jahre. Überdies beruhen das Sofortfilmverfahren «Polavision» (1977) und der Sofortdiafilm «Polachrome» (1984) ebenfalls auf diesem Prinzip.

Farbreflexe (at) Grosse Farbflächen können auf das aufzunehmende Objekt ein farbiges Reflexlicht werfen. Dieses wird durch unser Auge bei der Aufnahmesituation häufig übersehen. Es kann jedoch auf dem Farbfilm zu → *Farbstichen* führen. Da solche Farbreflexe meistens nur einen gewissen Bildteil betreffen, lassen sie sich ohne andersweitige Einbussen nicht oder nur teilweise durch → *Korrekturfilter* aufheben.

Farbsättigung Farben können durch andere Farben verschwärzlicht (→ *Nebenfarbdichte*, → *Farbmaske*) oder durch → *Überstrahlung* und → *Überbelichtung* verweisslicht werden. Die Farben sind dann weniger rein; wir sprechen von einer beeinträchtigten Farbsättigung. Auch ein übermässiger ungefilterter → *Ultraviolett*-Anteil (→ *Filter*), starkes → *Gegenlicht* oder → *Objektive* geringer → *Kontrast*leistung können zu einer mangelnden Farbsättigung beitragen.

Farbschleier (at, lab) Farbabweichungen, die entweder durch Verunreinigung der Verarbeitungsbäder (→ *Entwicklung*, → *Farbumkehrentwicklung*) oder durch → *Lichteinfall* entstehen können.

Farbstern (phys) Schematische Darstellung in Form eines sechszackigen Sternes, an der die Zusammenhänge der → *Farbmischungen* (additiv und subtraktiv) und der → *Komplementärfarben* leicht erklärt und verdeutlicht werden können.
Je ein gleichseitiges Dreieck der additiven und der subtraktiven Grundfarben sind so übereinandergelegt, dass

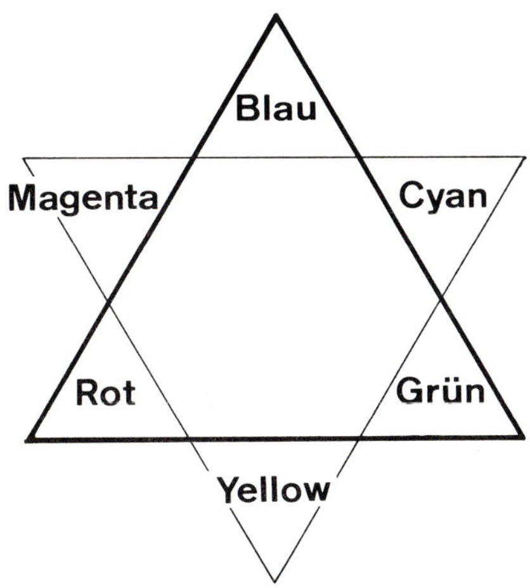

Komplementärfarben einander gegenüberliegen. Jede Grundfarbe entsteht durch Mischung der beiden benachbarten Farben (z.B. Blau = Magenta + Cyan, Cyan = Blau + Grün usw).

Farbstich (at, lab) Ist ein Farbbild in seiner Farbgebung nicht neutral, d.h. überwiegt eine Farbe, so spricht man von einem Farbstich oder → *Farbdominante*. Man unterscheidet grundsätzlich zwei Arten von Farbstichen:
1. Farbstiche 1. Art (korrigierbar): Weisen die → *Farbdichte*kurven die gleiche → *Gradation*, aber eine ungleiche Schwelle (→ *Schwärzungskurve*) auf, so lässt sich der Farbstich mit → *Korrekturfiltern* oder *Konversionsfiltern* beheben. Solche Farbstiche können fabrikatorisch oder verarbeitungsmässig bedingt sein, sie können aber auch entstehen, wenn die → *Verteilungstemperatur* (→ *Farbtemperatur*) nicht mit der *Sensibilisierung* des Farbfilms übereinstimmt. Auch bei langen → *Belichtungszeiten* führt das unterschiedliche → *Schwarzschild*verhalten der drei Schichten zu korrigierbaren Farbstichen (→ *Filter*). Farbstiche der 1. Art können sowohl bei der Aufnahme (vorwiegend bei → *Diapositiven*) als auch bei der → *Vergrösserung* (→ *Negativ-Positiv-Verfahren*) korrigiert werden.
2. Farbstiche 2. Art (nicht korrigierbar): Die Farbdichtekurven haben unterschiedliche Gradationen, aber die gleiche Schwelle. Man spricht von → *kippenden Farben*, was man daran erkennt, dass ein in den Mitteltönen neutral ausgefiltertes Farbbild farbige → *Lichter* und komplementärfarbige → *Schatten* aufweist. Farbstiche dieser Art können nicht durch Filter korrigiert werden. In der Praxis entsteht dieser Fehler am häufigsten bei → *Misch-licht*aufnahmen, durch Über → *Lagerung* des Filmmaterials oder durch Verarbeitungsfehler.

Farbtemperatur (at, phys) Masszahl für die spektrale Energieverteilung einer Lichtquelle. Die Farbe des von einer Lichtquelle ausgesandten Lichtes hängt von verschiedenen Eigenschaften dieser Lichtquelle ab. Handelt es sich um einen sog. → *Temperaturstrahler* (z.B. → *Tageslicht*, Glühlampe, → *Blitzlicht* , → *Halogenlampe* usw.), so strahlt er ein kontinuierliches → *Spektrum* aus und ist mit dem aus der Physik bekannten theoretischen «schwarzen Körper» verwandt. Dieser schwarze Körper absorbiert (→ *Absorption*) sämtliche auf ihn einfallende Energie und besitzt selbst keine Reflexion. Bei Erwärmung ändert er seine Farbe von Rot- über Weiss- zur Blauglut. Als Temperaturmass wird die Skala von → *Kelvin* benutzt, die beim absoluten Nullpunkt (-273°C) beginnt (K = °C + 273). Mit zunehmender Temperatur erhöht sich der Blauanteil der Lichtquelle (daher der Name «Temperaturstrahler»), während bei geringerer Temperatur der Rotanteil überwiegt. Es ist also möglich, die Energieverteilung einer Lichtquelle direkt in Kelvin (K) anzugeben.
Daneben gibt es Lichtquellen mit einem diskontinuierlichen Spektrum, z.B. Fluoreszenzröhren, Quecksilberbrenner und andere Gasentladungslampen (Kaltlicht → *Quecksilberdampflicht*).
Um gewissen physikalischen Gegebenheiten gerecht zu werden, verwendet man neben dem eingebürgerten Begriff Farbtemperatur denjenigen der → *Verteilungstemperatur* einzuführen. Man spricht von Vertei-

Verteilungstemperaturen einiger gebräuchlicher Lichtquellen

Lichtquelle	Kelvin	Mired
Kerzenlicht	2000	500
Haushalt-Glühlampe (100W)	2800	357
Fotolampe Typ A (500W)	3200	312
Fotolampe Typ B (500W)	3400	294
Halogenlampe	3400	294
Klare Blitzlampen	3800	263
Mondlicht	4100	243
Würfelblitz	4950	202
Elektronenblitz	5500	182
Mittleres Tageslicht	5500	182
Sonnenlicht mittags	6000 - 8000	167 - 125
Bedeckter Himmel	6500 - 7500	154 - 133
Blaues Himmelslicht	9000 -18000	111 - 56

lungstemperatur, für → *Lichtquellen*, bei denen es sich um Temperaturstrahler handelt und die ein kontinuierliches Spektrum besitzen. Der weitverbreitete Begriff Farbtemperatur wird für alle Lichtquellen gebraucht, also auch für solche, die ein diskontinuierliches Spektrum aufweisen. Farbfilme sind entweder auf → *Tageslicht* (5500 K, 182 M) oder → *Kunstlicht* (3200 K, 312 M) abgestimmt. Entspricht nun die Verteilungs- oder Farbtemperatur der Lichtquelle nicht dem Wert des verwendeten Filmmaterials, so dient ein → *Konversionsfilter* zur Vermeidung eines → *Farbstiches*. Neben der Angabe in Kelvin setzen sich immer mehr die → *Mired*-Werte (M) durch, die den 10^6-fachen Kehrwert von Kelvin darstellen und in der Praxis zur Ermittlung von → *Konversionsfiltern* besser geeignet sind.

Farbtemperaturmesser (at, phys) Fotoelektrisches Messgerät zur Ermittlung der spektralen Energieverteilung einer Lichtquelle (→ *Farbtemperatur*). Die meisten Farbtemperaturmesser vergleichen die Spektralanteile von Blau und Rot und eignen sich deswegen nur zur Messung der Verteilungstemperaturen von Temperaturstrahlern. Auf der Skalenscheibe kann die Strahlungsverteilung in Kelvin oder ein Filterwert abgelesen werden. Um die Farbtemperaturen von Kaltlichtquellen messen zu können, muss ein Messgerät verwendet werden, das die drei Farbbereiche Blau, Grün und Rot ausmisst. Solche Geräte verfügen über mindestens drei Messzellen, mit denen das Verhältnis Rot-Blau und Rot-Grün abgeglichen wird.

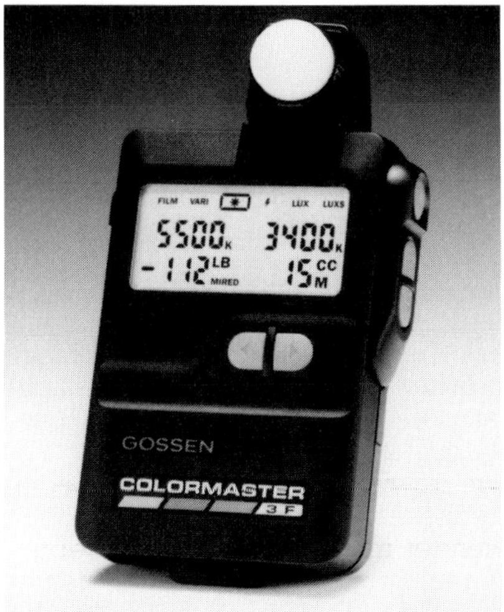

Farbtemperaturmesser (Gossen)

Farbumkehrentwicklung (lab) Bei der → *Belichtung* eines → *Farbumkehrfilms* entstehen in den drei Emulsionsschichten latente Bilder (→ *latentes Bild*), entsprechend den Originalfarben (→ *Dreischichten-Farbfilm*). Im → *Erstentwickler* wird das belichtete → *Silberhalogenid* zu metallischem → *Silber* reduziert. In einem → *Stoppbad* wird die → *Entwicklung* unterbrochen. Dann wird der Film einer Zweit- oder → *Zwischenbelichtung* mit weissem, diffusem Licht ausgesetzt, wobei die nichtgeschwärzten Stellen im Film belichtet werden. Bei modernen Umkehrprozessen erfolgt diese Zwischenbelichtung durch eine chemische Reaktion (Verschleierung). Im anschliessenden → *Farbentwickler* werden die bei der Zwischenbelichtung exponierten Stellen zu Silber reduziert. Nun beginnen die Oxidationsprodukte der → *Entwicklersubstanz* mit den → *Farbkupplern* zu reagieren und bilden in den einzelnen Schichten die entsprechenden Farbstoffe. Im anschliessenden → *Bleichbad* wird alles Silber in Silbersalz umgewandelt, aus dem im → *Fixierbad* ein wasserlösliches Komplexsalz entsteht. In der Schlusswässerung werden die Chemikalien aus den Schichten gewaschen; zurück bleibt ein unlösliches Farbstoffbild. Bei Farbumkehrfilmen, die keine Farbkuppler in den Schichten enthalten (z.B. Kodachrome), verläuft die Farbentwicklung etwas komplizierter (hier theoretisch vereinfacht erläutert): Nach der Erstentwicklung und einem Stoppbad erfolgt eine Zwischenbelichtung mit rotem Licht durch den → *Schichtträger* hindurch, während der die bei der Erstentwicklung nicht geschwärzten Bildstellen in der rotempfindlichen Schicht belichtet werden. Im danach folgenden ersten Farbentwickler reagieren die in diesem enthaltenen Farbkuppler in der blauempfindlichen Schicht und bilden den Cyan-Farbstoff. Dann folgt eine Zwischenbelichtung mit blauem Licht, und im zweiten Farbentwickler wird der Yellow-Farbstoff gebildet. Die Magenta-Farbstoffbildung erfolgt chemisch im dritten Farbentwickler. Die übrigen Prozessstufen, das Bleichen, Fixieren und Schlusswässern, weichen nicht grundlegend von der erstbeschriebenen Art der Umkehrentwicklung ab.

Farbumkehrfilm (at) → *Farbdiafilm*, → *Dreischichten-Farbfilm*, der nach der Verarbeitung (→ *Farbumkehrentwicklung*) farbige → *Diapositive* ergibt. Diese sind in erster Linie zur → *Projektion* und als Druckvorlagen bestimmt und weisen deshalb einen höheren → *Kontrast* auf als → *Farbnegative*.
Bei gleichem Schichtaufbau unterscheiden wir grundsätzlich zwei Arten:
1. Farbumkehrfilme mit → *Farbkupplern*: Die Farbkuppler, die während der → *chromogenen Entwicklung* den Farbstoff bilden, sind in den Schichten eingelagert (Agfacolor-Typ, Ektachrome-Typ, Prozess E-6).
2. Farbumkehrfilme ohne → *Farbkuppler*: Die farbstoffbildenden Kuppler sind nicht in den Schichten des Filmes, sondern in den drei → *Farbentwicklern* enthalten (Kodachrome-Typ).
Als Spezialmaterial ist noch der infrarotempfindliche → *Falschfarbenfilm* «Ektachrome Infrared» zu erwähnen, der eine abweichende Schichtreihenfolge aufweist und zudem im sonst heute nicht mehr gebräuchlichen Ektachrome-Prozess E-4 verarbeitet werden muss.

Farbumkehrpapier (lab) Dient zur Erstellung eines Aufsichtsbildes nach einem → *Diapositiv* ohne → *Zwischennegativ* (→ *Farbpapier*, → *Farbfotografie*).

Farbverfahren (at, lab) In der Farbfotografie unterscheiden wir zwischen → *Negativ-Positiv-Verfahren*

Prinzipschema der Farbumkehrentwicklung

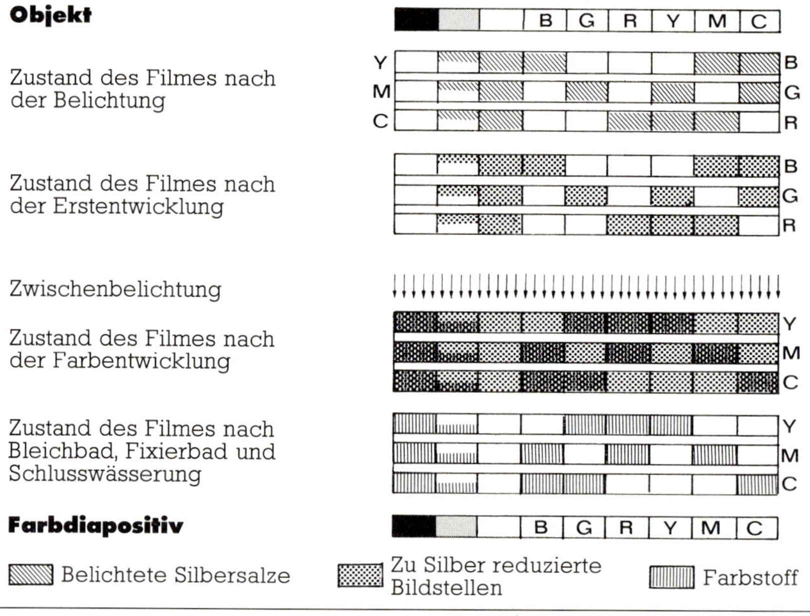

(nach dem von einem → *Farbnegativ* ein positives Aufsichts- oder Durchsichtsbild angefertigt werden kann) und → *Positivverfahren*, bei denen nach einem → *Diapositiv* ohne → *Zwischennegativ* wieder ein positives Aufsichts- oder Durchsichtsbild entsteht. Sämtliche Farbverfahren beruhen entweder auf der additiven oder der subtraktiven → *Farbmischung*. → *Farbfotografie*.

Farmerscher Abschwächer (lab, chem) Ernest H. Farmer (1860-1944) fand eine Formel, um die Silbermenge in einem überbelichteten → *Negativ* zu reduzieren (→ *Abschwächen*). Die chemischen Substanzen sind → *Kaliumferrizyanid* und → *Natriumthiosulfat*, die eine subtraktive (unterproportionale) Abschwächung bewirken.

Feinkornentwicklung (lab) Mit dem Aufkommen der → *Kleinbildfotografie* (nach 1925) war die Fotochemie bestrebt, Entwicklerformeln zu finden, die ein möglichst feines → *Korn* und damit stark vergrösserungsfähige (→ *Vergrösserung*) → *Negative* liefern. Feinkornentwickler lassen sich in zwei Gruppen unterteilen:

1. Echte Feinkornentwickler: Durch besondere → *Entwicklersubstanzen* wird das Korn möglichst klein gehalten und Kornballungen werden vermieden. Echte Feinkornentwickler haben den schwerwiegenden Nachteil, dass die Fein- → *Körnigkeit* mit einer erheblichen Einbusse an → *Filmempfindlichkeit* und mit einer Verschlechterung der Schärfe bezahlt werden muss. Sie sind deshalb heute nicht mehr aktuell.

2. Unechte Feinkornentwickler (Ausgleichs- und Feinkornentwickler): Durch einen hohen Anteil an → *Natriumsulfit*, einen schwachen Alkaligehalt und silberlösende Substanzen wirken solche Entwickler unter Beibehaltung der nominalen Filmempfindlichkeit sehr feinkörnig und ausgleichend. Durch die Fortschritte, die in den letzten Jahren von der Fotoindustrie erzielt worden sind, namentlich beim Züchten neuer Formen der → *Silberhalogenid*kristalle, hat die Feinkornentwicklung wesentlich an Bedeutung verloren (→ *Entwicklung*).

Fernauslöser (at) Hilfsgeräte und Hilfsmittel, mit denen eine → *Kamera* aus einer gewissen Distanz ausgelöst (→ *Auslöser*) werden kann. Besonders mit automatischen (→ *Belichtungsautomatik*), motorgetriebenen (→ *Winder*) Kameras lassen sich Bildserien aufnehmen, wobei die Auslösung über grössere Entfernungen erfolgen kann. Einfachste Fernauslöser bestehen aus einem Gummiball, einigen Metern Gummischlauch und einem Kolben, der durch Druckluft einen Drahtauslöser betätigt. Solche pneumatischen Fernauslöser sind billig und haben eine Reichweite von etwa 20 Metern. Für grössere Reichweiten, zum Teil bis mehrere hundert Meter, sind infrarot- oder funkferngesteuerte

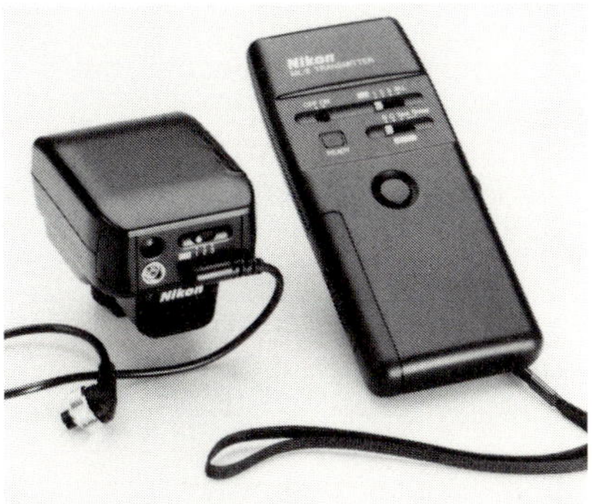

Fernauslöser (Nikon)

Auslöser im Handel; neuere Systeme arbeiten auch mit moduliertem Licht. Die Verwendung von funkgesteuerten Fernauslösern ist in vielen Ländern konzessionspflichtig. Ein von einem Sender ausgehender Impuls bewirkt über einen Empfänger an der Kamera eine elektromagnetische Auslösung. In der → *Tierfotografie*, bei → *Reportagen* und in der → *Industriefotografie* ist es häufig nur mit der unbemannten, fernausgelösten Kamera möglich, bestimmte Szenerien oder Vorgänge aufzunehmen.

Fernobjektiv (at) Langbrennweitige → *Objektive* von ca 500 bis 1000 mm → *Brennweite* ohne Telekonstruktion (→ *Teleobjektiv*). Ihre Baulänge entspricht etwa der Brennweite, sie besitzen keine Springblende, weisen geringe → *Lichtstärken* auf und bestehen meistens nur aus zwei oder drei Linsen.

Fernsehbildaufnahme (at) Um das Fernsehbild zu reproduzieren, richten Sie Ihre Kamera auf dem → *Stativ* genau waagrecht und senkrecht aus (Bildröhrenachse = → *optische Achse*) (→ *Reproduktion*). Benutzen Sie ein kurzes → *Teleobjektiv* (85 oder 135 mm) und achten Sie darauf, dass keine Reflexe der Raumumgebung (Fenster, Lampen usw.) das Bild stören. Der Elektronenstrahl der Bildröhre benötigt etwa 1/25 Sekunde, um ein Bild aufzuzeichnen. Aus diesem Grund müssen Sie eine → *Belichtungszeit* wählen, die länger ist als diese Aufzeichnungszeit; zum Beispiel 1/15 oder 1/8 Sekunde. Je nach Helligkeit des Fernsehbildes ergibt eine → *Blende* zwischen 4 und 11 mit einem Film mit ISO 100/21° ein gut belichtetes → *Negativ* oder → *Diapositiv*. Die → *Farbtemperatur* des Fernsehschirms liegt mit rund 7000 Kelvin etwas über dem mittleren → *Tageslicht*, so dass eine etwas kältere Farbgebung (bläulicher → *Farbstich*) zu erwarten ist. Bei der Verwendung eines → *Farbnegativfilms* wird der Farbstich beim Vergrössern ausgefiltert (→ *Vergrösserung*). Fernsehbilder sind durch das → *Urheberrecht* geschützt, so dass diese nur zu privaten Zwekken verwendet werden dürfen. Bei Veröffentlichungen ist die Bewilligung der Produktionsgesellschaften einzuholen.

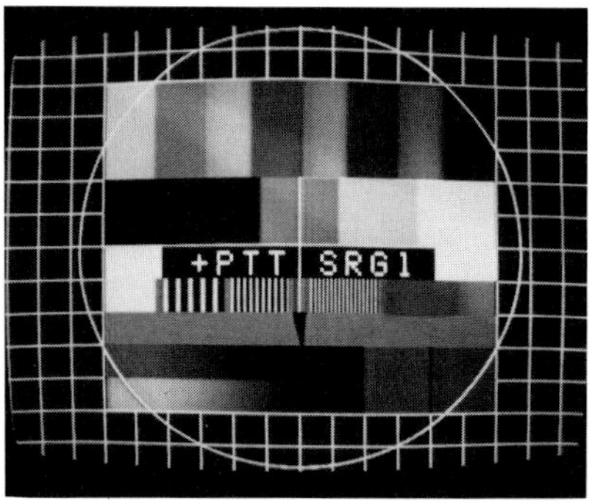

Fernsichtaufnahmen (at) Fernsichten werden häufig durch atmosphärischen Dunst (Wasserdampf und eine Suspension von Rauch, Staub und anderen Partikeln) beeinträchtigt. Kurzwelliges Licht (→ *Spektrum*, → *Ultraviolett*) wird an den Dunstteilchen stärker gestreut als langwellige Strahlen (→ *Infrarot*), was der Fotografie ermöglicht, mit Hilfe von → *Filtern*

Foto Klopfenstein, Adelboden

Dunstschichten in einem gewissen Mass zu durchdringen. Dabei kommen Filter zur Anwendung, die kurzwelliges Licht absorbieren (→ *Absorption*). In der → *Schwarzweiss-Fotografie* sind dies Gelb-, Orange- und Rotfilter, wobei mit → *Infrarot*material eine optimale Dunstdurchdringung ermöglicht wird. Bei Farbaufnahmen sind solche Filter nicht verwendbar; sie würden ein einfarbiges Bild bewirken. Eine Verbesserung von Fernsichtaufnahmen ist hier mit einem → *Polfilter* möglich, da Dunst das Licht polarisiert (→ *Polarisation*). Während der Herbstmonate können wir in den Alpen völlig dunstfreie Fernsichten erleben, die phantastische → *Landschafts-* und → *Panoramafotografien* ermöglichen.

Ferrotypie (hist) Ähnlich wie die → Ambrotypie stellte auch die Ferrotypie eine preiswerte Konkurrenz zur → *Daguerreotypie* dar. Dadurch dass ein → *Kollodium*negativ mit einem schwarzen Eisenblech hinterlegt wur-

Amerikanische Ferrotypie

de, entstand ein positiver Bildeindruck. Die Entdeckung der Tonwertumkehrung durch ein dunkles Trägermaterial machte 1853 Adolphe Alexandre Martin, während der Amerikaner Hamilton L. Smith 1856 ein Patent für Fotografien auf Eisenblech erhielt. Besonders in den USA waren die Ferrotypien sehr populär. Doch auch in Europa fand sich die «Billig-Fotografie» noch jahrzehntelang (bis etwa 1920) als Jahrmarkts-Attraktion.

Film (at, hist) Biegsames lichtempfindliches Material, das aus einem → *Schichtträger*, einer oder mehreren lichtempfindlichen → *Schichten* (→ *Emulsion*) und (bei → *Rollfilmen* und → *Planfilmen)* einer → *Rückschicht* (als → *Lichthofschutz*) besteht. Man unterscheidet grundsätzlich zwischen → *Schwarzweiss-* und → *Farbfilmen*. Nach der → *Filmherstellung* wird das Material verschieden konfektioniert (→ *Filmkonfektionierung*, → *Formate*). Filme werden um eine Spule gerollt, mit einem lichtdichten Schutzpapier als → *Rollfilme*, ohne Schutzpapier, 35 mm breit und perforiert in einer lichtdichten Patrone als Kleinbildfilme (→ *Kleinbildfotografie*), als → *Meterware* oder für grossformatige → *Fachkameras* in Blattform als → *Planfilme* angeboten. Der erste Rollfilm wurde nach einer Erfindung von William H. Walker 1884 von George → *Eastman* in den Handel gebracht. Der Schichtträger bestand aus Papier, von dem die Schicht nach der Verarbeitung abgezogen und auf eine Glasplatte übertragen wurde («Stripping- Film»). Weit bedeutungsvoller ist jedoch die Erfindung des transparenten, biegsamen Schichtträgers durch Hannibal Goodwin (1887), die zu einer vereinfachten Verarbeitung und zur heutigen Form (Samuel N. Turner 1892) des Rollfilms führte.

Filmandruckplatte → *Filmtransport*

Filmarten (at) Sowohl → *Farbfilme* als auch Schwarzweissfilme (→ *Schwarzweissfotografie*) sind als → *Rollfilme*, Kleinbildfilme (→ *Kleinbildfotografie*), → *Meterware* oder → *Planfilme* im Handel. Der → *Filmpack* gehört der Vergangenheit an und ist nur noch in der Sofortbildfotografie (→ *Sofortbildverfahren*) üblich.

Filmebene (at) Ebene, in welcher sich der → *Film* in der Kamera während der → *Belichtung* befindet. Der Film wird durch die → *Filmführung* und die Filmandruckplatte plangehalten (→ *Filmtransport*). Ist die Bildschärfe eingestellt (→ *Scharfeinstellung*), so ist die Filmebene mit der → *Bildebene* identisch.

Filmführung → *Filmtransport*

Filmempfindlichkeit (at) Die Lichtempfindlichkeit von fotografischem Material ist genormt. In Europa und in Amerika wird die Filmempfindlichkeit heute als ISO-Ausdruck (ISO = International Standard Organization) angegeben. Dieser setzt sich aus den früher gebräuchlichen Werten → *ASA* (American Standard Association) und → *DIN* (Deutsches Institut für Normung) zusammen. In der logarithmischen Zahlenreihe der DIN-Norm steht für eine Empfindlichkeitsverdoppelung ein um drei höherer Wert,

Filmempfindlichkeits-Tabelle		
ISO ASA/DIN°	GOST	Weston
3/6	2,8	2,5
4/7	3,6	3
5/8	4,5	4
6/9	5,8	5
8/10	7	6
10/11	9	8
12/12	11	10
16/13	14	12
20/14	18	16
25/15	23	20
32/16	29	24
40/17	36	32
50/18	45	40
64/19	58	50
80/20	72	64
100/21	90	80
125/22	112	100
160/23	144	125
200/24	180	160
250/25	225	200
320/26	288	250
400/27	360	320
500/28	450	400
650/29	576	500
800/30	720	640
1000/31	900	800
1250/32	1125	1000
1600/33	1440	1250
2000/34	1800	1600
2500/35	2250	2000
3200/36	2880	2500
4000/37	3600	3200
5000/38	4500	4000
6400/39	5800	5000
8000/40	7200	6400
10000/41	9000	8000
12500/42	11600	10000
16000/43	14400	12500
20000/44	18000	16000
25000/45	23200	20000
32000/46	28800	25000
40000/47	36000	32000
50000/48	46400	40000
64000/49	57600	50000
80000/50	72000	64000
100000/51	92800	80000

während in der arithmetischen ASA-Reihe der doppelte Wert einer Empfindlichkeitsverdoppelung gleichkommt. 1983 ist der ISO-Wert weltweit eingeführt worden, welcher die Angaben in ASA und DIN ersetzt, bzw kombiniert: Die erste Zahl entspricht dem ASA-Wert, während die zweite Zahl für den DIN-Wert in ° steht. Beispiel: Früher: ASA 64/19 DIN, heute: ISO 64/19°.
Andere Empfindlichkeitssysteme, wie die russische GOST (Gosudarstvenny Standart), die japanische JSA (Japan Standards Association), die BSI (British Standard Institute) sowie die «Grad Scheiner» und «Weston»-Werte, sind heute nicht mehr gebräuchlich.

Filmherstellung (chem) Die Herstellung von → *Film*material erfolgt in drei Stufen:
1. Herstellung des nicht lichtempfindlichen, durchsichtigen → *Schichtträgers* durch Vergiessen von Triazetat oder Polyester (Rohfilm).
2. Fällung von Silberhalogenid in Gegenwart von Gelatine. Mit mehreren Zusätzen entsteht die giessfertige → *Emulsion*.
3. Begiessen des Rohfilms mit der Emulsion. Nach der Trocknung werden die Filmbahnen in die gewünschten Formate zerschnitten (→ *Filmkonfektionierung*).

Filmkonfektionierung Zuschnitt (Perforation) und Verpackung des → *Film*materials aus den Filmbahnen. Die häufigsten Konfektionierungen sind Kleinbildfilme (→ *Kleinbildfotografie*), → *Kassettenfilme*, → *Rollfilme*, Schmalfilme und → *Planfilme*.

Verschiedene Filmkonfetionierungen

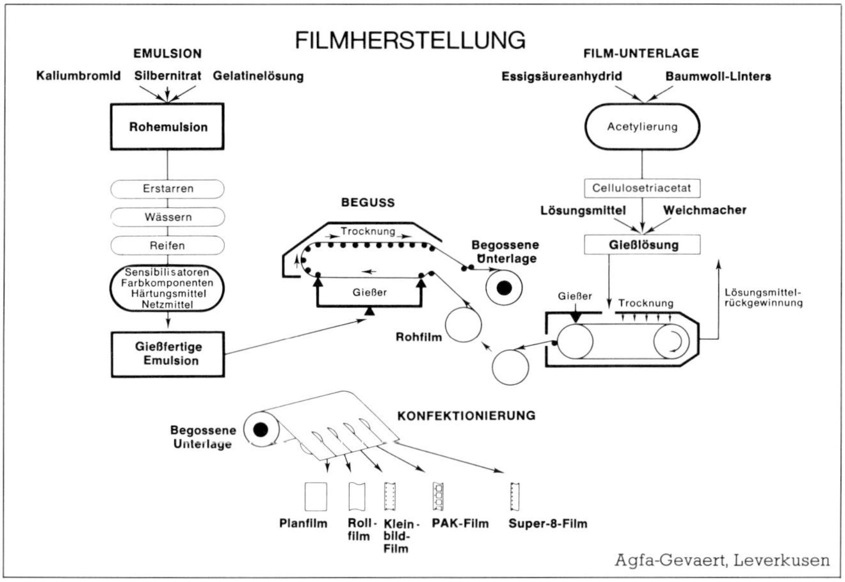

Agfa-Gevaert, Leverkusen

Filmlader (lab) Lichtdichtes Hilfsgerät, um → *Meterware* in → *Filmpatronen* abzufüllen. Sie besitzen eine Längenanzeige des umgespulten Filmstücks und eine Schneideeinrichtung, damit genau die gewünschte Filmlänge abgefüllt werden kann.

Filmlagerung Sowohl die Lichtempfindlichkeit (→ *Filmempfindlichkeit*) als auch die → *Gradation* von fotografischem Material kann sich durch unsachgemässe Lagerung verändern. Bei → *Farbfilmen* werden die drei Schichten meistens ungleich beeinflusst, wodurch → *Farbstiche* und sogenannte → *kippende Farben* entstehen. Filme und → *Farbpapiere* sollten kühl und trocken gelagert werden. Für eine kurzfristige Lagerung (bis 1 Jahr, jedoch innerhalb des Verfalldatums) sind die Verhältnisse in einem Kühlschrank genügend. Für eine längere Lagerzeit sind Tiefkühlbedingungen von -18°C bis -23°C notwendig, damit sich die Eigenschaften der → *Emulsionen* nicht mehr verändern. Vor der Verwendung von tiefgekühlem Material ist eine Akklimatisierung von mehreren Stunden erforderlich (Kondenswasserbildung). Weitere Schädigungsfaktoren können verschiedene Gase oder Dämpfe (z.B. von neuen Möbelstücken aus verleimtem Holz bzw. Spanplatten), Röntgen- oder radioaktive Strahlen oder hohe Luftfeuchtigkeit sein. Besondere Beachtung sollte man der Filmlagerung (von unbelichtetem und belichtetem Material) in tropischem Klima schenken. Kühlboxen, Trockeneis und Entfeuchter (Silicagel) leisten beste Dienste. Die Filmhersteller haben diesbezüglich Merkblätter verfasst.

Filmpack (hist, at) Kassette, die mehrere einzelne → *Planfilme* enthielt. An jedem Film war ein Trans-

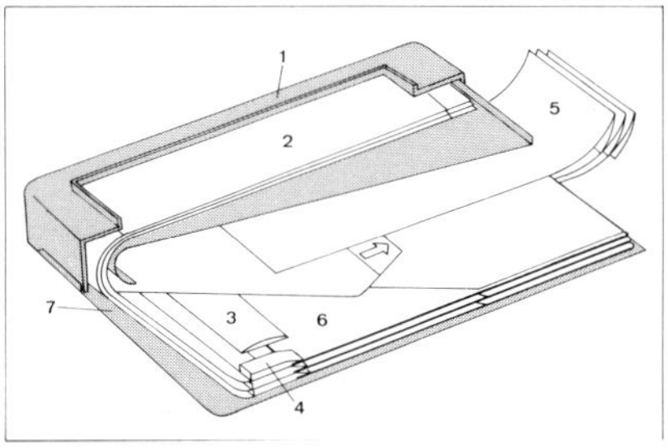

1. Filmpackrahmen 2. acht Negative 3. Entwicklerbeutel 4. Spreizkeile 5. weisse Transportstreifen 6. acht Übertragungspapiere (Positive) 7. Filmpackdeckel .(Polaroid Corp. Cambridge, Mass. USA)

portstreifen befestigt, mit dem das belichtete Filmstück in den hinteren Kassettenteil gezogen werden konnte. Der Filmpack wurde um 1887 erfunden, nachdem es möglich war, biegsame und transparente → *Schichtträger* herzustellen. Der grosse Vorteil gegenüber den damals noch üblichen Glasplatten stellte die Gewichtseinsparung dar: Ein Filmpack wog etwa ein Fünftel der entsprechenden Menge Glasplatten. Der gleichzeitig aufkommende → *Rollfilm* vermochte den Filmpack bis nach dem Zweiten Weltkrieg nicht zu verdrängen, da sich bei letzterem die einzelnen Filmstücke individuell verarbeiten (→ *Entwicklung*) liessen. Mit dem Filmpack verwandt sind die Kassetten der → *Sofortbild*filme. Neben dem Negativmaterial enthalten diese auch die Positivpapiere und die Beutel mit der Entwicklerpaste. Durch Zug am Transportstreifen erscheint eine Papierlasche, an der das belichtete Material aus der Kassette gezogen werden kann, wobei zwei Metallwalzen die Entwicklerpaste verteilen. Dadurch wird die Entwicklung des Bildes eingeleitet.

Filmpatrone (at) Lichtdichte Kassette für aufgespultes → *Film*material ohne Schutzpapier. Filmpatronen sind in der → *Kleinbildfotografie* üblich und enthalten den 35 mm breiten, beidseitig perforierten Film. Für → *Mittelformat* werden Filmpatronen selten eingesetzt, da der perforierte 70-mm-Film nur von wenigen Fotografen verwendet wird. Eine (Kleinbild-) Patrone besteht aus einer Spule, an der der Filmstreifen befestigt ist. Ein Gehäuse, durch zwei Kappen verschlossen, weist einen Längsschlitz mit zwei lichtdicht schliessenden samtartigen Textilstreifen auf, durch welche der Film ins Kamerainnere läuft.

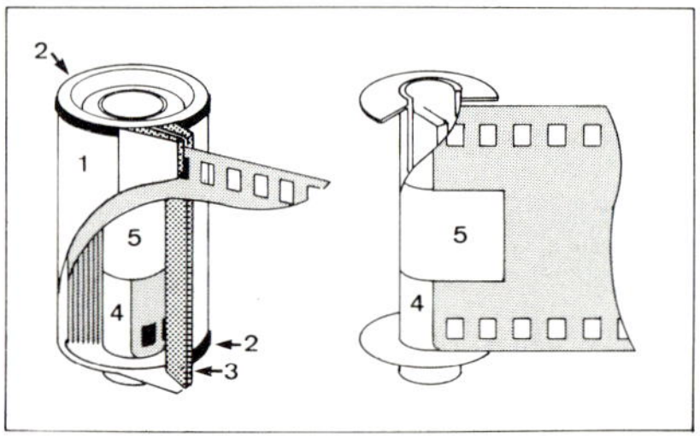

1. Patronengehäuse 2. Patronenkappen 3. Patronenschlitz mit Textilstreifen 4. Filmspule 5. Klebstreifen

Filmreflexionsmessung (at) Art der → *Belichtungsmessung* durch das → *Objektiv* der → *Spiegelreflexkamera* (→ *TTL-Messung*). Im Boden des Kameragehäuses befindet sich eine Messzelle, welche das von der → *Film*oberfläche reflektierte Licht misst und bei ausreichender → *Belichtung* den zweiten, schliessenden Verschlussrollo (→ *Schlitzverschluss*) auslöst oder die → *Leuchtzeit* des → *Blitzgerätes* unterbricht. Damit die Belichtungsmessung auch bei geschlossenem Verschluss funktioniert, ist auf dem Verschlussrollo ein Muster aufgedruckt, dessen → *Reflexionsvermögen* demjenigen des Filmes entspricht. In den letzten Jahren hat sich die Messung über einen → *Sekundärspiegel* durchgesetzt, die eine bessere Ausnutzung der Mindestlichtmengen in der Kamera ermöglicht.

Filmtransport (at) Mechanische Vorrichtung, um den (belichteten) → *Film* in der Kamera um eine Bildbreite zu verschieben. Bei → *Rollfilm*en wird der an einem Schutzpapier angeklebte Film von einer Spule zu einer zweiten transportiert. Bei → *Kleinbildkameras* (→ *Kleinbildfotografie*) läuft der Film aus der → *Filmpatrone* durch die Filmführung über die Zahntrommel und die Andruckrolle zur Aufwickelspule. Um die Planlage zu optimieren,

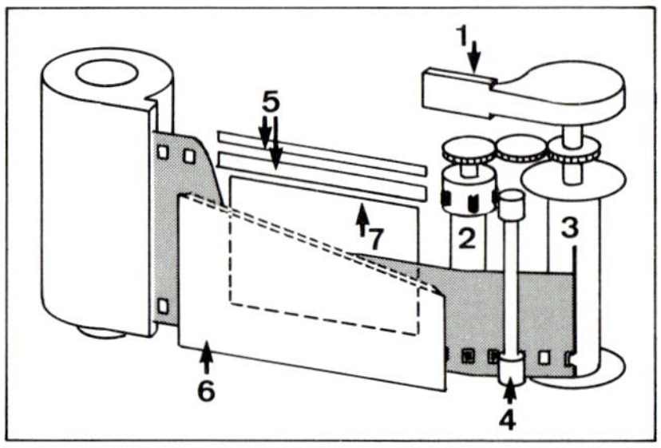

1. Schnelltransporthebel 2. Zahntrommel 3. Aufwickelspule 4. Andruckrolle 5. Filmführung 6. Andruckplatte 7. Filmfenster

wird der Film von der Andruckplatte gegen die Filmführung gedrückt. Beim Transportieren wird das Bildzählwerk um eine Einheit weitergeschaltet. Nach der Belichtung des ganzen Films werden durch Drücken des Rückspulknopfes Zahntrommel und Aufwickelspule entriegelt, so dass der Film durch Drehen des Rückspulknopfes (Rückspulkurbel) in die Filmpatrone zurückgespult werden kann. Die meisten modernen Kameras besitzen einen motorischen Filmtransport mit einer Frequenz von ca 2 Bildern pro Sekunde. Bei früheren Modellen kann ein → *Winder* oder ein Motor angesetzt werden.

Filmtrocknung → *Trocknung.*

Filter (at, lab) Transparentes Medium, das die spektrale Energieverteilung des Lichtes verändert und den Lichtstrom (→ *Lichttechnik*) verringert. Filter werden in der → *Schwarzweissfotografie* zur Veränderung der → *Tonwerte*, in der → *Farbfotografie* zur möglichst genauen Wiedergabe der Objektfarben sowie zur Beeinflussung der → *Farbtemperatur* und im → *Fotolabor* als Schutzfilter vor der → *Laborleuchte* sowie zur Behebung von → *Farbstichen* bei Farbaufnahmen und Farb-→ *Vergrösserungen* verwendet. Filter existieren in verschiedenen Handelsformen: (in der Masse gefärbte) Glasfilter, preiswerte → *Gelatinefilter*, Azetatfolien und Kunststofffilter. Grundsätzlich gilt, dass ein Filter die Lichtstrahlen seiner Eigenfarbe durchlässt, während die anderen Farben (bis zur → *Komplementärfarbe*) mehr oder weniger stark absorbiert (→ *Absorption*) werden.

1. Filter für die → *Schwarzweissfotografie.* Um gewisse Farben auf → *panchromatischem* Material in korrekte, dem visuellen Eindruck entsprechende Grauwerte umzusetzen, sind Korrekturfilter erforderlich (mittleres Gelbfilter bei Tageslicht, Gelbgrünfilter bei Kunstlicht; Blaufilter zur korrekten Rotwiedergabe bei Filmen mit erhöhter Rotempfindlichkeit). Um eine Differenzierung zwischen verschiedenfarbigen Objekten gleicher Helligkeit zu erreichen, verwendet man Kontrastfilter. Es liegt im Ermessen des Fotografen, durch die entsprechende Filterwahl die eine Farbe heller und die andere dunkler erscheinen zu lassen. Mit Kontrastfiltern können auch gewisse Farben übermässig betont werden, um einen verstärkten Effekt zu erreichen (z.B. Verwendung eines Rotfilters für eine dunkle Wiedergabe des Himmels). Als Spezialfilter sei noch der → *Infrarotfilter* erwähnt, der das gesamte sichtbare → *Spektrum* absorbiert. In Verbindung mit Infrarotfilmen ist es möglich, den atmosphärischen → *Dunst* zu durchdringen oder verschiedene Spezialaufgaben zu lösen.

2. Filter für die → *Farbfotografie* (→ *Farbverfahren*). Um die → *Farbtemperatur* einer Lichtquelle dem verwendeten (→ *Tageslicht-* oder → *Kunstlicht-*) Film anzupassen, verwendet man → *Konversionsfilter.* Orangerote Konversionsfilter reduzieren die

Filterwirkung bei Schwarzweiss-Aufnahmen

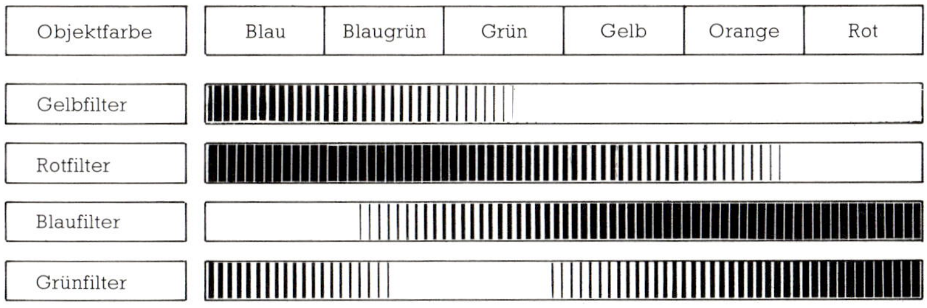

Die Filterfarbe wird heller und die entsprechende Komplementärfarbe dunkler wiedergegeben.

Farbtemperatur und werden verwendet, um bei Tageslicht mit Kunstlichtfilmen zu fotografieren. Umgekehrt erhöhen blaue Filter die Farbtemperatur und kommen bei Kunstlicht mit Tageslichtmaterial zum Einsatz. Sowohl bei Farbaufnahmen als auch bei Farbvergrösserungen können → *Farbstiche* auftreten, die emulsions-(→ *Emulsion*), verarbeitungs- oder umgebungsbedingt sind. Sie werden mit → *Korrekturfiltern* behoben, die als Glasfilter, → *Gelatinefilter* oder Azetatfolien in den sechs Grundfarben (→ *Farbmischung*) und in abgestuften Dichten auf dem Markt sind.

3. Sowohl in der → *Schwarzweissfotografie* als auch in der → *Farbfotografie* können folgende Filter verwendet werden: Neutrale → *Graufilter* zur Lichtreduktion; → *Polarisationsfilter*, um Reflexe zu reduzieren; *UV-Sperrfilter* oder → *Skylightfilter*, um einen zu hohen UV-Anteil zu verringern; → *Verlauffilter*, um einen Filtereffekt nur in einer Bildhälfte wirken zu lassen, und eine grosse Anzahl von Effektfiltern, die farbliche oder optische → *Verfremdungen* im Bild ergeben. In der Wissenschaft werden auch Flüssigkeitsfilter verwendet. Diese bestehen aus einer Glasküvette, die mit einer farbigen Lösung gefüllt wird, welche je nach Zusammensetzung und Konzentration beliebig bestimmbare Absorptionseigenschaften hat.

Filterfaktor (at) Bedingt durch die → *Absorption*seigenschaften und die → *Dichte* eines → *Filters*, ist eine Verlängerung der Belichtung erforderlich. Diese → *Verlängerungsfaktoren* werden vom Filterhersteller angegeben, sind jedoch auch von der → *Sensibilisierung* des Aufnahmematerials abhängig. Filterfaktoren können bei der → *Belichtung* auf drei Arten berücksichtigt werden:

1. Durch Multiplikation der Verschlusszeit. Beispiel: (Belichtungszeit 1/30 Sek., Filterfaktor 2) 1/30 x 2 = 1/15. Korrigierte Verschlusszeit: 1/15 Sek. Diese Methode ist nur bei → *Tageslicht* oder → *Kunstlicht* anwendbar, jedoch nicht für → *Blitzlichtaufnahmen*.

2. Durch Öffnen der → *Blende*. 1 Blendenwert bewirkt die doppelte Belichtung, bzw. ein Verlängerungsfaktor 2x erfordert ein Öffnen um einen Blendenwert. Daraus ergeben sich folgende Beziehungen:

Faktor	Blendenwert +	Faktor	Blendenwert +
1	0	5-6	2,5
1,5	0,5	8	3
2	1	12	3,5
3	1,5	16	4
4	2	32	5

Werden mehrere Filter gleichzeitig verwendet, so sind die Verlängerungsfaktoren zu multiplizieren.

3. Durch Division der → *ASA*-Zahl. Um mit einem Filter von Faktor 2 auf einem 400-ASA-Film eine korrekte Belichtung zu erhalten, stellt man den → *Belichtungsmesser* auf 200 ASA. Bei Kameras mit → *Innenmessung* (Belichtungsmessung durch das → *Objektiv*) werden die Filterfaktoren für neutrale Filter (→ *Graufilter* und → *Polarisationsfilter*) und Farbkorrekturfilter automatisch berücksichtigt. Schwarzweiss-Korrektur- und -Kontrastfilter können, abhängig von der *spektralen* → *Empfindlichkeit* des Belichtungsmessers, zu Fehlmessungen führen.

Filterfolien (at) → *Gelatinefilter* und gefärbte Azetatfolien sind preiswerter, allerdings auch verletzlicher als Glasfilter und existieren in einer grösseren Auswahl. Im Gegensatz zu den Gelatinefiltern ist das optische Verhalten von Azetatfolien als Aufnahmefilter ungenügend, so dass solche Filter vorzugsweise vor der Lichtquelle oder in der Filterschublade des → *Vergrösserungsgerätes* verwendet werden. Filterfolien können auch zugeschnitten werden, um z.B. mit einem → *Diapositiv*, das einen → *Farbstich* aufweist, zur → *Projektion* mit eingerahmt zu werden.

Filterhalter (at) Vorrichtung zur Befestigung von Glas- oder → *Gelatinefiltern* (→ *Filter*) vor dem → *Objektiv* der Kamera. Der verwendete Filter muss grösser sein als der Objektivdurchmesser, da sonst → *Vignettierungs*gefahr besteht.

Finlay, Clark L. (bio) (18??-1936) Englischer Erfinder von → *Farbrasterverfahren* (→ *Finlay-Colour*).

Finlay-Colour (hist) → *Additives Farbverfahren* nach dem → *Linienraster*prinzip. → *Farbfotografie.*

Fischer, Rudolf (bio) (1881-1957) Deutscher Chemiker, der zusammen mit dem Schweizer H. Siegrist im Jahre 1912 die → *chromogene Entwicklung* erfand.

Fisheye-Objektiv (at, opt) Extremes → *Weitwinkelobjektiv*, das einen → *Bildwinkel* von 180° und mehr aufweist und entweder ein kreisförmiges Bild ergibt oder das ganze → *Bildfeld* auszeichnet. Die extreme tonnenförmige → *Verzeichnung* (aequidistante oder orthografische Projektion) bei kreisförmig abbildenden Fisheye-Objektiven und die Verformung sämtlicher Linien, die nicht durch das Zentrum laufen, führen zu einem typischen Bildeffekt. Das optische Prinzip eines starken negativen Vordergliedes und eines sammelnden Hintergliedes war bereits 1924 (Beck) bekannt und wurde erstmals beim «Hill Sky Lens»-Objektiv angewandt. Bedingt durch die extrem kurze → *Brennweite* entsteht eine → *Schärfentiefe* von wenigen Zentimetern bis ∞, so dass sich ein Scharfstellen erübrigt.

Foto Thomas Cugini, Zürich

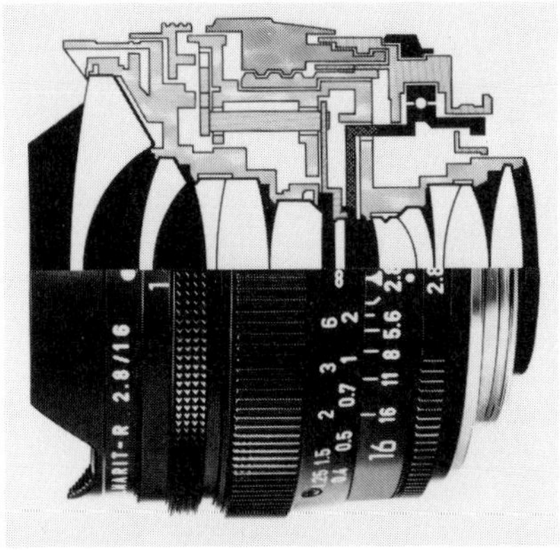

Fisheye-Objektiv (Leica)

Fixfokus-Objektiv (opt) → *Objektiv* in billigen Kameras (→ *Boxkamera*), dessen → *Bildweite* nicht verstellbar ist. Es handelt sich meistens um verhältnismässig kurze → *Brennweiten*, die eine relativ grosse → *Schärfentiefe* ergeben und auf die → *hyperfokale Distanz* eingestellt sind.

Fixierbad (lab, chem) Während der → *Entwicklung* wird das belichtete (→ *Belichtung*) → *Silberhalogenid* geschwärzt, d.h. zu metallischem → *Silber* reduziert. In diesem Stadium ist das unbelichtete Silberhalogenid noch lichtempfindlich, und um ein Nachschwärzen zu vermeiden, muss dieses aus der → *Schicht* herausgelöst werden. Die heute gebräuchlichste Substanz dazu ist → *Natriumthiosulfat*, Bestandteil von fast allen Fixierbädern. Um diese wichtige Prozessstufe zu beschleunigen, gibt es → *Schnellfixierbäder*, die → *Ammoniumthiosulfat* enthalten (→ *Schnellverarbeitung*). → *Fixieren.*

Fixieren (chem, lab) Chemisches Behandeln der fotografischen → *Schicht*, um das → *Silberhalogenid* in eine lösbare Silbersalzverbindung umzuwandeln. Das Fixieren ist ein komplizierter chemischer Vorgang, der aus zwei Stufen besteht:
1. Bildung eines schwerlöslichen Doppelsalzes, wobei sich die undurchsichtige, milchigtrübe → *Emulsion* zu klären beginnt und transparent wird.

Die Zeit vom Beginn des Fixierprozesses bis zur Klärung heisst → *Klärzeit*. 2. Umwandlung des schwerlöslichen Doppelsalzes in ein leichtlösliches Silberthiosulfat-Komplexsalz. Diese zweite Stufe dauert weniger lange als die Klärzeit, doch ist es aus Sicherheitsgründen ratsam, die Gesamtfixierzeit so zu wählen, dass sie der doppelten Klärzeit entspricht. Die Dauer des Fixierprozesses richtet sich nach der Schichtdicke sowie nach dem Zustand des Fixierbades und dessen Konzentration. Nach dem Fixieren wird das Komplexsalz zusammen mit dem überschüssigen Fixiernatron in der → *Wässerung* aus der Schicht entfernt.

Fixierentwicklung (lab, chem) Fotografischer → *Entwickler*, der silberlösende Substanzen (→ *Natriumthiosulfat*) enthält und während der Entwicklungszeit das Bild fixiert (→ *Fixieren*). Die Fixierentwicklung war früher in der → *Zielfotografie* (Sport) und in der → *Pressefotografie* eine notwendige Technik, um möglichst rasch zu einem Bild zu kommen. Abgesehen davon, dass die Fixierentwicklung mit vielen modernen → *Filmen* nicht mehr durchführbar ist, wurde sie durch das → *Sofortbild* und die elektronische Bildaufzeichnung überholt. In der modernen Fotochemie nimmt jedoch die Fixierentwicklung eine sehr bedeutende Stellung ein, basiert darauf doch jedes Verfahren der → *Sofortbildfotografie*.

Fixiersalz → *Natriumthiosulfat*.

Fixierzeit (lab) Zeitdauer des → *Fixierens*. Es ist darauf zu achten, dass die Fixierzeit mindestens doppelt so lange dauert, wie die → *Klärzeit*, damit sich das leichtlösliche Silberthiosulfat bilden kann und eine für die optimale → *Haltbarkeit* ausreichende → *Wässerung* möglich wird.

Fizeau, Hippolyte, Louis (bio) (1819-1896) Französischer Physiker, der die Goldtonung (→ *Tonung*) von → *Daguerreotypien* im Jahre 1840 erfunden hat. Ein Jahr danach praktizierte er ein Ätzverfahren von Daguerreotypien. Zusammen mit → *Foucault* studierte er die Spektralverteilung (→ *Spektrum*) verschiedener Lichtquellen.

Flächenleuchte (at) → *Fotoleuchte*, die im → *Atelier* ein besonders schattenloses (weiches) Licht ergibt und eine allgemeine Helligkeit bewirkt. Flächenleuchten sind in der Regel mit mehreren gleichartigen Lichtquellen (→ *Fotolampen*, Blitzröhren (→ *Blitzgerät*) oder → *Leuchtstoffröhren*) bestückt, die eine grossflächige Streuscheibe (→ *Diffusor*) anstrahlen. Flächenleuchten nennt man auch Lichtwannen oder Weichstrahler. →← *Spotlight*.

Flächenleuchten (Briese)

Flintglas (opt) → *Optisches Glas* mit → *Abbe-Zahl* < 50 und demzufolge hoher → *Dispersion*. → *Kronglas*.

Floating-Element (opt) Um bei jeder → *Gegenstandsweite* eine maximale Abbildungsleistung mit vielgliedrigen lichtstarken und asymmetrischen (→ *Asymmetrie*) → *Objektiven*, vor allem → *Weitwinkelobjektiven* in → *Retrofokus*bauweise zu erreichen, werden bestimmte Linsen bzw. Glieder beweglich mit der Fokussierung verbunden, die deren Position im Objektiv distanzabhängig ändert.

Flugaufnahmen (at) Fotografische Aufnahmen aus einem fliegenden Kameraträger. Das grosse Gebiet erstreckt sich von der früheren Ballonfotografie bis zur modernen Satellitenfotografie. Bei Aufnahmen aus dem Flugzeug unterscheidet man grundsätzlich zwei Arten:

1. Vertikalaufnahmen für topographische, photogrammetrische, wissenschaftliche und militärische Zwecke. Bei Vertikalaufnahmen kann es vorkommen, dass mit → *Weitwinkelobjektiv*en der Reflex (→ *Reflexion*) der Sonne («Hot Spot» oder «Sun-Glint») als schattenloser heller Fleck störend mit auf das Bild kommt.

Foto Swissair Photo + Vermessungen AG, Zürich

2. Schrägaufnahmen, in Flugrichtung oder quer dazu. In der professionellen Luftbildfotografie werden spezielle hochtechnisierte → *Luftbildkameras* eingesetzt. Es ist aber mit jeder Kameraausrüstung möglich, Flugaufnahmen zu machen. Es muss mit möglichst kurzer → *Verschlusszeit* gearbeitet werden, um → *Bewegungsunschärfen* zu vermeiden. Diese können durch anormale Bewegungen des Flugzeuges (Böen, Schläge von Turbulenzen) oder durch die Übertragung von Motor-Vibrationen entstehen. Besonders geeignet für Flugaufnahmen sind langsamfliegende Flugzeugtypen (Hochdecker). Auch Helikopter werden oft für Fotozwecke eingesetzt, diese sind jedoch sehr teuer und haben eine grössere Erschütterungstendenz, vor allem im Schwebezustand. Das Gelingen von Flugaufnahmen hängt weitgehend auch von den meteorologischen Bedingungen ab. Ideal sind diese an Föhntagen und hinter einer Kaltfront (Regen). Wichtig ist auch ein gleichmässiges Licht (zwischen 10 Uhr und 14 Uhr). Atmosphärischer → *Dunst* beeinträchtigt die Fernsicht erheblich (→ *Fernsichtaufnahmen*).
Bei Schwarzweissaufnahmen (→ *Schwarzweissfotografie*) empfiehlt sich die Verwendung eines Gelb- oder Orange → *Filters* oder der Einsatz von → *Infrarot*material mit einem Rotfilter. Bei Farbaufnahmen (→ *Farbfotografie*) muss ein → *UV-Sperrfilter* oder ein → *Skylightfilter* verwendet werden.

Fluoreszenz-Aufnahmen (at, phys) Gewisse chemische Verbindungen haben die Eigenschaft, in ultraviolettem Licht zu fluoreszieren (→ *Ultraviolett-Fluoreszenz*), d.h. kurzwellige unsichtbare Strahlen in sichtbares Licht umzuwandeln. Diesen Effekt nutzt man bei Fluoreszenz-Aufnahmen in der wissenschaftlichen Fotografie (Medizin, Mineralogie, Biochemie, Kriminalistik usw.) aus, um gewisse Stoffe nachzuweisen. Als Erreger verwendet man eine Lichtquelle, die einen sehr hohen UV-Anteil besitzt (z.B. → *Quecksilberdampflampe*). Da jede fotografische → *Emulsion* UV-empfindlich ist, muss ein → *UV-Sperrfilter* vor dem → *Objektiv* angebracht werden, um lediglich die Fluoreszenz-Strahlen auf dem → *Film* zu registrieren. Es kann grundsätzlich jedes Material (→ *Schwarzweiss-* oder → *Farbfilm*) verwendet werden.

Flüssigkristallanzeige (LCD) (at) engl. Liquid Crystal Diode. Elektronisches Anzeigeelement, das als → *Datenfenster* an → *Kamera*gehäuse und im → *Sucher* zur Anzeige von Belichtungsdaten und aktuellen Kamerafunktionen verwendet wird. Durch das Anlegen einer bestimmten elektrischen Spannung an das LCD-Element werden bestimmte Zonen lichtundurchlässig. Kleine LCD-Elemente dienen in → *Datenrückwänden* zur Einbelichtung der Zahlen mittels einer kleinen → *Punktlichtlampe* nach dem Prinzip der Schattenrissprojektion.

Fokus (opt, at) → *Brennpunkt* einer → *Linse* oder eines optischen Systems (z.B. → *Objektiv*), → *Fixfokus-Objektiv*, → *Autofokus*, → *Fokusdifferenz*.

Fokusdifferenz (opt) Bei einer → *Linse* oder einem nicht apochromatisch korrigierten Objektiv (→ *Achromat*, → *Apochromat*, → *Superachromat*) liegen die → *Brennpunkte* der einzelnen → *Spektralfarben* nicht in der gleichen Ebene, sondern hintereinander (→ *chromatische Aberration* Farblängsfehler). Die örtliche Distanz zwischen den am stärksten gebrochenen blauen Strahlen und dem Brennpunkt der roten Strahlen nennt man Fokusdifferenz.

Fokussierung → *Scharfeinstellung.*

Folienfilter → *Filterfolien.*

Forcierte Entwicklung (lab, at) → *Push-Entwickler.*

Formaldehyd (chem) HCHO (Formalin, Formol). Farbloses, stechend riechendes Gas. Die wässerige Lösung ist eine farblose, ätzende, zu Tränen reizende Flüssigkeit. 40%-Konzentrat ist für Fotozwecke üblich, das verdünnt in Stabilisierungs- und → *Härtebädern* aufgrund der Gerbwirkung verwendet wird. Starkes Gift; Dämpfe nicht einatmen!

Formate (at, lab, bpr) Genormte Dimensionen von lichtempfindlichem Material (→ *Filme* und → *Fotopapiere*), sowie Bezeichnung der Grösse eines → *Negativs* oder → *Diapositivs*,

Tabelle Aufnahmeformate

Nennformat	effektiv
8x11 mm (Minox und Disc)	
13x17 mm (Pocket 110)	
18x24 mm (Halbformat)	
24x24 mm	
24x36 mm (Kleinbild)	
28x28 mm (Instamatic 126)	
4x4 cm	
4,5x6 cm	42x56 mm
6x6 cm	56x56 mm
6x7 cm	56x69 mm
6x9 cm	56x87 mm
9x12 cm	84x114 mm
4x5 Inch	96x121 mm
13x18cm	125x176 mm
18x14 cm	178x238 mm
8x10 Inch	202x253 mm

Tabelle Fotopapierformate

Nennformat	effektiv
7x10 cm	74x105 mm
9x13 cm	89x127 mm
Postkarte	105x148 mm
13x18 cm (5x7")	127x178 mm
18x24 cm	178x240 mm
20x25 cm (8x10")	203x254 mm
A4	210x297 mm
24x30 cm	240x305 mm
30x40 cm	305x406 mm
40x50 cm	406x508 mm
50x60 cm	508x609 mm
50x70 cm	508x609 mm

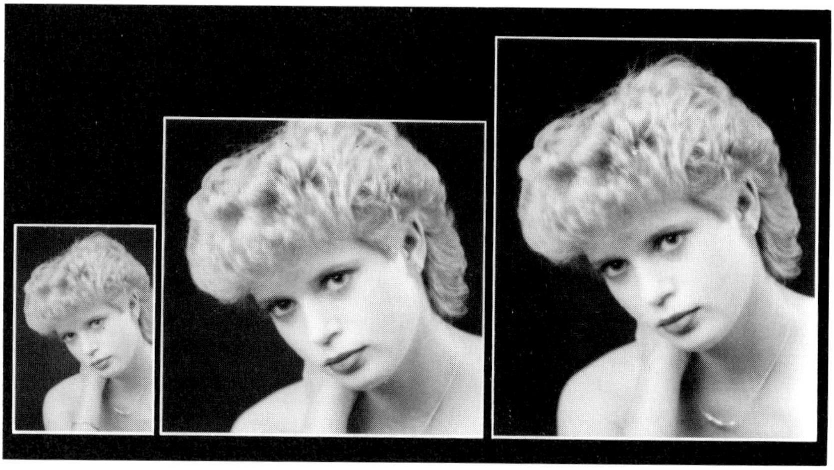

Seitenverhältnisse von Kleinbild-, 6x6cm- und 6x7cm-Formaten im direkten Vergleich

entsprechend dem → *Bildfenster* der Kamera (→ *Bildfeldschwund*, → *Bildgrösse*).
Zur besseren Ausnutzung der Formate ist auf die verschiedenen → *Proportionen* von Aufnahmeformat und Papierformat zu achten (siehe Tabelle unter → *Proportionen*).

Foto (Photo). Nach Duden ist heute die Schreibweise «Foto...» üblich. Besonders bei wissenschaftlichen Arbeiten wird jedoch «Photo...», da international gebräuchlich, beibehalten (siehe DIN-Norm 19040 «Begriffe der Photographie»).

Fotocollage (bpr) Verschiedene Bildelemente aus Fotografien werden durch Ausschneiden und Aufkleben zu einer neuen Darstellung gestaltet. Bei der Anfertigung und → *Reproduktion* von Fotocollagen ist zu bedenken, dass die verwendeten Bildpartien rechtlich Eigentum des Fotografen sind und zur Verwendung dessen Zustimmung erforderlich ist (→ *Urheberrecht*).

Foto-Design Aufbereitung von Informationen mit fotografischen Mitteln für Zwecke der Beobachtung, des Lernens und der Verständigung. Im Gegensatz zu einer rein handwerklich-technisch orientierten fotografischen Tätigkeit bemüht sich der Foto-Designer um konzeptionelle und kreative Ideenfindung, Umsetzungsverfahren und Gestaltung mit Hilfe der → *Fotografie*.

Grundsätzlich lassen sich die Tätigkeitsmerkmale eines Foto-Designers in drei Phasen einteilen, die von thematisch-inhaltlichen, formal-ästhetischen und handwerklich-technologischen Schwerpunkten geprägt sind:
1. konzeptionelle Phase,
2. Phase der Umsetzung, Visualisierung oder Realisierung und
3. Phase der Präsentation. (Nach BFF, Rattemeyer/Schöttle.)

Fotoelement (bm) Fotoelektrisches Element, welches die Strahlungsenergie (→ *Licht*) in elektrische Energie umwandelt. Durch das Auftreffen von Lichtquanten (Photonen) auf eine Selen-Halbleiterschicht werden Elektronen freigesetzt, die einen mit einem Mikroamperemeter messbaren Strom in einem geschlossenen Stromkreis erzeugen. Selen → *Belichtungsmesser*, die nach diesem Prinzip arbeiten, sind batterieunabhängig, weisen jedoch eine relativ geringe Empfindlichkeit auf. → *Fotowiderstand*.

Fotografie Das von Julius Mäder und John Herschel 1839 beinahe gleichzeitig erstmals verwendete Wort ist aus dem Griechischen abgeleitet («photos» = das Licht; «graphein» = schreiben, zeichnen) und bedeutet «zeichnen mit Licht». Abbild eines Gegenstandes, mit Hilfe eines chemischen Verfahrens, auf einer lichtempfindlichen Schicht (→ *Film*, → *Emulsion*). Die Technik des Fotografierens lässt sich in zwei aktive Phasen unterteilen:
1. → *Belichtung*, entweder mit einer → *Kamera* oder im Kontaktverfahren (→ *Fotogramm*, → *Kontaktkopie*), und
2. die Verarbeitung, die in der Regel aus dem Entwickeln (→ *Entwicklung*) des belichteten Materials und der Anfertigung von → *Kopien* besteht.

Älteste Fotografie der Welt (1826, Gernsheim Collection)

Geschichte. 1727 entdeckte Johann Heinrich Schulze die Lichtempfindlichkeit von Silbernitrat. 1802 kopierte der Engländer Thomas Wedgwood Blätter und Insekten auf silbernitratbeschichtetes Papier, doch gelang ihm das Fixieren nicht. Das erste haltbare Bild erzeugte Nicéphore → *Niépce* im

Jahre 1826 auf einer Asphaltschicht. Es entstand eine Zusammenarbeit mit dem Lichttheaterbesitzer → *Daguerre*, welcher 1839 in Paris sein Verfahren, die → *Daguerreotypie* mit Hilfe der französischen Regierung veröffentlichte. Parallel zu dieser Entwicklung hatte → *Talbot* seit 1835 in England umfangreiche Versuche mit lichtempfindlichen Stoffen gemacht, die 1841 zum ersten → *Negativ/Positiv-Verfahren*, der → *Kalotypie*, führten. Nachdem → *Niépce de St. Victor* 1847 die erste Fotografie auf Glas gelang, erfand 1851 → *Archer* die → *Kollodium-Fotografie*. Mit der sehr beliebten «Carte-de-visite», welche → *Disdéri* 1854 patentieren liess, gewann die Fotografie an Popularität. 1871 goss → *Maddox* die ersten Bromsilber-Gelatine-Trockenplatten, die jedoch erst nach 1878 (Entdeckung des Reifungsprozesses durch Charles Bennett) das Kollodium-Verfahren allmählich verdrängen konnten. Nach der Erfindung des Rollfilms im Jahre 1887 durch → *Goodwin* leitete → *Eastman* mit einer einfachen Boxkamera die Amateur-Fotografie ein. Den beiden Filmpionieren Auguste und Louis → *Lumière* gelang es 1907 mit ihren Autochrome-Platten, das erste Farbverfahren zu kommerzialisieren, dem nach verschiedenen Korn- und Linsenraster-Farbfilmen 1935 unter der Bezeichnung «Kodachrome» der erste Dreischichten-Farbfilm mit → *chromogener Entwicklung* folgt (→ *Godowsky*, → *Mannes*). Den ersten → *Negativ/Positiv*-Farbprozess kündete Agfa 1941 an, doch wurde die Markteinführung durch den Krieg verzögert. 1947 präsentierte Dr. → *Land* das erste → *Sofortbild*verfahren.

Fotografik (at) 1. Fotografische Aufnahme oder Veränderung (auch → *Verfremdung*) einer solchen, unter Berücksichtigung grafischer Aspekte. Dabei wird das fotografische Bild abstrahiert, das heisst auf seine grafischen Elemente (z.B. Striche und Flächen) reduziert.
2. Anwendung der → *Fotografie* in der Grafik.

Fotogramm (lab, at) → *Silhouetten*hafte Darstellung von Gegenständen, die ohne Kamera im → *Fotolabor* entsteht. Die Objekte werden auf das lichtempfindliche Material (→ *Fotopapier* oder → *Film*) gelegt, das nach der → *Belichtung* wie üblich verarbeitet wird (→ *Entwicklung*, → *Fixieren*).

Fotokopie (at) Heutige Verfahren, mit denen elektrisch oder thermisch, ohne chemische Lichtempfindlichkeit, Schriftstücke kopiert (→ *Kopie*) werden können. Es existieren verschiedene Verfahren. Die wichtigsten sind:
1. Elektrostatische Verfahren beruhen auf der Fotoleitfähigkeit gewisser Stoffe (d.h. diese werden unter Einfluss von Licht für elektrischen Strom oder elektrostatische Elektrizität leitend, z.B. Silizium, Cadmium-Sulfid, Selen). Eine Metallplatte, die mit einem solchen Stoff beschichtet ist, wird durch eine positive Ladung lichtempfindlich. Darauf kopiert man nun optisch ein Schriftbild, was zur Folge hat, dass die Schicht an den belichteten Stellen leitend wird und dass nach der Erdung der Metallplatte nur an den unbelichteten Stellen eine elektrische Ladung zurückbleibt. Nun wird ein aus Harzpartikeln und Eisenteilchen bestehendes Pulver (Toner) aufgesprüht, welches elektrostatisch an den verbliebenen Ladungen der unbelichteten Stellen haftet. Legt man nun ein elektrisch geladenes Papier auf die Metallplatte, so findet eine Übertragung des Pulvers auf das Papier statt, welches dort durch Erwärmung oder Kalteinpressen mit der Papierfaser fest verbunden werden kann.

2. Zinkoxid-Verfahren. Variation des elektrostatischen Verfahrens, bei dem ein Papier mit einer fotoleitfähigen Zinkoxid-Schicht verwendet wird. Diese Schicht wird elektrostatisch aufgeladen, belichtet (wobei wiederum eine bildmässig verteilte elektrische Ladung an den unbelichteten Stellen verbleibt) und in einer metallhaltigen Flüssigkeit «entwickelt», was zu einem Metallniederschlag an den unbelichteten Partien führt.
3. Thermische Verfahren. Sie beruhen darauf, dass die Schrift des Originals Wärmestrahlen absorbiert (→ *Absorption*), was zu einer geringen Erwärmung dieser Stelle führt, die genügend ist, um in einem dagegen gepressten Kopierpapier einen chemischen Vorgang einzuleiten. In einem Übertragungspapier sind in einer leicht schmelzbaren Wachsschicht getrennt voneinander Stoffe eingebettet, die beim Zusammenkommen einen Farbstoff bilden. Die Erwärmung der Partie bringt das Wachs zum Schmelzen, so dass die beiden Stoffe miteinander reagieren können.

Fotolabor (lab) Verdunkelbarer Raum zur Verarbeitung fotografischer Materialien (→ *Film*, → *Fotopapier*). Die meisten heutigen fotografischen Prozesse müssen aufgrund ihrer spektralen → *Empfindlichkeit* (→ *Panchromatisch*) in absoluter Dunkelheit durchgeführt werden, während das → *Vergrössern* von Schwarzweiss-Negativen (→ *Schwarzweiss-Fotografie*) beim Schutzlicht einer → *Laborleuchte* erfolgen kann. Ein Fotolabor soll grundsätzlich in einen Trockenteil (Standort des → *Vergrösserungsgerätes*, Aufbewahrung von Chemikalien und lichtempfindlichem Material) und einen Nassteil (Verarbeitung des belichteten Fotomaterials, Ansetzen der Chemikalien) aufgeteilt sein. Eine klare Trennung zwischen der → *Trokkenzone* und der → *Nasszone* ist aus Sicherheitsgründen erforderlich: Im trockenen Teil werden elektrische Geräte bedient, während man im Verarbeitungsteil mit der Wasserleitung in Berührung kommen kann. Ferner muss in jedem Fotolabor peinlichste Sauberkeit herrschen. Die Vorschriften und Warnungen der Hersteller chemischer Produkte sind unbedingt zu beachten, und Chemikalien sind prinzipiell von Kindern fernzuhalten.

Fotolampen (at, li) → *Kunstlichtquellen*, vorwiegend spezielle → *Glühlampen*, die für fotografische Aufnahmen verwendet werden. Ihre →

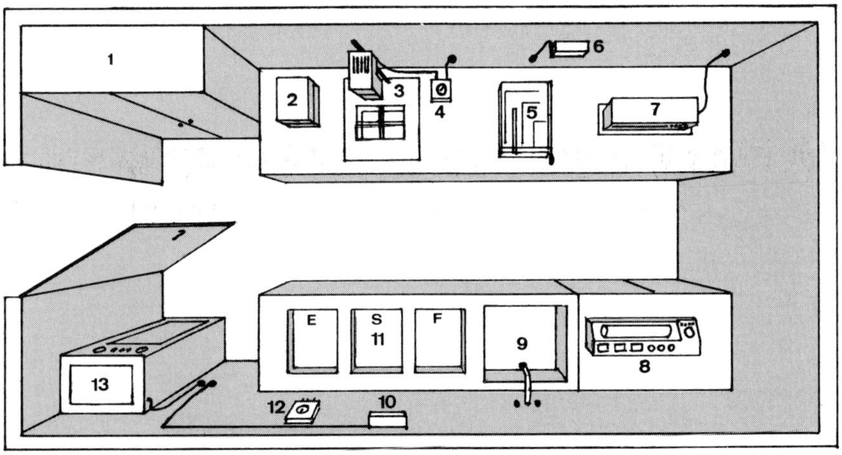

Beispiel eines Photolabors (für semi-professionellen Betrieb): Trockenteil: 1. Materialschrank, 2. Photopapier in lichtdichten Papierspendern, 3. Vergrösserungsgerät auf Grundbrett mit Vergrösserungsrahmen, 4. Timer (oder Analyzer), 5. Schneidemaschine, 6. Laborleuchte, 7. Trockner für RC-Papiere (bzw. Trockenpresse). Nassteil: 8. Entwicklungsmaschine für Farbprozesse, 9. Fliessendes Wasser (warm und kalt), 10. Laborleuchte, 11. Schalenverarbeitung für s/w-Vergrösserungen (Entwickler – Stoppbad – Fixierbad), 12. Laboruhr, 13. Trockenschrank zur Filmtrocknung.

Verteilungstemperatur beträgt rund 3200K. Sie werden sehr oft mit Überspannung betrieben, was zur Abgabe eines höheren → *Lichtstrom*es führt, aber auch die Lebensdauer der Lampe verringert. Die Verteilungstemperatur reduziert sich mit der Alterung der Lampe, weil sich das verdampfende Wolfram am Glaskolben niederschlägt; das Licht wird gelber. Um diesem Nachteil entgegenzuwirken und zugleich → *Fotoleuchte*n kleinerer Dimensionen bauen zu können, verwendet man heute vorwiegend → *Halogenglühlampe*n oder → *Metalldampflampen*.

Fotoleinen (lab) Lichtempfindliches Material mit den Charakteristiken von → *Fotopapier* zum Herstellen von → *Vergrösserung*en. Der → *Schichtträger* besteht aus einem Textilgewebe, was dieses Material vor allem für Dekorationszwecke prädestiniert. Fotoleinen lässt sich wie Fotopapier verarbeiten und kann notfalls sogar gewaschen und gebügelt werden.

Fotoleuchte (at, li) Künstliche → *Lichtquelle*, die speziell für den Einsatz bei fotografischen Aufnahmen konzipiert ist. Es gibt sowohl Fotoleuchten für → *Fotolampen* als auch für → *Blitzlicht*. Häufig können sie mit verschiedenen Zubehörteilen versehen werden, z.B. → *Filter*, die die Farbe des Lichtes ändern oder verschiedenförmigen → *Reflektor*en und vorsetzbaren → *Diffusor*en, welche die Charakteristik des → *Licht*es verändern.

Fotomontage → *Montage*.

Fotopapier (lab) Lichtempfindliches Material zur Herstellung von Aufsichtsbildern (→ *Kopie*, → *Vergrösserung*). Ihr Aufbau und die Verarbeitung sind mit anderen lichtempfindlichen Materialien (z.B. → *Film*, → *Farbumkehrfilm*, → *Farbnegativfilm*, → *Farbpapier*) vergleichbar. Man unterscheidet zwischen zwei verschiedenen Arten von Fotopapieren:
1. Polyäthylenbeschichtete Fotopapiere (→ *RC-Papier*). Sowohl → *Farbpapiere*, → *Farbumkehrpapiere* als auch Schwarzweisspapiere (→ *Schwarzweiss-Fotografie*). Infolge des nicht saugfähigen → *Schichtträger*s ergibt sich eine vereinfachte, häufig maschinelle Verarbeitung. Schwarzweisspapiere werden in verschiedenen → *Gradation*en (oder als → *Gradationswandelpapiere*) geliefert, um unterschiedliche → *Belichtung*en und

HERSTELLUNG VON PHOTOPAPIER

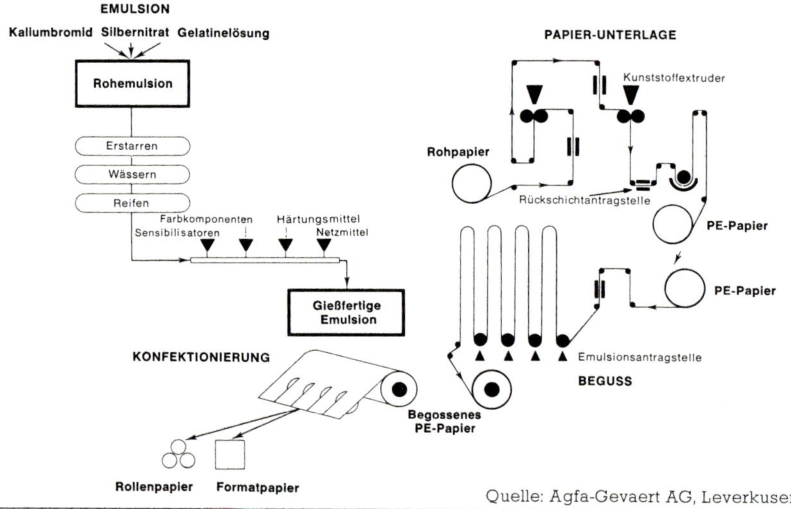

Quelle: Agfa-Gevaert AG, Leverkusen

→ *Entwicklungen* der → *Negative* auszugleichen und einen zu hohen → *Kontrastumfang* reduzieren zu können. Farbpapiere existieren (abgesehen von einigen Spezialmaterialien) nur in einer bestimmten Gradation, da die → *Farbnegativfilme* und → *Farbumkehrfilme* standardisiert entwickelt werden.
2. → *Barytpapiere*. Nur noch als Schwarzweisspapiere in verschiedenen Gradationen erhältlich. Der Schichtträger besteht aus einem mit einer Barytschicht (→ *Barytage*) überzogenen Papierfilz, welcher die Verarbeitungslösungen aufnimmt. Um diese Chemikalien herauszuwaschen, sind längere → *Wässerungszeiten* erforderlich. Fotopapiere weisen verschiedene Oberflächen auf, die von matt über verschiedene Strukturen bis hochglänzend reichen. Die Strukturen werden bei der Herstellung des Papiers mit einer entsprechenden Kalanderwalze in die → *Gelatineschicht* eingeprägt. Matte Oberflächen entstehen durch Beifügen von Mattierungsmitteln. Fotopapiere werden sowohl als → *Formatpapiere* als auch in Rollenform in verschiedenen Breiten und Längen angeboten.

Fotowiderstand (bm) Fotoelektrisches Bauelement in → *Belichtungsmessern*. Das einfallende Licht verändert die Leitfähigkeit, was analog zum → *Lichtstrom* zu einem unterschiedlich starken Messstrom und zu einer entsprechenden Anzeige führt. Zur Zeit sind drei Arten von Fotowiderständen gebräuchlich:
1. → *CdS-Fotowiderstand* (CdS = Cadmium-Sulfid) mit einer günstigen spektralen → *Empfindlichkeit*. Er arbeitet relativ träge und verfügt über ein «Lichtgedächtnis» (unanaloge Anzeige bei aufeinanderfolgenden Messungen extremer Lichtverhältnisse).
2. Silizium-Fotodiode. Hat kein Lichtgedächtnis und reagiert sehr rasch. Anfänglich waren Silizium-Zellen sehr stark infrarotempfindlich, wurden dann diesbezüglich verbessert (Bluecell) und sind heute, in der 3. Generation, der Augenkurve sehr ähnlich.
3. Gallium-Arsen-Phosphor-Fotodiode (GAP). Kein Lichtgedächtnis, günstige Spektralempfindlichkeit (weniger rot- und IR-empfindlich als Silizium-Fotodiode), kurze Ansprechzeit. Verhältnismässig teuer.

Foucault, Jean, Bernard, Léon (bio) (1819-1868) Französischer Physiker, der neben vielem anderem 1844 (zusammen mit Alfred Donné) ein Projektionsmikroskop, 1846 (zusammen mit Louis Jules Dubosq) die Kohlenbogenlampe konstruierte und 1844 (zusammen mit → *Fizeau*) die Spektralverteilung (→ *Spektrum*) verschiedener Lichtquellen studierte. 1845 gelang ihm erstmals eine → *Daguerreotypie* der Sonne.

Freistellen (at, lab) Ein Motiv(-teil) wird auf einem uniformen weissen oder schwarzen Untergrund dargestellt. Dazu kommen verschiedene Arbeitstechniken in Frage:
1. Bei der Aufnahme wird eine entsprechende → *Beleuchtung* (→ *Hellfeld* für weissen und → *Dunkelfeld* für dunklen Hintergrund) gewählt. Dabei muss darauf geachtet werden, dass die Helligkeitsdifferenz vom hellsten bzw. dunkelsten Motvteil zum Hintergrund mindestens eine → *Belichtungsstufe* beträgt.
2. Durch Nachbehandlung des → *Negativs* mit einer → *Maske*, die mit → *Abdecklack* oder → *Schneidemaskierfilm* hergestellt und genau auf das Negativ verpasst (→ *Passergenauigkeit*) wird.
3. Durch → *Retusche* auf der → *Kopie*.
4. Freistellen auf dem fertigen oder zwischenkopierten → *Litho*.
5. Neue Möglichkeiten bietet die Bildnachverarbeitung in der → *elektronischen Fotografie:* Freistellen, Maskieren, Retuschieren, Modifizieren, Montieren usw. eingescannter Fotos am Bildschirm des Computers; Erstellen von → *Farbauszügen* usw.

Fremdlicht (opt) Licht, das nicht durch das optische System (z.B. → *Objektiv*) in eine → *Kamera* eintritt. → *Lichteinfall*, → *Streulicht*.

Fremdobjektiv (opt) → *Objektiv*, das nicht durch einen → *Kamera*hersteller angeboten wird. Fremdobjektive sind mit verschiedenen Kameraanschlüssen (→ *Kameraanschluss*) oder → *Adaptern* an allen gängigen Markenkameras verwendbar. Auch die Hersteller von →← *Originalobjektiven* bieten preiswertere Produkte unter anderem Namen als Fremdobjektive an.

Fresnellinse (opt) Stufenlinse, die über viele kleine Prismenringe (→ *Prisma*) verfügt und dadurch die eintretenden Lichtstrahlen in einem → *Brennpunkt* sammelt (→ *Linsen*). Ihrer flachen Bauweise wegen (und unter Umgehung eines aufwendigen → *Kondensor*-Systems) werden Fresnellinsen in → *Sucher*systemen von → *Spiegelreflexkameras*, in Scheinwerfern (→ *Spotlicht*) und in → *Hellraumprojektoren* verwendet, um das Licht zu bündeln und dadurch einen Helligkeitsabfall gegen die Randzonen zu vermeiden.

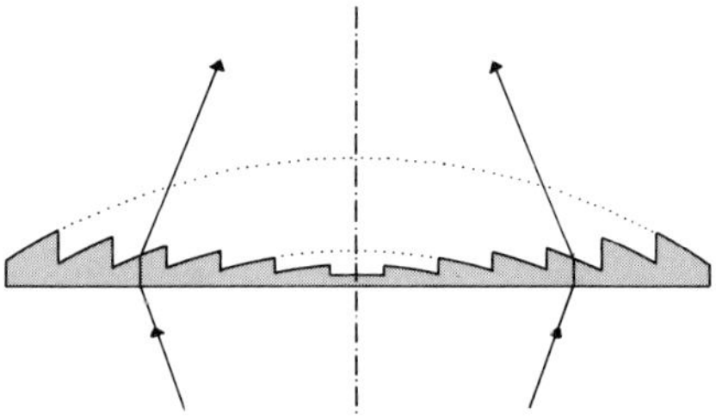

Frontlicht (at) → *Beleuchtungs*art, bei der die Lichtquelle möglichst nahe bei der → *Kamera* ist. Dadurch entsteht eine nahezu schattenlose Ausleuchtung des Objekts, was zur Aufhebung einer räumlichen Tiefenwirkung führt. Das ideale Frontlicht stellt der → *Ringblitz* dar, dessen Schatten völlig vom Objekt verdeckt werden. Bei grossen Objekten entsteht ein Schattensaum. →← *Gegenlicht*.

Frontlinse (opt) Vorderste objektseitige → *Linse* eines → *Objektivs*. Bei einfachen → *Kameras* dient die Veränderung ihrer Position zur → *Scharfeinstellung*.

Frontprojektion → *Hintergrundprojektion*.

Fuzzy-Logic (bm) Programmierprinzip des amerikanischen Computerwissenschaftlers Lotfi A. Zadeh, welches nicht auf festen Grenzen (Ja/Nein) beruht, sondern die Eingabevarianten kontinuierlich menschlichen Entscheidungsvorgängen angleicht. → *Kameras* mit Fuzzy-Logic-Steuerung sind beispielsweise in der Lage → *Gegenlicht*situationen eindeutiger zu erkennen (→ *Gegenlichterkennung*).

G

Gamma (phys, lab) γ ist die Masszahl der → *Gradation* in der → *Sensitometrie*. → *Gammawert*. → *Schwärzungskurve*.

Gammastrahlen (phys) Radioaktive Strahlen in Form von elektromagnetischen Schwingungen (→ *Licht*), die kurzwelliger als Röntgenstrahlen sind (→ *Röntgenfotografie*). Gammastrahlen haben ein sehr hohes Durchdringungsvermögen und werden für industrielle Röntgenaufnahmen (z.B. zur Materialprüfung) eingesetzt.

Gamma unendlich (phys, lab) $\gamma\ \infty$. Höchste, durch längere → *Entwicklungs*zeit praktisch erreichbare, nicht mehr ansteigende Steilheit der → *Schwärzungskurve* einer fotografischen Schicht (→ *Emulsion*). → *Ausentwickeln*.

Gammawert (phys, lab) Steigung bzw. Tangens des Steigungswinkels α des geradlinigen Teils der → *Schwärzungskurve*. Beträgt die Steilheit 45°, so ist $\gamma = 1{,}0$ und die Helligkeitsverhältnisse entsprechen im Idealfall denjenigen des Bildes (bzw. des → *Negativs*). Um einen grossen → *Kontrastumfang* des Motivs wiedergeben zu können, werden Negativmaterialien auf $\gamma < 1{,}0$ entwickelt, γ 0,5 für Kondensor- und γ 0,7 für Mischboxgeräte (→ *Vergrösserungsgeräte*). → *Diapositive*, die zur Projektion und als Druckvorlagen verwendet werden, sollten ein $\gamma > 1{,}0$ aufweisen.

KODAK T-MAX 100 Professional Film/5052

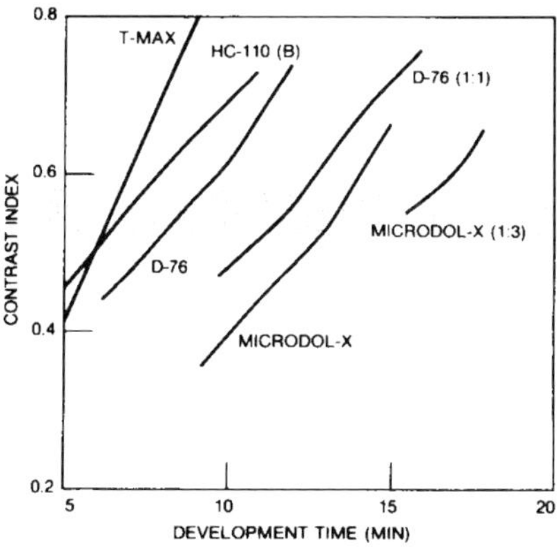

Process: Small Tank; KODAK HC-110 Developer (B), 68°F (20°C)
KODAK Developer D-76, 68°F (20°C)
KODAK Developer D-76 (1:1), 68°F (20°C)
KODAK MICRODOL-X Developer, 68°F (20°C)
KODAK T-MAX Developer, 75°F (24°C)
KODAK MICRODOL-X Developer (1:3), 75°F (24°C)

Gamma-Zeit-Kurven des Kodak T-MAX 100

Gamma-Zeit-Kurve (phys, lab) Graphische Darstellung der → *Gradation* in Abhängigkeit der → *Entwicklungszeit*. Bei verlängerter Entwicklungszeit nimmt der → *Gammawert* zu, und die → *Gradation* steigt an. Die einem bestimmten Gammawert entsprechende Entwicklungzeit kann aus der Gamma-Zeit-Kurve ermittelt werden.

GAP-Fotowiderstand → *Fotowiderstand*.

Gasentladungslampen (at, li) → *Lampen*, die durch eine Bogenentladung in einem gasgefüllten Glaskolben Licht abgeben. Durch die Gaszusammensetzung kann die Lichtcharakteristik, insbesondere die → *Verteilungstemperatur*, den Normgrössen angepasst werden. → *Metalldampflampen*.

Gauss, Karl F. (bio, opt) (1777-1855) Deutscher Mathematiker, Physiker, Optiker und Astronom. Als Direktor des Observatoriums von Göttingen befasste er sich mit der Verbesserung von Teleskopen. Der von Gauss empfohlene → *Objektivtyp* bestand aus zwei symmetrischen Gruppen und war für die → *chromatische Aberration*, die → *sphärische Aberration* und den → *Astigmatismus* leicht korrigierbar. Das → *Öffnungs*verhältnis konnte bis über 1:2 gesteigert werden.

Gegenlichtaufnahme (at) Aufnahmen, die in Richtung einer Lichtquelle gemacht werden. Dabei liegen die der Kamera zugewendeten Motivpartien im Schatten und sind häufig von Lichtsäumen umgeben. In der Regel sind Gegenlichtaufnahmen sehr

Gegenlichtaufnahme; Foto Henri Leuzinger, CH-4310 Rheinfelden

kontrastreich (→ *Kontrast*). Bei einem überwiegenden Teil heller Bildpartien kann die übliche Belichtungsmessung (→ *Objektmessung*) zu Fehlmessungen führen. Um die Schattenpartien aufzuhellen, kann entweder ein → *Aufhellblitz* verwendet werden, oder es muss um eine bis zwei → *Belichtungsstufen* reichlicher belichtet werden (→ *Gegenlichtkorrektur*). Die → *Spotmessung* sowie die → *Lichtmessung* in 90° zur Aufnahmerichtung ergeben meist korrekturlose Messresultate. Moderne Kameras mit → *Mehrfeldmessung* sind in der Lage, eine Gegenlichtsituation messtechnisch zu erkennen und automatisch zu korrigieren (→ *Gegenlichterkennung*) oder dem → *Aufhellblitz* zuzuschalten. Gegenlicht kann im → *Objektiv* zu einem hohen → *Streulicht*anteil führen, der die Kontrast- und Farbwiedergabe erheblich beeinträchtigen kann. In jedem Fall ist es zu empfehlen, eine → *Gegenlichtblende* oder ein → *Kompendium* zu verwenden.

Gegenlichtblende (at) Trichterförmiger Vorsatz mit mattschwarzen Innenflächen, der zur Minderung von → *Streulicht* und zur Verhütung von Reflexen (→ *Reflexion*) vor das → *Objektiv* gesetzt wird. → *Kompendium*.

Gegenlichterkennung (at, bm) Die meisten Kameras mit → *Mehrzonenmessung* sind in der Lage ein Gegenlichtmotiv am hohen → *Kontrastumfang* und aufgrund des Kontrastverhältnisses zwischen Hauptmotiv und Hintergrund zu erkennen und bei → *Programmautomatik* die erforderliche → *Belichtungskorrektur* (→ *Gegenlichtkorrektur*) automatisch anzusteuern.

Gegenlichtkorrektur (at, bm) Bei → *Gegenlicht*situationen überwiegen meistens die hellen Bildpartien, so dass die → *Belichtungsmessung* korrigiert werden muss. In der Regel geschieht dies über die manuelle → *Belichtungskorrektur* der Kamera. Der empfohlene Korrekturwert liegt zwischen +1 und +2 → *Belichtungsstufen*. Einige → *Kompaktkameras* besitzen einen Gegenlichtkorrekturknopf, der zu einer Überbelichtung von 1,5 Belichtungsstufen führt, während moderne → *Spiegelreflexkameras* der oberen Preisklasse über eine → *Gegenlichterkennung* verfügung und (bei → *Programmautomatik*) die erforderliche Belichtungskorrektur selbsttätig vornehmen.

Gegenstandsebene (opt) Gegenstandsseitige geometrische Ebene, deren Lage durch die Beziehung zwischen → *Gegenstandsweite* und → *Bildweite* bestimmt ist. Objekte in der Gegenstandsebene werden scharf abgebildet. → *Abbildung*.

Gegenstandsweite (opt) Abstand zwischen der gegenstandsseitigen → *Hauptebene* des Objektivs und des Objekts. Ist die Gegenstandsweite = ∞, so entspricht die → *Bildweite* der → *Brennweite*. Sind Gegenstandsweite und Bildweite identisch, so wird der Gegenstand in natürlicher Grösse abgebildet. → *Abbildung*.

Gekuppelter Belichtungsmesser (at, bm) → *Belichtungsmesser*, der mit der → *Verschlusszeit*- und/oder → *Blenden*einstellung mechanisch oder elektronisch so verbunden ist, dass die → *Belichtungszeit* automatisch korrekt angewählt oder eine Abweichung im → *Sucher* mit einem Zeiger, einer → *Lichtwaage* oder über eine → *LED*-Anzeige signalisiert wird.

Gelatine (chem) Proteinsubstanz, die als Bindemittel für → *Silberhalogenide* in allen fotografischen Materialien die Schicht bildet. Die Verwendung von Gelatine geht auf die Idee von → *Maddox* und das Jahr 1871 zurück, als allmählich → *Kollodium* und Albumin (→ *Albuminpapier*) als Bindemittel abgelöst wurden. Gelatine wird durch Abbau des Kollagens tierischer Knochen und Häute gewonnen. Für die → *Emulsions*herstellung kommt nur Gelatine erstklassiger Qualität in Frage, deren physikalische Eigenschaften (wie Viskosität, Gallertfestigkeit und Erstarrungspunkt) sowie das optische Verhalten zweckentsprechend sind. Minderwertige oder fehlerhafte Gelatine oder solche mit falschen Eigenschaften kann die fotografischen Qualitäten einer Emulsion stark beeinträchtigen. Trotz intensiver Forschung ist es bisher nicht gelungen, eine Substanz zu finden, welche einen vergleichbar günstigen Einfluss auf → *Silberhalogenid* hat und die Gelatine in der Fotografie ersetzen könnte. Besondere Vorteile der Gelatine sind die erreichbare hohe → *Filmempfindlichkeit* und die gute Haltbarkeit des → *latenten Bildes.*

Gelatinefilter (at, opt) → *Filterfolien* aus in der Masse gefärbter → *Gelatine.* Sie sind preiswerter als Glasfilter und existieren in einer reichhaltigeren Auswahl. Gelatinefilter werden sowohl als Aufnahmekorrekturfilter bei Farb- und Schwarzweissaufnahmen als auch zur Kompensation von Farbstichen bei Farb-→ *Vergrösserungen* verwendet (→ *Filter*). Aufgrund ihrer geringen Dicke können sie direkt im Strahlengang eingesetzt werden.

Gelatinerückguss (lab) → *Rückschicht,* welche bei → *Rollfilmen* und → *Planfilmen* als → *Lichthofschutz* dient und zu einer besseren Planlage des entwickelten Films führt.

Gelatineschutzschicht (lab) Dünner Gelatineüberzug als oberste Schicht des → *Films,* welcher die Bildschichten vor Kratzern und anderen mechanischen Einwirkungen schützt.

Gelbfilterschicht (lab) Die → *Dreischichten-Farbfilme* besitzen zwischen der blauempfindlichen und der grünempfindlichen Schicht eine Gelbfilterschicht, die verhindert, dass die grünempfindliche und die rotempfindliche Schicht durch blaue Strahlen belichtet werden. Meistens wird die Gelbfärbung durch → *kolliodales Silber* bewirkt und im → *Bleichbad* wieder gelöst.

Gelbtonung → *Tonung.*

Geradführung (at) Konstruktionsart von → *Objektiven,* welche bewirkt, dass bei der → *Scharfeinstellung* die Frontlinsenfassung mit dem → *Filtergewinde* nicht gedreht wird. Das hat den Vorteil, dass → *Polarisationsfilter,* gewisse richtungsabhängige → *Effekt*filter und → *Verlauffilter* nach der Scharfeinstellung nicht mehr in ihre ursprüngliche Lage zurückgedreht werden müssen. Besonders geradegeführte → *Vario-Objektive* sind in der Regel wesentlich teurer, als solche, bei denen sich das Filtergewinde mitdreht.

Glasfaseroptik (at) (Lichtleiteroptik). Aufgrund der → *Totalreflexion* ist es möglich, Licht verlustlos über lange, auch gekrümmte Strecken durch ein Glasfaserbündel zu übertragen. Solche optischen Systeme sind in einem Metall- oder Kunststoffmantel gefasst und werden sowohl zu → *Beleuchtungs*zwecken als auch zur Bildübertragung verwendet (→ *Endoskop*). Dadurch werden Aufnahmen von unzugänglichen Objekten aller Art ermöglicht, was vor allem in der Medizin und in der wissenschaftlichen Fotografie ausgenutzt wird.

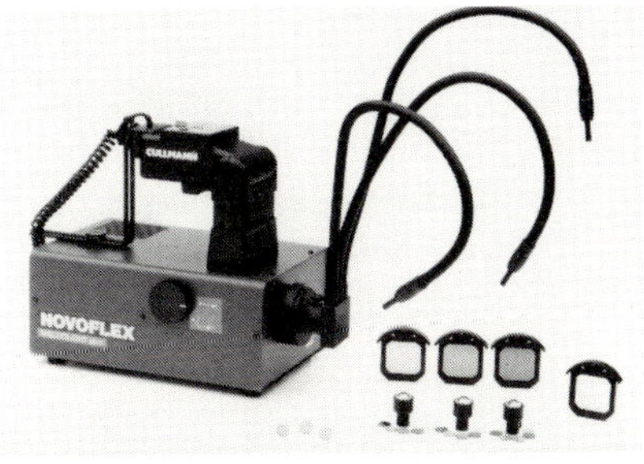

Glasfaser-Lichtleiter (Novoflex)

Glas, optisches (phys, opt) Glas ist ein an der Kristallisation verhindertes Gemisch von Kieselsäure (Quarz) mit einem Erdalkali (Natrium- oder Kaliumoxid) sowie Erd- oder anderen Metalloxiden (Kalk oder Bleioxid). Diese Bestandteile werden als Pulver gemischt und in feuerfesten Gefässen (Glaswannen) bei Weissglut geschmolzen. Zur Vermeidung der Blasen- und Schlierenbildung muss das Schmelzgut kontinuierlich gerührt werden. Die Glasmasse erstarrt beim Abkühlen zu einem festen durchsichtigen Körper. Man unterscheidet zwischen technischem Glas (Fensterglas, Salinglas und Spiegelglas) und optischem Glas, das zur Herstellung von → *Linsen*, Prismen (→ *Prisma*) oder → *Filtern* dient.

Optisches Glas lässt sich nach genau bestimmten Eigenschaften wie Farbstreuung, → *Brechung* und → *Absorption* in vier Hauptgruppen einteilen: Leichtkron, Kurzflint, Schwerkron und Schwerflint. Es existieren über 200 verschiedene Sorten von optischem Glas, die zum Teil in Platintiegeln erschmolzen werden. Die Herstellung von optischem Glas ist wesentlich kritischer als diejenige von technischem. Dies beginnt bei der Auswahl der Rohstoffe, findet beim Mischen der Komponenten und beim Rühren während des Schmelzprozesses seine Fortsetzung, und zum Schluss ist ein langsamer Kühlprozess erforderlich, damit in den Glasblöcken keine Spannungen entstehen, welche den Strahlengang stören oder zum plötzlichen Zerspringen einer Linse führen könnten. Solche Spannungen erkennt man im *polarisierten* → *Licht* als Farberscheinungen.
Optische Gläser für die → *Linsenherstellung* werden zuweilen durch Warmpressen vorgeformt, um die Nachbearbeitung (Polieren) zu vereinfachen.

Glühlampen (li) → *Lampen*, in welchen in einem geschlossenen Glaskolben ein Wolframdraht (oder ein anderer Leuchtkörper) durch elektrischen Strom zum Glühen gebracht wird. Dabei verdampft der Wolframdraht allmählich, bis er an einer Stelle durchschmilzt, was das Ende der Glühlampe bedeutet. Um diesem Verdampfungsprozess entgegenzuwirken, ist der Glaskolben mit Gasen (Stickstoff, Argon oder Krypton) gefüllt. Die → *Verteilungstemperatur*, die mit Glühlampen erreicht werden kann, beträgt 3400 K. Das verdamp-

Verschiedene Barren- und Rohlingformen von optischem Glas (Rodenstock)

fende Wolfram schlägt sich am Glaskolben nieder und bewirkt im Verlauf der Lampenlebensdauer eine Kolbenschwärzung und damit eine Veränderung der Verteilungstemperatur. Bei → *Halogenglühlampen* verhindert ein Brom-Jod-Zusatz das Verdampfen des Wolframs (Halogen/Wolfram-Kreisprozess). Dadurch ist eine höhere Belastung möglich, eine höhere → *Lichtausbeute* und eine längere Lebensdauer.

Glycin (chem) (Para-Oxyphenylaminoessigsäure) $C_6H_4(OH)$ $(NHCH_2$ $CO_2H)$. Glimmerähnliche, glänzende, weisse bis gelbbraune Plättchen. Schwerlöslich in Wasser, wird leichtlöslich in Gegenwart von Sulfit oder Alkali. Entwicklersubstanz für haltbare und langsam, aber kräftig arbeitende Negativentwickler.

Goddard, John Frederick (bio) (1795-1866) Englischer Wissenschaftler, der den chemischen Prozess der → *Daguerreotypie* erforschte. Er entdeckte, dass die Verwendung von Bromjod anstelle von Jod zu einer erheblichen Empfindlichkeitssteigerung führte (1840).

Godowsky, Leopold (bio) (1902-1983) Amerikanischer Musiker, der zusammen mit → *Mannes* 1935 den Kodachrome-Farbfilm erfand.

Goldchlorid (chem) $AuCl_3$ HCl $3H_2O$. Gelbbraunes, sehr hygroskopisches Goldsalz. Löslich in Wasser und Alkohol. Dient zur → *Goldtonung*.

Goldener Schnitt (bpr, at) Harmonisches, stetiges Teilungsverhältnis von Strecken oder Flächen. Dabei verhält sich der kürzere Streckenabschnitt zum längeren wie der längere zur gesamten Strecke. EB : AE = AE : AB. Daraus folgt ein Seitenverhältnis von 1:1,6.

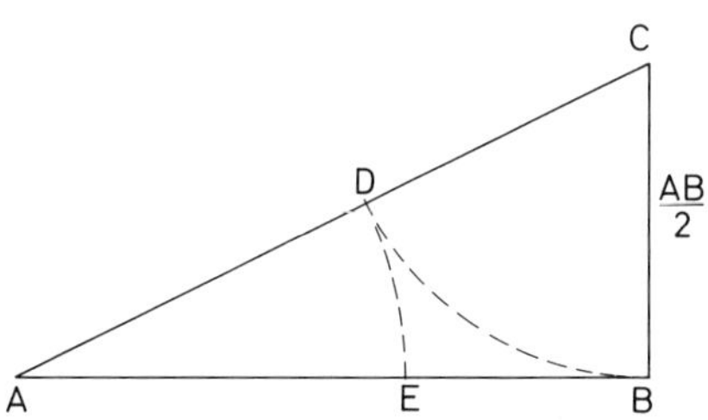

Goldtonung → *Tonung*.

Goodwin, Hannibal (bio) (1822-1900) Amerikanischer Geistlicher und Amateurfotograf. Erfand den biegsamen Schichtträger aus Zelluloid (1887) und schuf dadurch die Grundlage für den → *Rollfilm*. Ein Patentstreit mit der Eastman Kodak Company wurde erst 1914 zu Gunsten von Goodwin (bzw. Ansco) entschieden.

GOST (at) (Gosudarstvenny Standard) Russisches Empfindlichkeitssystem, → *Filmempfindlichkeit*.

Gradation (opt) Steigung des geradlinigen Teils der → *Schwärzungskurve*. Ist der Steigungswinkel + geringer als 45° (flach), so arbeitet das Material «weich», ist er grösser als 45° (steil), so sprechen wir von einer «harten» Gradation. Die Gradation bezieht

Stufengraukeil (negativ)

Papiergradation «weich»

Papiergradation «spezial»

Papiergradation «normal»

Papiergradation «hart»

Papiergradation «extrahart»

sich auf den → *Kontrast* einer Aufnahme oder deren Wiedergabe (→ *Vergrösserung*). Masszahl für die Gradation ist das → *Gamma* (γ) bzw. der → *Gammawert*. Die Gradation ist vom → *Kontrastumfang* des Motivs, von der → *Emulsion* und von der → *Entwicklungszeit* abhängig. → *Kontrastindex*, → *Betawert*.

Gradationsbeugung → *Vorbelichtung*.

Gradationswandelpapier (lab) → *Fotopapiere* mit einer durch die Lichtfarbe stufenlos veränderlicher → *Gradation*. Die → *Emulsion* der Gradationswandelpapiere enthält sowohl blauempfindliche (feinkörnige) → *Silberhalogenide*, die kontrastreich reagieren, als auch grünempfindliche (grobkörnige), die kontrastarm arbeiten. Durch die Verwendung von Gelb- (komplementär zu Blau) bis Magenta- (komplementär zu Grün) → *Filtern* werden entweder die blauempfindlichen oder die grünempfindlichen Silberhalogenide belichtet und reagieren dementsprechend kontrastreicher oder kontrastärmer. Erfunden wurde dieses Prinzip im Jahre 1937 von Frank Forster Renwick. Abgesehen von der wirtschaftlicheren Lagerhaltung, weil pro Papierformat nur eine Schachtel aufbewahrt werden muss, bieten Gradationswandelpapiere den grossen Vorteil, dass in einer anderen Gradation partiell → *nachbelichtet* werden kann, was mit Gradationspapier nicht möglich ist.

Gradationsziffern (lab) Die → *Gradation* von → *Fotopapier* wird mit Ziffern und verbal wie folgt bezeichnet:

kontrastarm	**0**	extra-weich
	1	weich
	2	spezial
	3	normal
	4	hart
kontrastreich	**5**	extra-hart

Graufilter (at, lab) Neutralgraue → *Filter*, die das Licht quantitativ reduzieren, ohne die Farbe zu verändern. Sie werden z.B. eingesetzt, wenn eine bestimmte Arbeitsblende (→ *Blendenzahl*) und → *Verschlusszeit* verwendet werden müssen (→ *Schärfentiefe* und → *Bewegungsunschärfe*), oder an → *Objektiven*, die keine Irisblende besitzen (→ *Spiegellinsenobjektiv*). Graufilter sind als → *Gelatinefilter* handelsüblich. Bei den Kodak-Graufiltern reduziert ein Filter ND 0,3 das Licht um eine → *Belichtungsstufe*.

Graukarte (at) Neutralgraue Karte (Grösse 20 x 25 cm), die 18 Prozent des Lichtes reflektiert und damit der Remission eines durchschnittlichen Motivs entspricht. Die Graukarte wird zur Ermittlung der korrekten → *Verschlusszeit* und Arbeitsblende (→ *Blendenzahl*) in Verbindung mit der → *Objektmessung* eingesetzt, wenn das Motiv nicht zugänglich ist, wenn die Lichtverhältnisse eine Fehlmessung ergeben würden oder wenn der Gegenstand für eine Messung ungeeignet (farblich ungünstig oder zu klein) ist. Die Rückseite der Graukarte ist weiss und reflektiert 90 Prozent des Lichtes. Auch diese kann zur Belichtungsmessung verwendet werden, doch muss ein → *Verlängerungsfaktor* von 5 x (2 1/4 → *Belichtungsstufen*) berücksichtigt werden.

Graukeil (at, opt) Aufsichts- oder Durchsichtsvorlage mit verschiedenen optischen → *Dichten*, entweder kontinuierlich verlaufend (Verlaufgraukeil) oder kalibriert abgestuft (Stufengraukeil). Graukeile werden vor allem für sensitometrische Zwekke (→ *Sensitometrie*) verwendet. Doch sind Graukeile auch für den Fotografen, besonders in der → *Reproduktion*, ein wertvolles Hilfsmittel, da sie, als «Idealvorlage» mitfotografiert, jederzeit über korrekte → *Belichtung* und → *Gradation* Auskunft geben.

Verlaufgraukeil

Stufengraukeil

Grauschleier (lab) Sowohl bei der Negativ-→ *Entwicklung* als auch bei der Entwicklung von → *Fotopapieren* kann ein zu dichter → *Schleier* entstehen (Fehlen absoluter → *Transparenz*). Hauptursache ist eine zu lange Entwicklungszeit, die zur Schwärzung von unbelichtetem → *Silberhalogenid* führt. Negative mit einem hohen Schleier erfordern beim Vergrössern eine längere Belichtungszeit. → *Vergrösserungen* mit einem Grauschleier lassen sich → *abschwächen*.

Grey Base → *Lichthofschutz*, → *Reflexionslichthof*.

Grossbildkamera → *Fachkamera*.

Grundfarben (phys) In der → *Farbfotografie* wird mit je drei Grundfarben der additiven und der subtraktiven → *Farbmischung* gearbeitet.

Additiv	Subtraktiv
Blau Grün Rot	Yellow Magenta Cyan
= Weiss	= Schwarz

Die Grundfarben der beiden Farbmischungen sind zueinander komplementär (→ *Komplementärfarben*) und liegen sich im → *Farbstern* gegenüber.

Grundschleier (lab) Nicht nur belichtete (→ *Belichtung*), sondern auch unbelichtete Stellen eines → *Negativs* werden während der → *Entwicklung* geringfügig geschwärzt. Liegt dieser Grundschleier höher als der → *Schwellenwert* (→ *Schwärzungskurve*), so wird er sichtbar und erfordert eine längere Belichtung beim Vergrössern. Bei → *empfindlichkeitssteigernder Entwicklung*, → *Vorbelichtung* oder bei überlagertem Material (→ *Lagerung*) tritt ein höherer Grundschleier auf.

Grundschwärze (lab) Maximale → *Dichte* bei Umkehrmaterial (→ *Farbumkehrfilm*). Die Grundschwärze ist am unbelichteten Filmrand zu erkennen bzw. zu messen. Sie liegt in der Regel über 2,0 und sollte neutralgrau sein. Eine geringere Grundschwärze deutet auf eine falsche oder → *empfindlichkeitssteigernde Entwicklung*, auf eine → *Vorbelichtung* oder auf eine Überlagerung (→ *Lagerung*) hin.

Grundzahl (lab) Kennzahl bei → *Farbpapieren*, die es ermöglicht, bei Papierwechsel (→ *Emulsionswechsel*) die neue → *Neutralfilterung* zu errechnen.

Guide number engl für → *Leitzahl*

Gummidruck (hist) → *Edeldruckverfahren*. Im Kontaktverfahren (→ *Kontaktkopie*) wird ein wasserfestes Papier belichtet, welches eine Bichromat-Gummi-arabicum-Schicht besitzt. An den belichteten Stellen härtet die Schicht, während sie an den unbelichteten wasserlöslich bleibt. Anschliessend werden unter einem Wasserstrahl die unbelichteten Bildpartien weggewaschen. Der Vorgang liess sich mehrfach auf demselben Papierbogen wiederholen, wodurch

Gummidruck von R. Demachy, 1897

sich eine Vielzahl von Gestaltungsmöglichkeiten ergaben (mehrschichtiger Gummidruck). Aus diesem Grunde war der Gummidruck während der Epoche der impressionistischen Kunstfotografie um die Jahrhundertwende besonders beliebt. Da Gummidrucke an Aquarelle oder Tuschzeichnungen erinnern, wurden sie häufig auch «Photo-Aquatint» genannt.

Gummilinse → *Vario-Objektiv*

H

Halbdurchlässiger Spiegel (at, opt) → *Spiegel*, der einen Teil des Lichtes reflektiert (→ *Reflexion*) und den Restanteil hindurchlässt. Halbdurchlässige Spiegel werden in optischen Systemen (z.B. → *Entfernungsmesser*, Mikroskope usw.) verwendet. Sie können auch für Trickaufnahmen benutzt werden, was unser untenstehendes Bildbeispiel verdeutlicht. Auch bei der → *Hintergrundprojektion* gelangen halbdurchlässige Spiegel zum Einsatz.

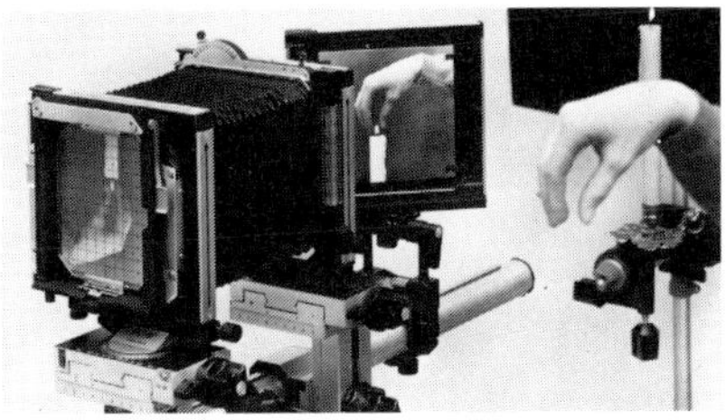

Trickaufnahme mit halbdurchlässigem Spiegel

In modernen → *Spiegelreflexkameras* ist der Sucherspiegel partiell halbdurchlässig, damit Licht über den → *Sekundärspiegel* auf die Messzelle oder das → *CCD-Element* des → *Autofokus*-Systems fällt (→ *Innenmessung*).
Sondermodelle von → *Spiegelreflexkameras* mit besonders schnellem Filmtransport (> 10 Bilder/sec) benötigen ebenfalls halbdurchlässige Sucherspiegel, da die Spiegelbewegung bei höchsten Geschwindigkeiten nicht mehr möglich ist.

Halbformatkamera (at) Kamera für 35 mm breiten perforierten → *Film* (→ *Kleinbildfotografie*) für das → *Format* 18 x 24 mm (halbes Kleinbildformat). Dadurch werden doppelt soviele Aufnahmen auf üblichem Kleinbildfilm erreicht.

Halbtonbild (at, lab) Fotografisches → *Negativ* oder → *Positiv*, das zwischen den hellsten und den dunkelsten Partien eine Vielzahl von Grau- oder → *Farbdichte*-Werten (Halbtöne) aufweist. Die Abstufung lässt sich in einem → *Graukeil* darstellen, welcher sich densitometrisch (→ *Sensitometrie*) ausmessen lässt und der → *Gradations*bestimmung dient. →← *Strichabbildung*.

Halbtonnegativ → *Halbtonbild*.

Halogenglühlampe (at, lab, pro) Glühlampentyp, der in → *Fotoleuchten*, → *Vergrösserungsgeräten* und → *Projektoren* verwendet wird. Abweichend von → *Glühlampen*, bei welchen sich das Wolfram mit der Zeit am Glaskolben niederschlägt, besteht die Halogenglühlampe aus einem besonders hitzeresistenten Quarzglaskolben, der mit Jod- oder Bromdampf gefüllt ist. Während des Betriebes findet ein Wolfram-Halogen-Kreislauf statt, der Wolframablagerungen am Glaskolben verhindert. Halogenglühlampen haben eine besonders hohe Lichtleistung und eine über die gesamte Lebensdauer konstante → *Verteilungstemperatur* von 3200 bis 3400 K.

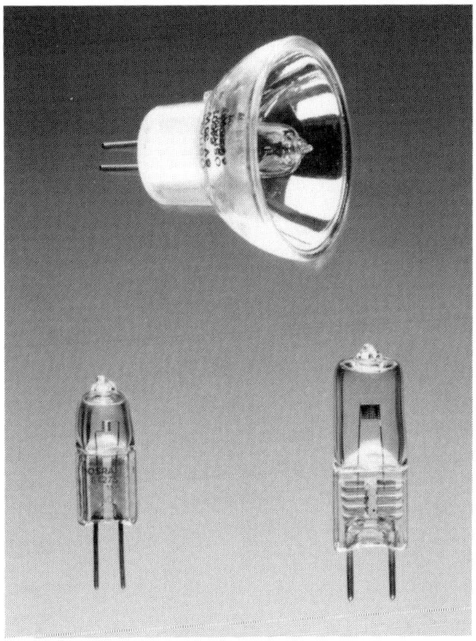

Halogenglühlampfen (Osram)

Halogensalze → *Silberhalogenide*.

Haltbarkeit (lab, bpr) Beständigkeit des verarbeiteten fotografischen Materials (→ *Film*, → *Fotopapier*) in angemessenem Zeitraum. Die Haltbarkeit wird durch Umwelteinflüsse (Temperatur, Feuchtigkeit und Gase), besonders jedoch durch Restbestände von Fixiersalz (→ *Fixierbad*) in der Schicht wesentlich beeinträchtigt. Unverarbeitetes Material (belichtet oder unbelichtet) muss unter bestimmten Bedingungen gelagert (→ *Lagerung*) werden.

Handbelichtungsmesser (bm, at) Man unterscheidet grundsätzlich zwischen in → *Kameras* eingebauten → *Belichtungsmessern* (→ *Innenmessung*) und Handbelichtungsmessern. Letztere bieten den Vorteil, dass auch nach dem Prinzip der → *Lichtmessung* die → *Beleuchtungsstärke* am Motiv gemessen werden kann. Meistens sind Handbelichtungsmesser auch als → *Blitzbelichtungsmesser* konzipiert und ermöglichen die Messung von Dauerlicht und → *Blitzlicht*.

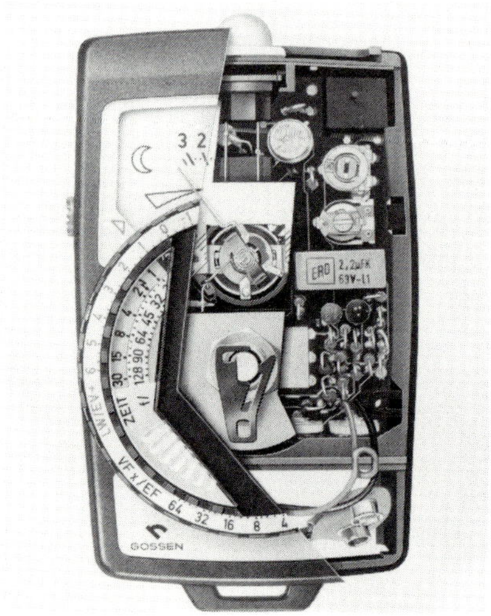

Handbelichtungsmesser, Schnitt (Gossen)

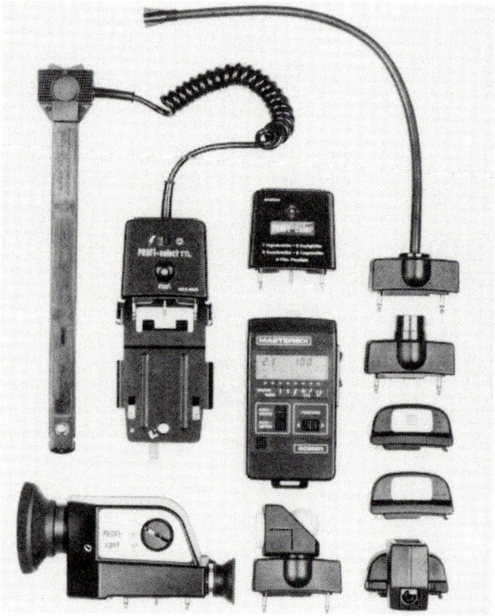

Handbelichtungsmesser mit Zubehörsystem

Härtebad (lab, chem) Meist in Kombination mit einem anderen Bad (→ *Härtefixierbad*). → *Alaun*lösungen bewirken einen Gerbvorgang, bei dem die → *Gelatine*schicht (→ *Emulsion*) stärker vernetzt und dadurch gegen mechanische Verletzungen und thermische oder bakterielle Einflüsse widerstandsfähiger wird.

Härtefixierbad (lab, chem) Saures → *Fixierbad*, das einen Härtezusatz (→ *Alaun*) enthält. → *Härtebad*.

Hartes Licht (at) Eine → *Lichtquelle* mit kleiner Leuchtfläche (→ *Punktlicht*, → *Spotlicht*, → *Halogenglühlampen*) erzeugt eine → *kontrast*reiche Beleuchtung mit ausgeprägten Schlagschatten und einem hohen → *Kontrastumfang*. Mit einem Aufhellkarton (→ *Aufhellung*) können den Schatten Detailzeichnung verliehen werden, ohne dass die Lichtcharakteristik beeinträchtigt wird. (→← *weiches Licht*).

Hauptebene (opt) Die Hauptebenen sind senkrecht zur → *optischen Achse* stehende Ebenen, die zur mathematisch-physikalischen Beschreibung und zeichnerischen Darstellung von realen Linsensystemen notwendig sind. Es wird unterschieden zwischen der gegenstandsseitigen Hauptebene (H) und der bildseitigen Hauptebene (H'). Diese beiden Ebenen liegen im allgemeinen innerhalb des → *Objektivs*, abhängig von Bauart und Konstruktion, in der Regel dicht beieinander.

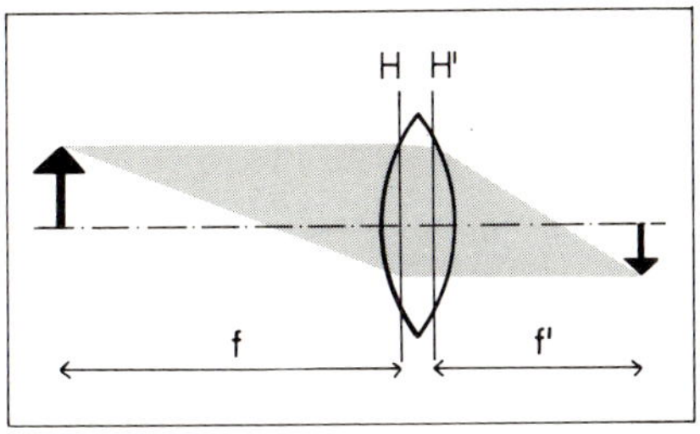

H = gegenstandsseitige Hauptebene, H' = bildseitige Hautpebene, f = Gegenstandsweite, f' = Bildweite

Hauptebenen sind nur mathematische Vorstellungen, während die tatsächliche Brechung an den physikalischen Glas-Luft-Flächen des optischen Systems stattfindet. Der Abstand zwischen der bildseitigen Hauptebene (H') und der → *Bildebene* nennt man → *Bildweite* und die Distanz von der gegenstandsseitigen Hauptebene (H) zum Objekt → *Gegenstandsweite.*

Hauptlicht (at) Das Hauptlicht ruft bei der → *Beleuchtung* des darzustellenden Motivs den stärksten Beleuchtungseindruck hervor und bestimmt damit entscheidend die Bildwirkung. Alle anderen Beleuchtungsarten (z.B. → *Aufhellung* und → *Effektlicht*) sind dem Hauptlicht untergeordnet. Mit Rücksicht auf den → *Kontrastumfang* von → *Farbfilmen* soll der → *Beleuchtungskontrast* von 3:1 nicht überschritten werden.

Heissaufziehen (bpr) Arbeitsmethode, um eine → *Kopie* auf eine harte Unterlage aufzuziehen. Man verwendet dazu eine spezielle Heissaufziehfolie, die einen Klebstoff enthält, welcher bei Erhitzung in einer Aufziehpresse die Kopie mit der Unterlage verbindet. Als Aufziehunterlage wird in der Regel spezieller, säurefreier Aufziehkarton (Museumskarton) verwendet, der eine ausgezeichnete → *Haltbarkeit* garantiert. Das Aufziehen auf Kunststoff oder Aluminium, sollte Spezialisten überlassen bleiben. (→ *doppelseitige Klebefolie*).

Heliogravure (hist) → *Edeldruckverfahren* um 1900. Nach einem grossformatigen → *Diapositiv* wurde ein → *Gelatine*relief hergestellt. Dieses übertrug man auf eine Kupferplatte, die zuvor unter Erwärmung mit einer Asphaltpulver-Schicht versehen wurde. Nun erfolgte eine Ätzung mit Eisenchlorid, die je nach Härtung der Gelatineschicht zu unterschiedlichen Abstufungen der Ätztiefe führte.

Hellfeld (at) → *Beleuchtung*stechnik, um ein Motiv im → *Durchlicht* transparent oder freigestellt (→ *Freistellen*) aufzunehmen. Es ist darauf zu achten, dass das Durchlicht des Hellfeldes mindestens eine → *Belichtungsstufe* heller ist, als der hellste Motivteil, der auf dem Positiv noch Zeichnung haben soll.

Helligkeitsabfall (li, at) Abnahme der → *Beleuchtungsstärke* in der → *Bildebene* zunehmend mit dem → *Bildwinkel.* Der Helligkeitsabfall macht sich besonders bei → *Weitwinkelobjektiven* bemerkbar, was seine Ursache in den schräg einfallenden Strahlen hat (→ *Lichtabfall* → *Vignettierung*).
Als natürlichen Helligkeitsabfall bezeichnet man die Gesetzmässigkeit der Abnahme der → *Beleuchtungsstärke* aufgrund des flacheren Einfallswinkels (Cos^4-Gesetz).

Helligkeitsumfang (at) Verhältnis der hellsten zur dunkelsten Stelle des Motivs (→ *Kontrastumfang*, → *Beleuchtungskontrast*). Ein Schwarzweiss-Foto kann höchstens einen Helligkeitsumfang von 1:100 wiedergeben; demgegenüber sind motivseitig Werte von bis zu 1:10'000 möglich. (→ *Zonensystem*).

Hellraumprojektor (pro) → *Projektor* für grossformatige Grafik- und Schriftfolien sowie Diapostive, der in unverdunkelten Räumen meist zu didaktischen Zwecken eingesetzt wird. Eine → *Halogenlampe* leuchtet über eine → *Fresnellinse* das → *Bildfeld* gleichmässig aus. Das Bild einer aufgelegten Schriftfolie oder eines grossformatigen → *Diapositives* wird durch ein → *Objektiv* und über einen ober-

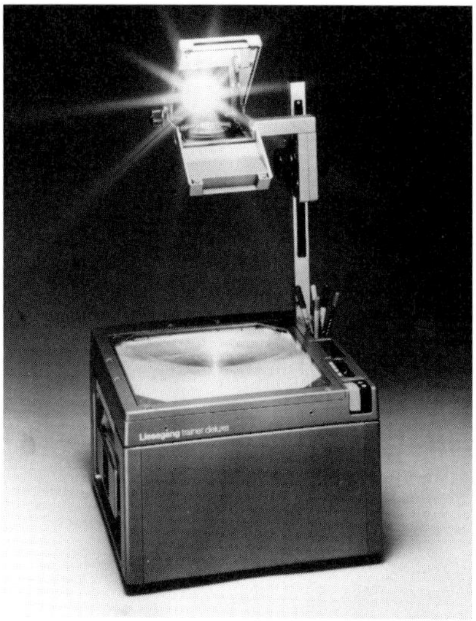

Hellraumprojektor (Liesegang)

flächenversilberten → *Spiegel* auf die → *Projektionswand* geworfen.

Herschel-Effekt (at, phys) Wird eine fotografische Schicht, die nicht rotempfindlich (*spektrale → Empfindlichkeit*) ist, belichtet (→ *Belichtung*) und mit rotem oder infrarotem (→ *Infrarot*) → *Licht* nachbelichtet, so wird das → *latente Bild* abgebaut. Der Effekt macht sich besonders bei reinen Bromsilber → *Emulsionen* bemerkbar.

Herschel, John Frederick William (bio) (1792 -1871) Englischer Astronom und früher Fotochemiker. Entdeckte 1819 das → *Natriumthiosulfat* und empfahl dieses 1839 als → *Fixierbad*. Untersuchte die Wirkung der Strahlen unterschiedlicher → *Wellenlängen* mit verschiedenen lichtempfindlichen Substanzen und entdeckte dabei die Rückbildung des → *latenten Bildes* durch Nachbehandlung mit rotem Licht oder infraroter Strahlung (→ *Herschel-Effekt*). Herschel gelang auch das erste fotografische Negativ auf einer Glasplatte (1839). Er erfand 1842 die Cyanotypie, ein Lichtpausverfahren, das heute noch in ähnlicher Form praktiziert wird.

Hexamethylentetramin (chem) $C_6H_{12}N_4$. Weisse, wasserlösliche Kristalle. Wird in → *Papierentwicklern* zur Erzeugung bräunlicher Töne verwendet.

High-Key-Effekt (at) Ein Motiv, in welchem helle Grau- oder Farbtöne dominieren, wird flächig und weich ausgeleuchtet, so dass praktisch keine Schattenpartien entstehen. Zur Betonung dieser hellen Bildelemente wird die → *Vergrösserung* kontrastarm (→ *Gradation*) und hell gehalten. High-Key-Aufnahmen wirken sauber und ansprechend, weshalb die Aufnahmetechnik häufig in der → *Werbefotografie* und in der → *Modefotografie* angewendet wird. →← *Low-Key-Effekt*.

High Speed (at, lab) engl für «hohe Empfindlichkeit» von → *Filmen* und → *Fotopapieren* oder für schnell reagierende Chemikalien.

Hilfsverschluss (at) (→ *Mittelformat-*)→ *Spiegelreflexkameras* mit → *Zentralverschluss* besitzen noch einen Hilfsverschluss, der sich zwischen dem Sucherspiegel und der → *Filmebene* befindet. Er ist bei geöffnetem Zentralverschluss geschlossen, um einen Lichteinfall auf den Film zu verhindern, und öffnet sich beim → *Auslösen* mit dem Hochklappen des Sucherspiegels, sobald der Zentralverschluss geschlossen ist. Einige Hilfsverschlüsse sind als → *Schlitzverschlüsse* ausgelegt und können alternativ zum Zentralverschluss im → *Objektiv* verwendet werden.

Hill, David Octavius (bio) (1802-1870) Schottischer Maler und Fotograf. Pionier der artistischen → *Porträtfotografie*. Verwendete über 470 Fotos als Vorlagen für sein Gemälde «The First Assembly of the Free Church of Scotland» (1843 -1866), die in Zusammenarbeit mit Robert Adamson entstanden.

Hintergrund (at) Fläche oder Szene, vor der das eigentliche Objekt steht. Neben dem Objekt selbst ist der Hintergrund das wichtigste Bildelement. Der Hintergrund dient zur Betonung der Motivform. Er muss bezüglich → *Tonwert* und → *Kontrast* so gewählt werden, dass sich das Motiv deutlich abhebt. Der Hintergrund vermittelt dem Bild räumliche Tiefe. Je grösser die Distanz vom Objekt zum Hintergrund, desto weiträumiger und grossflächiger erscheint das Bild. Der Hintergrund charakterisiert die Atmosphäre des Motivs und gibt dadurch eine in den meisten Fällen erforderliche Zusatzinformation. Der Hintergrund kann entweder als stark mitbestimmendes, aussagekräftiges Bildelement scharf oder untermalend, auf das Motiv konzentrierend, unscharf bis uniform gewählt werden (→ *Schärfentiefe*). Es ist auch besonders darauf zu achten, dass es zwischen Motiv und Hintergrund nicht zu bildstörenden Überschneidungen kommt. Besonders bei Farbaufnahmen ist auf die Farbharmonie zu achten. In der → *Schwarzweiss-Fotografie* können die Tonwerte gegebenenfalls mit → *Filtern* getrennt werden. →← *Vordergrund*.

Hintergrundprojektion (at) Spezielle Technik im → *Atelier*, die es dem Fotografen gestattet, ein → *Diapositiv* als Hintergrund in eine Szene einzuprojizieren. Das Diapositiv, welches das Hintergrundbild darstellt,

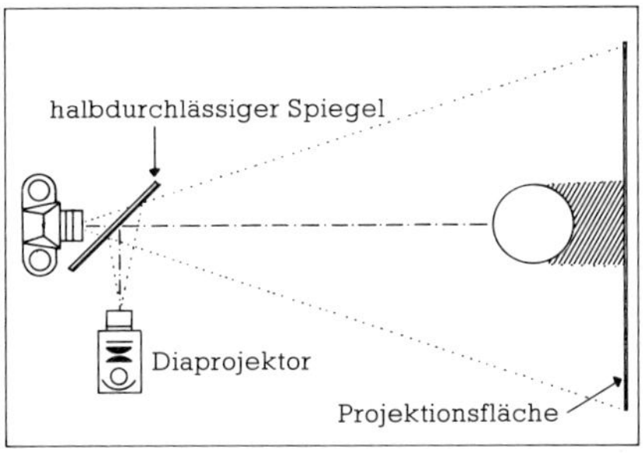

wird mit einem Diaprojektor (→ *Projektion*) so über einen → *halbdurchlässigen Spiegel* auf eine hochreflektierende → *Projektionswand* geworfen, dass die → *optische Achse* der Kamera mit der Projektionsachse zusammenfällt. Dadurch bleibt der Projektionsschatten durch das Motiv selbst verdeckt. Da das von der Projektionsfläche reflektierte Bild um ein Vielfaches heller ist als das Projektionsbild auf dem Objekt, welches noch zusätzlich beleuchtet (→ *Beleuchtung*) wird, entsteht im Atelier der täuschende Eindruck einer Aussenaufnahme.

Broncolor, Bron Elektronik, Allschwil

HMI-Leuchte → *Metalldampflampen*.

Hochfrequenzfotografie (at) Um schnelle Bewegungsabläufe zu registrieren und wissenschaftlich zu analysieren, werden Spezialkameras eingesetzt, die bis zu 600 Millionen Bilder pro Sekunde aufnehmen können. Je nach der gewünschten Bildfrequenz können verschiedenartige Kameras beigezogen werden:

1. Greifertransportkameras, die prinzipiell mit kinematographischen Kameras (→ *Kinematographie*) vergli-

chen werden können, ermöglichen bis 1000 Bilder pro Sekunde.
2. Am häufigsten werden jedoch Kameras verwendet, die über einen rotierenden Prismenblock (→ *Prisma*) verfügen, welcher das Bild auf den sich kontinuierlich durchlaufenden → *Film* umlenkt. Damit sind bis zu 10'000 Bilder pro Sekunde möglich.
3. Spezielle Spaltkameras ergeben auf dem vorbeigeführten Film keine Einzelbilder mehr, sondern sogenannte Schmieraufnahmen. Es können bis zu 76 Meter Film pro Sekunde in solchen Kameras belichtet werden.
4. Trommelkameras und Drehspiegelkameras lassen eine Bildfrequenz von 50'000 bzw. 5 Millionen Bilder pro Sekunde zu.
5. Elektronische Bildwandlerkameras, die das Bild zugleich noch verstärken, setzen der Hochfrequenzregistrierung heute mit 600 Millionen Bildern pro Sekunde neue Grenzen. In der Hochfrequenzfotografie werden bis 50'000 Bilder pro Sekunde üblicherweise Dauerlichtquellen oder → *Stroboskop*-Anlagen eingesetzt.

Hycam Hochfrequenzkamera (Weinberger AG, Zürich)

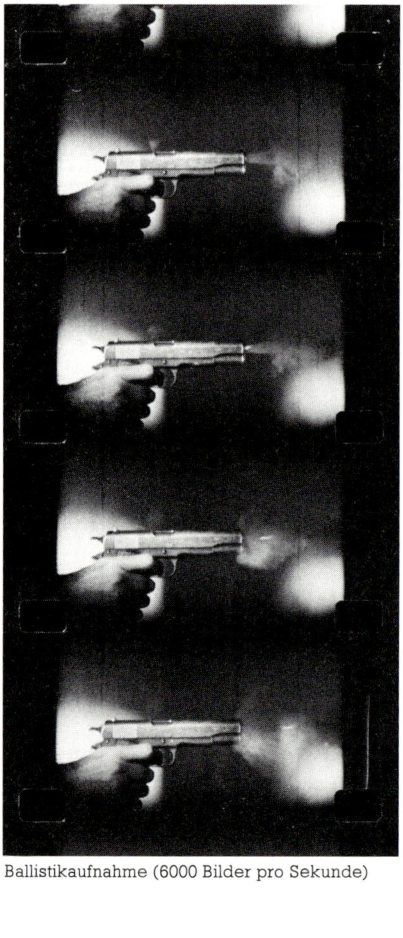
Ballistikaufnahme (6000 Bilder pro Sekunde)

Hochglanz → *Trocknung.*

Hochlichtmaske → *Maske.*

Hochtank-Entwicklung → *Entwicklungstanks.*

Holographie (at, phys) Spezialtechnik, um mit Hilfe von → *Laserlicht* reelle Bilder aufzunehmen und dreidimensional wirkend wiederherzustellen. Ein Hologramm, welches mit → *kohärentem Licht* (phasengleich schwingend) ohne Objektiv auf einer fotografischen Platte aufgezeichnet wird, stellt kein Motiv dar, sondern eine Art Code in Form von → *Interferenz*streifen, die durch nochmalige Laserbestrahlung das Objekt wieder dreidimensional erscheinen lassen. Beim Erstellen eines Hologramms wird eine Hälfte des Laserstrahls als sogenanntes Referenzbündel direkt auf die Platte gelenkt, während die zweite Hälfte über → *Spiegel* auf das Objekt und von dort auf die Platte gerichtet wird. Bei der Wiedergabe wird umgekehrt verfahren: Das Hologramm bewirkt gemäss dem Interferenzmuster auf der Platte eine → *Beu-*

gung des Laserlichtes, wodurch dem Betrachter ein virtuelles, dreidimensionales Bild erscheint, welches hinter dem Hologramm lokalisiert wird und unter einem beliebigen Betrachtungswinkel beobachtet werden kann. Die Holographie ist fotografisch von geringer Bedeutung. Sie wird für die verschiedensten wissenschaftlichen Aufgaben, in der Forschung und in zunehmendem Masse in der Datenverarbeitung eingesetzt. Das holografische Verfahren wurde 1947 von Dennis Gabor erfunden.

Hurter, Ferdinand (bio) (1844-1898) Schweizer Chemiker, der zusammen mit → *Driffield* die Beziehungen zwischen der → *Belichtung*, der → *Entwicklung* und der resultierenden → *Dichte* lichtempfindlicher Schichten untersuchte. Hurter und Driffield schufen damit im Jahre 1890 die Grundlage für die → *Sensitometrie* und ermöglichten dadurch die Einführung von brauchbaren Empfindlichkeitssystemen (→ *Filmempfindlichkeit*).

Hydrazinsulfat (chem) $NH_2NH_2 H_2SO_4$. Weisse, wasserlösliche Kristalle. Giftig! Wird als Zusatz zur → *Empfindlichkeitssteigerung* in Entwicklern und für reprografische Film (→ *Reproduktion*) mit besonders hohem Kontrast ($\gamma \approx 4.0$).

Hydrochinon (chem) $C_6H_4(OH)_2$ → *Entwicklersubstanz*. Weisse, glänzende Nadeln, leicht löslich in warmem Wasser. Hydrochinon entwickelt zuerst die → *Lichter* und wird deshalb in den Entwicklerformeln meistens mit anderen Entwicklersubstanzen kombiniert (z.B. Metol-Hydrochinon, Hydrochinon-Phenidon). In Kombination mit Ätzalkalien entstehen → *Strichentwickler*, die höchsten → *Kontrast* und → *Dichte* ergeben (→ *Reproduktion*).

Hydroxilaminsulfat $(NH_2OH)_2 H_2SO_4$. Weissliche Kristalle. Wird als Silberfällungsmittel und zur Verbesserung der → *Haltbarkeit* von → *Farbentwicklern* verwendet.

Hyperfokale Distanz (at, opt) (Nahpunkt der → *Unendlich*einstellung). Entfernung von der → *Kamera* bis zum Beginn des Schärfenraumes (→ *Schärfentiefe*). → *Fixfokus-Objektive* von → *Boxkameras* werden auf die hyperfokale Distanz justiert. Wird ein → *Objektiv* mit 50 mm → *Brennweite* auf ∞ (Unendlich) scharfgestellt (→ *Scharfeinstellung*), so beträgt die hyperfokale Distanz bei → *Blende* 11 8,2 m. Wird nun auf diese Entfernung scharfgestellt (hyperfokale Einstellung), so vergrössert sich der Schärferaum und reicht von 4,1 m bis ∞. Die hyperfokale Distanz errechnet man nach der Formel

$$\frac{f^2}{k \times z}$$

f = Brennweite, k = Blendenzahl,
z = Zerstreuungskreisdurchmesser

Hyperfokale Einstellung → *Hyperfokale Distanz.*

Hypersensibilisierung (lab, at) Steigerung der → *Filmempfindlichkeit* durch eine spezielle Behandlung vor der → *Belichtung*. Vorbehandlungen, die zu einer höheren Filmempfindlichkeit führen, können z.B. mit
1. → *Quecksilber*dämpfen (dreitägige Quecksilberatmosphäre bei 20° C führt zu einer 3-bis 5-fachen Steigerung der Empfindlichkeit), durch eine
2. unterschwellige → *Vorbelichtung* oder durch eines der zahlreichen
3. Badeverfahren (z.B. → *Formalin*-, Alkoholammoniak- oder Natriumsalizylatlösungen) erreicht werden. Die Badeverfahren haben allerdings den Nachteil, dass die Filme danach in vollständiger Dunkelheit getrocknet werden müssen.
4. Wasserstoff-Behandlung: Der Film wird während mehreren Stunden H_2-Gas oder Formier-Gas (7% H_2 in N_2, unbrennbar!) ausgesetzt. Dadurch wird der Langzeit- → *Reziprozitätsfehler* stark unterdrückt. Dieses Verfahren wird in der Astro-Fotografie häufig angewendet.
Die Hypersensibilisierung sowie die

→ *Latensifikation* sind Methoden, die der Vergangenheit angehören und mit modernen Filmen nur selten sinnreich oder durchführbar sind. Von praktischer Bedeutung bleibt heute lediglich die → *Empfindlichkeitssteigerung* durch verlängerte → *Entwicklung* (→ *Push-Entwicklung*).

IJ

Imagon (at) Spezielles Weichzeichner → *Objektiv* (→ *Weichzeichnung*) mit unkorrigierter sphärischen *Aberration*. Mittels grössenvariabler Siebblenden kann der dem scharfen Bild überlagerte → *Zersteuungskreisdurchmesser* und damit der Grad der Weichzeichnung verändert werden. Das Imagon geht auf den von Dr. Franz Staeble (1876-1950) im Auftrag von Heinrich Kühn (1866-1944) 1926 konstruierten «Tiefenbildner» zurück.

Weichzeichnerobjektiv (Rodenstock)

Incident light (bm) engl. = einfallendes Licht. «Incident light measure» = → *Lichtmessung*.

Indirektes Licht (at) Um ein weiches, möglichst schattenloses → *Licht* zu erreichen, kann das Objekt sowohl mit → *Blitzlicht* als auch mit Dauerlicht (→ *Kunstlicht*) über eine reflektierende Fläche (→ *Reflexion*) beleuchtet werden (→ *Beleuchtung*). Bei Farbaufnahmen ist allerdings darauf zu achten, dass es sich um eine weisse Fläche handelt, da ihre eventuelle Eigenfarbe zu einem → *Farbstich* führt. Indirektes Licht wird auch häufig zur → *Aufhellung* der Schatten und damit zur Reduktion des → *Kontrastumfanges* verwendet.

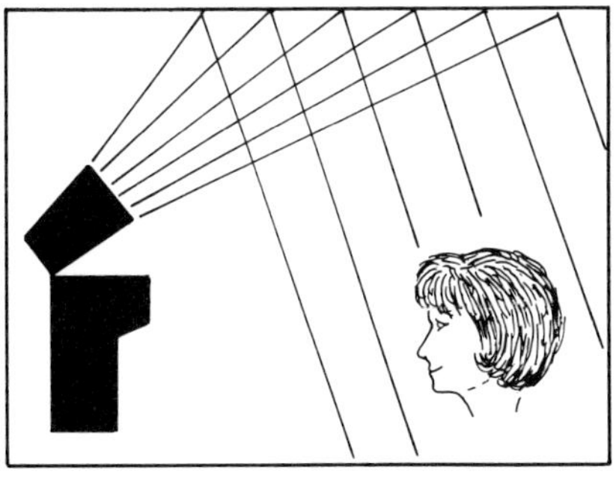

Indirekte Tonung → *Tonung*.

Industrie-Fotografie (at) In der Industrie fallen zahlreiche sehr vielseitige fotografische Aufgaben an. Diese können in vier grosse Arbeitsbereiche eingeteilt werden:

1. Dokumentationsaufnahmen von Fertigungsprozessen oder -etappen, von Rohmaterialien, Halb- und Fertigprodukten sowie von Werkzeugen und Bearbeitungsmaschinen. In diesen Bereich fallen auch → *Sachaufnahmen* und → *Reproduktionen* aller Art sowie Aufnahmen für Gebrauchsanweisungen.
2. → *Werbefotografie*. Gepflegte → *Sachaufnahmen* und Aufnahmen von Anwendungsbeispielen der Produkte, sowohl im → *Atelier* als auch im Freien.
3. → *Reportagen* von Herstellungsabläufen, Arbeitsmethoden und Veranstaltungen.

Gebr. Sulzer AG, Photodienst, Winterthur

4. Aufnahmen im Bereich der industriellen Forschung, oft unter Anwendung von Spezialtechniken, z.B. → *Makro* und → *Mikrofotografie*, → *Infrarot-* oder → *Ultraviolettfotografie* bis zur → *Hochfrequenzfotografie*. Häufig werden auch → *Tonbildschauen*, Filmaufnahmen (→ *Kinematographie*) oder → *Video*aufzeichnungen verlangt, die zur Schulung, Weiterbildung oder Verkaufsförderung eingesetzt werden. Durch die Vielseitigkeit dieser Aufgaben werden an den Industriefotografen sehr hohe Anforderungen gestellt. Die Aufnahmen sind oft mit einem grossen Aufwand verbunden und häufig nicht wiederholbar. Es wird mit verschiedensten Ausrüstungen (→ *Kleinbild-*, → *Mittelformat-* und → *Fachkameras*) sowie Spezialapparaturen gearbeitet.

Infrarot (phys) Langwelliger Strahlungsbereich des → *Spektrums* (700 - 100'000 nm), der für das menschliche Auge unsichtbar ist, jedoch direkt an das sichtbare Spektrum angrenzt. Fotografisch ist Infrarot von 700 bis etwa 1200 nm nutzbar (→ *Infrarot-Fotografie*), während längerwellige Strahlen nur mit Hilfe der → *Thermographie* registriert werden können

Infrarot-Film (at) Spezialfilme für die → *Schwarzweiss-Fotografie* und die Farbfotografie (→ *Falschfarbenfilm*), die für das sichtbare → *Spektrum* und → *Infrarot* sensibilisiert sind. Infra-

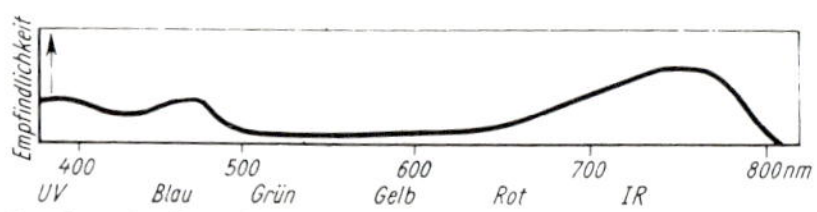

Spektrale Empfindlichkeit eines Infrarotfilmes

rotfilme sind auch wärmeempfindlich, sind relativ kurze Zeit haltbar (→ *Haltbarkeit*) und müssen kühl gelagert aufbewahrt werden (→ *Lagerung*).

Infrarot-Filter (at) Um bei → *Infrarot*-Aufnahmen den sichtbaren Teil des → *Spektrums* zu beschneiden, für welchen → *Infrarot-Filme* ebenfalls empfindlich sind, werden → *Filter* verwendet. Es kommen entweder starke Rotfilter oder spezielle Infrarot-Filter (auch «Schwarzfilter» genannt, weil sie für das menschliche Auge undurchsichtig sind) in Frage. → *Infrarot-Fotografie*.

Infrarot-Fotografie (at) Fotografieren in dem für unser Auge unsichtbaren Spektralbereich (→ *Spektrum*) von 700 bis etwa 1200 nm (→ *Infrarot*). Infrarotaufnahmen können mit herkömmlichen → *Kameras* und → *Objektiven* gemacht werden, wobei ein → *Infrarot-Film* sowie ein Rot- oder → *Infrarot-Filter* verwendet werden müssen. Die in der Amateur- und der Berufsfotografie häufigste Anwendung der Infrarot-Aufnahmetechnik finden wir in der → *Landschaftsfotografie*. Infrarote Strahlen durchdringen den atmosphärischen → *Dunst* und gestatten optimale → *Fernsichtaufnahmen*. Ein für Infrarot-Aufnahmen typischer und kennzeichnender Effekt ist die helle Wiedergabe von Blattgrün (Chlorophyll- oder Wood-Effekt). Lebendes Blattgrün reflektiert viel Infrarot, im Gegensatz zu kranken Laub- oder Graspflanzen und Nadelhölzern. Diese Tatsache ist besonders bei IR-Aufnahmen für die Forstwirtschaft und bei militärischen Anwendungen von grosser Bedeutung. Da die Normen der Lichtempfindlichkeit von fotografischem Material (→ *Filmempfindlichkeit*, → *ISO*) sowie sämtliche → *Belichtungsmesser* auf das sichtbare Spektrum ausgelegt sind und der Infrarot-Anteil beträchtlich vom sichtbaren Licht abweichen kann, ist eine Belichtungsmessung nur sehr bedingt durchführbar. Infrarot-Filme arbeiten auch relativ kontrastreich (→ *Gradation*, → *Kontrast*), so dass sich Fehlbelichtungen stärker auswirken als bei üblichem Filmmaterial. Es empfiehlt sich in jedem Fall, eine → *Belichtungsreihe* vorzunehmen.
In Wissenschaft und Forschung sind die Einsatzmöglichkeiten von Infrarot-Material recht zahlreich (z.B. zur Überwachung der Gewässerverschmutzung und grossflächiger oder schadhafter Forstbestände, in Medizin und Biologie, in Archäologie, Geologie und Mineralogie, in der Kriminali-

stik, beim Erkennen von Gemälde- und Urkundenfälschungen sowie für militärische Aufgaben).

Da die → *Objektive* normalerweise für das sichtbare Spektrum korrigiert und nicht für die längerwelligen Infrarot-Strahlen, ist es unumgänglich, bei Infrarot-Aufnahmen eine → *Fokusdifferenz* zu berücksichtigen. Diese ist kein konstanter Wert, sondern hängt von der spektralen → *Empfindlichkeit* des verwendeten Infrarot-Films ab. Als Mittelwert kann jedoch eine → *Auszugs*verlängerung von 1/300 der → *Brennweite* angenommen werden (das entspricht bei einem 50mm-Objektiv der Einstellung von 15 m für ∞). Es ist grundsätzlich jedoch empfehlenswert, bei IR-Aufnahmen das Objektiv auf mindestens → *Blende* 11 abzublenden. Beim → *Falschfarbenfilm* «Kodak Ektachrome Infrared» ist die Fokusdifferenz nicht zu berücksichtigen, da dieser Film 2/3 des sichtbaren Spektums bei der Infrarot-Aufnahme «schärfebestimmend» mitregistriert. Die meisten Objektive verfügen über eine Infrarot-Marke («R»-Index), welche der Fokusdifferenz entspricht.

Infrarot-Aufnahme

Panchromatische Aufnahme

Bei Infrarot-Aufnahmen ist die Verwendung von → *Filtern* unumgänglich, da diese Spezialfilme auch für das sichtbare Spektrum eine überwiegende Empfindlichkeit aufweisen. Ungefilterte Infrarot-Aufnahmen sind praktisch effektlos. Schon mit einem starken Rotfilter kann der aktinischere Teil des Spektrums (→ *Aktinität*) bis rund 600 nm absorbiert (→ *Absorption*) werden. Um das gesamte sichtbare Spektrum bei Infrarot-Aufnahmen zu eliminieren, sind spezielle → *Infrarot-Filter* (auch «Schwarzfilter» genannt) zu verwenden, die für unser Auge undurchsichtig sind. Der → *Falschfarbenfilm* «Kodak Ektachrome Infrared» ist grundsätzlich mit einem mittleren Gelbfilter oder zur Erzielung bestimmter Farbeffekte mit anderen Farbfiltern der → *Schwarzweiss-Fotografie* zu belichten. → *Filter*. Als → *Lichtquellen* kommen bei Infrarot-Aufnahmen → *Tageslicht*, künstliches Dauerlicht (→ *Kunstlicht*) oder → *Blitzlicht* in Frage. Mit einem Infrarot-Filter vor dem Reflektor eines Elektronenblitzgerätes, ist es möglich, völlig unbemerkt zu fotografieren (→ *Dunkelblitz*). Für Infrarot-Aufnahmen gibt es auch Spezialobjektive, sogenannte → *Superachromate*, die für Infrarot korrigiert sind. Infrarot-Filme werden wie üblich verarbeitet. Hochempfindliche Infrarot-Filme (z.B. Kodak Infrared High Speed) dürfen nur im Dunkeln aus ihrer Verpackung genommen und in die Kamera eingelegt werden, da der Textilstreifen im Kassettenschlitz (→ *Filmpatrone*) infrarotdurchlässig ist. Auch ist bei der → *Entwicklung* darauf zu achten, dass → *Laborleuchten* (mit panchromatischen Schutzfiltern) ausgeschaltet sind.

Inkubationszeit Ansprechzeit bei der → *Entwicklung*.

Innenfokussierung (opt) → *Objektive* mit Innenfokussierung bestehen aus einem festen Tubus, dessen Länge bei der Entfernungseinstellung (→ *Scharfeinstellung*) nicht verändert wird. Nicht mehr das ganze optische System wird in einem → *Schneckengang* verschoben, sondern lediglich ein Hinterglied.

Innenmessung (bm) → *Belichtungsmesser*, welcher in die → *Kamera* integriert ist und durch das Objektiv misst. Meistens zwei oder mehrere fotoelektrische Empfänger (→ *Fotoelement*) messen vor (oder während) der → *Belichtung* das durch das → *Objektiv* einfallende Licht und bewirken eine Anzeige im → *Sucher* oder steuern die Belichtung (→ *Belichtungsautomatik*). Die Innenmessung weist gegenüber den → *Handbelichtungsmessern* den Vorteil auf, dass sämtliche kameraseitigen Faktoren, welche die Belichtung beeinflussen können (z.B. → *Auszugs*verlängerungen, → *Lichtstärke* des Objektivs, → *Bildwinkel* sowie (bedingt) Objektivvorsätze und → *Filter*) mitgemessen werden. Es gibt verschiedene Prinzipien der Innenmessung, die sich vor allem durch unterschiedliche Anordnung der Fotoelemente auszeichnen. Diese befinden sich

1. in der Umgebung des → *Pentaprismas* (z.B. neben dem → *Sucherokular*, über oder vor dem Pentaprisma),
2. im Strahlengang (z.B. hinter dem → *Spiegel*, im Kameraboden, wobei der Strahlengang über einen → *Sekundärspiegel* partiell umgeleitet wird, oder zwischen der → *Mattscheibe* und dem Pentaprisma, wobei ein Strahlenteiler einen Teil des einfallenden Lichtes umlenkt),
3. im Kameraboden gegen die → *Filmebene* gerichtet, wobei das von einem Phantombild auf dem Verschlussvorhang (→ *Schlitzverschluss*) oder von der Filmoberfläche reflektierte Licht gemessen wird (→ *Filmreflexionsmessung*). Die Messzellen müssen möglichst so angebracht sein, dass sie nicht durch Streulicht, welches durch das → *Sucher*okular einfällt, beeinflusst werden. Als praxisgerechtes Messprinzip hat sich die gewichtete Innenmessung bewährt. Hierbei misst eine Zelle die gesamte Helligkeit des Sucherbildes, während eine zweite eine bestimmte Zentrumspartie dazumisst.

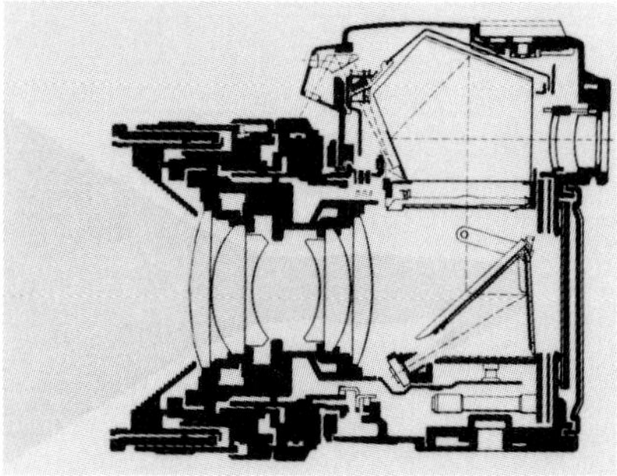

Das zusammengefasste Messergebnis (→ *Integralmessung*) stellt in den meisten Fällen einen korrekten bis brauchbaren Mittelwert dar. Einige Kameras und Belichtungsmesser verfügen auch über eine → *selektive Belichtungsmessung* (→ *Spotmessung*). Dabei misst ein Fotoelement eine klar definierte kreisrunde Bildstelle. Diese Messmethode bewährt sich besonders bei unzugänglichen Objekten, → *Gegenlichtaufnahmen* und bei → *Kontrastmessungen*. Einige Systeme der Innenmessung ermöglichen auch die → *autodynamische Belichtungsmessung*.

Innenverspiegelung (pro) → *Projektions-* und → *Fotolampen* sind oft an der Innenseite des speziell geformten Glaskolbens mit einer Silberschicht versehen, um den → *Lichtstrom* zu konzentrieren. Dadurch erübrigt sich ein → *Reflektor* (→ *Halogenlampen*).

Instant-Fotografie → *Sofortbild-Fotografie*.

Integralfilm → Sofortbildfilm (→ *Sofortbild-Fotografie*) der aus einer in sich geschlossenen, abfallfreien Einheit besteht (→← *Trennbildfilm*).

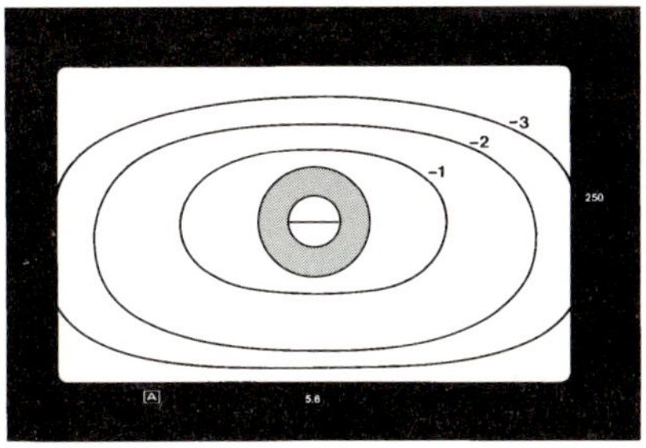

Mittenbetonte Integralmessung; Sucherbild, Kurven gleicher Messempfindlichkeit

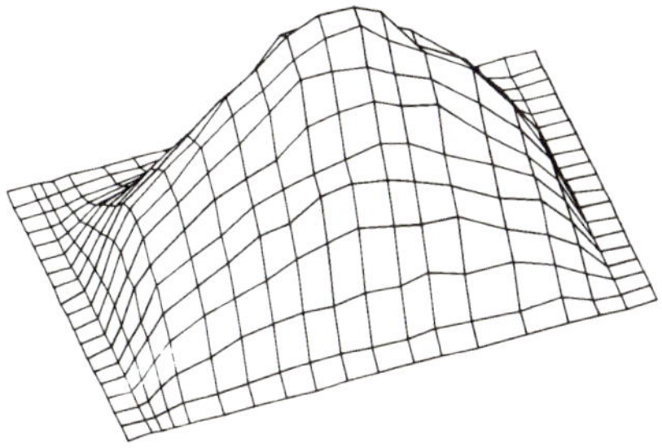

Mittenbetonte Integralmessung; Verteilung der Messempfindlichkeit

Integralmessung (bm) Ganzflächige, meistens mittelwertbildende → *Belichtungsmessung* aus verschiedenen Helligkeitswerten des Motivs. Die Integralmessung ist bei durchschnittlichen und → *kontrast*armen Motiven zu empfehlen. Beispiele der Integralmessung sind: → *Lichtmessung*, Messung der → *Reflexion* eines → *Graukartons* und die → *Innenmessung*. → *Belichtungsmesser*. →← *Spotmessung*.

Interferenz (phys) Wellen gleicher → *Wellenlänge* (→ *Licht*, aber z.B. auch Wasser), die längs einer gemeinsamen Laufbahn schwingen, können sich verstärken oder aufheben. Interferenz tritt nur bei → *monochromatischem Licht* auf. Bei zusammengesetztem Licht resultiert eine teilweise Auslöschung mit Bildung farbiger Streifen. Das klassische Beispiel für eine derartige Interferenz ist der → *Newtonsche Ring*. Aufgrund der Interferenz ist es auch möglich, mit einem Laserstrahl (→ *Laserlicht*) einen Gegenstand räumlich wirkend abzubilden (→ *Holographie*).

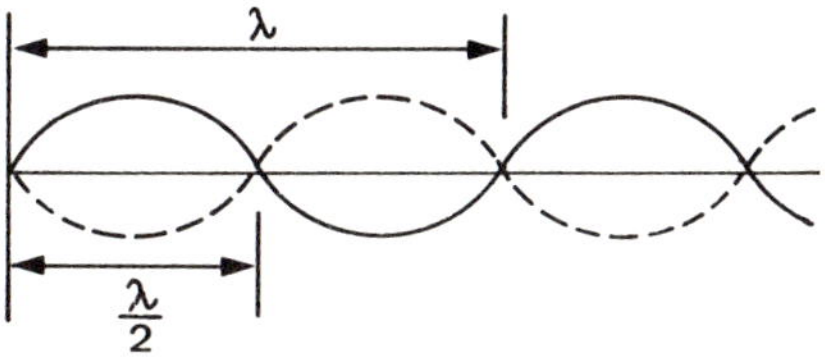

Schwingungen entgegengesetzter Phase, aber gleicher Wellenlänge (λ) heben sich auf und führen zu einer Auslöschung des Lichtes.

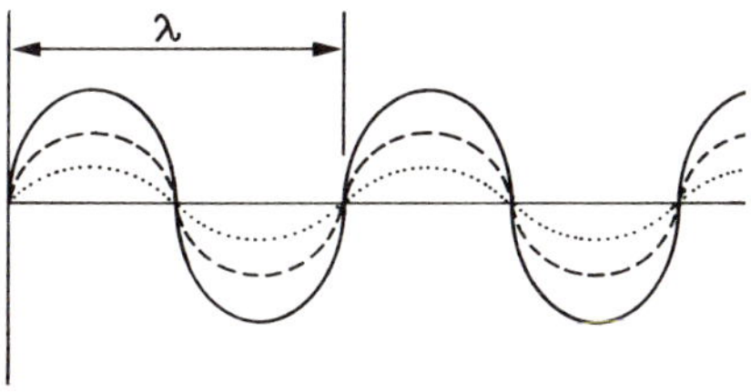

Phasengleiche Schwingungen gleicher Wellenlänge (λ) haben eine Verstärkung zur Folge.

Intermittenzeffekt (phys, at) Wird fotografisches Material (→ *Film*, → *Emulsion*) einmal kontinuierlich und einmal intermittierend (d.h. mit kurzen Lichtblitzen nacheinander) belichtet (→ *Belichtung*), wobei in beiden Fällen die aufgestrahlte → *Lichtmenge* dieselbe ist, kann eine unterschiedliche → *Schwärzung* resultieren. Der Intermittenzeffekt beruht einerseits auf der quantenhaften Natur des Lichtes und anderseits auf dem → *Reziprozitätsfehler* (Schwarzschildeffekt).

Internegativ (lab, at) (auch «Zwischennegativ» genannt). Fotografisches → *Negativ*, welches im Kontaktverfahren (→ *Kontaktkopie*), durch → *Vergrösserung* oder mittels der → *Kamera* nach → *Diapositiven* oder Aufsichtsvorlagen (→ *Reproduktion*) als Zwischenprodukt zur Herstellung von → *Vergrösserungen* erstellt wird.

1. Farb-Internegative werden auf einem speziellen → *Farbnegativfilm* angefertigt, dessen → *Kontrast*verhalten durch die → *Belichtung* beeinflusst werden kann. Die → *Schwärzungskurve* dieses mehrschichtigen Filmes weist zwei Schwellen auf, wodurch eine optimale, originalgetreue Kontrastwiedergabe erreicht werden kann. Die → *Gradation* eines Internegativs kann durch die → *Belichtung*

und die einzelnen Farbdichtekurven (→ *Farbstich 2. Art*, → *kippende Farben*) mittels → *Korrekturfilter* verändert werden. Die Arbeit mit Farb-Internegativ-Material erfordert absolut konstante → *Entwicklung* und ein → *Densitometer*, um die einzelnen Farbdichtekurven ausmessen zu können.
2. Schwarzweiss-Zwischennegative werden auf niederempfindlichen, feinkörnigen Schwarzweissfilmen (→ *Film*) hergestellt. In der Berufsfotografie verwendet man dazu meistens grossformatige → *Planfilme*, welche man unter dem → *Vergrösserungsgerät*, mit dem → *Kopierapparat* oder in der → *Fachkamera* belichtet. Um den → *Kontrastumfang* des Originals wiedergeben zu können, entwickelt man Zwischennegative kürzer (→ *Entwicklung*, → *Gradation*) und fertigt unter Umständen eine → *Hochlichtmaske* an, um schleierfreie (→ *Schleier*) Weissen (→ *Lichter*) zu erhalten.

Intervall-Fotografie (at) Fotografieren eines Objektes in regelmässigen Zeitabständen, um die Veränderung des Objektes über einen bestimmten Zeitraum zu dokumentieren. Dazu sind für die meisten System- → *Kameras* → *Datenrückwände* mit Intervallsteuerung oder spezielle Steuergeräte erhältlich.

IR → *Infrarot*.

Irisblende → *Blende*.

ISO → *Filmempfindlichkeit*.

Isohelie (lab) → *Verfremdungstechnik*, mit welcher durch die → *Tontrennung* mit möglichst wenig → *Tonwerten* eine plakative Bildwirkung erreicht wird. Ein → *Negativ* wird mit verschieden langen → *Belichtungszeiten* auf ein sehr hart arbeitendes Material (→ *Strichmaterial*) kopiert, wodurch das Bild in einzelne Bereiche von Tonwerten zerlegt wird. Durch nochmaliges Kopieren dieser Positive, bei denen viele Einzelheiten der Zeichnung im Bilde unterdrückt werden, werden alle Übergänge im Ton restlos beseitigt, und man erhält Negative, die vollkommen schwarz auf

Fünfstufige Isohelie von Raymond Perrenoud, St-Sulpice

weissem Grund stehen und deren Grenzlinien die gleichen Helligkeiten im Original verbinden. Diese Grenzlinien nannte der Erfinder des Verfahrens, W. Romer (1932), «Isohelen», das heisst Linien gleicher Helligkeit (→ *Äquidensiten*). Die so erhaltenen Auszugsnegative können über ein Zwischendiapositiv auf Film nochmals kopiert und schliesslich durch Übereinanderpassen zu einem gemeinsamen Negativ vereinigt werden.

Ives, Frederick, Eugene (bio) (1856-1937) Amerikanischer Fotograf und Erfinder, welcher über 70 Patente erhielt, die vor allem die Verbesserung der Halbtonverfahren zum Inhalt haben. Er entwickelte eine Strahlenteilerkamera (→ *Dreifarben-Fotografie*) und ein Betrachtungsgerät für → *Farbauszugs*-Diapositive (1892), welches er «Kromskop» nannte. Andere Farbkameras und eine stereoskopische Filmkamera, welche auf dem → *Anaglyphen*-Prinzip beruht, waren weitere Erfindungen von F.E. Ives.

Joule (at) J. Masseinheit für die gespeicherte Energie der → *Kondensatorengruppe* eines Studio- → *Blitzgerätes*. Ist identisch mit der früheren Masseinheit Wattsekunden. Die gespeicherte Energie eines Gerätes mit 500 Joules reicht aus, um eine Lampe mit 500 Watt eine Sekunde oder eine mit 50'000 Watt 1/100 Sekunde lang leuchten zu lassen. Eine Umrechnung von Joules in die entsprechende Leitzahl ist, bedingt durch verschiedene gerätespezifische Verlustfaktoren und die Ausgestaltung des → *Reflektors* nicht möglich.

K

K (phys) Abkürzung für → *Kelvin* (→ *Farbtemperatur*). Temperatureinheit.

Kabelauslöser (at) Moderne elektronische → *Kameras* besitzen einen elektrischen → *Auslöser*. Um lange → *Verschlusszeiten* verwacklungsfrei auslösen zu können, wird über einen Stecker ein Kabelauslöser angeschlossen, der die Funktion des früheren (und noch bei mechanischen Kameras brauchbaren) → *Drahtauslösers* übernimmt.

Kaliumbichromat (chem) (Kaliumdichromat) $K_2Cr_2O_7$. Orangerote, luftbeständige Kristalle, leicht löslich in Wasser, unlöslich in Alkohol und Äther. Gift! Sensibilisator bei → *Pigmentdruck*-Verfahren (→ *Edeldruckverfahren*); Bestandteil von → *Verstärkern*, → *Abschwächern* und Bleichbädern. Dient mit Schwefelsäure zur Schalenreinigung.

Kaliumbisulfat (chem) (Kaliumhydrogensulfat). $KHSO_4$. Weisse hygroskopische Kristalle, leicht in Wasser löslich, mit saurer Reaktion. Bestandteil in → *Bleichbädern* anstatt Schwefelsäure.

Kaliumbromid (chem) (Bromkalium) KBr. Farblose Kristalle oder Kristallpulver, hygroskopisch, leicht löslich in Wasser, schwer löslich in Alkohol und Äther. Wird als Klärmittel (→ *Antischleiermittel*) und Verzögerer in → *Entwicklern*, in → *Bleichbädern* und als → *Abschwächer* bei der → *Umentwicklung* verwendet.

Kaliumferrizyanid (chem) (Rotes Blutlaugensalz, Ferrizyankalium) $K_3Fe(CN)_6$. Rote Kristalle mit glänzenden Flächen, leicht löslich in Wasser, schwer löslich in Alkohol, lichtempfindlich. Bestandteil des Farmerschen → *Abschwächers*, in Bleichbädern, Beize für Farbstoff → *Tonungen*.

Kaliumhydroxid (chem) (Ätzkali) KOH. Weisse, an der Luft leicht zerfliessende Stangen, Plätzchen oder Schuppen, die sich in Wasser leicht unter Wärmeentwicklung auflösen. Stark alkalisch, ätzend und giftig. Wird als starkes Alkali in → *Entwicklern* verwendet.

Kaliumkarbonat (chem) (Pottasche) K_2CO_3. Weisses, an der Luft zerfliessendes Pulver, leicht löslich in Wasser, unlöslich in Alkohol. Dient als Alkali in → *Entwicklern* (und zur Schnelltrocknung von Negativen).

Kaliummetabisulfit (chem) (Kaliumpyrosulfit) $K_2S_2O_5$. Weisse, harte Kristalle oder Pulver, löslich in Wasser, schwer löslich in Alkohol. Stark nach Schwefeldioxid riechend, zersetzt sich allmählich an der Luft, Lösung reagiert sauer. Wird zur Ansäuerung von Fixierbädern (→ *Fixierbad*), als Unterbrecherbad und als Konservierungsmittel in → *Entwicklern* verwendet.

Kaliumpermanganat (chem) $KMnO_4$. Dunkelviolette, längliche Kristalle, leicht löslich in Wasser, zersetzt sich in Alkohol, Oxidationsmittel, → *Abschwächer*, Fixiernatronzerstörer, entfernt Flecken.

Kaliumrhodanid (chem) (Kaliumthiosyanat) KCNS. Farblose, leicht zerfliessende Kristalle, in Wasser und Alkohol löslich. Wird in Tonbädern verwendet; Lösungsmittel für → *Gelatine* und → *Silberhalogenide* (Fixiermittel), Zusatz in Feinkorn- und → *Erstentwicklern* der → *Umkehrentwicklung*.

Kalkschutzmittel (lab) Die im Leitungswasser üblicherweise enthaltenen Kalzium- und Magnesiumsalze können beim Ansatz von Entwicklern unter Umständen flockige Ausscheidungen und Kalkschleier bewirken. In konfektionierten Fotochemikalien sind zu deren Vermeidung gewisse komplexbildende Zusätze enthalten.

Kalotypie (hist) Frühes → *Negativ-Positiv-Verfahren*, welches von Henry Fox → *Talbot* erfunden und 1841 patentiert wurde. Ein feines Schreibpapier wurde zuerst mit Jodkalium und

danach mit → *Silbernitrat* behandelt, woraus eine niederempfindliche Jodsilber-Schicht entstand. Um Empfindlichkeit zu gewinnen, wurde das Papier kurz vor der Verwendung mit einer Lösung von Gallussäure, Silbernitrat und → *Eisessig* bestrichen. Dann folgte die → *Belichtung* in der Kamera, die ein → *latentes Bild* zur Folge hatte. Nach erneutem Bestreichen des Papiers mit der beschriebenen Lösung (die Talbot «Gallosilbernitrat» nannte), trat das Bild hervor und konnte in einer → *Bromkali-* oder Fixiernatronlösung fixiert (→ *Fixieren*) und anschliessend gewässert werden. Die Kalotypie, welche auch nach dem Erfinder als «Talbotypie» bezeichnet wird, wies gegenüber der → *Daguerreotypie* den Vorteil auf, dass von den transparent gemachten Papiernegativen beliebig viele Positive angefertigt werden konnten. Die Tatsache, dass die Kalotypie lizenzpflichtig war, verhinderte eine rasche Verbreitung des Verfahrens. Die 1851 beginnende → *Kollodium-Fotografie* gab sowohl der Kalotypie als auch der Daguerreotypie den Todesstoss.

Kaltlicht (at) (Nicht-Temperaturstrahler). → *Lichtquellen*, die nur einen sehr geringen Wärmeanteil abstrahlen (z.B. Fluoreszenzröhren, → *Gasentladungslampen*). Sie sind als fotografische Lichtquellen für Farbaufnahmen (→ *Farbfotografie*) nur bedingt geeignet, da sie ein diskontinuierliches → *Spektrum* aufweisen.

Kamera (at) Lichtdichtes Gehäuse, in welchem ein optisch erzeugtes Bild (→ *Objektiv*) auf einem lichtempfindlichen Material (→ *Film*, → *Emulsion*) festgehalten werden kann. Eine Kamera besteht in ihrer einfachsten Form aus einem lichtdichten Gehäuse, einem Objektiv, einer mechanischen Einrichtung zur Begrenzung der → *Belichtungszeit* (→ *Verschluss*), einem → *Sucher* und einer Mechanik zum Weitertransport des Films. Objektive verfügen zudem über eine → *Blende*, um die Lichtmenge zu dosieren, und über eine Einrichtung, um die Entfernung einzustellen (→ *Scharfeinstellung*). Viele moderne Kameras haben einen eingebauten → *Belichtungsmesser*, welcher entweder mechanisch oder elektronisch (→ *Elektronik*) die → *Belichtung* steuert (→ *Belichtungsautomatik*, → *Programmautomatik*), ein elektronisches Element, welches die → *Scharfeinstellung* automatisch ansteuert (→ *Autofokus*), Mikromotoren, welche nach jeder Aufnahme den → *Filmtransport* und andere Funktionen übernehmen, sowie ein

→ *Blitzgerät*, welches sich bei Bedarf automatisch zuschaltet.
Die Urform der Kamera geht auf ein mittelalterliches Zeichengerät, die → *Camera obscura*, zurück. Heute kennen wir folgende Kameratypen: → *Boxkamera*, → *Fachkamera*, → *Kassettenkamera*, → *Messsucherkamera*, → *Mittelformatkamera*, → *Panoramakamera*, → *Sofortbildkamera*, → *Spiegelreflexkamera*, → *Stereokamera* sowie eine Reihe von Spezialkameras
Kameras werden in der Fotografie häufig nach ihrem Aufnahme → *Format* klassiert: → *Disc-Kameras* (mit einer Filmscheibe), → *Kleinstbildkameras* (Bildgrösse < 18x24mm), → *Halbformatkameras* (Bildgrösse 18x24mm auf 35-mm-Film), → *Kleinbildkameras* (Bildformat zwischen 18x24mm und 24x36mm auf 35mm-Film), → *Mittelformatkameras* (mit Bildgrösse > 24x36mm und < 90x120mm, meistens auf → *Rollfilm*), und Grossformatkameras (→ *Fachkamera*) (mit Bildgrösse > 90x120mm und der Verwendung von → *Planfilmen*).

Kameraanschluss (at) → *Objektiv*seitiger, mechanischer Befestigungsteil zwischen Objektiv und Kameragehäuse, der entweder aus einem → *Bajonett-* oder einem Gewindeteil besteht. →← *Objektivanschluss*. Damit auch systemfremde Produkte (→ *Systemkamera*) verwendet werden können, gibt es im Handel verschiedenartige → *Adapter*.

Kamerastandort (at) Mit dem Standort der Kamera (Kamerastandort) wird die → *Perspektive* einer Aufnahme bestimmt.

Kanadabalsam (opt) Terpentinartiges, transparent auftrocknendes Harz, welches einen mit → *Kronglas* vergleichbaren → *Brechungsindex* aufweist und deshalb früher zum Verkitten von → *Linsen* mit gleichen Krümmungsradien verwendet wurde. Xylol und Chloroform können als Lösungsmittel verwendet werden. Heute werden geeignete Kunststoffe verwendet, weil sich Kanadabalsam mit der Zeit gelb verfärbte.

Kanteneffekt → *Eberhard-Effekt*.

Kaskadenwässerung (lab) → *Wässerung*, insbesondere von → *Fo-*

1. Fachkamera, **2.** Zweiäugige Spiegelreflexkamera (Mittelformat), **3.** Einäugige Spiegelreflexkamera (Mittelformat), **4.** Sofortbildkamera, **5.** Einäugige Spiegelreflexkamera für 110-er-Film, **6.** Einäugige Spiegelreflexkamera (Kleinbild), **7.** Einäugige Spiegelreflexkamera (Kleinbild) mit Winder, **8.** Messsucherkamera, **9.** Miniaturkamera (35 mm-Film), **10.** Stereokamera, **11.** Panoramakamera, **12.** Messsucherkamera, **13.** Miniaturkamera (16 mm-Rollfilm), **14.** Kassettenkamera 126, **15.** Kassettenkamera 110 (Pocketkamera).

Kassette
Kassettenkamera
Katadioptrisches Objektiv
Kaustik
Kelvin
Kerbung

topapieren in mehreren Stufen. Dabei sind drei oder mehr → *Schalen* so untereinander angeordnet, dass das Wasser in die nächst tieferliegende Schale überläuft. Die Fotopapiere werden aus dem → *Fixierbad* zuerst in die unterste, nach einem Drittel der Wässerungszeit in die mittlere und zum Schluss in die oberste Schale gelegt. Damit ist nicht nur eine einwandfreie Wässerung gewährleistet, sondern es ist auch ein kontinuierlicher Arbeitsfluss möglich.

Kassette (at) Lichtdichter Behälter für strahlungsempfindliches Material zum Einlegen in oder zum Anbringen an die → *Kamera*. Wir unterscheiden zwischen → *Platten-*, → *Planfilm-*, → *Rollfilm-* oder → *Rollenpapier*kassetten in der Berufsfotografie und Filmkassetten für die Amateurfotografie, → *Kassettenkameras* für 110er- und 126er-Kassetten sowie Super-8-Filmkassetten (→ *Kinematografie*). Behälter für Kleinbildfilme (→ *Kleinbild-Fotografie*) nennt man → *Filmpatronen*.

Kassettenkamera (at) Einfacher Kameratyp mit fest eingebautem → *Objektiv* für → *Kassetten*film der → *Konfektionierungen* 126 (Bildformat 28x28mm) ndder 110 (Bildformat 13x17mm). Die Filmkassetten können sehr einfach in die Kamera eingelegt werden und nach der letzten → *Belichtung* ohne Rückspulen (→ *Kleinbild-Fotografie*) herausgenommen werden. Verschiedene teurere Kassettenkameras verfügen über ein eingebautes Elektronen-→ *Blitzgerät*, einen motorgetriebenen → *Filmtransport* (→ *Winder*) und eine (→ *Belichtungsautomatik*. Preisgünstige Kassettenkameras sind für → *Blitzwürfel* ausgelegt, und die Einstellung der → *Blende* erfolgt aufgrund von Symbolen, welche die Lichtverhältnisse darstellen. Durch die Weiterentwicklung der einfachen Kleinbildkamera (→ *Kompaktkamera*), welche einen hohen → *Automatik*stand und Bedienungskomfort bietet, hat die Kassettenkamera ihre Marktbedeutung stark eingebüsst.

Katadioptrisches Objektiv → *Spiegellinsenobjektive*.

Kaustik (opt) Lehre von der Entstehung von Brennlinien und Brennflächen durch Brechung (Dia-Kaustik) oder Reflexion (Kata-Kaustik) des Lichtes.

Kelvin (phys, bio) K (ohne °) Temperaturskala, die beim absoluten Nullpunkt beginnt (-273,15°C) und mit der Celsius-Skala übereinstimmt (K = °C + 273,15). Die Kelvin-Skala ist in der Physik und der Chemie für zahlreiche verschiedenartige Angaben gebräuchlich und dient in der Fotografie als Masseinheit der → *Farbtemperatur*. Die Temperaturskala erhielt ihre Bezeichnung nach dem englischen Physiker Lord Kelvin of Largs, geb. Wiliam Thomson (1824-1907), welcher in allen Zweigen der Physik tätig war, besonders in der Wärmelehre, der Optik, der Elastizität und der Elektrizität. Neben der Formulierung der Gesetze der mechanischen Wärmetheorie stammen von ihm auch die Begriffe der absoluten Temperatur und des absoluten Nullpunktes. Sein Spiegelgalvanometer ermöglichte die transatlantische Telegraphie.

Kerbung (at, lab)
1. Die meisten → *Kleinbildfilme* werden nach dem Entwickeln vor dem → *Kopieren* neben jedem → *Negativ* mit einer kleinen, halbrunden Kerbung versehen («Notching»), damit das Negativ im → *Printer* automatisch positioniert werden kann
2. → *Planfilme* besitzen in einer Ecke eine vom Hersteller angebrachte Kerbung. Sie dient erstens der Identifikation der → *Schichtseite*, die dem Verarbeiter zugewandt ist, wenn sich die

Kerbung oben rechts befindet. Zweitens kann aufgrund der Kerbung festgestellt werden, um welches Filmfabrikat es sich handelt.

Kinematographie (at, hist) Aus der Fotografie abgeleitete Darstellung bzw. Analyse und Synthese eines Bewegungsablaufes mit Hilfe von rasch aufeinanderfolgenden Einzelaufnahmen und entsprechend gleichartiger Betrachtung. Zu diesem Zweck wurden verschiedene Filmkameras entwickelt, welche rasche Aufnahmefolgen zulassen. Die heute gebräuchlichen Filmkameras verwenden 8mm (Super-8), 16mm, 35mm und 70mm breites → *Film*material, welches ein oder beidseitige → *Perforationen* für den Filmtransport, sowie eine Tonspur für Magnet- oder Lichtton aufweist. Die gebräuchlichste Bildfrequenz bei der Aufnahme und der Projektion beträgt 24 Bilder pro Sekunde. Die Kinematographie fand ihren Ursprung in dem Wunsch des Menschen, nicht nur statische Objekte aufnehmen, sondern auch Bewegungen darstellen zu können. Abgesehen von verschiedenen Vorläufern der Bewegungssynthese im 18. und 19. Jahrhundert, begann die Darstellung der Bewegung mit → *Muybridge* (1877) und → *Marey* (1881), die die Bewegungsart von Tieren und Menschen eingehend studierten und fotografisch belegten. Die ersten kinematographischen Verfahren, die kommerziell brauchbar waren, stammten von Thomas Alva Edison (1891) und den Gebrüdern → *Lumière* (1894).

«Cinémathographe», erste Filmkamera der Gebrüder Lumière (1894).

Kippende Farben (at, lab) → *Farbstich* 2. Art, der mit → *Korrekturfiltern* nicht zu beheben ist. Theoretisch beruht eine solche Farbverschiebung darauf, dass die drei Farbdichtekurven (→ *Schwärzungskurve*) nicht parallel verlaufen, d.h. dass eine Farbkurve eine andere → *Gradation* aufweist. In der Praxis kommen kippende Farben darin zum Ausdruck, dass bei möglichst neutraler Farbwiedergabe in einer Farbvergrösserung → *Lichter* und/oder → *Schatten* eine → *Farbdominante* zeigen. In krassen Fällen weisen die Lichter eine Farbdominante auf, während die Schattenpartien in der entsprechenden → *Komplementärfarbe* erscheinen. Kippende Farben finden ihren Ursprung in einer fehlerhaften → *Entwicklung*, durch Überlagerung (→ *Lagerung*) des Materials oder durch die Belichtung mit → *Mischlicht*.

Kippmethode (lab) Bewegungsrhythmus für die → *Entwicklung* von → *Rollfilmen* und → *Kleinbild*-Filmen in wasserdicht verschliessbaren Entwicklungsdosen (→ *Dosenentwicklung*). Üblicherweise stösst man nach dem Eingiessen des → *Entwicklers* die verschlossene Dose auf der Tischplatte auf, damit sich Luftblasen, die an der Filmoberfläche anhaften könnten, loslösen. Nun wird die Dose während den ersten 15 Sekunden kontinuierlich und danach einmal pro Minute während etwa drei Sekunden um 180° gekippt. Durch die Einhaltung dieses Bewegungsrhythmus wird eine reproduzierbare, fleckenfreie Entwicklung erreicht.

Kirlian-Fotografie (at) Die nach den russischen Forschern Semyon und Valentina Kirlian benannte elektrofotografische Aufnahmetechnik

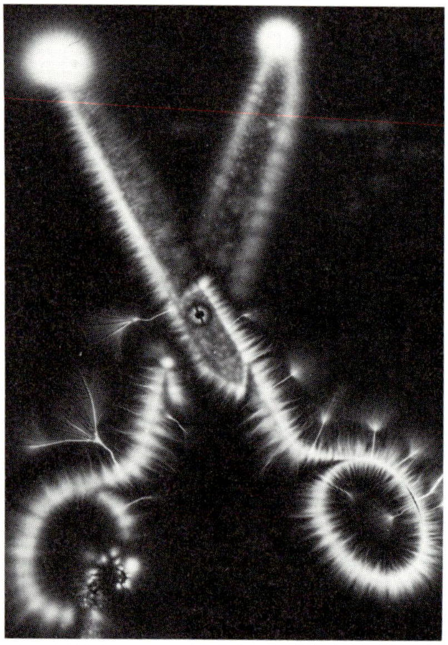

Kirlian-Fotografie (ETH-Zürich)

(erfunden um 1950), beruht darauf, dass elektrische Entladungen auf eine fotografische Schicht (→ *Film* oder Papier) einwirken. Dazu wird eine hochfrequente Wechselspannung von 12 bis 32 Kilovolt an eine isolierte Metallplatte gelegt. Darauf kommt das lichtempfindliche Material, welches mit dem aufzunehmenden Objekt in Kontakt gebracht wird. Bei den Lichterscheinungen handelt es sich um sogenannte «Corona»-Entladungen, welche durch den Einfluss eines hohen Spannungsfeldes zwischen dem Objekt und der Metallplatte zustande kommen. Kirlian-Fotografien, die weitgehend durch → *ultraviolette* und blaue Strahlen entstehen, können sowohl im Kontaktverfahren als auch mit einer Kamera hergestellt werden.

Klärbad (lab) Verarbeitungsstufe bei der → *Umkehrentwicklung*, bei welcher die Gelbfärbung der → *Gelatine* beseitigt wird.

Klärzeit (lab) Zeitspanne beim → *Fixieren* (→ *Fixierbad*), bis ein → *Film*stück seine → *Transparenz* erlangt. Während der Klärzeit entsteht zunächst ein schwerlösliches Komplexsalz, welches im Verlauf der doppelten Klärzeit in ein leichtlösliches Silberthiosulfat umgesetzt wird. Deshalb muss man doppelt so lange fixieren, wie die Klärzeit dauert. Während der → *Wässerung* wird das Komplexsalz zusammen mit dem überschüssigen Fixiermittel aus der Schicht entfernt, was unbedingt erforderlich ist, um haltbare Bilder zu bekommen (→ *Haltbarkeit*).

Klebefolien (bpr) Um → *RC-Papiere* auf nahezu jeder glatten Oberfläche aufzuziehen (→ *Aufziehen*), sind doppelseitig klebende Folien in verschiedenen Breiten und Ausführungen im Handel. Die Folie wird zunächst auf die vorgereinigte Unterlage aufgezogen. Danach wird sektorenweise das Schutzpapier entfernt und die → *Vergrösserung* angerieben. Es ist darauf zu achten, dass keine Luftblasen miteingeschlossen werden.

Kleinbildfilm → *Kleinbildfotografie*.

Kleinbildfotografie (at, hist) Fotografieren mit → *Kleinbildkameras* auf beidseitig perforiertem 35-mm → *Film* mit dem Bildformat 24 x 36 mm.

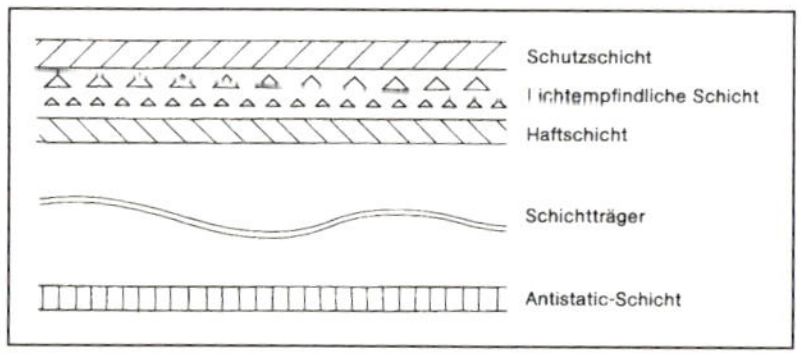

Aufbau eines Kleinbildfilmes

Kleinbildfilme, ursprünglich aus dem 35 mm breiten Kinofilm abgeleitet, werden in Längen zu 12, 20, 24 und 36 Aufnahmen in → *Filmpatronen* oder als → *Meterware* verkauft. Nach der → *Belichtung* des Films muss dieser in die Filmpatrone zurückgespult werden. Die Tatsache, dass die 24 x 36 mm grossen → *Negative* grundsätzlich zu einem Endprodukt vergrössert werden müssen (→ *Vergrösserung*), hinderte anfänglich die Verbreitung der Kleinbild-Fotografie. Heute wird diese Arbeit von vollautomatischen → *Printern* übernommen oder für nicht standarisierte Bildwünsche durch → *Vergrösserungsgeräte* mit → *Color-Analyzern* (→ *Belichtungsmesser*) wesentlich vereinfacht. Neben → *Schwarzweiss-* und → *Farbnegativfilmen* werden → *Farbumkehrfilme* verwendet, um → *Diapositive* herzustellen, die sich für die → *Projektion* und als farbige Druckvorlagen eignen. Die Kleinbildfotografie ist auch deshalb unverändert populär, weil → *Systemkameras* durch ihr grosses Angebot an → *Wechselobjektiven* und verschiedenartigsten Zubehörteilen auch dem Amateurfotografen eine interessante und vielseitige fotografische Tätigkeit ermöglichen.

Kleinbildkamera (at, hist) → *Kamera* für das Format 24x36mm und perforierten 35mm- → *Film*. Es existieren zwei Grundformen:
1. die → *Messsucherkamera* und
2. die einäugige → *Spiegelreflexkamera*. Meistens werden weitausbaubare Systeme angeboten, die aus verschiedenen → *Wechselobjektiven* und Zubehörteilen bestehen (→ *Systemkamera*).
Die Geschichte der Kleinbildkamera beginnt mit Oskar Barnack und seiner «Leica», welche 1925 anlässlich der Frühjahrsmesse in Leipzig erstmals der Öffentlichkeit vorgestellt wurde.

Die «Ur-Leica», Prototyp von Oskar Barnack (1913)

Zwar hatte es bereits um 1913 einige Kameras gegeben («Tourist Multiple», «Simplex Multiexposure» und «Levy Roth/Minigraph»), die den 35 mm breiten Kinofilm verwendeten, doch erwiesen sie sich als kommerzielle Misserfolge. Die Handlichkeit der Leica sowie verbessertes, feinkörniges Filmmaterial verhalfen der Kleinbildkamera in den frühen dreissiger Jahren zum Durchbruch. Heute ist das von Barnack empfohlene Bildformat von 24x36 mm nach wie vor das verbreitetste Aufnahmeformat. Die Kleinbildfilme werden in → *Filmpatronen* angeboten. Nach der → *Belichtung* des Films wird durch Drükken des Rückspulknopfes der → *Filmtransport* entriegelt, so dass der Film durch Drehen der Rückspulkurbel oder mit einem eingebauten Mikromotor in die Filmpatrone zurückgespult werden kann. Die universellen Einsatzmöglichkeiten der Spiegelreflexkamera und das für einfache Kameras zu komplizierte Verfahren des Filmeinlegens führte dazu, dass der Marktanteil der Messsucherkamera stark zurückging.

Kleinstbildkamera (at) Kamera mit → *Bildgrösse* < 18 x 24 mm und besonders kleinen Aussenmassen. Das → *Filmmaterial* für die meisten Kleinstbildkameras ist aus dem 16mm-Film abgeleitet und wird meistens in → *Kassetten* angeboten. Das kleine Aufnahmeformat (bei Minox beträgt es 8 x 11 mm) stellt an Kamera und → *Objektiv*, aber auch an den

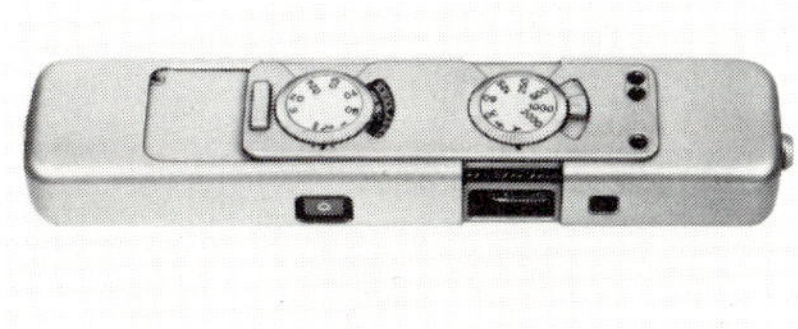

Minox GmbH, Giessen

Verarbeiter höchste Anforderungen. Verschiedene Fachlabors haben sich auf die Verarbeitung von Kleinstbildfilmen spezialisiert. Verschiedene Kleinstbildkameras wurden zu Spionagezwecken eingesetzt oder sogar für solche Zwecke konstruiert. Auch die → *Kassettenkameras* für die → *Filmkonfektionierung* 110 (Bildformat 13 x 17 mm) werden zu den Kleinstbildkameras gezählt.

Klemmstativ (at) → *Stativ*, meist in Taschenformat, welches über eine spezielle Klemmvorrichtung verfügt

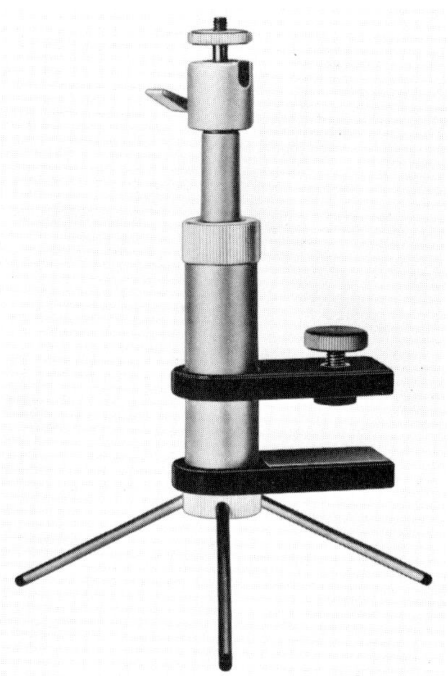

Hamaphot KG, Monheim, Bayern

und an Gegenständen mit geeigneter Form befestigt werden kann. Zusätzlich machen Stativbeine, → *Kugelgelenkkopf* und ein ausziehbares Teleskoprohr Klemmstative zu vielseitig einsetzbaren Geräten. Es existieren auch schwerere Ausführungen, die für → *Fachkameras* konzipiert sind.

Kodalk (chem) (Warenzeichen der Eastman Kodak Company) → *Natriummetaborat*. Wird als → *Alkali* in Entwicklern und gelegentlich zur → *Pufferung* verwendet.

Kohärenz (phys) Eigenschaft von → *Licht*bündeln gleicher → *Wellenlänge*, die in einer konstanten Phasenbeziehung zueinander schwingen. Kohärentes Licht ist interferenzfähig (→ *Interferenz*), d.h. die Wellen können sich verstärken oder aufheben. Dadurch ist es möglich, mit Hilfe der → *Holographie* Gegenstände räumlich wirkend abzubilden.

Kohledruck (hist) → *Edeldruckverfahren*, das 1855 von Alphonse Piotevin erfunden wurde. Eine → *Gelatine*lösung wird mit Chromsalzen und pflanzlicher Asche durchgesetzt. Nach der Beschichtung eines gut geleimten Papieres erfolgt die → *Belichtung* durch ein → *Negativ* im Kontaktverfahren (→ *Kontaktkopie*). Durch Waschen mit warmem Wasser wird die unbelichtete, wasserlösliche Gelatine samt den darin enthaltenen Aschepartikeln weggewaschen, und zurück bleibt ein tiefschwarzes, positives Bild.

Kollodium (chem, hist) Nitrozellulose, Pyroxylin, gelöst in Alkohol und Äther. 1846 entdeckten Louis Mélard und Florès Domonte, dass Schiessbaumwolle (Nitrozellulose), in Alkohol und Äther gelöst, eine klebrige, dicke Flüssigkeit ergibt, welche zu einer farblosen Masse erstarrt. Neben der Herstellung von Gebrauchsgegenständen (z.B. Kämmen, Griffen) wurde Kollodium auch in der Wundpflege und nach 1851 für fotografische Schichten (→ *Kollodium-Fotografie*) verwendet.

Kollodium-Fotografie (at, hist) Frederik Scott → *Archer* gelang es 1851, eine → *Kollodium*-Schicht als Träger lichtempfindlicher Substanzen auf einer Glasplatte haften zu lassen. Das daraus resultierende fotografische Verfahren gestaltete sich kompliziert, da die Platte unmittelbar vor der Aufnahme präpariert und sofort danach entwickelt werden musste. Dies bedingte bei Aussenaufnahmen die Verwendung eines Dunkelzeltes sowie das Mitnehmen sämtlicher Chemikalien und Utensilien. Dennoch war dieses Nassplatten-Verfahren sehr erfolgreich und konnte erst in den achtziger Jahren durch die → *Gelatine*-Trockenplatte abgelöst werden.

Kolloid (chem) Bezeichnung für Zustandsform von Stoffen in feinster, charakteristischer Verteilung, die unter Einwirkung zwischenmolekularer Kräfte und eventuell der Bildung von Teilchenzusammenschlüssen (Kolloidmizellen) zur Zähflüssigkeit (Viskosität) von Substanzen führen kann. Wird auch gebraucht für Stoffe mit hohem, schwankendem Molekulargewicht, wie z.B. → *Gelatine* und de-

Kollodium-Fotograf bei der Arbeit (um1860)

ren Lösungen («lösliches» Kolloid) in der Fotografie.

Kolloidales Silber (chem) → *Silber* in feinster Verteilung, welches in Lösungen in der Schwebe bleibt. Es geht durch gewöhnliche Filter hindurch. Kolloidales Silber findet sich meist in Farbschleiern (→ *Dichroitischer Schleier*), welche durch hohen Sulfitgehalt in Feinkornentwicklern (→ *Feinkornentwicklung*) oder durch verunreinigte → *Entwickler* entstehen.

Kolorieren (bpr, hist) Teilweises oder ganzflächiges Einfärben oder Bemalen von → *Schwarzweiss*-Fotos. In der Regel werden dazu → *Eiweisslasur* oder Flexichrome-Farben (Kodak) verwendet. Die Koloriertechnik geht auf den Schweizer Maler und Kupferstecher Johann Baptist Isenring zurück, der bereits 1840 → *Daguerreotypien* mit Staubfarben bemalte.

Koma (opt) Abbildungsfehler schräg durch das → *Objektiv* einfallender → *Licht*strahlen. Da Randstrahlen stärker gebrochen werden als Strahlen in der Nähe der → *optischen Achse* (→ *sphärische Aberration*), haben Lichtstrahlen, die von einem seitlichen Objektpunkt ausgehen, keinen gemeinsamen Bildpunkt. Die Lichtstrahlen liegen zudem in zwei senkrecht zueinander stehenden Ebenen, so dass der Objektpunkt tropfen- oder kometähnlich abgebildet wird. Korrigiert wird die Koma gemeinsam mit dem → *Astigmatismus*. Bei modernen Objektiven nur noch in vernachlässigbarem Ausmass vorhanden.

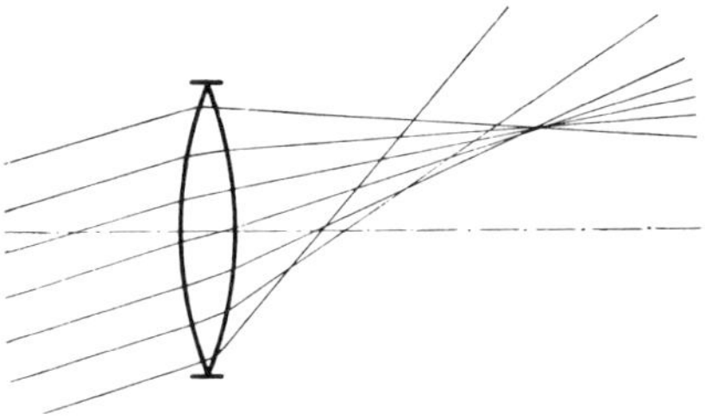

Kompaktblitzgerät (at) → *Blitzgeräte* für den Einsatz im → *Atelier* mit integriertem Generatorteil. Sie können direkt an das Stromnetz ange-

Kompaktblitzgerät (Multiblitz)

schlossen werden und besitzen ein → *Einstellicht*, das sich proportional zur gewählten → *Beleuchtungsstärke* verhält und dem Fotografen die Beurteilung der → *Lichtführung* vereinfacht.

Kompaktkamera (at) → *Kleinbildkamera* mit verhältnismässig geringen Aussenabmessungen und einem hohen → *Automatik*stand (→ *Autofokus*, → *Programmautomatik*, motorischer → *Filmtransport*, automatische

Kompaktkamera (Olympus)

Blitzzuschaltung). Einige Kompaktkameras sind mit → *Zoom-Objektiven* ausgestattet (→ *Zoom-Kompaktkamera*). Die meisten Modelle können auf Wunsch als Variante mit → *Datenrückwand* gekauft werden.

Kompakt-Spiegelreflexkamera (at) (Ersetzt den früheren Ausdruck «Bridgekamera»). → *Kompakt kamera* mit fest eingebautem → *Vario-Objektiv* und einem Spiegelreflexsucher (→ *Spiegelreflexkamera*).

Kompaktspiegelreflexkamera (Olympus)

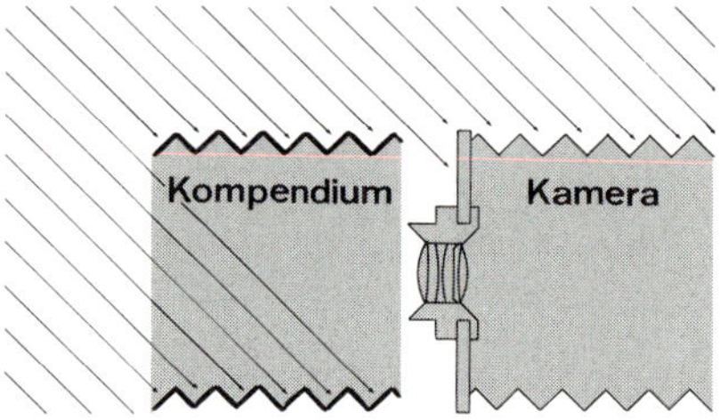

Kompendium (at) → *Gegenlichtschutz* («variable Sonnenblende»), welcher bei → *Fachkameras*, Filmkameras und neuerdings auch für → *Kleinbild-* und → *Mittelformatkameras* angeboten wird. Das Kompendium besteht aus einem verstell- und verschiebbaren → *Balgen*, der seitlich einfallende → *Licht*strahlen durch → *Reflexion* und → *Absorption* vernichtet und dadurch die → *Streulicht*bildung in der → *Kamera* wesentlich vermindert. Ein Kompendium ermöglicht auch, verschiedene Zubehörteile (z.B. → *Filter*, Masken und Fettscheiben als → *Weichzeichner*) in den Strahlengang zu bringen.

Kompensationsfilter (at) → *Korrekturfilter*.

Komplementärfarbe (phys) → *Farben*, die sich durch additive Mischung (→ *Farbmischung*) zu Weiss ergänzen. → *Grundfarben* und Komplementärfarben liegen sich im → *Farbstern* gegenüber.

Grundfarbe	Komplementärfarbe
Blau	Yellow (Rot + Grün)
Grün	Magenta (Blau + Rot)
Rot	Cyan (Blau + Grün
Yellow	Blau (Cyan + Magenta)
Magenta	Grün (Yellow + Cyan)
Cyan	Rot (Yellow + Magenta)

Kondensator (phys) Gerät zur Speicherung elektrischer Ladungen in der Form zweier durch ein Dielektrikum (Isolator) getrennter Leiter. Elektrolytkondensatoren, ein spezieller Kondensatortyp, dienen in → *Blitzgeräten* der Energiespeicherung. Die Masseinheit der Energiespeicherung eines Kondensators ist → *Joule*.

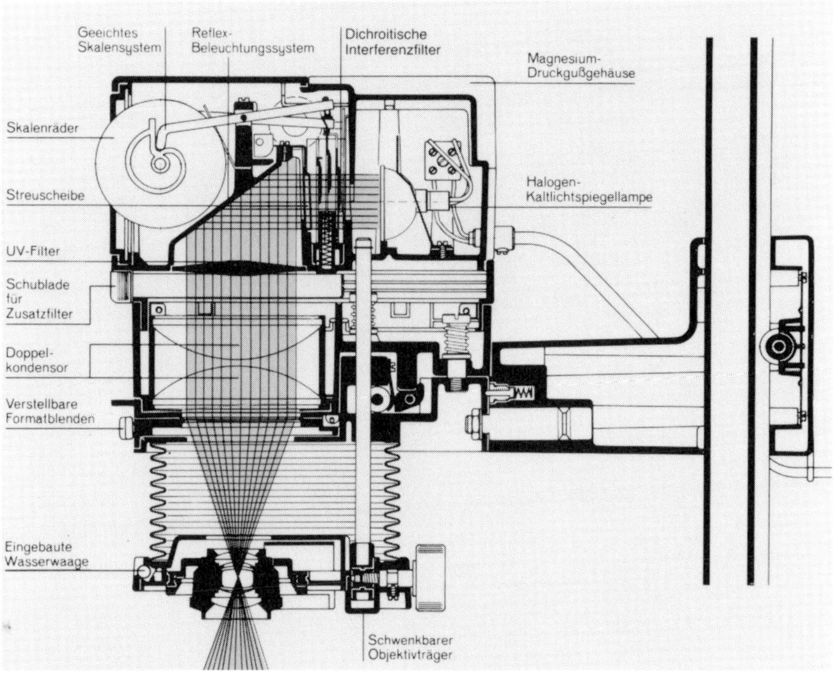

Kondensor (opt, lab, pro) Optische Systeme, die das Licht bündeln, die Lichtausbeute erhöhen und eine gleichmässige Ausleuchtung des → *Bildfeld*es bewirken. Kondensoren bestehen aus einer (Halbkondensor) oder zwei (Doppelkondensor) plankonvexen → *Linsen* (→ *Linsenformen*), befinden sich im Strahlengang von → *Vergrösserungsgerät*en und → *Projektoren* und werden auch in der → *Makro-* und → *Mikro-Fotografie* gebraucht.

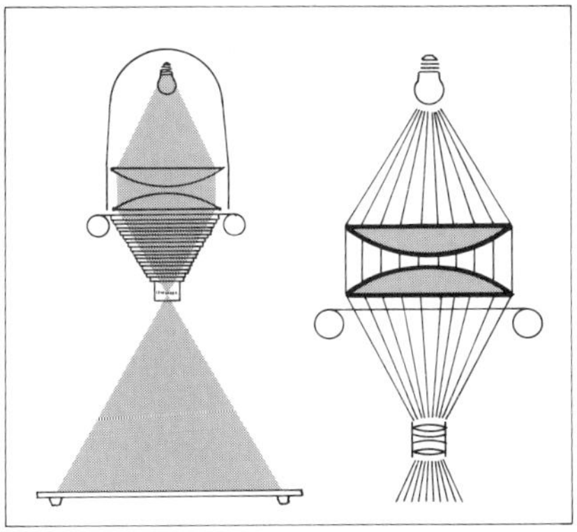

Kondensor-Vergrösserungsgerät (lab) → *Vergrösserungsgerät*, das mit einem → *Kondensor*system ausgestattet ist und ein (gerichtetes) verhältnismässig → *hartes Licht* ergibt. →← *Mischbox-Vergrösserungsgerät.*

Konfektionierung Zuschneiden von lichtempfindlichen Materialien (→ *Filmkonfektionierung*) und Abwägen von Chemikalien sowie die Herstellung verkaufsfertiger Packungseinheiten.

Konkavlinse (opt) → *Linsenformen.*

Konservierungsmittel (lab) Chemische Substanzen (→ *Natriumsulfit*), welche die Oxidation der → *Entwicklersubstanz* verzögert und damit die Haltbarkeit des → *Entwicklers* verbessert.

Kontaktkopie (lab) → *Positives* fotografisches Bild gleicher Grösse wie die Kopiervorlage. Es wird durch ein → *Negativ* bzw. → *Diapositiv* hindurch auf ein in direktem Kontakt befindli-

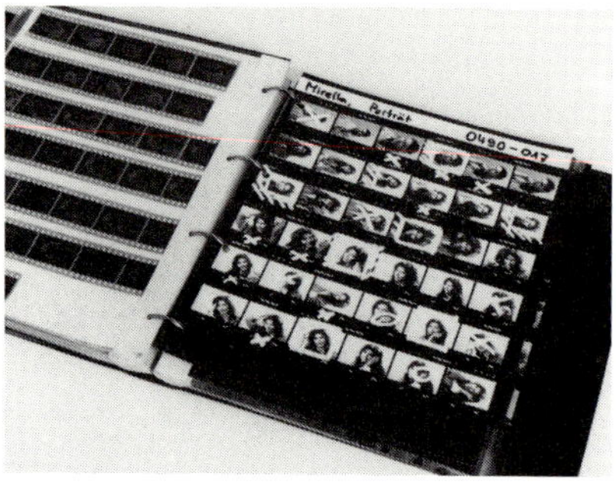

ches lichtempfindliches Material (Schicht gegen Schicht) belichtet (→ *Belichtung*). Um → *Unschärfe*zonen durch mangelnden Kontakt zwischen Schicht und Vorlage zu vermeiden, empfiehlt es sich, einen → *Kopierrahmen* zu verwenden oder das auf dem → *Fotopapier* liegende Negativ unter dem → *Vergrösserungsgerät* mit einer Glasplatte zu beschweren. → *Kopie*.

Kontern (lab, bpr) → *Seitenverkehrtes* Anordnen von Objekten oder seitenverkehrtes Einklegen von → *Negativen* in → *Vergrösserungsgeräten*. → *Umkopieren*.

Kontrast Gegensätzliche Wirkung von Hell und Dunkel. In der Fotografie unterscheiden wir zwischen → *Beleuchtungskontrast* (1), Bildkontrast (2) (→ *Kopierumfang* des Papierbildes), → *Farbkontrast* (3), Motivkontrast (Kontrastumfang) (4) und Negativkontrast (5) (→ *Schwärzungsumfang*). Folgende Faktoren können dazu beitragen, dass das Licht/Schatten-Verhältnis eines Motivs mit fotografischen Mitteln nicht naturgetreu wiedergegeben werden kann:

1. das → *Reflexionsvermögen* des Motivs,
2. das Verhältnis der → *Beleuchtungsstärken* von → *Hauptlicht* und → *Aufhellung*),
3. die Wirkung von → *Komplementärfarben*,
4. atmosphärische Einflüsse,
5. die Kontrastwiedergabe des → *Objektivs*,
6. die → *Gradation* des Aufnahmematerials,
7. die → *Entwicklung* des Aufnahmematerials,
8. die Kontrastwiedergabe des → *Vergrösserungsgerätes*,
9. die Wahl der → *Papiergradation* des Fotopapiers und
10. die Entwicklung des Wiedergabematerials.

Kontrastfilter (at) → *Filter*, die in der → *Schwarzweiss-Fotografie* zur Veränderung der → *Tonwerte* führen. Sie vermögen gewisse Motivfarben zu hell und andere dunkel wiederzugeben. Das klassische Beispiel ist der Gelbfilter, welcher das Blau (→ *Komplementärfarbe* von Gelb) des Himmels dunkler wiedergibt, damit sich die Wolken besser abheben

Kontrastindex CI (lab) (Mittlerer Gradient G). Masszahl des mittleren Gradienten (→ *Schwärzungskurve*, → *Sensitometrie*), die den unterschiedlichen Durchhang und dem nicht gradlinigen Verlauf der Schwärzungskurve Rechnung trägt (→ *Betawert*). Der Kontrastindex ist ein konstruierter Neigungswinkel einer Geraden, die zwei Punkte auf der Schwärzungskurve durchläuft. Um den Kontrastindex zu ermitteln, wird 0,2 log. Einheiten über dem Schwellenwert eine Parallele zur horizontalen Linie gezogen. Nun trägt man mit einem Zirkel vom Schnittpunkt der Kurve 2 log. Einheiten ab und zieht zwischen diesen beiden Schnittpunkten eine Verbindungsge-

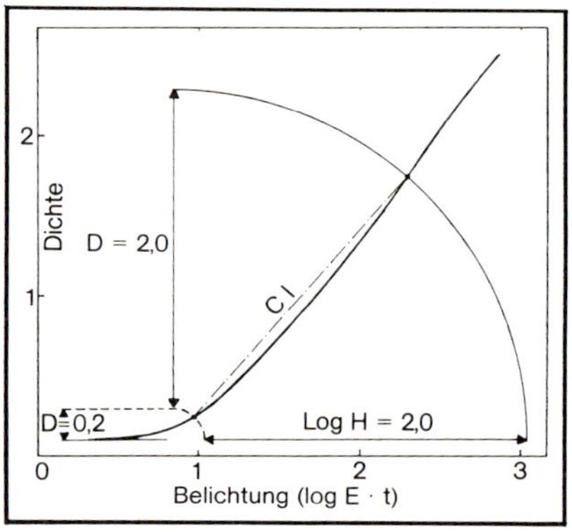

Konstruktion des Kontrastindex aufgrund der Schwärzungskurve

raden. Der Kontrastindex CI ist nun, wie der → *Gammawert* der Tangens des Neigungswinkels der Geraden.

Kontrastmaske (lab) → *Maskieren.*

Kontrastmessung (bm, at) Mit einem → *Belichtungsmesser* und vorzugsweise → *Spotmessung* werden die hellste und die dunkelste Stelle im Motiv gemessen. Daraus resultieren zunächst der Kontrastumfang und durch Mittelwertbildung die korrekte → *Belichtungszeit* und → *Blende*. Beispiel:

Hellste Stelle	1/250	16
Dunkelste Stelle	1/250	2,8
Kontrastumfang: (5 Blendenstufen)		1:32
Mittelwert	1/250	5,6

Kontrastübertragung (phys) Fähigkeit des → *Objektivs* oder des → *Film*materials, den → *Kontrastumfang* wirklichkeitsgetreu wiederzugeben. Die Kontrast- oder Modulationsübertragung bringt → *Kontrastwiedergabe* und → *Auflösungsvermögen* in direkte Beziehung zueinander und stellt dadurch ein messbares Kriterium für die Qualität eines optischen Systems oder einer Filmemulsion (→ *Emulsion*) dar. → *Modulationsübertragungsfunktion.*

Kontrastumfang (Objektumfang, Motivkontrast). Verhältnis der → *Leuchtdichte*n zwischen der hellsten und der dunkelsten Motivstelle, welches vom → *Reflexionsvermögen* des Objekts und dem Beleuchtungsverhältnis abhängig ist. Dieses kann sehr einfach mit einem → *Belichtungsmesser* (→ *Kontrastmessung*) in → *Blendenstufen* ermittelt werden, woraus sich die Verhältniszahl ergibt.

Blendenstufen	Verhältniszahl
1	1:2
2	1:4
3	1:8
4	1:16
5	1:32
6	1:64

Bei → *Atelier*aufnahmen ist darauf zu achten, dass ein Verhältnis von 1:16 nicht überschritten wird, da sonst eine optimale → *Lichter-* und → *Schattenzeichnung* bei einer weiteren Verwendung (z.B. Druckwiedergabe oder → *Duplikat*herstellung) unter Umständen nicht mehr reproduziert werden kann. → *Beleuchtungskontrast.*
Bei Aussenaufnahmen können jedoch wesentlich kontrastreichere Verhältnisse auftreten. Eine Landschaftsaufnahme (→ *Landschaftsfotografie*) kann einen Kontrastumfang von 1:200, eine → *Gegenlichtaufnahme* 1:1000 und eine Schneelandschaft im Gegenlicht einen solchen von 1:10000 ohne weiteres überschreiten. Derart grosse Leuchtdichteverhältnisse lassen sich nur dank des immer vorhandenen → *Streulicht*es in der Kamera auf fotografischen Materialien abbilden. Korrekturmöglichkeiten bieten sich in der → *Schwarzweiss-Fotografie* durch eine entsprechende → *Entwicklung* und Wahl der geeigneten Papiergradation. Zu kontrastreiche Farbnegative lassen sich durch Silbermasken korrigieren (→ *Maskieren*).

Kontrastwiedergabe (at, lab) Fähigkeit eines → *Objektivs* und/oder einer fotografischen → *Schicht*, den → *Motivkontrast* identisch, erhöht oder reduziert im Bild wiederzugeben. Die Kontrastwiedergabe ist von einer Vielzahl von Faktoren abhängig, wie → *Streulicht* im Objektiv, → *Entwicklung* des → *Films*, → *Gradation* von Filmmaterial und → *Fotopapier* und Lichtfarbe (→ *Filter*).

Kontur (at, lab) Linie, die einen Gegenstand umgibt und dadurch eine Trennung farb- oder tonwertähnlicher (→ *Tonwert*) Bildteile bewirkt. Eine Kontur kann
1. bei der Aufnahme, z.B. durch ein → *Effektlicht*, oder
2. bei der Verarbeitung durch → *Verfremdung* (→ *Äquidensiten*, → *Pseudosolarisation*) hervorgerufen werden.

Konturenschärfe (opt, at) Neben dem → *Auflösungsvermögen* dient die Konturenschärfe als weiteres Kriterium der Wiedergabequalität eines → *Film*materials. Dabei wird ein Spalt von 15 µm (0,015 mm) auf den zu prüfenden Film aufbelichtet. Nach der Entwicklung wird die Verbreiterung des Strichs durch den → *Diffusionslichthof* ausgemessen. Je schmaler der Strich bzw. die Übergangszone an der Hell-Dunkel-Kante, desto besser ist die Konturenschärfe und desto niedriger ist der dafür angegebene k-Wert. Die Konturenschärfe bzw. der Diffusionslichthof hängt einerseits von der Schichtdicke und der Silbermenge, anderseits aber auch von der → *Gradation* des Materials ab.

Konvergenz (phys) Zusammenlaufen von Strahlen. →← *Divergenz.*

Konversionsfilter (at) → *Filter*, um die → *Farbtemperatur* des Aufnahmelichtes dem verwendeten → *Tageslicht*- oder → *Kunstlicht*-Film anzupassen. Orangerote Konversionsfilter reduzieren und blaue erhöhen die Farbtemperatur. Um die erforderliche Filterstärke zu ermitteln, muss die Farbtemperatur gemessen werden können, damit anhand der → *Mired*-Werte die Differenz errechnet werden kann.
Zwei klassische Beispiele treten in der Praxis immer wieder auf: Um einen

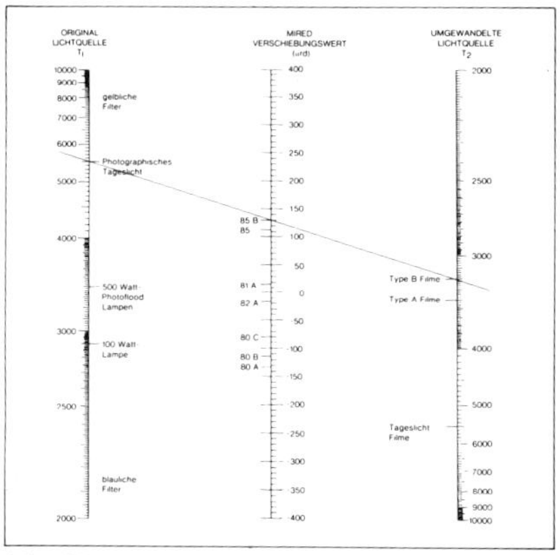

Mired-Nomogramm für Konversion der Lichtquellen.

Kunstlichtfilm bei Tageslicht ohne Farbstich zu belichten, muss ein Orangefilter (z.B. Kodak Wratten Nr. 85B oder Agfa CTO12) verwendet werden, während bei Kunstlicht mit Tageslichtmaterial ein Blaufilter (z.B. Kodak Wratten Nr. 80A oder Agfa CTB12) vor das Objektiv oder die Lichtquelle gesetzt werden muss.

Konverter (opt, at) Optisches System, welches die → *Brennweite* eines → *Objektivs* verlängert. Ein Konverter besteht aus einem negativen (zerstreuenden) → *Linsen*glied und einem

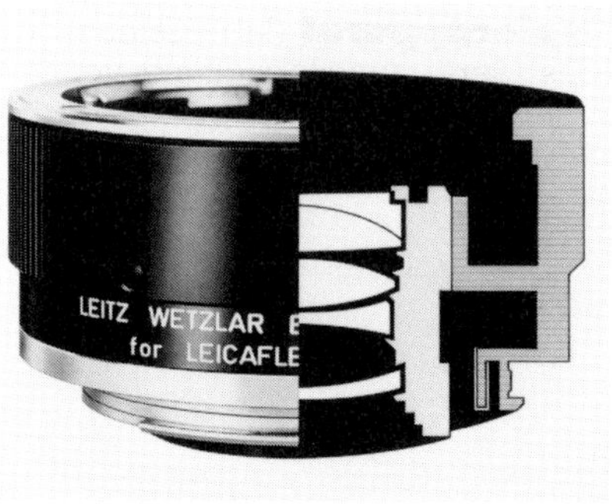

Zweifachkonverter (Leica)

Tubus und wird zwischen Objektiv und Kameragehäuse eingesetzt. Konverter ermöglichen eine zwei- bis dreifache Verlängerung der Brennweite, weisen jedoch gleichzeitig den Nachteil eines erheblichen Lichtverlustes auf. Dieser ist darauf zurückzuführen, dass wohl die Brennweite, nicht aber die Blendenöffnung verändert wird. Ein Zweifach-Konverter erfordert einen Belichtungsfaktor von 4. Konverter, von jeher mit Vorurteilen behaftet, stellen hinsichtlich → *Schärfe*- und → *Kontrast*leistung einen Kompromiss zugunsten des geringen Volumens dar. Sie sollten jedenfalls nur in Verbindung mit Normal- oder → *Teleobjektiven*, jedoch keinesfalls mit → *Weitwinkelobjektiven* verwendet werden.

Konvexlinse → *Linsenformen.*

Kopie (lab) Abbildung, welche auf lichtempfindlichem Material nach einer meist zweidimensionalen, transparenten oder nichttransparenten Vorlage hergestellt wird. Eine Kopie kann entweder ein Durchsichts- oder ein Aufsichtsbild sein, dessen Grösse mit der Vorlage identisch ist oder von ihr abweicht (→ *Vergrösserungs*kopie, → *Verkleinerungs*kopie). Auch die Seitenlage (→ *Kontern*), das Seitenverhältnis (anamorphotische Kopie) sowie die optische → *Dichte* können sich vom Original unterscheiden. Eine Kopie gleicher Grösse, die in unmittelbarem Kontakt mit der Vorlage ohne optische Hilfsmittel hergestellt wird, nennt man → *Kontaktkopie*.

Kopierapparat (lab) Kistenähnliches Gerät zur Herstellung von → *Kontakt*kopien. Unten ist eine Beleuchtungseinrichtung angebracht, welche die in die Oberseite des Gerätes eingelassene Glasplatte anstrahlt. Beim Kopieren (→ *Kopie*) wird darauf zuerst das → *Negativ* und dann das → *Fotopapier* gelegt, wobei die beiden → *Schicht*seiten einander zugewandt sein müssen. Ein unter Federdruck schliessender Deckel verhindert → *Unschärfe*zonen, die durch ungenügenden Kontakt zwischen Negativ und Fotopapier beim Beleuchten (→ *Belichtung*) entstehen könnten.

Kopierfilm (lab) Fotografischer → *Film*, der nicht für Aufnahmezwecke bestimmt ist. Meistens werden Kopierfilme im Kontaktverfahren (→ *Kontaktkopie*) oder in einer → *Reprokamera* belichtet. Darunter fallen → *Duplikat*filme, → *Internegativ*filme, → *Printfilme* sowie verschiedene Materialien für den graphischen Gebrauch (→ *Lith-Filme*, → *Maskierfilme*) sowie Kopierfilme für Kinofilm (→ *Kinematographie*), mit denen optisch 1:1 kopiert wird. Häufigste → *Konfektionierungen* sind → *Planfilme* und → *Meterware*.

Kopierfilter → *Korrekturfilter*.

Kopierrahmen (lab) Gerät, welches aus einer Glasplatte und einem Andruckmechanismus besteht und die Herstellung von → *Kontaktkopien* (im Lichtkegel des → *Vergrösserungsgerätes*) ermöglicht.

Hamaphot KG, Monheim, Bayern

Kopierumfang (lab) Grösstes ausnutzbares Intervall der → *Belichtung* eines → *Fotopapiers*, d.h. das Belichtungsverhältnis zwischen der minimalen und der maximalen noch klar definierbaren → *Schwärzung*. Der Kopierumfang ist abhängig vom → *Schwärzungsumfang* des → *Negativs*,

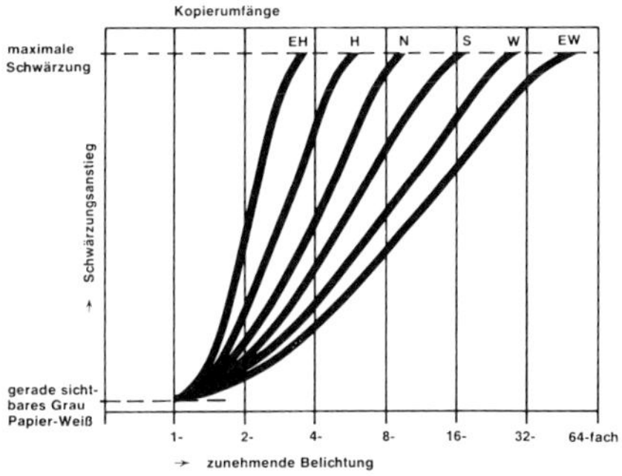

Schematische Darstellung der Kopierumfänge verschiedener Papiergradationen. Durch die Variation der Belichtungs- und Entwicklungszeit ist der Kopierumfang in gewissen Grenzen veränderbar (Agfa-Gevaert)

von der → *Gradation* des Kopiermaterials (→ *Fotopapier*, → *Kopierfilm*) und dessen → *Entwicklung*. Der volle Kopierumfang kann nur in den seltensten Fällen ausgenutzt werden, da sowohl hellste als auch dunkelste Bildpartien (→ *Lichter* und → *Schatten*) Informationen erhalten können, die nicht mehr eindeutig erkennbar sind.
Schema

Korn (phys, chem) (Visueller Eindruck der → *Körnigkeit*.) → *Silberhalogenid*kristalle, die, in → *Gelatine* eingebettet, als lichtempfindliche Substanz einer fotografischen → *Emulsion* wirken. Der Durchmesser der Kristalle, etwa 0,3 bis 2,0 µm, ist abhängig vom Reifungsprozess und steht daher in direktem Zusammenhang mit der → *Filmempfindlichkeit*: niederempfindliche Filme weisen kleine, hochempfindliche dagegen grössere Körner auf. An einem entwickelten Film (→ *Entwicklung*) ist das Korn nicht mehr feststellbar, sondern es sind lediglich Anhäufungen und Ballungen von metallischem → *Silber* zu erkennen, welche den visuellen Eindruck der → *Körnigkeit* ergeben.

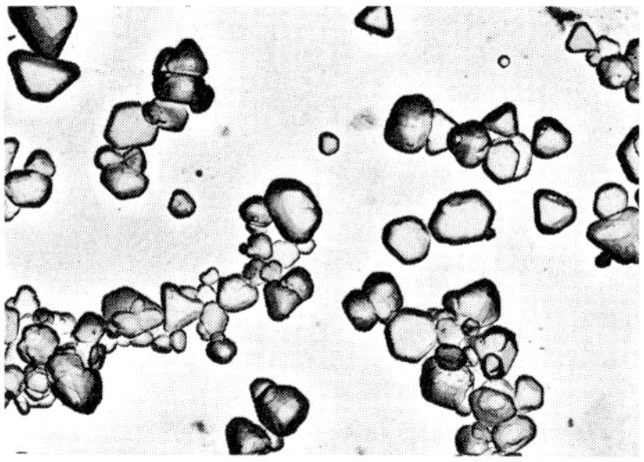

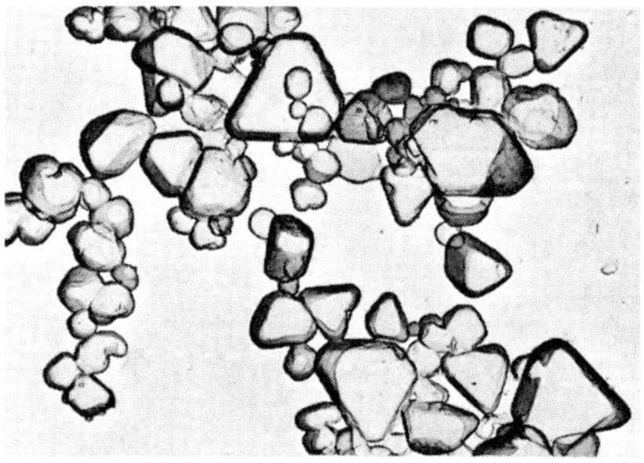

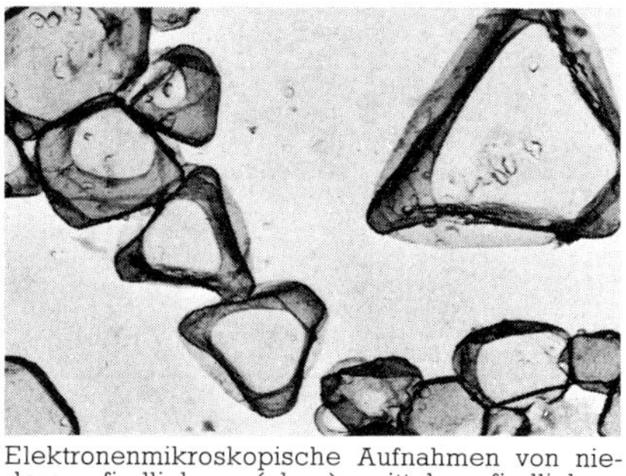

Elektronenmikroskopische Aufnahmen von niederempfindlichem (oben), mittelempfindlichem (Mitte) und hochempfindlichem (unten) Silberhalogenid (Agfa-Gevaert)

Korndämpfung (lab) Bei der Herstellung von → *Vergrösserungen* lässt sich die → *Körnigkeit* eines → *Negativs* bis zu einem gewissen Grad unterdrücken. → *Vergrösserungsgeräte* mit → *Kondensoren* geben die Kornstruktur schärfer wieder (→ *Callier-Effekt*) als Geräte mit diffuser Beleuchtung. Abgesehen davon gestatten auch → *Weichzeichner*-Vorsätze, die Körnigkeit zu reduzieren. Jede Korndämpfung wirkt sich jedoch nachteilig auf die → *Schärfe* des Bildes aus.

Körnigkeit (phys) → *Kornstruktur* eines fotografischen Materials, die bei der → *Entwicklung* durch die Reduktion von → *Silberhalogenid*-Kristallen zu metallischem → *Silber* entsteht. Dabei kommt es zu Anhäufungen und Ballungen, welche unter Umständen störend wirken können. Die Körnigkeit ist abhängig von der → *Belichtung*, von der → *Entwicklung* und der → *Gradation*. Um die Körnigkeit verschiedener Filme zu untersuchen, ist man ohne kostspielige Testgeräte auf eine visuelle Beurteilung angewiesen. Da die Körnigkeit vorwiegend durch die → *Belichtung* und die → *Entwicklung* beeinflusst wird, ist es wichtig, dass nur Negative identischer → *Dichte* als Grundlage dazu verwendet werden, → *Vergrösserungen* sind in einem grossen → *Abbildungsmassstab* (etwa 20 bis 30-fach) auf derselben Papier → *Gradation* anzufertigen. Die Filmhersteller nehmen für Körnigkeitstests komplizierte Messgeräte zu Hilfe. Eine der bewährtesten Methoden ist das Mass der RMS-Körnigkeit (Root-Mean-Square). Dabei wird der bei visueller Betrachtung erhaltene Eindruck auf densitometrisch-elektronischem Weg in einem Zahlenwert ausgedrückt. Je niedriger diese Zahl, desto feiner ist die Körnigkeit des Films. Die Messung erfolgt durch den Vergleich der Ablenkung des durch ein

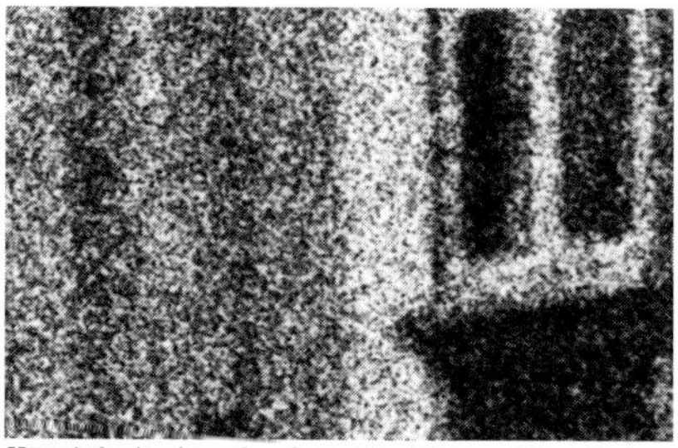

Körnigkeit eines hochempfindlichen Films bei extremer Vergrösserung

geeichtes Mikro → *Densitometer* ausgestrahlten Lichtbündels. Die RMS-Körnigkeit entspricht dem 1000fachen Wert dieser Ablenkung.

RMS-Wert 5-20	mikrofein - fein
RMS-Wert 21-30	mittel - grob
RMS-Wert 31-55	grob - sehr grob

Kornoberflächenentwickler (lab) → *Entwickler*, welche nur → *Silberhalogenid*kristalle entwickeln können, die Bildkeime (→ *Silberkeim-Theorie*) an der Kornoberfäche besitzen (echte Feinkornentwickler, → *Feinkornentwicklung*).

Kornrasterverfahren (hist) → *Additives Farbverfahren*, welches von den Gebrüdern → *Lumière* unter dem Namen → *Autochrome* im Jahre 1907 auf den Markt kam. Es handelte sich dabei um das erste Farbverfahren, welches mit einer Aufnahme ein Farbbild ergab. Die rot, blau und grün eingefärbten mikroskopisch kleinen Kartoffelstärkekörner, welche einer → *panchromatisch*en Schicht vorgelagert waren, wirkten als → *Farbfilter*chen. Um die → *Farbmischung* nicht zu stören, wurden die Zwischenräume der Stärkekörner mit Russ gefüllt. Nach einer → *Umkehrentwicklung* stellte die Platte ein projektionsreifes → *Diapositiv* dar. Bei starker → *Vergrösserung* treten die farbigen Stärkekörnchen sehr charakteristisch in Erscheinung und verleihen dem Bild ein pointillistisches Aussehen. Auf der Basis der Autochrome-Platten kamen 1929 «Filmcolor-» → *Planfilm*e sowie → *Rollfilm*e unter den Bezeichnungen «Lumicolor» (1932) und «Alticolor» (1952) in den Handel. Auch von Agfa gab es Kornrastermaterialen: 1916 stellte die «Agfa-Farbenplatte» eine starke Konkurrenz zu Autochrome dar, und der «Agfacolor-Ultra» (1932) war sogar für die → *Kleinbild-Fotografie* konfektioniert worden.

Kornstruktur → *Körnigkeit*.

Korntiefenentwickler (lab) → *Entwickler*, welche die Bildkeime (→ *Silberkeim-Theorie*) in den → *Silberhalogenid*kristallen entwickeln können. Sie besitzen dazu silberlösende Substanzen (unechte Feinkornentwickler, → *Feinkornentwicklung*).

Körperfarbe (phys) Sichtbare → *Farbe* nicht selbstleuchtender Körper. Aufgrund einer spezifischen Eigenschaft der Materie (→ *Absorption* elektromagnetischer Schwingungen) wird das auftreffende → *Licht* in einer veränderten spektralen Zusammensetzung reflektiert (→ *Spektrum*). Die Körperfarbe ist abhängig von der → *Verteilungstemperatur* bzw. → *Farbtemperatur* des → *Licht*es und ihre fotografische Wiedergabe von der → *Sensibilisierung* des → *Filmmaterials* (→ *Tageslichtfarbfilm*, → *Kunstlichtfarbfilm*). → *Lichtfarbe*, → *Lumineszenz*.

Korrekturfilter (lab, at) → *Filter* in verschiedenen → *Farben* und → *Dichten* zur Aufhebung von → *Farbstichen* oder Dichteunterschieden. Es gibt Korrekturfilter, die im Strahlengang des → *Objektivs* verwendet, und solche, die vor die → *Lichtquelle* gesetzt werden.

1. Korrekturfilter dienen dazu, beim Farbvergrössern (→ *Vergrösserung*) oder beim Kopieren (→ *Kopie*) die → *Lichtfarbe* so zu verändern, dass ein → *Farbstich* kompensiert wird.
2. Ein Farbstich, der z.B. durch → *Reflexion* einer Farbfläche oder durch eine dominierende → *Körperfarbe* entsteht, kann bei der Aufnahme mit komplementären Korrekturfiltern (→ *Komplementärfarbe*) zum Teil aufgehoben werden.
3. Neutrale → *Graufilter* ermöglichen die Anpassung unterschiedlicher Dichten von → *Negativ*en oder → *Diapositiv*en.

Korrekturfilter sind entweder als → *Gelatinefilter* erhältlich oder als → *dichroitische Filter* in → *Vergrösserungsgeräte* eingebaut.

Kostinsky-Effekt (lab) Liegen zwei stark belichtete (→ *Belichtung*) Bildpartien eng beieinander, so kann eine Abstandsvergrösserung auftreten. Sie beruht darauf, dass sich an der betreffenden Stelle die → *Entwicklersubstanz* reduziert, während sich entwicklungshemmende Chemikalien konzentrieren. Sie ist meist auf eine ungenügende Bewegung während der → *Entwicklung* zurückzuführen. Der Kostinsky-Effekt ist eine besondere Form des → *Eberhard-Effekts.*

Kriminalistische Fotografie (at) Neben zahlreichen, zum Teil sehr komplizierten wissenschaftlichen Methoden der Kriminaltechnik stellt die Fotografie ein eminent wichtiges Mittel zur Dokumentation und zur Beweisführung der Verbrechensaufklärung dar.

1. Dokumentation. Die unveränderte Tatortsituation wird bei jedem Verbrechen fotografisch festgehalten und dient zur Dokumentation eines schriftlichen Berichtes sowie zu einer eventuellen Rekonstruktion.

2. Aufnahmen inkriminierter Spuren. Die Spuren der Täterschaft werden am Tatort oder an Gegenständen mit Hilfe der Fotografie gesichert oder sichtbar gemacht, um anschliessend mit entsprechenden Methoden auf ihre Beweisfähigkeit untersucht zu werden.

Tatortaufnahme eines aufgebrochenen Panzerschrankes.

Beweisführung mit dem Vergleichsmikroskop, welches die gleichzeitige Betrachtung des Tatgeschosses (links) und eines Vergleichprojektils (rechts) ermöglicht. Die absolute Übereinstimmung der Gleitspuren identifiziert eine sichergestellte Pistole als Tatwaffe (Vergrösserung etwa 30fach).

3. Fotografische Beweisführung. Verschiedene Untersuchungsmethoden, wie z.B. die Mikroskopie, die Chromatographie oder Untersuchungen mit unsichtbaren Strahlen (→ *Ultraviolett,* → *Infrarot,* → *Röntgen*), ergeben einen visuellen Eindruck, der zur Beweisführung fotografisch registriert und häufig einer Vergleichsspur gegenübergestellt wird. In der kriminalistischen Fotografie werden → *Kameras* und Hilfsgeräte aller Arten oft in Verbindung mit Spezialtechniken und -materialien eingesetzt (→ *Mikrofotografie,* → *Makrofotografie,* → *Dunkelfeld*aufnahmen, → *Infrarot-Fotografie,* → *Ultraviolett-Fotografie,* → *Photogrammetrie* u.v.a.m.).

Kronglas (opt) → *Optisches Glas* mit → *Abbe-Zahl* > 55 und demzufolge niedriger → *Dispersion.* → *Flintglas.*

Kugelgelenkkopf (at) Zubehör, welches zwischen → *Stativ* und → *Kamera* montiert wird, um zu ermöglichen, dass die Kamera geneigt und in jeder beliebigen Stellung arretiert werden kann. Dazu wird eine Kugel in einer Kugelschale festgeklemmt.

Kugelgestaltsfehler → *sphärische Aberration.*

Kunstlicht (at) → *Licht* künstlicher → *Lichtquellen*, deren → *Verteilungstemperatur* (→ *Farbtemperatur*) niedriger ist als diejenige mittleren → *Tageslichtes*. Der Begriff ist etwas ungenau, da es auch künstliche Lichtquellen gibt, die eine höhere Farbtemperatur aufweisen (z.B. → *Blitzlicht*, Fluoreszenzröhren oder andere Gasentladungslampen). Auch der Begriff «Dauerlicht», der sich allmählich durchzusetzen beginnt, ist diesbezüglich nicht präziser, sagt jedoch etwas über die → *Leuchtzeit* der Lichtquelle aus. Das in der Fotografie übliche Kunstlicht, z.B. → *Fotolampen* und → *Halogenlampen*, weist eine Verteilungstemperatur (→ *Farbtemperatur*) von 3100 bis 3400 K auf. → *Kunstlichtfarbfilm.*

Kunstlichtfarbfilm (at) → *Farbfilm*, der für eine den meisten künstlichen → *Lichtquellen* entsprechende → *Farbtemperatur* von 3200 K sensibilisiert ist (→ *Sensibilisierung*). Werden Kunstlichtfarbfilme ohne → *Filter* mit → *Tageslicht* belichtet (→ *Belichtung*), so resultiert ein starker Blaustich (→ *Farbstich*). Dieser lässt sich vermeiden, indem ein orangerotes → *Konversionsfilter* vor das → *Objektiv* oder vor die Lichtquelle gesetzt wird. Da Kunstlichtfarbfilme ein günstigeres Langzeitverhalten besitzen als Tageslichtfarbfilme (→ *Reziprozitätsfehler*), werden z.B. Innenaufnahmen bei Tageslicht und auf Konversionsfilter häufig mit Kunstlichtfarbfilmen gemacht. Für → *Nachtaufnahmen*, die in den Bereich des Kunstlichtes gehören, werden sehr oft Tageslichtfarbfilme verwendet, da die wärmere Farbwiedergabe als angenehm empfunden wird.

Kuppler → *Farbkuppler.*

Kurzbrennweitige Objektive (opt) → *Objektive* mit einer → *Brennweite*, die kürzer ist, als die → *Format*diagonale. → *Weitwinkelobjektive.*

Kurzzeiteffekt → *Reziprozitätsfehler.*

L

Laborbeleuchtung → *Laborleuchte.*

Laboreinrichtung (lab) Das → *Fotolabor* soll in seiner Gestaltung und Einrichtung bestmöglichst auf die Bedürfnisse seines Benutzers abgestimmt sein. Grundsätzlich muss der dafür in Frage kommende Raum folgende Voraussetzungen erfüllen:

- Er muss absolut lichtdicht sein oder lichtdicht gemacht werden können,
- er muss geheizt oder beheizbar sein,
- er muss gut entlüftet werden können,
- er darf nicht zu feucht und nicht zu staubig sein,
- es muss mindestens ein Stromanschluss vorhanden sein und
- er sollte einen Wasseranschluss und -abfluss besitzen.

Grundsätzlich wird der Raum aus Gründen der Sicherheit und eines reibungslosen Arbeitsablaufs in zwei Bereiche unterteilt:
I. → *Nasszone* mit Wasserzu- und -abfluss, Labortisch (eventuell Verarbeitungsmaschinen)
II. → *Trockenzone* mit Stromanschlus für → *Vergrösserungsgerät,* eventuell → *Trockenschrank* und → *Durchlauftrockner.*

Je nach Häufigkeit der Laborbenutzung und der zur Verfügung stehenden Investitionsmittel werden drei verschiedene Labortypen unterschieden:

1. Das improvisierte Heimlabor kann bedarfsweise kurzzeitig in einem Badezimmer, in einer Küche, Abstellraum oder Kellerraum eingerichtet werden. Dabei kann auf eine fliessende Wässerung verzichtet werden, weil die Wässerung und Trocknung ausserhalb erfolgen kann.
2. Das permanente Heimlabor ist in einem ausschliesslich zu diesem Zweck genutzten Raum untergebracht. Der Labortisch sollte drei Schalen im Format von mindestens 30x40cm Platz bieten. Weiter sollte ein gewisse Platzreserve für spätere Anschaffungen (Verarbeitungsmaschine für Farbpapier, Trockenschrank, Mittelformat-Vergrösserungsgerät) eingerechnet werden.
3. Das Profilabor muss auf einen bestmöglichen Arbeitsfluss mit mindestens zwei Arbeitsplätzen ausgelegt sein. Wichtig ist dabei auch die Einrichtung einer → *Lichtschleuse,* damit das Labor jederzeit verlassen und betreten werden kann. Die Fertigstellung der Vergrössrerungen (Schneiden, Ausflecken etc) sollte in einem weiteren, hellen Raum erfolgen, damit der Arbeitsfluss im Dunkeln nicht gestört wird.

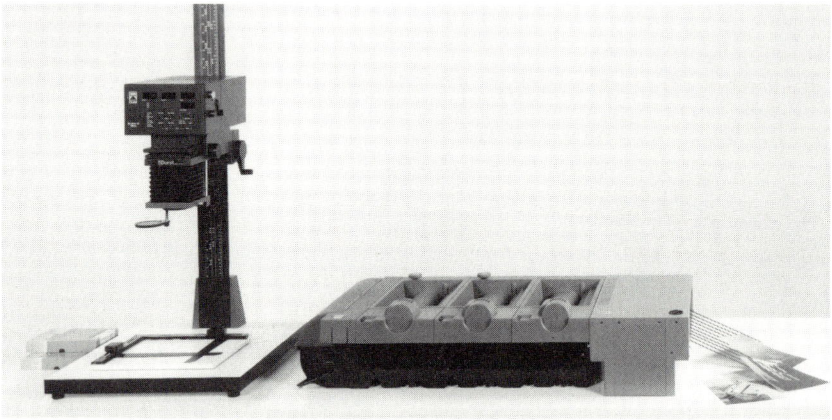

Laboreinrichtung mit Durchlaufentwicklungsgerät (Durst)

Laboruhr (Jobo-LPL)

In jedem Labor müssen mindestens folgende Hilfsmittel und Geräte vorhanden sein:
- → *Vergrösserungsgerät*
- → *Belichtungsschaltuhr*
- → *Laborleuchte*
- 4 Fotoschalen (→ *Schalenentwicklung*)
- 2 Schalenpinzetten
- Thermometer mit genauem Messbereich von 15-30°C (für Farbverarbeitung 25-40°C)
- 3 Vorratsflaschen aus Kunststoff (für → *Entwickler*, → *Stoppbad* und → *Fixierbad*)
- 2 Mensuren mit je 1 lt. Fassungsvermögen
- Je ein Eimer mit 5 lt. Fassungsvermögen für Frisch- und Gebrauchtwasser, sofern im Raum kein fliessendes Wasser vorhanden ist.

Nicht unbedingt erforderlich, aber sehr nützlich sind:
- → *Vergrösserungsrahmen*
- → *Scharfeinstell*gerät
- → Grosse Wässerungsschale mit Zu- und Ablauf
- → *Durchlauftrockner* und
- Schneidemaschine.

Laborleuchte (lab) → *Lichtquelle* für das → *Fotolabor* mit einer spezifischen spektralen Zusammensetzung (→ *Spektrum*), welche die Verarbeitung entsprechender Fotomaterialien ermöglicht, ohne dass eine → *Belichtung* bzw. ein → *Schleier* entsteht. Die Veränderung der spektralen Zusammensetzung dieser Lichtquelle wird meistens durch → *Filter* erreicht. Besonders geeignet sind die sehr hellen → *Natriumdampflampen*. Der Begriff «Schutzlicht» ist ebenfalls gebräuchlich.

Laboruhr (lab) Mechanische oder elektronische Uhr mit Leuchtziffern oder Digitalanzeige zur Kontrolle der Einhaltung der Verarbeitungszeiten.

Lagerung Für die schadlose Aufbewahrung von fotografischen Materialien müssen gewisse Voraussetzungen erfüllt sein. Unbelichtetes sowie belichtetes (→ *Belichtung*) und nicht entwickeltes (→ *Entwicklung*) Material kann aufgrund der Temperatur, der Luftfeuchtigkeit, durch Chemikaliendämpfe oder durch unsichtbare Strahlen (z.B. → *Röntgen*) Schaden erleiden. Zudem verändert sich die → *Emulsion*, und das → *latende Bild* bildet sich allmählich zurück, wobei die drei Schichten bei → *Farbfilmen* ungleich reagieren. Dies kann zu → *Farbstichen* führen. Bei Temperaturen von -18° C bis -23° C bleibt die Emulsion auch über einen langen Zeitraum stabil, doch haben diese extrem niedrigen Temperaturen den Nachteil, dass vor Gebrauch eine Akklimatisierung von mehreren Stunden erforderlich ist, damit kein Kondenswasser entsteht. Auch → *Kopien*, → *Negative* und → *Diapositive* müssen vor langer Lichteinwirkung, vor einer hohen Luftfeuchtigkeit (über 40%), vor Chemikaliendämpfen (die auch in neuen Möbeln und Kunststoffbehältern auftreten können) und vor Temperaturen über 20° C bewahrt werden.

Lambert'sche Gesetze (li, phys) Der Physiker Johann Heinrich Lambert (1728-1777) befasste sich intensiv mit den Gesetzmässigkeiten der → *Licht*ausbreitung und formulierte dazu zwei Gesetze:
1. Das Lambert'sche → *Quadratgesetz* besagt, dass sich das Licht einer punktförmigen → *Lichtquelle* im Quadrat der Entfernung ausbreitet. Beträgt die → *Beleuchtungsstärke* beispielsweise 1m von der Lichtquelle

entfernt 1 Lux, so reduziert sich diese in 3m Entfernung auf 1/9 Lux.
2. Das Lambert'sche Kosinusgesetz erklärt die Abhängigkeit der → *Beleuchtungsstärke* einer diffusen Lichtquelle (Lambert'scher Strahler = Lichtquelle, die aus jeder Richtung betrachtet mit gleicher Leuchtdichte erscheint) auf einer Fläche von der → *Lichtstärke*, der Strahldistanz und des Einfallswinkels. Danach ist

$$E = \frac{I}{r^2} \times \cos \Phi$$

E = Beleuchtungsstärke in lx
I = Lichtstärke in cd,
r = Strahldistanz Lichtquelle-Fläche
Φ = Einfallswinkel des Lichtes

Lamellen (at) Dunkel eloxierte oder brünierte Metallfolien zweckentsprechender Formen, die für den → *Blenden*mechanismus und im → *Verschluss*bau verwendet werden.

Lamellenschlitzverschluss (at) Aus → *Lamellen* bestehender, vor der → *Bildebene* der → *Kamera* vertikal ablaufender → *Schlitzverschluss*. Zur → *Belichtung* wird die erste Lamellengruppe nach unten parallel verschoben, worauf, der vorgewählten Belichtungszeit entsprechend verzögert, die zweite Gruppe nachfolgt und das Bildfenster wieder verdeckt. Durch den vertikalen Ablauf des Verschlusses wird eine kürzere → *Synchronisationszeit* (meist 1/90 Sekunde) erreicht.

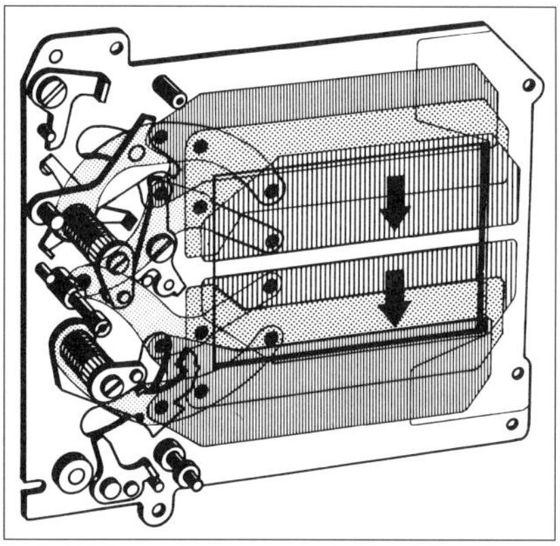

Lamellenschlitzverschluss (Leica)

Lamellenverschluss → *Zentralverschluss*.

Lampen (li) Das grosse Produktesortiment der Lampenhersteller wird grundsätzlich in zwei Gruppen unterteilt:

1. → *Glühlampe*n, bei denen in dem evakuierten Glaskolben ein Wolframdraht (oder ein anderer Leuchtkörper) durch elektrischen Strom zum Glühen gebracht wird. Dabei verdampft der Wolframdraht allmählich, bis er an einer Stelle durchschmilzt, was das Ende der Glühlampe bedeutet. Um diesem Verdampfungsprozess entgegenzuwirken und die Lichtcharakteristik zu beeinflussen, ist der Glaskolben mit Gasen (Stickstoff, Argon oder Krypton) gefüllt. Die → *Verteilungstemperatur*, die mit Glühlampen erreicht werden kann, beträgt 3400 K. → *Halogenglühlampen*.
2. → *Entladungslampe*n erzeugen Licht, indem in einem mit Gas (→ *Gasentladungslampen*) oder Metalldampf (→ *Metalldampflampen*) gefüllten Glaskolben eine Bogenentladung stattfindet. Entladungslampen haben tageslichtähnliche → *Farbtemperaturen* und sind in der zudem Fotografie (aber auch für Film- und Videoproduktionen) wegen der hohen → *Beleuchtungsstärke* und → *Lichtausbeute* zunehmend gefragt. → *Leuchtstoffröhren*, → *Natriumdampflampen*.

Lampenhaus (lab, pro) Gehäuse, welches die → *Lichtquelle*, den → *Reflektor*, den → *Wärmeschutzfilter* und die → *Kondensoren* von → *Vergrösserungsgeräten* und → *Diaprojektor*en enthält. Das Lampenhaus muss so beschaffen sein, dass bei möglichst geringem → *Fremdlicht*austritt eine optimale Wärmeabfuhr (durch Ventilation) gewährleistet ist.

Land, Edwin Herbert, Dr. (bio) (1909-1991) Amerikanischer Erfinder und Wissenschaftler. Es gelang ihm, → *Polarisationsfilter* in verschiedenen Arten für unterschiedliche Anwendun-

gen in Folienform und damit in jeder gewünschten Grösse kostengünstig herzustellen. 1947 präsentierte er die erste → *Sofortbildkamera* mit einstufigem Prozess, welcher innerhalb einer Minute ein fertiges → *Positiv* lieferte. Verschiedene → *Film*arten mit → *Filmempfindlichkeiten* bis 10'000 ASA, Sofort-, → *Röntgen*film, Farbmaterialien bis zur Grösse 20 x 35 cm, trockene, abfallfreie Sofortfarbbilder, Sofortschmalfilm sowie zahlreiche → *Kameras* mit z.T. neuartigen Technologien waren Meilensteine einer langen, klar vorausbestimmten Forschungslinie. Dr. Land erhielt eine grosse Anzahl Auszeichnungen, darunter über 14 Doktortitel.

Landschaftsfotografie (at) Fotografische Darstellung einer Landschaft durch ihre Charakteristiken wie Hügel, Täler, Wasserläufe, Vegetation und Zivilisationseinflüsse. Auch än-

dernde Faktoren wie Wetter- und Lichtverhältnisse, Standort des Fotografen, die → *Brennweite*nwahl, die Verwendung von → *Filtern* sowie die Gesetzmässigkeiten der Bildgestaltung (→ *Perspektive*, → *Vordergrund*, → *Mittelgrund*, → *Hintergrund*) tragen massgebend zu einer wirkungsvollen, charakteristischen Landschaftsaufnahme bei. Auch Menschen und Bauwerke können in das Bild miteinbezogen werden (dürfen jedoch nicht dominieren). An den meisten Landschaftsaufnahmen lässt sich der klassische Bildaufbau mit Vordergrund, Mittelgrund und Hintergrund deutlich erklären. Daneben sind perspektivische Linienführung und die → *Luftperspektive* weitere Elemente, die zur Betonung der räumlichen Tiefe beitragen und mit einem zweidimensionalen Medium einen dreidimensionalen Eindruck erwecken.

Langbrennweitige Objektive (opt) → *Objektive*, die eine → *Brennweite* besitzen, die länger ist als die → *Format*diagonale. Konstruktionsbedingt unterscheidet man zwischen → *Fernobjektiven* (langer Tubus) und → *Teleobjektiven* (mit einem negativen Hinterglied und einer verkürzten Baulänge).

Langzeitbelichtung (at) → *Belichtung*, die länger dauert als 1 Sekunde. Dazu wird die → *Kamera* auf einem → *Stativ* befestigt und die entsprechende → *Verschlusszeit* oder die → *B*-Stellung mit einem Drahtauslöser ausgelöst. In der B-Stellung bleibt der Verschluss so lange geöffnet, wie der Auslöser gedrückt wird. Ältere Kameras verfügen noch über eine *T*-Stellung, bei welcher der Verschluss nach der ersten Auslösung geöffnet wird und sich erst nach einer zweiten Auslösung wieder schliesst. Bei Langzeitbelichtungen ist zu berücksichtigen, dass eine Schicht, um dem → *Reziprozitätsfehler* Rechnung zu tragen, über die gemessene → *Belichtungszeit* hinaus mit zunehmender Dauer länger belichtet werden muss (Schwarzschild-Effekt). Bei Farbaufnahmen kann diese Tatsache zu (voraussehbaren) → *Farbstich*en führen, die mit → *Korrekturfiltern* aufgehoben werden können.

Langzeiteffekt → *Reziprozitätsfehler.*

Langzeitfehler → *Reziprozitätsfehler.*

Laser (at, phys) (Akronym für «**L**ight **A**mplification by **S**timulated **E**mission of **R**adation»). → *Lichtquelle*, die → *monochromatisch*es, kohärentes (→ *Kohärenz*) → *Licht* eng gebündelt (kontinuierlich oder pulsierend) abstrahlt. Laserlicht bildet in der Fotografie die Grundlage der → *Holographie.*

Lasieren (bp) Manuelle Arbeitstechnik, um einen speziellen Farbstoff (z.B. → *Eiweisslasurfarben*) in die nasse → *Gelatine* eines → *Fotopapiers* einzuarbeiten (→ *Kolorieren*). Um dabei eine Fleckenbildung zu verhindern, wird die Verwendung von → *Netzmittel* empfohlen.

Lasurfarben → *Eiweisslasurfarben.*

Latensifikation (lab) Methode, um ein → *latentes Bild* zu verstärken. Nach erfolgter → *Belichtung* wird das → *Film*material vor der → *Entwicklung* durch

1. langzeitige, diffuse → *Nachbelichtung* (mit sehr geringer → *Beleuchtungsstärke*),
2. chemische Lösungen oder
3. durch chemische Dämpfe behandelt. Dadurch werden auch Silberkeime (→ *Silberkeim-Theorie*) entwicklungsfähig, die sonst nicht reaktionsfähig geblieben wären. Die Steigerung der → *Filmempfindlichkeit* vor der Belichtung nennt man → *Hypersensibilisierung.* Beide Verstärkungsmethoden sind heute infolge hochempfindlicher Filme aus der Mode geraten und können kaum noch sinnvoll angewandt werden.

Latentes Bild (phys) Unsichtbares Bild, das durch Lichteinwirkung (→ *Belichtung*) entsteht und durch die → *Entwicklung* oder durch extreme → *Überbelichtung* sichtbar wird. Während der Belichtung werden durch die Energie der Lichteinwirkung die → *Silberhalogenid*-Kristalle in einer komplizierten Festkörperreaktion im Prinzip in → *Silber* und Brom gespalten. Es entstehen Silberkeime (→ *Silberkeim-Theorie*), die durch die Entwicklung die Reduktion des restlichen Silberhalogenids zu Silber katalysieren. Das latente Bild ist nicht unbeschränkt haltbar, sondern bildet sich allmählich zurück. Eine feuchte und warme Atmosphäre beschleunigt diesen Prozess, so dass es empfehlenswert ist, belichtete Filme möglichst bald zu entwickeln und in der Zwischenzeit kühl und trocken zu lagern (→ *Lagerung*). Bei → *Farbfilm*en erfolgt diese Rückbildung in den drei Schichten unterschiedlich schnell, was zu → *Farbstich*en führen kann.

Laufbild → *Kinematographie.*

Laufbild-Fotografie (at) Aufnehmen von einer Anzahl zusammengehöriger Bilder mit einer Filmkamera (→ *Kinematographie*). Die Aufnahmefrequenz und damit auch die Laufgeschwindigkeit können variieren (→ *Zeitdehneraufnahme*, → *Zeitrafferaufnahme*).

Laufbodenkamera (at) → *Kamera*, welche über einen → *Balgen* und einen abklappbaren Gehäuseteil verfügt, auf dem die Führungsschienen für die → *Objektiv*standarte angebracht sind. Durch Verschieben der Objektivstandarte in Richtung der → *optischen Achse* erfolgt die → *Scharfeinstellung.* Laufbodenkameras (→ *Reportage*), werden für die Bereiche

Laufbodenkamer (LInhof)

der Berufsfotografie immer mehr durch → *Fachkameras* mit → *optischer Bank* abgelöst, welche stärkere Verstellungen zulassen und in ihrem System weiter ausbaufähig sind. Dank Durchsichtssucher, → *Entfernungsmesser* und Handgriff lassen sich Laufbodenkameras als einzige Grossformatkameras aus freier Hand verwenden.

Layout (bpr) (engl. «to lay out» = auslegen, entwerfen). Entwurfskizze einer geplanten Drucksache (Prospekt, Zeitschriften- oder Buchseite), aus der die Anordnung von Bild- und Textteilen klar hervorgeht.

LCD → *Flüssigkristallanzeige.*

LED → *Leuchtdioden-Anzeige.*

Leitzahl (at) Zahl, welche die Leistung eines → *Blitzgerätes* angibt und mit der nachstehenden Formel die Ermittlung der Arbeits-→ *Blende* in Relation zur → *Gegenstandsweite* ermöglicht.

$$\text{Arbeitblende} = \frac{\text{Leitzahl}}{\text{Entfernung}}$$

Der Leitzahl liegt das → *Reflexions*vermögen eines mittleren Motives zugrunde; → *Graukarte* (Reflexion 18%). Dieser Tatsache muss bei sehr hellen oder sehr dunklen Objekten Rechnung getragen werden und entsprechend weniger oder mehr belichtet werden. Die Leitzahl ist auch von der → *Filmempfindlichkeit* und vom (bei einigen Blitzgeräten verstellbaren) → *Leuchtwinkel* abhängig. Zwischen amerikanischen Leitzahlen (in feet) und den metrischen bestehen folgende Beziehungen:

Leitzahl in Meter = LZ in feet x 0,3
Leitzahl in feet = LZ in Meter x 3,3

Die von den Herstellern angegebenen Leitzahlen beziehen sich immer auf eine → *Filmempfindlichkeit* von ISO 100/21°. Soll diese auf andere Werte umrechnen, so geschieht dies mittels folgender Faktoren:

Differenz DIN-Wert	Faktor
1 DIN	1,14
2 DIN	1,26
3 DIN	1,4
6 DIN	2,0
9 DIN	2,8
12 DIN	4,0

Leuchtdichte (li) Die Leuchtdichte ist das Mass für die Helligkeit einer selbstleuchtenden oder beleuchteten Fläche. Für beleuchtete Flächen ist die Masseinheit → *Candela* pro m^2 (cd/m^2), früher auch → *Apostilb* ($1 cd/m^2$ = 3,14 asb). Für Selbstleuchter (Wendel von Glühlampen oder Lichtbögen von Entladungslampen) würde diese Masseinheit zu sehr hohen Zahlenwerten führen. Deshalb ist in solchen Fällen die Masseinheit Candela pro Quadratzentimeter (cd/cm^2 = 1 Stilb) üblich. (→ *Lichtstrom.*)

Leuchtdiodenanzeige (at) (LED = engl. Light Emitting Diode). Kleines, bei Stromdurchfluss lichtemittierendes Halbleiterelement mit einem sehr schmalbandigen Spektralbereich (→ *Spektrum*). Leuchtdioden werden zur Datenanzeige im → *Sucher* und zum Einbelichten von Daten mit Hilfe einer → *Datenrückwand* verwendet.

Leuchtpult (bpr, at) (Leuchttisch, Leuchtkasten). Pultförmiger Kasten, der eine Beleuchtungseinrichtung (Fluoreszenzröhren von 5000 K) enthält und dessen Oberseite eine gleichmässig ausgeleuchtete → *Mattscheibe* aufweist. Leuchtkästen vereinfachen das Beurteilen von → *Filmen* (insbesondere von → *Diapositiven*) und sind eine wertvolle Hilfe bei Montage- und → *Retusche*arbeiten. Ferner werden grossformatige Leuchtkasten als Displays für Grossformatdias verwendet.

Leuchtrahmensucher (at) Optische Durchsichtssucher von → *Messsucher*- und → *Kompaktkameras*, deren → *Bildfeld*begrenzung durch einen hellen Rahmen angezeigt wird. Leuchtrahmensucher haben den Vorteil, dass ein geringes Umfeld ausserhalb der Bildfeldbegrenzung sichtbar ist. Um die → *Sucherparallaxe* auszugleichen, wird der Leuchtrahmen im Sucher (gekoppelt mit dem → *Entfernungsmesser*) entsprechend verschoben.

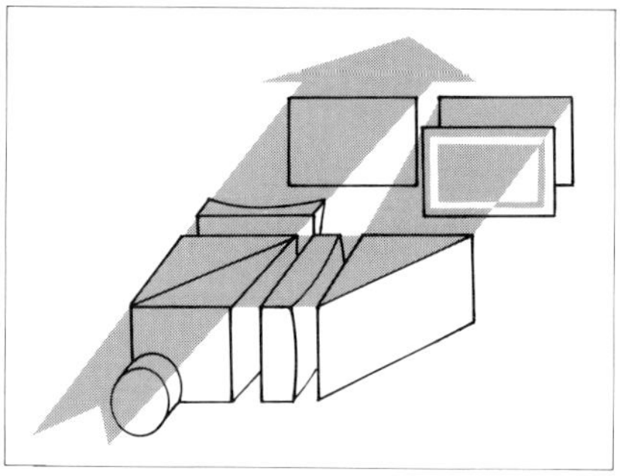

Leuchtrahmensucher, Prinzipschema

Leuchtstoffröhren (li) Röhrenförmige → *Lampen* (→ *Quechsilber*-Niederdrucklampen), die eine hohe → *UV*-Strahlung erzeugen, welche durch einen Leuchtstoffbelag an der Innenseite der Glasröhre in sichtbares → *Licht* umgewandelt wird. Leuchtstoffröhren weisen ein diskontinuierliches → *Spektrum* und eine relativ geringe → *Leuchtdichte* auf und sind deshalb für fotografische Zwecke weniger geeignet.

Leuchtwinkel (at, li) Abstrahlwinkel einer Leuchte. Der Leuchtwinkel von → *Blitzgerät*en ist in der Regel auf den → *Bildwinkel* des → *Normalobjektivs* abgestimmt und beträgt 40 bis 50°. Bei einigen Geräten ist der Reflektor für andere Bildwinkel verstellbar, oder es können Vorsätze angebracht werden, die den Leuchtwinkel für → *Weitwinkelobjektive* vergrössern oder für → *Teleobjektive*) verkleinern. Dabei verändert sich die → *Leitzahl*.

Leuchtzeit (li) (Bei → *Blitzgerät*en) Zeitraum vom Erreichen des halben → *Lichtstrom*höchstwertes während des Lichtstromanstiegs bis zum Erreichen des halben Lichtstromhöchstwertes beim Lichtstromabfall. Während → *Blitzlampe*n eine relativ lange Leuchtzeit von 10 bis 20 Millisekunden haben, leuchten Elektronen → *Blitzgeräte*, insbesondere moderne → *Computerblitzgeräte*, nur 1/500 Sekunde bis 1/50000 Sekunde lang auf. Je nach Blitzentfernung bzw. Intensität des reflektierten → *Lichtstrom*es beschränkt eine Abschaltautomatik die Leuchtzeit. → *Blitzlichtsynchronisation*.

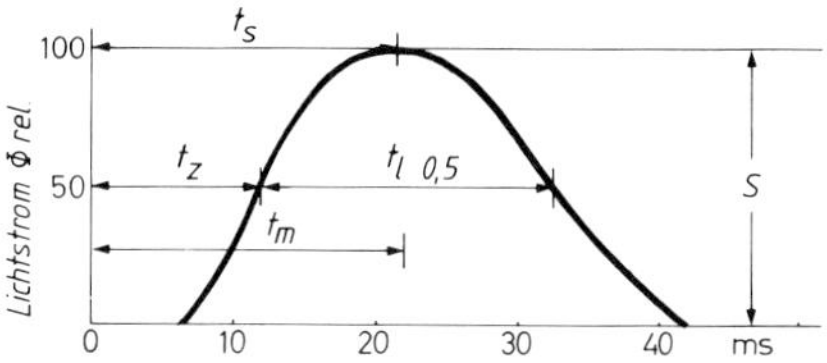

Φ = Lichtstrom, t_z = Zündzeit, t_s = Scheitelzeit, t_l = Leuchtzeit, S = Scheitelwert

Leuchtzeit-Diagramm; Lichtstromverlauf von Blitzlampen

Licht (phys) Energie in Form elektromagnetischer Schwingungen, die durch das menschliche Auge wahrgenommen werden kann. Wie alle elektromagnetischen Schwingungen bewegt sich das Licht geradlinig fort. Die → *Beleuchtungsstärke* punktförmiger → *Lichtquellen* nimmt im Quadrat der Entfernung ab (→ *Quadratgesetz*). Wird diffuses Licht auf einer Fläche reflektiert, so ist die → *Beleuchtungsstärke* nicht nur von der → *Lichtstärke* und der Strahldistanz abhängig, sondern

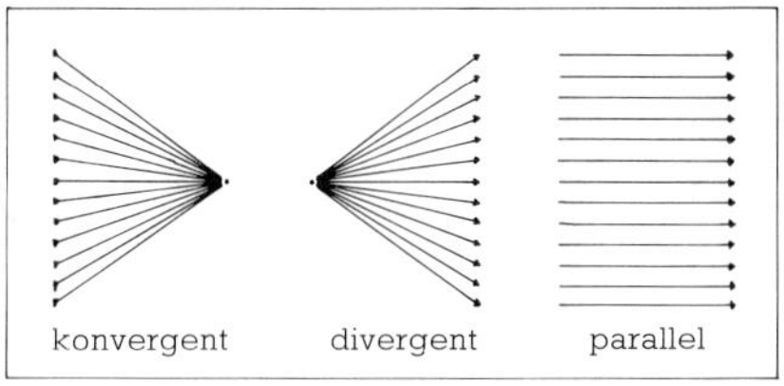

auch vom Einfallswinkel (→ *Lambert'sches Gesetz*). Die Fortpflanzungsgeschwindigkeit des Lichtes im luftleeren Raum beträgt rund 300'000 km/Sekunde; in andern optischen Medien (z.B. Glas) ist sie etwas geringer. Sie ist abhängig von der → *Wellenlänge* bzw. der Frequenz (Schwingungen pro Sekunde). Das elektromagnetische → *Spektrum* enthält ausser dem sichtbaren Teil noch längere und kürzere Wellen, die von unserem Auge nicht wahrgenommen werden können (z.B. Gammastrahlen, → *Röntgen*strahlen, → *Ultraviolett*-Strahlung und → *infrarote* Strahlen, Wärmestrahlung bis zu Radiowellen). Die Wellenlängen des sichtbaren Lichtes liegen zwischen 400 und 700 nm (Nanometer = 1/1 000 000 mm), weil Wasser (in unserem Auge) für diesen Spektralbereich durchlässig ist. Die Energieverteilung von 400 bis 700 nm bezeichnet man als «weisses Licht». Trifft weisses Licht auf einen Gegenstand, so kann ein Teil dieser Energie absorbiert (→ *Absorption*) werden, während eine bestimmte Wellenlänge reflektiert (→ *Reflexion*) wird und in unserem Auge den Eindruck einer → *Farbe* hervorruft. Blaues Licht ist kurzwellig und belegt das Spektraldrittel 400 bis 500 nm, daran schliessen sich im Bereich von 500 bis 600 nm die grünen Strahlen an, bis das langwellige rote Licht von 600 bis 700 nm das sichtbare Spektrum beschliesst. Abgesehen von Spezialtechniken wie → *Infrarot-* und → *Ultraviolett-Fotografie*, spielt sich die praktische Fotografie in diesem Bereich von 400 bis 700 nm ab. Gerät ein Lichtstrahl in ein anderes Medium, so wird er gebrochen (→ *Brechung*), doch kann er auch an einem festen Körper seine Richtung ändern (→ *Beugung*). Die Richtung der Lichtstrahlen kann mit durchsichtigen Körpern (→ *Linse*, → *Prisma*), aber auch an festen, reflektierenden Körpern (→ *Spiegel*) verändert werden: Lichtstrahlen können parallel, konvergierend (in einen Punkt zusammenlaufend) oder divergierend (von einem Punkt ausgehend) auftreten. Licht, das nicht in allen, sondern nur in einer Ebene schwingt, nennt man polarisiertes Licht (→ *Polarisation*), schwingt es phasengleich und in gleichen Wellenlängen, so ist es kohärent (→ *Kohärenz*) und monochromatisch.

Lichtabfall (at, lab, pro) Ist in der Reprotechnik (→ *Reproduktion*) eine Vorlage nicht gleichmässig ausgeleuchtet oder weist die projizierte Bildfläche eines → *Projektor*s oder eines → *Vergrösserungsgerät*es keine gleichmässige Helligkeit auf, so sprechen wir von einem Lichtabfall (nicht

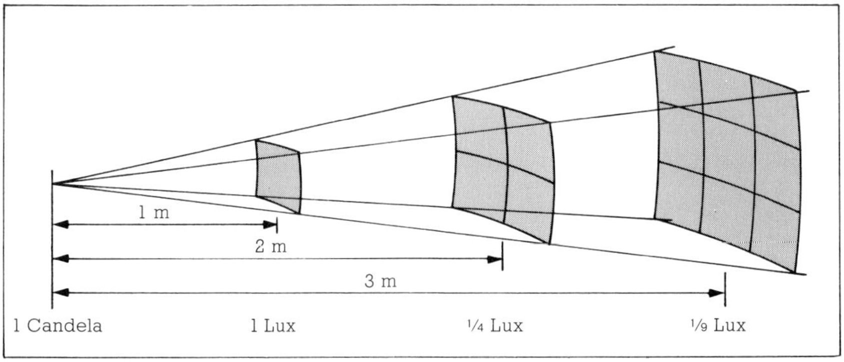

Das Licht nimmt im Quadrat mit der Entfernung ab.

→ *Helligkeitsabfall*). Wird der Strahlengang eines → *Objektivs* durch einen Gegenstand (z.B. → *Gegenlichtblende*) beeinträchtigt, resultiert eine → *Vignettierung*.

Lichtausbeute (li) Masseinheit: → *Lumen* pro Watt (lm/W). Sie gibt an, mit welchem Wirkungsgrad die aufgenommene elektrische Leistung in → *Licht* umgesetzt wird, d.h. wieviel Lumen Lichtstrom je Watt aufgenommener elektrischer Leistung von einer Lampe erzeugt wird.

Lichtbeugung → *Beugung*.

Lichtbrechung → *Brechung*.

Lichtdruck (hist, lab) → *Edeldruckverfahren*, das für Kleinauflagen geeignet ist. Eine Glasplatte wird mit einer Bichromat-Gelatineschicht versehen und durch ein grossformatiges → *Negativ* mit Hilfe einer Bogenlampe belichtet. Danach werden die belichteten Stellen gehärtet und mit heissem Wasser abgespühlt, wobei ein → *Runzelkorn* entsteht, das später als Druckraster dient. Bei der anschliessenden Wässerung wirkt das Quellrelief als Druckform: Die qehärteten Stellen nehmen kaum Wasser auf, dafür die fetthaltige Druckfarbe, während die belichteten, ungehärteten Bildpartien Wasser aufnehmen und die Druckfarben abstossen. Das Verfahren lässt sich auch mehrfarbig praktizieren.

Lichteinfall (at, lab) Wird ein → *Film* oder ein sonstiges fotografisches Material infolge eines Defektes oder einer beschädigten Verpackung teilbelichtet (→ *Belichtung*), so entsteht ein Fehler, den wir als Lichteinfall bezeichnen. Häufigste Ursachen sind → *Kamera*rückwände, die (meist durch Sturz deformiert) nicht lichtdicht schliessen, oder beschädigte → *Kassetten*, → *Filmpatronen* und Verpakkungen. Im → *Fotolabor* kann es auch vorkommen, dass eine Film- oder Papierpackung während des Arbeitens ungenügend verschlossen wird.

Lichtempfindlichkeit → *Filmempfindlichkeit*.

Lichter (lab) Minimal gedeckte Partien einer positiven → *Kopie* oder eines → *Diapositivs* bzw. maximal belichtete (→ *Belichtung*) Stellen in einem → *Negativ*. →← *Schatten*.

Lichtermaske → *Hochlichtmaske*.

Lichtfalle → *Lichtschranke*.

Lichtfarbe (phys) → *Farbe* eines selbstleuchtenden Körpers (→ *Lumineszenz*) oder einer → *Lichtquelle*. Sie wird vom menschlichen Auge subjektiv empfunden und entsteht durch die spektrale Energieverteilung (→ *Spektrum*, → *Farbtemperatur*, → *Verteilungstemperatur*). Je höher die Farbtemperatur, desto höher ist der Blauanteil einer Lichtquelle und desto «kälter» wirkt die Farbe.

Lichtführung (at) Fachkundiges Auswählen und Anordnen der → *Lichtquellen* für eine dem Objekt angepasste, optimale → *Beleuchtung* bei Aufnahmen, vor allem im → *Atelier*.

Lichthof (phys) → *Überstrahlungs*erscheinung, die eine stark belichtete (→ *Belichtung*) Stelle saumartig umgibt. Es wird zwischen → *Diffusionslichthof* und → *Reflexionslichthof* unterschieden.

Lichthofschutz (chem) Fabrikatorische Massnahme, um die Bildung eines → *Lichthof*es möglichst zu unterdrücken. Während der → *Diffusionslichthof* durch dünne Schichten und besondere Zusätze in der → *Emulsion* weitgehend vermieden werden kann, ist der → *Reflexionslichthof* auch mit einer speziellen Lichthofschutzschicht nur in starkem Masse reduzierbar, jedoch nicht gänzlich zu beseitigen.

Lichthofschutzschicht (chem) → *Rollfilme* und → *Planfilme* werden rückseitig mit einer speziellen Antireflexschicht versehen, welche die Bildung von Reflexions- → *Lichthöfen* weitgehend unterdrückt. Zudem verbessert diese Rückschicht bei Rollfilmen das Friktionsverhalten zwischen Film und Schutzpapier. Bei → *Kleinbildfilmen* hat der → *Schichtträger* reflexionsmindernde Eigenschaften.

Lichtintensität (li) Unpräziser Ausdruck für die → *Lichtstärke*, bzw. die Leuchtkraft, die von einer → *Lichtquelle* ausgeht (→ *Lichttechnische Masseinheiten*.

Lichtleiter (at, phys) Glasfaseroptik, welche aufgrund der → *Totalreflexion* Licht überträgt. Lichtleiter werden als biegsame Elemente bis zu einem Meter Länge zur Beleuchtung und Bildübertragung verwendet. Dabei wird nur das Licht, nicht aber die Wärmestrahlung der → *Lichtquelle* übertragen. Lichtleiter werden in → *Endoskopen* und Beleuchtungsgeräten für → *Nahaufnahmen* eingesetzt.

Lichtmessung (bm) Methode der Belichtungsmessung. Im Gegensatz zur → *Objektmessung* misst man mit einem → *Belichtungsmesser* und einer vorgeschalteten → *Diffusor*kalotte die → *Beleuchtungsstärke* des auf einen Gegenstand auftreffenden → *Licht*es. Dabei wird vom Objekt zur Kamera gemessen.

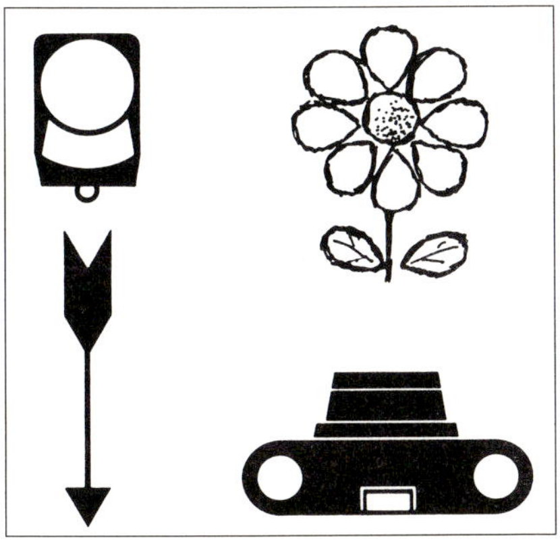

Zeichnung: Gossen, Erlangen.

Lichtpendelaufnahme (at) → *Langzeitbelichtung*, während der sich die Bewegungen einer freischwingenden → *Lichtquelle* (z.B. Taschenlampenbirnchen) auf dem → *Film* in der → *Kamera* registrieren. Durch eine symmetrische Pendelbewegung ergeben sich → *Luminogramm*e, die für vielfältige Zwecke (z.B. Montagen) weiterverwendet werden können. Unsymmetrisch, aber ebenso reizvoll werden Lichtpendelaufnahmen bei zusätzlicher Bewegung der → *Kamera*.

Lichtquellen (at) Körper, die → *Licht* erzeugen. Grundsätzlich wird unterschieden zwischen:
I. natürlichen Lichtquellen wie Sonne, Mond, Blitzen bei Gewitter und
II. künstlichen Lichtquellen, welche sich wiederum in
1. Temperaturstrahler und
2. Nicht-Temperaturstrahler einteilen lassen.
1. Temperaturstrahler. Lichtquellen, deren ausgestrahlte Energie als Licht und Wärme zum Ausdruck kommt (z.B. Glühlicht, → *Halogenlicht*, → *Fotolampen* und → *Blitzlicht*).
2. Nicht-Temperaturstrahler (→ *Kaltlichtquellen*). Lichtquellen, die einen sehr geringen Wärmeanteil ausstrahlen (z.B. Fluoreszenzröhren, Gasentladungslampen). Durch verschiedene → *Reflektor*en können der → *Leuchtwinkel* und durch Vorsätze (→ *Diffusoren*) die Leuchtfläche und damit die Charakteristik der Lichtquelle verändert werden: «Hartes» Licht mit scharfbegrenzter Licht-Schatten-Trennung entstammt einer Lichtquelle mit einer gegenüber dem beleuchteten Objekt kleinen Leuchtfläche, die u.U. über ein → *optisches System* verfügt, um die Strahlen parallel zu richten (→ *Spotlight*). «Weiches» Licht mit zarten, diffusen Schatten kommt aus einer Lichtquelle mit grosser Leuchtfläche (→ *Flächenleuchte*). Als passive

Leuchter bezeichnet man Lichtquellen, die nicht selbsttätig Licht ausstrahlen, sondern solches reflektieren (→ *Reflexion*).

Lichtreflexion → *Reflexion.*

Lichtschacht (at) Zusammenklappbarer Aufsatz bei → *Spiegelreflexkameras*, welcher bei der → *Mattscheibenbetrachtung* vor störendem Seitenlicht schützt.

Lichtschleuse (lab) Lichtdichter Durchgang zwischen dem Hell- und Dunkelteil des → *Fotolabors*. Häufig besteht die Lichtschleuse aus zwei Türen, die nicht gleichzeitig geöffnet werden können oder über eine optische Warnanlage verfügen.

Lichtschranke (at) (Lichtfalle) Auslösevorrichtung, die aus einem (unsichtbaren) (→ *Infrarot*-)Lichtstrahl besteht, welcher auf eine Fotozelle auftrifft. Wird der Lichtstrahl unterbrochen, erfolgt automatisch die Auslösung der → *Kamera*. Lichtschranken werden häufig in der → *Tier-Fotografie* eingesetzt.

Lichtschutzlack (bpr) Matter oder hochglänzender Lack, der farbige Aufsichts- oder Durchsichtsbilder (→ *Vergrösserung* und → *Diapositiv*) vor dem → *Ausbleichen* schützt und deren Lichtbeständigkeit erhöht. Solche Lacke verfügen über Substanzen, die → *UV*-Licht absorbieren (→ *Absorption*).

Lichtstärke (li, opt) 1. Leuchtkraft, die von einer → *Lichtquelle* ausgeht. Die Masseinheit ist die → *Candela*. Sie gibt an, wieviel Licht von einer Leuchte pro Raumwinkel in eine bestimmte Richtung ausgesendet wird. Unter Raumwinkel α versteht man den Winkel an der Spitze des Kegels. Sein Wert ist definiert als Verhältnis der Fläche A der Kugelkalotte, welche der Kegel aus der Oberfläche einer Kugel des Radius r ausschneidet, zum Quadrat des Kugelradius ($\alpha = A/r^2$). Der Raumwinkel α hat den Wert 1 Steradiant, wenn der Kegel aus der Oberfläche der Kugel vom Radius $\alpha = 1$ m die Fläche A = 1 m² ausschneidet. Mit Hilfe von → *Reflektoren* und → *Linsen* kann man den → *Lichtstrom* einer Lampe bevorzugt in eine Richtung lenken und damit in dieser Richtung die Lichtstärke erhöhen.
2. Maximale Öffnung eines → *Objektivs*, die als Verhältniszahl zur → *Brennweite* angegeben wird. Moderne → *Normalobjektive* haben sehr hohe Lichtstärken von 1:1,4 oder 1:1,2, während langbrennweitige Objektive (→ *Teleobjektive*) aus Kosten- und Gewichtsgründen meist nur bis 1:4 öffnen.

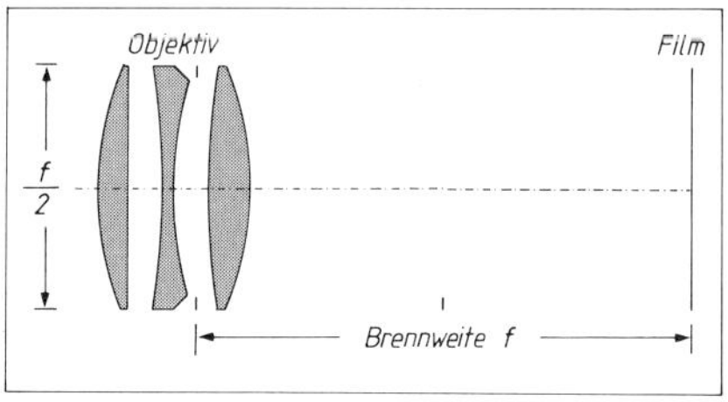

Lichtstärke 1:2

Lichtstrom (li) Die von einer → *Lichtquelle* in alle Richtungen ausgestrahlte Leistung. Masseinheit ist das → *Lumen* (lm). 1 Lumen ist der Lichtstrom, den 1 cd (→ *Candela*) in die Einheit des Raumwinkels (Steradiant) ausstrahlt, d.h., der in 1 m Entfernung die Fläche von 1 m² ausleuchtet. Bei → *Fotolampen* und Glühbirnen gibt man den Gesamtlichtstrom an, welcher bei 1 Candela Stärke 12,57 Lumen beträgt, da eine Kugel von 1 m Radius eine Oberfläche von 12,57 m² aufweist.

Lichttechnische Masseinheiten (li) Man unterscheidet (1.) lichttechnische Grössen des strahlenden Körpers (→ *Lichtquelle*) und (2.) des bestrahlten Körpers.
1. Lichttechnische Grössen des strahlenden Körpers. Grundgrösse ist die → *Lichtstärke*, als Mass für die Leuchtkraft einer Lichtquelle, mit der Einheit → *Candela*. Die Leistung, die von der Lichtquelle ausgeht, wird als → *Lichtstrom* bezeichnet und hat als Masseinheit das → *Lumen*. Wird dieser Lichtstrom von einer Fläche abgestrahlt (→ *Reflexion*), so nennt man den reflektierten Lichtstrom → *Leuchtdichte* mit der Masseinheit Candela/m².
2. Lichttechnische Grössen des bestrahlen Körpers. Grundgrösse für das auf dem Körper auftreffende Licht ist die → *Beleuchtungsstärke* mit der Masseinheit → *Lux*. Sie nimmt im Quadrat der Entfernung ab. Trifft das Licht auf eine lichtempfindliche Schicht (→ *Film*), so entsteht eine → *Belichtung*. Die → *Belichtung* ist das Produkt aus Beleuchtungsstärke und Zeit, und die Masseinheit ist die Luxsekunde.

Lichtwaage (at) Anzeige der → *Belichtungsmessung* mit zwei oder drei → *Leuchtdioden* für → *Unterbelichtung*, korrekte Einstellung und → *Überbelichtung*.

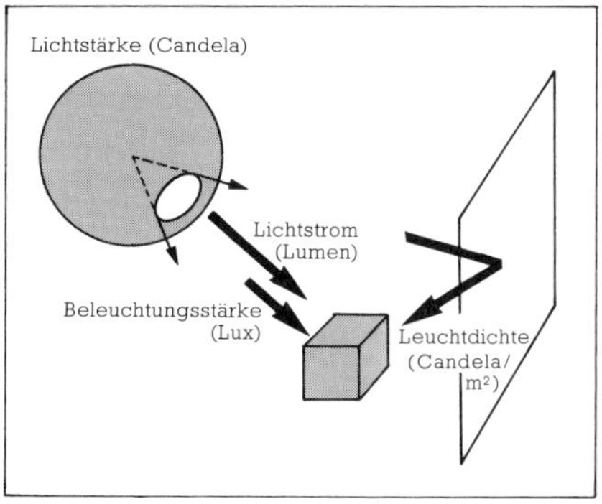

Lichttechnische Masseinheiten, Prinzipschema

Lichtwandler (li, at) Vorsätze, die vor Lampenköpfen von → *Studioblitzanlagen* und andere → *Lichtquellen* angebracht werden, um deren Charakteristik zu ändern (→ *Reflektoren*, → *Diffusoren*, → *Spot*vorsatz).

Lichtwert (at) Orte gleicher → *Belichtung* in einer Zahl ausgedrückt. Um die Einstellung und die Paarung von → *Blende* und → *Verschlusszeit* zu vereinfachen, schuf F. Deckel im Jahre 1954 die Lichtwerttabelle. Er ging davon aus, dass LW 0 Blende 1 bei 1 Sekunde entspricht und dass sich die → *Belichtung* von einer Lichtwert-Kennzahl zur nächsten halbiert, bzw. verdoppelt.

Verschiedene Lichtwandler einer Studioblitzanlage (Elinca)

Da sich die Blenden- und Verschlusszeitskalen bei Kameras mit → *Schlitzverschluss* aus mechanischen Gründen nicht koppeln liessen und sich diese Kameraart vermehrt durchsetzte, geriet die Lichtwertskala in Vergessenheit. Mit der Einführung von modernen → *Spiegelreflexkameras* mit shiftbarer → *Programmautomatik* sind die Lichtwerte wieder erneut von Bedeutung.

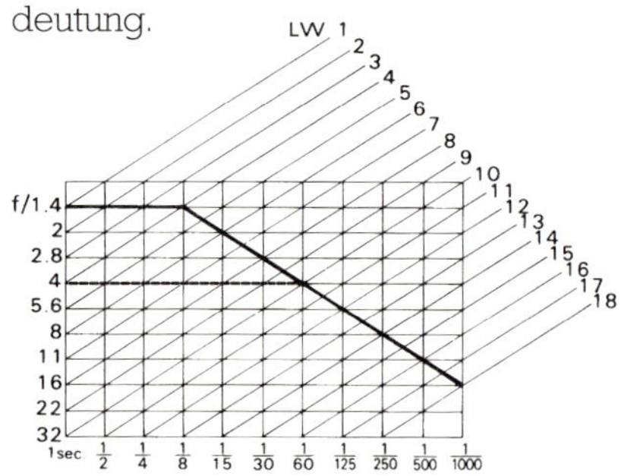

Belichtungsprogramm in Abhängigkeit der Lichtwerte; Kurven für Objektive mit Öffnung 1.4 und 4.0 [gestrichelt] (Nikon)

Lichtzeiger (pro) Handbedientes Gerät zur → *Projektion* einer Lichtmarke (z.B. in Pfeilform) als Hinweiszeichen zur Vortragsunterstützung. Kann auch mit der Fernbedienung des → *Projektors* eine Baueinheit bilden. Es gibt auch Lichtzeiger, die einen → *Laser*strahl aussenden, womit das Scharfeinstellen der Lichtmarke (roter Punkt) entfällt. Die Stromversorgung erfolgt aus Akkus oder Batterien.

Industrial Laser and Electronic Engineering, Zürich-Schlieren.

Lichtzelt (at) Konischer, lichtdurchlässiger Körper aus Plexiglas oder Stoff, der als → *Diffusor* wirkt und zur schatten- und reflexfreien Ausleuchtung kleiner Gegenstände für dokumentarische Zwecke dient.

Foba AG, Wettswil a. A.

Linearperspektive → *Zentralperspektive.*

Linienrasterverfahren (hist) Frühes additives → *Farbverfahren*, das, ähnlich der → *Kornraster*platten der Gebrüder Lumière, aus nebeneinanderliegenden roten, blauen und grünen Farblinien bestand. Linienraster-→ *Diapositive* wurden hinter derselben Farbstruktur wieder betrachtet und vermittelten so den Eindruck eines mehrfarbigen Bildes. Die bekanntesten Produkte dieser Art waren die «Finlay»-Platten (1929) und die «Dufaycolor»-Farbfilme (1931). In letzter Zeit sind im Bereich der → *Sofortbild-Fotografie* wieder zwei Linienrasterverfahren auf den Markt gekommen: Polavision (1977) als Sofort-Kinematografieverfahren und Polachrome (1984), ein Sofortdiafilm.

Linse (opt) Lichtdurchlässiger Körper, meist aus Glas, der in der → *Optik* zur Richtungsänderung (→ *Brechung*) von → *Licht*strahlen verwendet wird. Verschiedene → *Linsenformen* sammeln (Sammellinsen) oder zerstreuen (Zerstreuungslinsen) je nach Krümmungsradius und → *Brechungsindex* des optischen Glases (→ *Glas, optisches*) mehr oder weniger stark (→ *Brennweite*). Die Kombinationen verschiedener geeigneter Linsen ergeben → *Objektive*, welche in der Fotografie für Aufnahme- und Wiedergabezwecke verwendet werden.

Linsenfehler → *Abbildungsfehler.*

Linsenformen (opt) Es wird grundsätzlich unterschieden zwischen Sammellinsen (Konvexlinsen, positive Linsen) (1), die das → *Licht* in einen → *Brennpunkt* konzentrieren, und Zerstreuungslinsen (Konkavlinsen, negative Linsen) (2), die eine Divergenz parallel einfallender Strahlen herbeiführen. Der Grad der → *Brechung* ist abhängig vom Krümmungsradius und vom → *Brechungsindex* des optischen Glases (→ *Glas, optisches*). Während gewöhnliche Sammel- oder Zerstreuungslinsen in Form von Kugelschalen hergestellt werden, gibt es zwei Linsentypen, die von der Kugelform abweichen (asphärische Linsen und Plangläser).

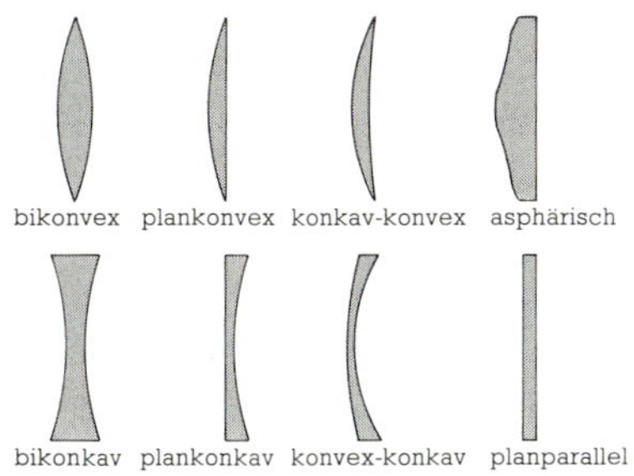

Linsenformen

3. → *Asphärische Linsen* haben mehrere Krümmungsradien und werden in teuren, hochwertigen Objektiven verwendet, um vor allem die → *sphärische Aberration* besser korrigieren zu können. Mit dem Verfahren des → *Kaltpressens* von Linsen, das erstmals 1982 von Kodak in grossen Stückzahlen angewandt wurde (→ *Disc-Kamera*), ist die Herstellung von asphärischen Linsen auch in preisgünstigen Kameras möglich geworden. Auch → *Kondensoren* in einigen → *Projektoren* haben asphärische Formen.
4. Geschliffene Plangläser haben auf den optischen Strahlengang keinen Einfluss und werden als → *Filter* verwendet.

Linsenherstellung (opt) Aus optischem → *Glas* wird zunächst ein Rohling hergestellt, der die ungefähre Grösse und Form der endgültigen → *Linse* besitzt. Dazu gibt es zwei Verfahrensarten:
1. Linsenschnittlinge werden aus Glasblöcken und Glasplatten geschnitten, zu einer Stange zusammengeklebt und auf der Rundiermaschine zu runden Scheiben in Rohlinge geformt.
2. Das optische Glas wird flüssig in eine Form gepresst. Nach einem langsamen Abkühlen, bei dem gewisse Eigenschaften, wie z.B. der → *Brechungsindex*, noch beeinflusst werden können, besitzen diese Presslinge bereits annähernd die definitive Form.
Um die Form der Rohlinge oder Presslinge weiter zu verfeinern, werden sie auf Schleifschalen oder Schleifköpfe aufgeklebt und mit Diamantkorn in mehreren Arbeitsgängen immer feiner geschliffen. Anschliessend werden die Linsen in ähnlichen Arbeitsgängen poliert, um eine völlig transparente Oberfläche zu erhalten.
Ein weiterer wichtiger Arbeitsgang, der auf die spätere Qualität der Abbildung einen grossen Einfluss hat, ist das Zentrieren der Linse; das Ausrichten der Krümmungsmittelpunkte auf die → *optische Achse*. Dabei erhält die Linse auch ihren endgültigen Durchmesser.
Zum Schluss wird die Linse in einem Hochvakuumschrank mit hauchdünnen Leichtmetallfluorid-Schichten versehen, um → *Teilreflexionen* zu verhindern (→ *Vergütung*).

Linsenrasterverfahren (hist) → *Farbrasterverfahren*, bei welchem das Farbraster rein optisch während der Aufnahme entstand. Im → *Objektiv* befand sich ein Spezialfilter, welcher aus blauen, grünen und roten Farbstreifen zusammengesetzt war. Der → *Schichtträger* setzte sich aus vielen mikroskopisch kleinen → *Linsen* zusammen, die die Farbstreifen des Filters auf der Schicht abbildeten. Bei der → *Projektion* der umkehrentwickelten Filme (→ *Umkehrentwicklung*) ergaben die rein schwarzweiss scheinenden → *Diapositive* durch den Filter im Projektionsobjektiv aufgrund der

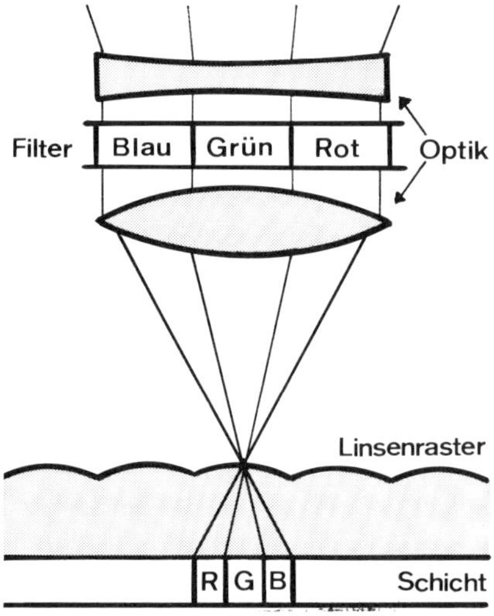

additiven → *Farbmischung* ein strahlendes Farbbild. Abgesehen von einem «Kodacolor»-16-mm-Schmalfilm, der nur von 1928 bis 1932 im Handel war, brachte Agfa 1932 einen «Agfacolor»-Farbfilm als Linsenraster-Version heraus, die bis 1937 erhältlich war. Der Film wies 32 zylindrische Linsen pro Millimeter (!) auf. Mit dem Aufkommen der Farbfilme für → *chromogene Entwicklung* waren sämtliche Farbrasterverfahren überholt.

Lippmann, Gabriel (bio) (1845-1921) Französischer Physiker, welcher 1891 ein → *Farbverfahren* erfand, welches auf der → *Interferenz*erscheinung basierte. Dazu benötigte er eine Spezialkassette, in welcher er die fotografische → *Emulsion*, die sehr kleine Einzelkristalle haben musste, mit → *Quecksilber* hintergiessen konnte, dessen spiegelnde Oberfläche die Lichtstrahlen in die fotografische Schicht zurückreflektierte. Bei der → *Belichtung* durchdrangen die Lichtstrahlen die nahezu transparente Schicht und wurden durch das Quecksilber in sich selber reflektiert, was zu Interferenzerscheinungen stehender Wellen führte. Lippmann befasste sich auch intensiv mit verschiedenen → *Linsenrasterverfahren*. Er erhielt zahlreiche Auszeichnungen, darunter den Nobelpreis.

Lithentwickler (lab) Spezial- → *Entwickler* für → *Lithfilme*, der zu einer besonders steilen → *Gradation* und zu höchster → *Dichte* führt. Lithentwickler bestehen aus zwei Lösungen, die unmittelbar vor Gebrauch in gleichen Teilen zusammen geschüttet werden und nur sehr kurz haltbar sind.

Lithfilm (at) → *Film*material besonders steiler → *Gradation* ($\gamma > 2$), das zur → *Reproduktion* von → *Strichabbildungen* verwendet wird. Lithfilme benötigt auch die graphische Industrie, um ein → *Halbtonbild* aufzurastern (→ *Raster*). Entwickelt werden Lithfilme in speziellen Lithentwicklern, um ein Maximum an → *Kontrast* und Deckung zu erhalten. Auch für fotografische → *Verfremdungen* sind Lithfilme ein viel verwendetes Hilfsmittel.

Lithiumbatterie → *Batterie*.

Litho (lab) → *Strichfilm* mit Strich- oder → *Raster*darstellung, welcher für die Herstellung der Druckplatte verwendet wird. Lithos werden entweder mit einer Reprokamera (→ *Reproduktion*) oder mit einem → *Scanner* aufgenommen.

Live-Porträt (at) Im Gegensatz zum gestellten Porträt, welches unter grossem Aufwand im → *Atelier* entsteht, zeigt das Live-Porträt eine Person in ihrer eigenen Umgebung, z.B. bei der Arbeit. Solche Porträts wirken durch ihre Ungestelltheit lebensnaher und entstehen oft als → *Schnappschuss* oder im Rahmen einer → *Reportage*.

Foto: A. Bircher

Lochblende (at) → *Blende*, die aus einem Metallplättchen mit einem kreisrunden Loch besteht und in ein → *Objektiv* eingeschoben wird. Da die Irisblende aufgrund ihrer → *Lamellen*konstruktion eine nur annähernd kreisrunde Öffnung ergibt, werden Lochblenden in einigen Spezialobjektiven und in der optischen Messtechnik verwendet.

Lochkamera → *Camera obscura.*

Low-Key-Effekt (at) In einer Low-Key-Aufnahme dominieren die dunklen → *Tonwerte*. Nur vereinzelte helle Bildpartien «zeichnen» das Motiv und

sind notwendig, um dem Bild Spannung zu verleihen. Im → *Porträt* und in der → *Theater-Fotografie* sowie bei → *Available-Light*-Aufnahmen entstehen häufig Low-Key-Bilder. Es ist darauf zu achten, dass die → *Schatten*partien genügend belichtet sind und dass die → *Kopien* kontrastreich (→ *Kontrast*) gehalten und tiefschwarz entwickelt (→ *Entwicklung*) werden.

Luftbild-Aufnahmen → *Flugaufnahmen.*

Luftperspektive (at) Darstellung der räumlichen Tiefe durch verschie-

dene → *Tonwerte* von → *Vordergrund*, → *Mittelgrund* und → *Hintergrund*, die durch den atmosphärischen → *Dunst* in der → *Landschafts-Fotografie* zustande kommt. Entfernte Motivteile erscheinen heller als naheliegende, weil das → *Licht* durch den Dunst «gefiltert» wird. Der Effekt ist frühmorgens und abends am augenfälligsten und kann durch → *Teleobjektive* noch zusätzlich betont werden.

Lufttrocknung (lab) Fotografisches Material, sowohl → *Film*e als auch → *Fotopapier*e, können nicht nur in speziellen Trockengeräten (→ *Trocknung*), sondern auch an der Luft getrocknet werden. In Abhängigkeit von der relativen Luftfeuchtigkeit dauert es etwa 20 Minuten für → *PE-Papiere* und mehrere Stunden für Barytpapiere (→ *Fotopapier*) und Filme, bis das Material trocken ist. Es wird dazu mit Klammern an einer «Wäscheleine» befestigt.

Lumen (li) Abk. lm. Masseinheit des → *Lichtstromes*. Der Lichtstrom von 1 Lumen wird wie folgt definiert: Im Zentrum einer Hohlkugel von 1 m Radius steht eine → *Lichtquelle*, die mit einer → *Lichtstärke* von 1 cd (→ *Candela*) strahlt. Die Kugel hat eine Öffnung von 1 m^2, entsprechend einem Raumwinkel von 1 Steradiant. Der Lichtfluss, der durch dieses Fenster austritt, beträgt 1 Lumen.

Lumière, Auguste und Louis (bio) (A. L. 1862-1954, L. L. 1864-1948) Französische Wissenschaftler und ab 1882 Hersteller von → *Trockenplatten* in Lyon. Sie erforschten verschiedene Verbesserungsmöglichkeiten Fotografischer Prozesse, befassten sich intensiv mit den → *Interferenz*verfahren von → *Lippmann* und erfanden 1903 eine → *Kornraster*platte, die 1907 unter dem Namen → *Autochrome* in den Handel kam. Sie stellte das erste Farbmaterial dar, welches in einer Aufnahme nach der → *Umkehrentwicklung* ein farbiges, projektionsfähiges (→ *Projektion*) → *Diapositiv* ergab. Die Gebrüder Lumière arbeiteten auch an kinematographischen (→ *Kinematographie*) Verfahren und stellten in Europa den ersten kommerziell verwertbaren Aufnahme- und Projektionsapparat «Le Cinématographe» (1894) für perforierten 35-mm-Film her.

Lumineszenz (phys) Verschiedene Stoffe haben die Eigenschaft, aufgrund ihrer chemischen Beschaffenheit bei Einstrahlung von → *Ultraviolett* sichtbares → *Licht* als Eigenstrahlung auszusenden. Unter den Oberbegriff Luminieszenz fallen auch die Phosporeszenz, das länger dauernde Nachleuchten gewisser Stoffe, und die Fluoreszenz, die Umwandlung von → *UV* in sichtbares kurzwelliges Licht (→ *Fluoreszenz-Fotografie*), als Leuchterscheinung, die schnell abklingt.

Luminogramm (at) Aufzeichnung von → *Licht*spuren einer sich bewegenden → *Lichtquelle* mit oder ohne → *Kamera* in der experimentellen Fotografie. Eine häufige Art des Luminogramms ist die → *Lichtpendelaufnahme*.

Lupenaufnahme → *Nahaufnahme*.

Lupenobjektiv (at) Spezial- → *Objektive* für extreme → *Nahaufnahmen* im → *Abbildungsmassstab* von 1:1 bis 50:1. Sie werden entweder mit speziellen Tuben an → *Spiegelreflexkameras* oder an → *Fachkameras* verwendet.

Lux (li) Masseinheit der → *Beleuchtungsstärke*. 1 Lux (lx) ist die Beleuchtungsstärke einer Fläche, auf die pro m^2 ein → *Lichtstrom* von 1 Lumen fällt. In angelsächsischen Ländern ist die Einheit «footcandle» üblich, die nach der Formel

1 fc = 10,75 lx

umgerechnet werden kann. → *Lichttechnische Masseinheiten*.

Luxmeter (li, bm) Gerät zum Messen der → *Beleuchtungsstärke*. Grundsätzlich kann jeder → *Belichtungsmesser* verwendet werden, der für → *Lichtmessung* konzipiert ist, wobei das → *Licht* nicht durch eine halbkugelförmige Diffusorkalotte, sondern durch einen planen → *Diffusor* auf die lichtempfindliche Zelle auftreffen sollte, da sich die Definition des → *Lux* auf eine Fläche bezieht (1 lx = 1 lm/m^2).

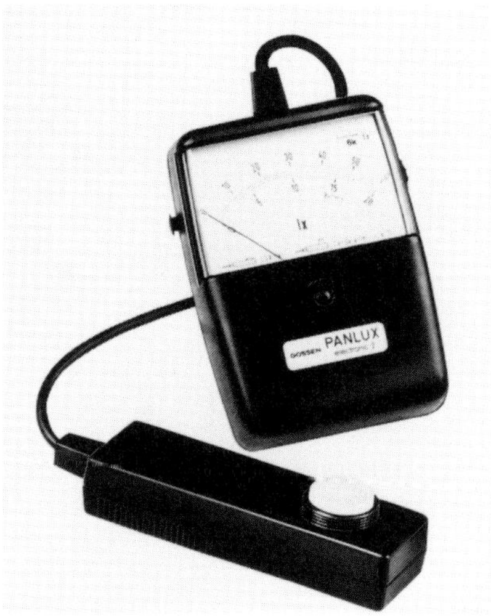

Luxmeter (Gossen)

Luxsekunde (li) Masseinheit der → *Belichtung* (lxs), die als

Beleuchtungsstärke x Zeit

definiert ist.

lx Abkürzung für → *Lux*.

M

M Abkürzung für → *Mired.*

Maddox, Richard Leach (bio) (1816-1902) Englischer Arzt und Amateurfotograf. Erfinder der ersten brauchbaren Bromsilber-Gelatine→ *Emulsion*. Sein Verfahren wurde 1871 veröffentlicht, doch waren seine → *Trockenplatten* anfänglich weniger lichtempfindlich als das damals noch übliche Kollodiumverfahren (→ *Kollodium-Fotografie*). Sie konnte sich deshalb erst in den achtziger Jahren allmählich durchsetzen. Maddox hatte es unterlassen, sein Verfahren zu patentieren, was zu einem raschen Aufkommen von Trockenplatten-Fabriken führte. Sämtliche bis heute praktizierten fotografischen Verfahren basieren auf der Erfindung von Maddox. Er erhielt als Auszeichnung im Jahre 1901 die «Progress Medal» der Royal Photographic Society.

Magazin (at, pro) 1. Lichtdichter Behälter, in welchen → *Film*material (→ *Filmpatronen* oder → *Rollfilme*) eingelegt wird. Wechselmagazine können jederzeit vom → *Kamera*gehäuse entfernt und ausgetauscht werden und ermöglichen so dem Fotografen, dieselbe Aufnahme mit verschiedenen Filmmaterialien zu machen.
2. Auch einen Behälter für (gerahmte) → *Diapositive*, der zur → *Projektion* in einen → *Projektor* eingeschoben wird, bezeichnet man als Magazin.

Filmmagazin einer Mittelformat-Spiegelreflexkamera (links) und Projektionsmagazin mit Diapositiven (rechts).

Magenta (Purpur) → *Subtraktive Grundfarbe*, → *Komplementärfarbe* zu Grün (Weiss minus Grün).

Magnesium (chem) Mg. Silberweisses Metall, das an der Luft bei etwa 800° C unter Abstrahlung von bläulichweissem Licht verbrennt. Wurde früher in Band- oder Pulverform als → *Blitzlicht* verwendet.

Magnesium-Fluorid (chem) MgF_2. Kristallines Salz, das durch Aufdampfen zur → *Vergütung* von → *Objektiv*en verwendet wird.

Makro-Fotografie → *Nahaufnahme.*

Makro-Objektiv (at) Spezial- → *Objektiv* für → *Nahaufnahmen*, welches meistens symmetrisch gebaut ist und bei Aufnahmen natürlicher Grösse (→ *Abbildungsmassstab* 1:1) eine optimale → *Schärfe*leistung erbringt. Die → *Lichtstärke* beträgt in der Regel aus optischen Gründen bloss 1:2,8. Da jedoch meistens unbewegte Objekte unter Verwendung eines → *Stativs* fotografiert werden und in der Regel stark abgeblendet (→ *Blende*) wird, um → *Schärfentiefe* zu gewinnen, fällt die geringe Lichtstärke nicht besonders nachteilig auf. Von einigen Herstellern gibt es Makro-Objektive, die nur in Verbindung mit einem → *Balgengerät* verwendbar sind (→ *Objektivkopf*).

Mannes, Leopold, D. (bio) (1899-1964) Amerikanischer Musiker, der zusammen mit → *Godowsky* den Kodachrome-Farbfilm (→ *Farbfotografie*) erfand.

Mantelbad (lab) Temperaturkontrolliertes Wasserbad, welches Dosen, Schalen, Tanks oder Vorratsflaschen mit Verarbeitungslösungen enthält, deren Temperatur konstant gehalten werden muss. (→ *Entwicklung*).

Marey, Etienne Jules (bio) (1830-1904) Französischer Physiologe, der sich um 1882 mit fotografischen Bewegungsstudien von Tieren und Menschen befasste. Marey und → *Muybridge* arbeiteten an ähnlichen

Aufgaben und tauschten laufend Erfahrungen aus. Ihre Arbeitsweisen unterschieden sich dadurch, dass Marey mehrere Belichtungen mit einer Mehrfachkamera auf derselben Platte machte, während Muybridge mit Kamerabatterien mehrere Platten exponierte. Marey erfand verschiedene Geräte und Kameras: Der «Ophymograph» registrierte die Herztätigkeit eines Tieres, mit einer gewehrähnlichen Kamera konnten Flugbewegungen von Vögeln aufgenommen werden. Zusammen mit Demeny schuf er eine Projektionseinrichtung, und bereits 1894 gelang es ihm, mit einer selbstkonstruierten Spezialkamera 700 Bilder in der Sekunde zu belichten. Er war Begründer des Marey Institutes in Paris, das nach seinem Tod von Lucien Bull weitergeführt wurde.

Maske (lab, at) Fachwort mit verschiedenen Bedeutungen:
1. → *Farbmasken* im → *Farbnegativfilm*, welche die → *Nebenfarbdichten* reduzieren bzw. aufheben.
2. Farbmasken, welche in der → *Reproduktions*- und Drucktechnik zur Beeinflussung eines → *Farbauszuges* und damit der Farbwiedergabe dienen.
3. Kontrastmasken (auch Silbermasken oder Graumasken genannt) werden angefertigt, um die → *Gradation* eines → *Diapositives* oder eines → *Negatives* zu verändern. Meistens wird auf diese Weise der Kontrast eines Farbbildes reduziert.
4. Hochlichtmaske, welche beim Anfertigen der Kontrastmaske verhindert, dass die hellsten Partien eines Diapositives (Hochlichter, → *Spitzlichter*) gedeckt (belichtet) werden. → *Maskieren*.
5. Retuschiermaske. Schablonenartig ausgeschnittene Folie, die das → *Retuschieren* (Freistellen auf Negativen oder Spritzretusche auf Positiven) vereinfacht.
6. Konturenbegrenzung aus undurchsichtigem Material, um auf lichtempfindlichem Material partiell eine → *Belichtung* zu verhindern.

Maskieren (lab) Neben den Maskiertechniken, die in der → *Reproduktions*- und Drucktechnik angewendet werden (→ *Maske*), versteht man in der praktischen Fotografie unter «Maskieren» meistens die Kontrastreduktion von → *Diapositiven*. Zunächst wird vom Diapositiv im Kontaktverfahren (→ *Kontaktkopie*) auf → *Strichfilm* eine Hochlichtmaske angefertigt. Die → *Belichtung* wird so gewählt, dass lediglich die hellsten Bildstellen des Diapositivs auf dem sonst blanken Film sichtbar sind. Fertig verarbeitet wird diese Hochlichtmaske deckend auf das Diapositiv verpasst. Sie verhindert bei dem nachfolgenden Anfertigen der Kontrastmaske, dass die Hochlichter im Endprodukt eine Dekkung erhalten. Die Kontrastmaske wird wiederum im Kontaktverfahren belichtet, wobei mit einem zwischengelegten blanken Film oder mit Spezi-

Originaldia
Photo: Jost J. Marchesi, Zürich

Hochlichtmaske

Kontrastmaske

alfilmen, die durch den Schichtträger belichtet werden können, eine minime → *Unschärfe* erzielt werden muss. Dadurch wird das Einpassen der Maske auf das Diapositiv erleichtert, materialbedingte Grössendifferenzen (→ *Masshaltigkeit*) werden ausgeglichen und der Schärfeeindruck wird verbessert.

Masshaltigkeit (phys, lab) (auch Dimensionsstabilität genannt). Bei der Nassverarbeitung sowie bei Temperatur- und Feuchtigkeitsschwankungen kann ein → *Schichtträger* schrumpfen oder sich ausdehnen. Die Abweichung von der ursprünglichen Dimension gibt Aufschluss über die Masshaltigkeit. Besonders Materialien, die in der → *Reproduktion*stechnik für passgenaue Arbeiten (z.B. → *Farbauszüge*) verwendet werden, müssen eine hohe Masshaltigkeit aufweisen.

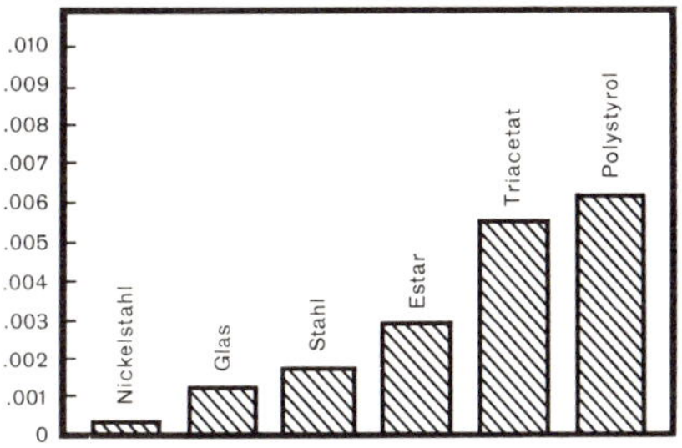

Thermischer Ausdehnungskoeffizient in % pro 1° C

Ihr Schichtträger besteht meistens aus Polyester. Man unterscheidet zwei verschiedene Arten der Massänderung:
1. Schwankende Massänderung in Abhängigkeit von Luftfeuchtigkeit und Temperatur und
2. bleibende Massänderungen, welche durch den Verarbeitungsprozess, durch Alterung oder durch Verdunsten der Lösungsmittel aus dem Schichtträger hervorgerufen werden.

Massstab → *Abbildungsmassstab.*

Matrix-Film (lab) Spezialfilm mit einer Bichromat- oder Silbersalz-Gelatineschicht, der nach der → *Belichtung* und nach entsprechender → *Entwicklung* ein → *Gelatine*relief zeigt. Matrix-Filme werden im → *Dye-Transfer*-Prozess und in anderen → *Edeldruck*- und → *Umdruckverfahren* verwendet.

Matrixmessung → *Mehrfeldmessung.*

Mattlack (bpr) → *Lichtschutzlack*, der auch auf glänzenden → *Papieroberflächen* matt auftrocknet. Mattlack wird besonders bei Ausstellungsbildern verwendet, da die matte Oberfläche stark reflexmindernd (→ *Reflexion*) ist.

Mattscheibe (at) Glasscheibe, deren einseitige Oberfläche durch Ätzen oder Sandstrahlen mattiert wird. Heute werden in → *Spiegelreflexkameras* meistens Kunststoffteile verwendet, die durch entsprechenden Formenguss eine geeignete Mikrooberfläche erhalten. Setzt man eine Mattscheibe in die → *Filmebene* eines optischen Systems (→ *Optik*), z.B. einer → *Spiegelreflexkamera* oder einer → *Fachkamera*, bzw. in die → *Einstellebene*, die örtlich getrennt ist, aber gleiche Distanzen zum optischen System aufweist, so erscheint darauf ein (seitenverkehrtes und kopfstehendes) Bild. Setzt man der Mattscheibe eine → *Fresnellinse* vor, so wirkt das Bild gleichmässig hell. Sehr oft enthält eine Mattscheibe gewisse Hilfsmittel zur → *Scharfeinstellung* wie einen → *Schnittbildindikator*, ein → *Mikroprismenraster*feld oder einen Klarglasfleck mit Fadenkreuz.

Maximaldichte (opt) Grösste in einem fotografischen Material erreichbare → *Dichte*. → *Schwärzungskurve*. → ← *Minimaldichte.*

Maxwell, James Clark (bio) (1831-1879) Schottischer Physiker, Mathematiker und Naturwissenschaftler. Er erkannte, dass → *Licht* eine Energieform elektromagnetischer Schwingungen ist, die sich wellenartig fortpflanzt. Führte die Farbtheorien von Young und Helmholtz weiter und bewies 1861 die additive → *Farbmischung* durch → *Projektion* von → *Farbauszugs*diapositiven. Damit war eine wichtige Grundlage der → *Farbfotografie* geschaffen. Eine mathematische Gleichung von Maxwell definiert auch den → *Brechungsindex*, die massgebende Grösse der → *Glas*arten und → *Linsenform*en. Wegweisend waren auch seine Gas- und Elektrizitätstheorien.

Medizinische Fotografie (at, lab) Spezialgebiet der Dokumentationsfotografie, welches so weitläufig ist wie die medizinische Wissenschaft selbst. Sie reicht von Aufnahmen von Symptomen und Krankheitsbildern in verschiedenen Phasen über → *Reportagen* bei chirurgischen Eingriffen im Operationssaal bis zu Aufnahmen mit den kompliziertesten Spezialtechniken wie → *Endoskopie*, → *Mikrofotografie*, → *Ultraviolett-Fotografie*, → *Infrarot-Fotografie*, → *Nahaufnahmen*, → *Röntgen* u.v.a.m. Auch Dokumentationsaufnahmen von Laborversuchen sowie → *Diapositiv*serien und → *Tonbildschau*en zu Instruktionszwecken gehören in dieses äusserst vielseitige Gebiet. An den medizinischen Fotografen sowie an seine umfangreiche Ausrüstung (→ *Kleinbild-*, → *Mittelformat-* und → *Grossbildkamera*) werden höchste Anforderungen gestellt. Medizinische Aufnahmen müssen sehr oft einen Doppelzweck erfüllen und sowohl für Spezialisten dokumentarisch

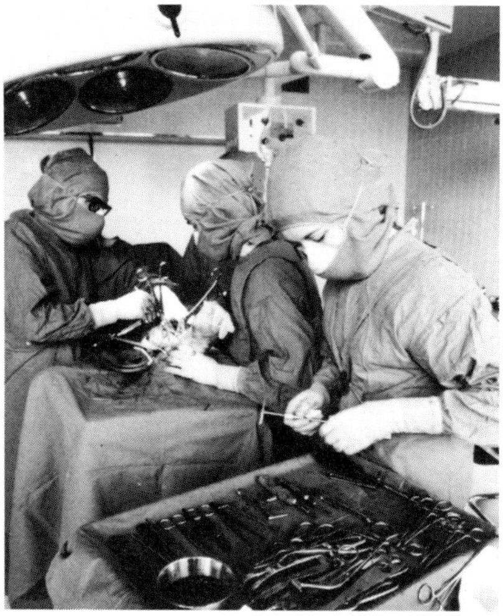

interpretierbar als auch für Laien erklärbar sein. Der Einsatz der Fotografie in der Medizin ist beinahe so alt wie die Fotografie selbst: Alfred Donné nahm bereits im Februar 1840 Knochensegmente mit einem Mikroskop auf.

Mees, Charles Edward Kenneth (bio) (1882-1960) Englischer Foto-Wissenschaftler. Lernte während seines Studiums Samuel E. Sheppard kennen, befasste sich mit ihm zusammen intensiv mit sensitometrischen Untersuchungen (→ *Sensitometrie*, → *Hurter*, → *Driffield*). Arbeitete nach 1908 bei Wratten & Wrainright, welche 1913 von → *Eastman* übernommen wurde, um Dr. Mees als Leiter der Forschungsabteilung der Eastman Kodak Company in Rochester zu gewinnen. Er leitete diese Abteilung über 40 Jahre lang und begründete 1947 das fotografische Museum im George Eastman House (heute: International Museum of Photography, Rochester N.Y.).

Mehrfachbelichtung (at, lab) Werden mehr als zwei → *Belichtungen* auf ein und demselben lichtempfindlichen Material vorgenommen, so spricht man von einer Mehrfachbelichtung (→ *Doppelbelichtung*). Die Anordnung des oder der Objekte muss vorher klar festgelegt oder auf der → *Mattscheibe* (→ *Fachkamera*) eingezeichnet werden, damit keine störenden Überschneidungen entstehen. → *Kleinbild-* und → *Mittelformatkameras* verfügen über eine Doppelbelichtungssperre, die eine ungewollte Doppel- oder Mehrfachbelichtung verhindert. Diese lässt sich bei den meisten Kameras durch Drücken des Rückspulknopfes entriegeln. Bei der → *Belichtung*smessung ist der Mehrfachbelichtung Rechnung zu tragen. Es gilt die Regel, dass die Summe aller Belichtungen die gemessene → *Belichtungszeit* nicht übersteigen darf, da sonst eine → *Überbelichtung* resultiert. Dazu kann entweder die Belichtungszeit entsprechend reduziert werden, oder man multipliziert die →

ASA-Zahl (→ *Filmempfindlichkeit*) mit der Anzahl Belichtungen. Beispiel: Mit einem 200-ASA-Film soll eine Dreifachbelichtung gemacht werden. 3 x 200 = 600. Die Belichtungsmessung erfolgt mit eingestellten 600 ASA. Diese Regel trifft nur zu, wenn sich die Belichtungen überschneiden. Wird jedoch ein Objekt vor schwarzem → *Hintergrund* mehrfach und nicht überschneidend belichtet, so muss keine Verkürzung der Belichtungszeit berücksichtigt werden. Eine weitere Methode der Mehrfach- bzw. Vielfachbelichtung ist das aufwendige Arbeiten mit einem Stroboskop (→ *Stroboskop-Fotografie*). Der → *Verschluss* wird dazu auf → *B* gestellt.

Mehrfachkamera → *Sequenzkamera.*

Mehrfachprisma (at) → *Vorsatzlinse* mit mehreren eingeschliffenen Prismen (→ *Prisma*), welche das fotografierte Objekt mehrfach wiedergeben. Die Prismen können entweder im Kreis um ein planparalleles Linsenstück gruppiert (Bildbeispiel) oder parallel nebeneinander angeordnet sein. Die Wirkung der einzelnen Prismen ist von der → *Brennweite* des → *Objektivs* abhängig.

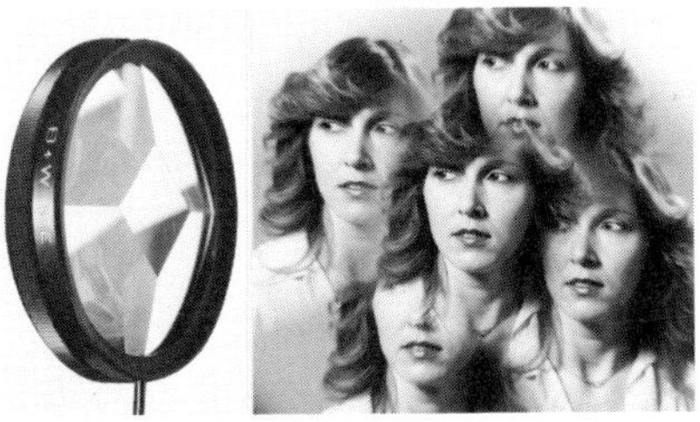

Mehrfachprogrammautomatik (at) → *Programmautomatik*, bei welcher die → *Verschlusszeit* oder die → *Blende* in Abhängigkeit von der verwendeten → *Brennweite* automatisch verändert wird, um Verwacklungsunschärfen (→ *Verwackeln*) mit langen Brennweiten zu vermeiden und mit kurzen Brennweiten zusätzlich → *Schärfentiefe* zu gewinnen.

Mehrfeldmessung (bm) Belichtungsmessystem (→ *Belichtungsmessung*) bei → *Spiegelreflexkameras*, bei welchem mehrere Messegmente das gesamte → *Bildfeld* erfassen und das nach vorgegebener Gewichtung in den meisten Fällen zu einem besseren Messergebnis kommt, als die mittenbetonte → *Innenmessung.* Je nach Programmierung und Messcharakteristik kann die Mehrfeldmessung die Formatlage (Hoch- oder Querformat) definieren und den Himmelsanteil berücksichtigen. Weiter sind einige Systeme, aufgrund der Helligkeitsdifferenz zwischen Hauptmotiv und Hintergrund, in der Lage → *Gegenlicht*situationen zu erkennen (→ *Gegenlichterkennung*) und die → *Belichtung* entsprechend zu korrigieren (→ *Belichtungskorrektur*).

Mehrschichtvergütung (opt) (Multicoating) → *Vergütung.*

Mehrstrahlen-Autofokus (at) → *Autofokus*-Messystem mit mehreren Messstrahlen, welche nicht nur das Zentrum des → *Bildfeldes* erfassen, sondern einen grösseren Anteil des Motivraumes. Damit werden insbesondere bei einfachen → *Kompaktkameras*, die über keinen → *Messwertspeicher* verfügen, auch Motive scharf erfasst, die sich nicht im Bildzentrum befinden.

Memory-Lock → *Messwertspeicher.*

Meniskuslinse (opt) (Monokellinse) Einfache Sammel-(konkav-konvex) oder Zerstreuungslinsen (konvexkonkav) oder Linsenglieder. Sie finden in heutigen Kameras kaum noch Verwendung, da sie mit → *Aberrationen* behaftet sind; werden jedoch als → *Vorsatzlinsen* gebraucht.

Mensur (lab) Gefäss, welches mit einer seitlich angebrachten Skala zum Dosieren von Flüssigkeiten dient.

Messucherkamera (at) → *Kameratyp*, meist → *Kleinbildkamera*, der über einen optischen Durchsichtssucher mit eingespiegeltem → *Entfernungsmesser* verfügt. Häufig sind diese Sucher als → *Leuchtrahmensucher*

Messsucherkamera (Leica)

konzipiert, die in Verbindung mit der Entfernungseinstellung die → *Sucherparallaxe* ausgleichen. Je nach verwendetem → *Objektiv* wird im Sucher eine entsprechende Bildfeldbegrenzung eingespiegelt. Die Belichtungsmessung erfolgt entweder durch das Objektiv oder durch einen im Gehäuse eingebauten oder aufgesetzten → *Belichtungsmesser*.

Messwertspeicher (bm) Bei automatischen → *Spiegelreflexkameras* kann über eine Taste oder durch Druckpunktnahme des → *Auslösers* die gemessene Belichtung (→ *Belichtungsmessung*) oder die automatisch eingestellte Schärfe (→ *Autofokus*) gespeichert werden, damit anschliessend der Bildausschnitt optimal gewählt werden kann. Die Messwertspeicherung wird besonders bei → *Spotmessung* häufig und sinnvoll eingesetzt.

Messwinkel (bm, opt) Raumwinkel eines (Hand-) → *Belichtungsmessers*. Er entspricht in der Regel mit 40 bis 50° dem → *Bildwinkel* eines Normal→ *Objektivs* oder ist mit 2 bis 10° auf gezielte → *Spotmessung* ausgelegt. Der Messwinkel von Handbelichtungsmessern kann mit einer → *Diffusor*kalotte für → *Lichtmessung* aufgehoben bzw. auf 180° erweitert werden.

Metalldampflampen (at, li) (HMI-Leuchten). Entladungslampen mit einer sehr hohen → *Leuchtdichte* und → *Lichtausbeute*, die sich aufgrund der tageslichtähnlichen → *Verteilungstemperatur* von 5500K für Foto-, Video- und Filmaufnahmen sehr gut eignen. Sie sind etwa viermal heller als → *Halogenglühlampen* und bestehen aus einem Quarzglaskolben, der mit → *Quecksilber* und Metallhalogeniden der seltenen Erde-Gruppe (Dysprosium, Thulium und Holmium) gefüllt ist. Das Licht entsteht durch eine Bogenentladung. Zur Strombegrenzung wird ein Gleichrichter oder eine Drosselspule, und zur Einleitung der Zündung ein Zündgerät benötigt. Wie bei → *Halogenglühlampen* verhindert der Halogen-Wolfram-Kreisprozess ein Niederschlagen des verdampften Elektrodenmaterials auf die Kolbeninnenwand, wodurch eine konstante → *Verteilungstemperatur* über die gesamte Lebensdauer gewährleitet ist. Weitere Kreisprozesse sorgen dafür, dass in den heissen Zonen des Lichtbogens die zur Lichterzeugung nötige hohe Konzentration von dampfförmigen seltenen Erden erreicht wird.

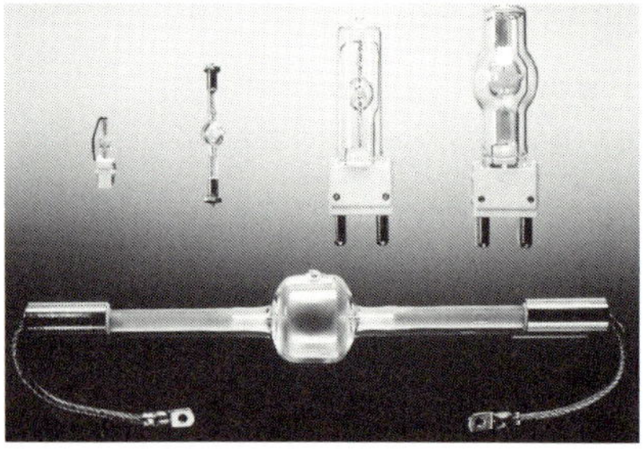

Metalldampflampen; Osram

Metallsalztonung → *Tonung*.

Meterware (at, lab) → *Filmkonfektionierung* von perforiertem (→ *Perforation*) 35mm- und 70mm-Material oder von unperforierten Spezialfilmen. Meterware ist in verschiedenen Längen (5 bis 300 Meter) im Handel

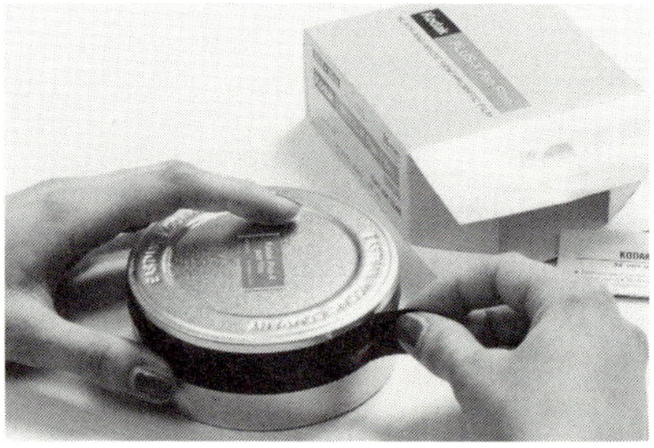

Verpackung von Meterware

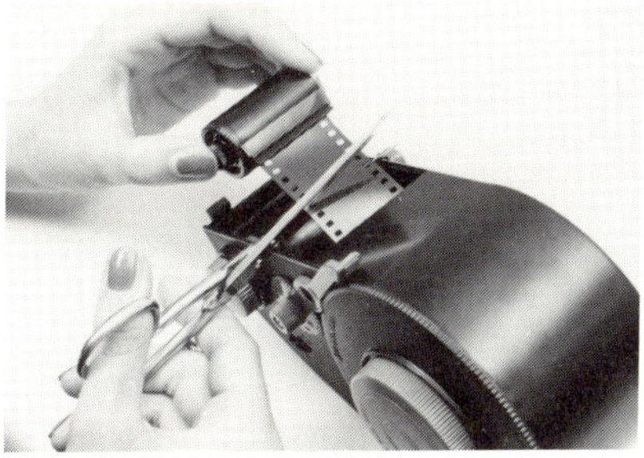

Abfüllen mit Filmlader

und wird bei Bedarf im Dunkeln oder mit speziellen Filmladegeräten (→ *Filmlader*) in → *Filmpatronen* abgefüllt.

Metol (chem) $(CH_3 \cdot HN \cdot C_6H_4OH)_2$ (p-Methylaminophenolsulfat) → *Entwicklersubstanz*, die unter verschiedenen Produktenamen (Elon, Monomet, Mepadol, Rhodol u.v.a.m.) im Handel ist. Farblose Kristallnädelchen, leicht wasserlöslich.

Mikrodensitometer (lab) → *Densitometer* zum Messen der → *Dichte* an sehr kleinen Flächen.

Mikrofilm (at) Spezielles → *Filmmaterial* mit besonders hohem → *Auflösungsvermögen* zur → *Reproduktion* von Schriftstücken. Mikrofilme gibt es in verschiedenen → *Konfektionierungen*: 1. als Filmstreifen in → *Kassetten*, oder 2. als → *Planfilme* (Mikrofiche). Die Mikroverfilmung ermöglicht ein besonders platzsparendes Archivieren. Zudem kann jedes Dokument über eine Identifikationsziffer leicht aufgefunden und in einem Lesegerät betrachtet werden. Es lassen sich beliebig viele Rückvergrösserungen (→ *Vergrösserung*) hergestellen.

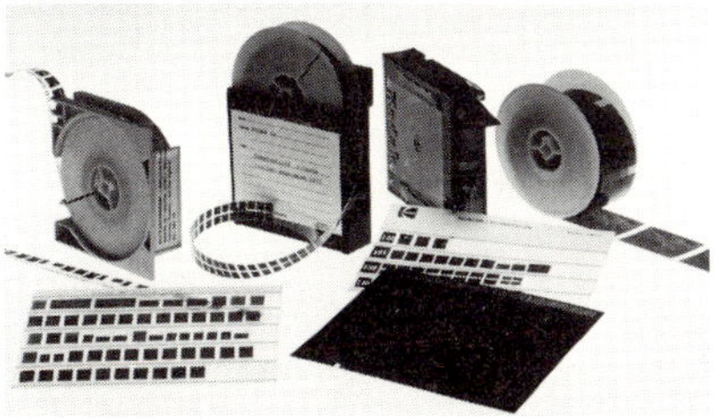

Kodak SA, Lausanne

Mikrofotografie (at) Fotografisches Aufnahmeverfahren kleinster Objekte (Präparate) mit Hilfe des Mikroskopes. Der → *Abbildungsmassstab* liegt zwischen 10:1 und etwa 1000:1 (→ *Nahaufnahme*). Die Mikro-Fotografie wird vorwiegend für wissenschaftlichliche und dokumentarische Zwecke eingesetzt.

Mikrometer µm. (Mikron) Längenmass. 1 Millionstel Meter (10^{-6}m) = 0,001 mm.

Mikroprismenraster (at) Hilfsmittel zur → *Scharfeinstellung* auf der → *Mattscheibe* von → *Spiegelreflexkameras*. In einem meist kreisrunden Feld der Mattscheibenoberfläche sind mikroskopisch kleine Vierkantprismen angeordnet, die das unscharf eingestellte Bild in kleinste Einzelbilder zerlegen. Der Fotograf nimmt ein «Flimmern» wahr, welches bei Scharfstellung «sprungartig» verschwindet. Besonders mit langbrennweitigen → *Objektiven* ist das Scharfeinstellen einfacher als mit dem → *Schnittbildindikator*.

Minilab (lab) Kompaktes Verarbeitungsgerät für → *Farbnegativfilme* zu Farb- → *Kopien* in gängigen Amateurformaten. Ähnlich wie bei einem → *Printer* wird das Negativ mit einem → *Scanner* auf → *Farbe* und → *Dichte*

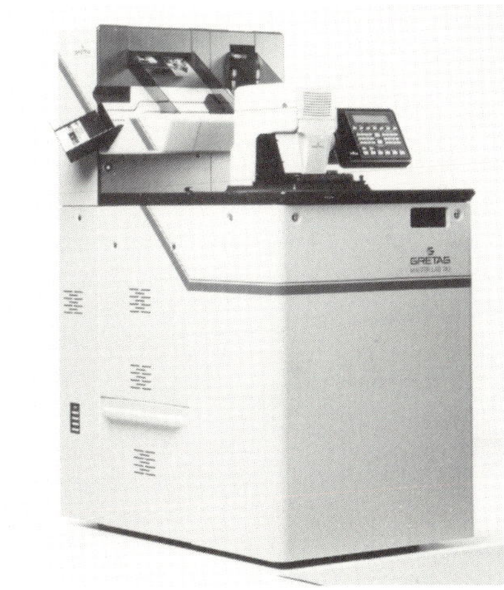

Minilab (Gretag)

ausgemessen, auf ein lichtempfindliches → *Farbpapier* belichtet und anschliessend im Gerät selbst entwickelt (→ *Entwicklung*).

Minimaldichte (opt) → *Dichte* einer nicht belichteten (→ *Belichtung*), entwickelten (→ *Entwicklung*) fotografischen Schicht. Auch → *Grundschleier* genannt. Bei → *Farbnegativfilmen* definiert man die Minimaldichte mit Grundschleier plus Maskenfärbung (→ *Farbmaske*). →← *Maximaldichte*.

Mired (at, phys) Akronym für «**Mi**cro**re**ciprocal **d**egrees». 10^6-facher Kehrwert von → *Kelvin* (→ *Farbtemperatur*, → *Verteilungstemperatur*). Da das Rechnen mit Kelvin zu kompliziert ist und die Stärke (→ *Dichte*) eines → *Konversionsfilters* nicht in der Einheit der Farbtemperatur angegeben werden kann, wurde der Mired-Wert geschaffen:

$$\text{Mired} = \frac{1'000'000}{\text{Kelvin}}$$

Gleiche Mired-Unterschiede bewirken sowohl bei → *Tageslicht* als auch bei → *Kunstlicht* die gleiche Farbverschiebung. Bläuliche Konversionsfilter reduzieren den Mired-Wert und erhöhen die Farbtemperatur, während orangerote höhere Mired-Werte und niedrigere Farbtemperaturen ergeben. Bei bekannter Farbtemperatur der → *Lichtquelle* und der gewünschten (gefilterten) Farbtemperatur, auf welche der → *Farbfilm* abgestimmt ist, lässt sich der Mired-Verschiebungswert zur tabellarischen Bestimmung des erforderlichen Konversionsfilters wie folgt errechnen:

$$\left[\frac{1}{T_2} - \frac{1}{T_1}\right] \times 10^6$$

T_1 = Farbtemperatur der Lichtquelle
T_2 = Farbtemperatur des Films

Ist der Mired-Wert negativ, so ist ein bläulicher Konversionsfilter erforderlich, der die Farbtemperatur erhöht. Ist er positiv, muss ein entsprechender orangeroter Konversionsfilter verwendet werden, der die Farbtemperatur reduziert. Um mit kleineren Zahlen operieren zu können, hat man die Einheit «Dekamired» eingeführt (10 Mired = 1 Dekamired).

10000 K =	100 Mired =	10 Dekamired
5555 K =	180 Mired =	18 Dekamired
3333 K =	300 Mired =	30 Dekamired
2000 K =	500 Mired =	50 Dekamired
1000 K =	1000 Mired =	100 Dekamired

Mischbildentfernungsmesser (at) Hilfmittel zur → *Scharfeinstellung* in Durchsichtssuchern von → *Messsucherkameras*. Dazu werden zwei Konturen des Objekts zur Deckung gebracht. → *Entfernungsmesser*.

unscharf scharf

Mischbox-Vergrösserungsgerät (lab) → *Vergrösserungsgerät*, das über eine → *Halogenlampe* als → *Lichtquelle* und eine Mischbox verfügt. Die Mischox ist ein mit weissem, hochreflektierendem Kunststoff (Styropor) ausgelegter Körper, welcher zu einer starken Diffusion des eingestrahlten Lichtes und damit zu einer guten → *Ausleuchtung* der → *Bildbühne* führt. Besonders für Farbvergrösserungen (→ *Farbfotografie*, → *Farbmischkopf*) hat sich diese Beleuchtungsart bewährt, weil zur → *Farbmischung* → *dichroitische Filter* relativ kleiner Abmessungen verwendet werden können, die zu einem geringen Lichtverlust führen.
Mischbox-Vergrösserungsgeräte ergeben feinkörnigere Vergrösserungen weicherer → *Gradation*, als → *Kondensor-Vergrösserungsgeräte* (→ *Callier-Effekt*).

Mischlicht (li) Wird ein Objekt mit → *Lichtquellen* unterschiedlicher → *Farbtemperatur* beleuchtet, sprechen wir von einem Mischlicht. Bei Farbaufnahmen entsteht ein → *Farbstich* 2. Art, der mit → *Farbfiltern* nicht korrigiert werden kann.

Mittelformat (at) Aufnahmeformat, meistens auf → *Rollfilm*material, > 24x36mm und < 9x12cm. Neben 6x9, 6x7, 4,5x6 cm ist 6x6 cm das gebräuchlichste Mittelformat. Der Vorteil eines besseren → *Auflösungsvermögens* (das 6x6-cm-Format ist flächenmässig rund viermal grösser als ein → *Kleinbild*negativ) ist mit einer grösseren, schweren und wesentlich teureren Ausrüstung zu bezahlen. Neben den üblicherweise verwendeten → *Rollfilm*en können in speziellen → *Kassetten* auch → *Planfilme* und Sofortbildfilme (→ *Sofortbildverfahren*) belichtet werden.

Mittelformatkamera (Rolleiflex)

Mittelgrund (at) Zone im Objektraum, die zwischen dem → *Vordergrund* und dem → *Hintergrund* liegt. Der Mittelgrund bildet in Verbindung mit dem Objekt meistens der Schwerpunkt des Bildes.

Mittenkontakt (at) Kontakt für die → *Blitzsynchronisation* im → *Zubehörschuh* von → *Spiegelreflexkameras*. Dabei wird bei Systemblitzgeräten (→ *Computerblitzgerät*) nicht nur die Blitzsynchronisation durch Kontakte übertragen, sondern auch die Blitzlichtsteuerung (Unterbrechung der → *Leuchtzeit*), die → *Blitzbereitschaft* und die Blitzkontrolle (→ *Blitzkontrollanzeige*).

Mitziehen (at) Eine besonders in der → *Sportfotografie* häufig angewandte Aufnahmetechnik. Sie besteht darin, dass ein sich schnell bewegendes Objekt im → *Sucher* mitverfolgt und mit bewegter (mitgezogener) → *Kamera* und einer im Verhältnis zur Bewegung relativ langen → *Verschlusszeit* aufgenommen wird. Dadurch entsteht im → *Hintergrund* (nicht am Objekt) eine → *Bewegungsunschärfe*, welche durch Simulation von Geschwindigkeit zu eindrucksvollen Bildern führt.

M-Kontakt → *Blitzlichtsynchronisation.*

Mode-Fotografie (at) Fotografische Darstellung der Kreationen von Modeschöpfern. Auftraggeber für den Modefotografen ist entweder ein Modemagazin (zur Illustration eines redaktionellen Artikels) oder ein Modehaus, bzw. dessen Werbeagentur, welches Bildmaterial für Werbezwekke benötigt (→ *Werbe-Fotografie*). Die Arbeit für ein Modemagazin lässt dem Fotografen in der Regel mehr Freiheit und gestattet ihm, weitgehend nach seinen Ideen und in eigener Regie zu arbeiten. Auch die Wahl geeig-

Foto: W. S. Eberle, Zürich

neter Mannequins, die er über eine Modellagentur temporär engagiert, obliegt ihm und muss mit der Aufnahmesituation in Einklang stehen. Modeaufnahmen können je nach Aufgabe im Freien oder im → *Atelier* realisiert werden. Neben zweckmässigen Requisiten wird auch häufig die → *Hintergrundprojektion* eingesetzt. Als → *Beleuchtung* kommt praktisch ausschliesslich → *Blitzlicht* in Frage. Meistens werden mit → *Kleinbildkameras* oder → *Mittelformatkameras*, häufig mit → *Winder* oder → *Motor*, Aufnahmeserien gemacht, um danach unter einer Vielzahl von ähnlichen → *Diapositiven* das beste Bild auszuwählen. Geschichtlich gesehen ist die Mode-Fotografie noch relativ jung. Sie begann erst in den zwanziger Jahren, als neue → *Reproduktions*verfahren die bisherige zeichnerische Illustration durch die → *Halbton*wiedergabe verdrängten. Den Modeströmungen entsprechend ändert sich der Stil von Modeaufnahmen laufend.

Modellvertrag (at) da nicht nur der Fotograf an seinem Bild Rechte besitzt (→ *Urheberrecht*), sondern auch die auf einem Bild abgebildeten Personen, ist es empfehlenswert, insbesondere bei Akt- und Porträtaufnahmen vor dem Fotografieren einen Modellvertrag abzuschliessen, der sowohl den Fotografen, als auch das Modell vor späteren Unklarheiten schützt.

Modellvertrag

Zwischen .... (Name des Modells) und .... (Name des Fotografen) wird folgende Vereinbarung getroffen:

Die am .... angefertigten Aufnahmen dürfen uneingeschränkt und unwiderruflich für Werbe- und Publikationszwecke genutzt werden. Ansprüche von Drittpersonen sind dabei ausgeschlossen.
Als einmaliges Honorar wurden Fr/DM .... (in Worten: ....) vereinbart. Das Modell bestätigt mit seiner Unterschrift unter diesem Vertrag gleichzeitig den Erhalt des Honorars in bar. Das erhaltene Honorar wird vom Modell selbst versteuert.Weitere Sondervereinbarungen und Absprachen wurden nicht getroffen.

Zusatzvereinbarung bei minderjährigen Modellen

Der unterzeichnende gesetzliche Vertreter ist einverstanden, dass die von .... (Name des Modells) angefertigten Aufnahmen uneingeschränkt im Sinne der obenstehenden Vereinbarung veröffentlicht werden dürfen.

Zusatzvereinbarung für Honorarbeteiligung

Bei kommerziellen Nutzungen der Aufnahmen wird das Modell an den Veröffentlichungshonoraren mit ....% beteiligt. Der Fotograf rechnet mit dem Modell unter Vorlage der Originalbelegen ab. Die erhaltenen Nutzungshonorare werden vom Modell selbst versteuert.

Sondervereinbarungen limitierter Nutzung

Die Aufnahmen dürfen nur bis zum ....(Datum) uneingeschränkt im Sinne des obigen Vertrages genutzt werden. Nach Ablauf dieses Datums werden zwischen dem Modell und dem Fotografen neue Vereinbarungen getroffen.

.... (Ort) ....(Datum)
.... (Unterschrift des Modells)
.... (Unterschrift des Fotografen)
.... (Unterschrift des Erziehungsberechtigten)

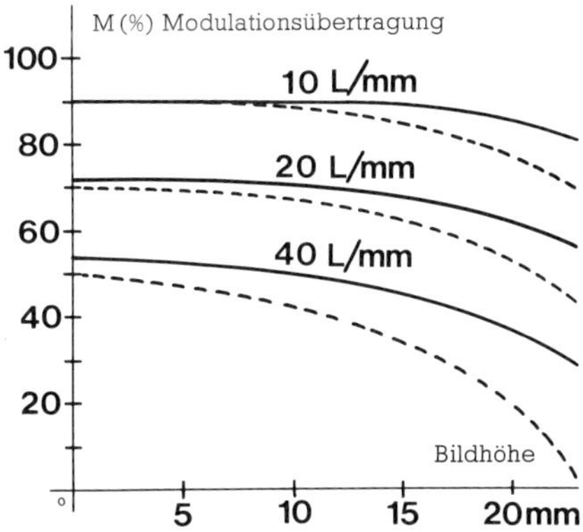

Modulationsübertragungsfunktion eines Objektivs bei 10, 20 und 40 Linienpaaren pro mm, wobei das Liniengitter sagittal (——) (parallel zum Bildkreisradius) und tangential (---) (senkrecht zum Bildkreisradius) orientiert war. Die Bildhöhe betrug 0 bis 25 mm.

Modulationsübertragung (auch → *MTF* oder → *Kontrastübertragung* genannt). Gegenseitige Beziehung zwischen → *Kontrast*wiedergabe und → *Auflösungsvermögen* als messbares Kriterium für die Qualität eines optischen Systems (→ *Optik*) oder einer lichtempfindlichen Schicht (→ *Film*). Der Kontrast einer Vorlage, ein zunehmend feiner werdendes Liniengitter (→ *Ortsfrequenz*), wird mit dem Kontrast der → *Abbildung* verglichen. Eine identische Wiedergabe ergibt 100% oder MTF-Übertragungsfaktor 1. Dieser Faktor ist abhängig von der Ortsfrequenz und der Bildhöhe (Abstand eines Bildpunktes vom Bildmittelpunkt). Die verschiedenen Modulationsübertragungsfaktoren lassen sich als Modulationsübertragungsfunktion zeichnerisch darstellen.

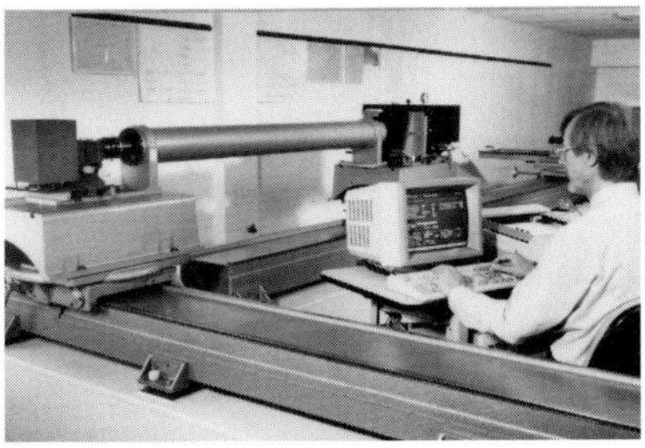

MTF-Messung (Rodenstock)

Moholy-Nagy, Làszlò (bio) (1895-1946) Ungarischer konstruktivistischer Maler und Fotograf. War von 1923 bis 1928 Meister am Bauhaus in Weimar und Dessau. Begann 1921 zusammen mit seiner Frau Lucia Moholy →*Fotogramme* nach graphisch-ästhetischen Gesetzmässigkeiten anzufertigen. Begründete 1937 in Chicago «The New Bauhaus».

Moiré (at) Regelmässige Struktur, die durch Überlagerung von zwei verschiedenen, gegeneinander verschobenen oder verdrehten → *Rastern* entsteht. Ein Moiré kann bei der → *Reproduktion* bereits gerasteter Vorlagen in Erscheinung treten. Moiré-Strukturen werden in der experimentellen Fotografie auch gestalterisch eingesetzt.

Monckhoven, Desiré Charles Emanuel van (bio) (1834-1882) Belgischer Chemiker und Fotograf. Entdeckte zahlreiche Verbesserungen auf dem Gebiet der → *Optik*, der → *Emulsion*stechnik, der → *Kopierverfahren* und der Fotochemie. Um 1860 konstruierte er einen dialytischen → *Vergrösserungsapparat* mit einem bikonvexen → *Kondensor* und einer Konvexkonkav-Linse (→ *Linse*, → *Linsenformen*). Begründete eine → *Emulsions*- und → *Trockenplatten*fabrik und verfasste eines der bedeutendsten Lehrbücher jener Zeit («Traité générale de la photographie»).

Mondscheineffekt (at) Aufnahmetechnik in der → *Schwarzweiss-Fotografie*, um bei Tag mondscheinähnliche Stimmungsbilder zu machen. Dazu wird bei wolkenlosem, blauem Himmel ein Rotfilter (→ *Filter*) verwendet, welcher diesen dunkelgrau bis schwarz erscheinen lässt. Diese → *Negative* werden anschliessend auf kontrastreich arbeitendes → *Papier* (→ *Gradation*) relativ dunkel kopiert (→ *Kopie*). In der → *Farbfotografie* wird dieser Effekt durch einen Blaufilter (→ *Filter* und → *Unterbelichtung*) erzielt. Diese Technik wurde in Hollywood häufig angewandt, um dramatische Nachtszenen zu drehen.

Monobadentwicklung → *Fixierentwicklung.*

Monochromatisches Licht (phys) → *Licht* eines bestimmten kleinen → *Wellenlängen*bereiches, welches einfarbig wirkt. Monochromatisches Licht kann mittels → *Filter* aus dem sichtbaren → *Spektrum* oder durch besondere → *Lichtquellen* (z.B. → *Gasentladungslampen*) erzeugt werden. In der wissenschaftlichen Fotografie kann monochromatisches Licht auch eingesetzt werden, um die → *Chromatische Aberration* für Spezialaufgaben völlig auszuschliessen. Auch das Schutzlicht einer → *Laborleuchte* (z.B. → *Natriumdampflampe*) kann monochromatisch sein, und in der → *Holografie* dient monochromatisches Licht als Betrachtungslichtquelle.

Monokellinse → *Meniskuslinse.*

Monomethyl-p-aminophenolsulfat → *Metol.*

Montage (at, bpr) (auch Fotomontage) Manuelles oder optisches Zusammensetzen verschiedener Bildelemente. Es kommen dazu alle Arten bildlicher Darstellungen in Frage; neben Fotografien auch Zeichnungen und Drucke, die bereits vorhanden sind oder für diesen Zweck angefertigt werden. Das Montieren von ausgeschnittenen → *Positiv*-Bildelementen nennt man Collage oder Klebemontage. In der Regel fertigt man von diesem Unikat eine → *Reproduktion* an, um mehrere → *Kopi*en herstellen zu können. Optische Montagen entstehen entweder bereits bei der Aufnahme (→ *Doppelbelichtung*, → *Mehrfachbelichtung*) oder im Labor durch Anwenden verschiedener Kopiertechniken oder chemischer Prozesse (→ *Mehrfachbelichtung*, → *Maskieren*, partielles → *Abschwächen* und → *Verstärken*). Das Anfertigen von Montagen gehört in den Bereich der graphischen Gestaltung, die sich der Fotografie als Werkzeug bedient. Besonders in den zwanziger und dreissiger Jahren stellten Montagen aller Art eine Modeströmung dar, geprägt von Namen wie Christian Schad, Man Ray und John Heartfield.

Klebemontage «Der Mensch» von Mario Ciceri, Schaffhausen

Motivkontrast → *Kontrastumfang.*

Motorkamera (Nikon F3 für NASA)

Motorkamera (at) → *Kleinbild-* oder → *Mittelformatkamera*, die über einen batteriebetriebenen, integrierten Mikromotor verfügt, welcher den → *Film* transportiert (→ *Filmtransport*). Dadurch wird eine Aufnahmefrequenz von bis zu 10 Bildern pro Sekunde erreicht, was für → *Sequenzen* und in der → *Sport-Fotografie* von grossem Nutzen ist. Dank den Fortschritten in der Elektronik und im Mikromotorenbau, besitzen heute nahezu alle Kleinbildkameras einen eingebauten Motor, welcher den Film nicht nur vorwärts transportiert, sondern diesen nach der letzten Belichtung auch wieder in die → *Filmpatrone* zurückspult. Der früher als → *Winder* angebotene Motorteil ist durch diese Entwicklung praktisch vom Markt verschwunden.

M-Synchronisation → *Blitzsynchronisation.*

MTF → *Modulationsübertragungsfunktion.*

Multicoating Mehrschichtige → *Vergütung* einer → *Linse.*

Multimode-Kamera (at) → *Spiegelreflexkamera*, die über mehrere Betriebsarten und Funktionen verfügt, wie → *Blendenautomatik*, → *Zeitautomatik* → *Programmautomatik*, → *Mehrfachprogrammautomatik* und manuelle Einstellung von → *Blende* und → *Verschlusszeit.*

Multiplekamera → *Sequenzkamera.*

Multivision (at, bpr) → *Tonbildschau* mit mehreren → *Projektoren* auf eine grosse oder mehrfach unterteilte → *Projektionswand.* Die Steuerung der Projektoren, unter Einsatz komplizierter Techniken wie → *Überblendprojektion* und integrierte Laufbildprojektion (→ *Kinematographie*), erfolgt elektronisch. Die ganze Schau läuft dann automatisch ab. Die Multivision wird häufig bei Ausstellungen und zu Werbe- sowie Schulungszwecken eingesetzt.

Kodak / Multivision SA, Lonay

Muschelbruch (lab) Fehler bei der → *Trocknung* von Barytpapieren (→ *Fotopapiere*) in → *Trockenpressen.* Durch zu frühes Öffnen der Trockenpresse springt die → *Gelatine*schicht und erhält eine muschelartige Struktur. Um den Fehler zu verhindern, muss mit dem Öffnen der Trockenpresse zugewartet werden, bis keine Knistergeräusche mehr zu vernehmen sind und das Spanntuch trocken ist. Vergrösserungen mit Muschelbruch können in eine → *Netzmittel*lösung gelegt und erneut getrocknet werden, damit die Muschelbruchstruktur verschwindet.

Muybridge, Eadweard James (bio, hist) (1830-1904) Amerikanischer Fotograf, aus England stammend, der sich zunächst der → *Landschafts-Fotografie* und danach fotografischen Bewegungsstudien von Menschen und Tieren zuwandte. Er bewies 1878, dass ein galoppierendes Pferd während einer kurzen Phase mit allen vier Hufen in der Luft ist. Dazu verwendete er mehrere Kameras, die er mechanisch und später elektromagnetisch kurz nacheinander auslöste. Er konstruierte einen → *Projektor*, den er «Zoopraxinoskop» nannte, um die einzelnen Bewegungsphasen (Analyse) in einem Ablauf (Projektionssynthese) vorführen zu können. Inspirierte → *Marey* zu ähnlichen, kinematographischen Versuchen. Wichtigste Publikationen: «Attitudes of Animals in Motion» (1881) und «Animal Locomotion» (1887).

N

Nachbareffekt (lab) → *Entwicklungs*effekt, der bei benachbarten, stark unterschiedlich belichteten (→ *Belichtung*) Partien in Form von helleren und dunkleren Rändern und Säumen in Erscheinung tritt (→ *Eberhardt-Effekt*, → *Kostinsky-Effekt*).

Nachbehandlung (lab) Verfahren, um → *Negative* und → *Positive* nachträglich zu verändern, meist um das Resultat zu verbessern oder um das Bild zu verfremden (→ *Verfremdung*).
1. Nachbehandlung des Negativs: → *Abschwächen* zu dicht geratener Negative, → *Verstärken* oder → *Umentwickeln* unterentwickelter Negative, Änderung der → *Filmempfindlichkeit* (→ *Latensifikation*), → *Solarisation* (Umkehrung gewisser → *Tonwerte*) und → *Vorbelichtung* oder → *Maskieren* zur Veränderung der → *Gradation*.
2. Nachbehandlung der Aufnahme bei der Erstellung des Positivs. → *Vorbelichtung* zur Veränderung der Gradation, → *Pseudosolarisation* (Umkehrung gewisser Tonwerte), → *Tonung* (Umwandlung der Grauwerte in monochromatische Farbwerte), Verfremdungstechniken (→ *Tontrennung*, → *High-Key*, → *Low-Key*), → *Retuschieren* und Anfertigen von → *Montagen*.

Nachbelichten (lab) Um überbelichtete (→ *Überbelichtung*) Partien des → *Negativs* auf der → *Vergrösserung* korrekt wiedergeben zu können, werden diese mit einer Schablone zusätzlich belichtet. Die Schablone kann man selbst herstellen, indem man in einen Karton ein entsprechend grosses Loch schneidet. Während der Nachbelichtung ist die Schablone im Strahlengang des → *Vergrösserungsgerät*es zu bewegen, damit keine erkennbare Kontur entsteht. →← *Abwedeln*.

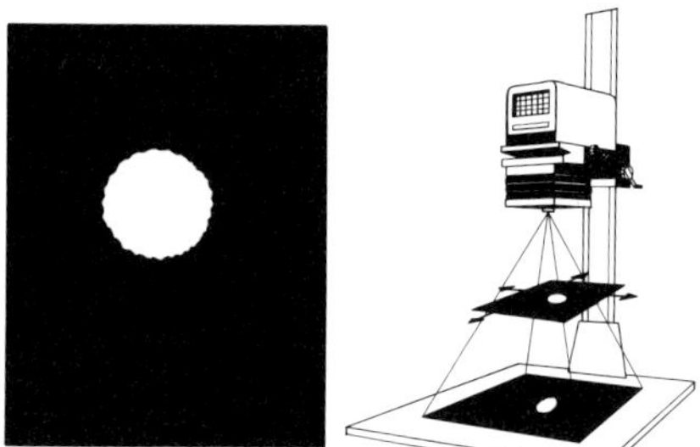

Nachfüllösung → *Regenerieren*.

Nachtaufnahme (at) Aufnahmen nächtlicher Szenen, meistens mit einer → *Langzeitbelichtung*. Dazu ist die Verwendung eines → *Stativs* unumgänglich, und der → *Verschluss*, in → *B*- oder → *T*-Stellung, wird mit einem → *Drahtauslöser* betätigt. Bedingt durch die Anzahl und Intensität der → *Lichtquellen*, weisen Nachtaufnahmen in der Regel einen sehr hohen → *Kontrastumfang* auf, dem in der → *Schwarzweiss-Fotografie* bei der → *Entwicklung* und der Wahl der → *Papiergradation* Rechnung getragen werden kann. Da → *Belichtungsmesser* auf einen mittleren Grauwert abgestimmt sind und bei Langzeitbelichtungen der → *Reziprozitätsfehler* (→ *Schwarzschildeffekt*) berücksichtigt werden muss, ist es ratsam, sich zusätzlich auf Erfahrungswerte abzustützen und → *Belichtungsreihen* durchzuführen. Die Filmhersteller veröffentlichen auch Tabellen, die brauchbare Anhaltswerte liefern. Bewegte Objekte werden infolge der langen Belichtungszeit unscharf oder gar nicht wiedergegeben. Sich bewegende Lichtquellen werden als helle Striche registriert. Starke Lichtquellen, die direkt

ins → *Objektiv* strahlen, können einen → *Lichthof* bewirken.

Nachteffekt → *Mondscheineffekt.*

Nachtsichtgeräte → *Restlichtverstärker.*

Nadar (Gaspar Felix Tournachon) (bio) (1820-1910) Französischer Journalist, Karikaturist und Fotograf. Wandte sich 32jährig der Fotografie zu, eröffnete kurze Zeit danach ein → *Porträt*atelier in Paris, wo er erstmals 1858 elektrisches Kohlenbogenlicht zur Beleuchtung verwendete. Spektakulär waren auch seine Bilder, die er mit elektrischem Licht in den Katakomben aufnahm, sowie die erste Luftaufnahme, die ihm 1858 vom Ballon aus gelang. Um während der Besetzung von Paris (1870) die Verbindung zur Aussenwelt zu sichern, gründete er ein Ballonkorps. Bevor er sich endgültig zurückzog, führte er mit Eugène Chevreul 1886 das erste fotografische Interview durch, welches in den damaligen Illustrierten als grosse Novität abgedruckt wurde.

Nahaufnahme (at) Aufnahmebereich mit → *Abbildungsmassstab* zwischen 1:10 und 10:1. Die ebenfalls noch benutzten Begriffe Makro-, Lupen- und Mikroaufnahmen lassen sich unterschiedlich interpretieren und sind deshalb nach DIN 19040 nicht mehr empfohlen.

Fernaufnahme	1:∞	-	1:10
Nahaufnahme	1:10	-	10:1
Mikroskopaufnahme	10:1	-	1000:1

Da die minimale Distanzeinstellung der meisten → *Objektive* bei der zehn- bis zwanzigfachen → *Brennweite* liegt, müssen für den Nahbereich verschiedenartige Hilfsmittel verwendet werden:

1. → *Vorsatzlinsen*. Konkav-konvexe → *Linsen*elemente, welche durch ihre sammelnde Wirkung die Brennweite verkürzen und dadurch Nahaufnahmen ermöglichen. Da die optische Qualität des Objektivs dadurch beeinträchtigt wird, sollte die → *Blende* um etwa zwei Stufen geschlossen werden. Ein → *Verlängerungsfaktor* muss nicht berücksichtigt werden.

2. → *Balgengerät*. Lichtdichtes Zubehör, welches zwischen → *Kamera*gehäuse und Objektiv gesetzt, eine → *Auszugs*verlängerung ermöglicht.

Diverses Kamerazubehör für Nahaufnahmen

Diese ist durch einen mechanischen Feintrieb und einen → *Balgen* stufenlos möglich, wobei in Abhängigkeit vom Abbildungsmassstab ein Verlängerungsfaktor zu berücksichtigen ist. Dieser wird bei symmetrischen (→ *Symmetrie*) → *Objektiven* nach der folgenden Formel berechnet:

$$\text{Verlängerungsfaktor} = \left[\frac{\text{Bildweite}}{\text{Brennweite}}\right]^2$$

Da die → *Bildweite* nicht genau messbar ist, wir häufiger folgende Formel benutzt:

$$\text{Verlängerungsfaktor} = (1 + \text{Massstab})^2$$

Bei asymmetrischen Objektiven (→ *Asymmetrie*) muss die → *Pupillenvergrösserung* mit berücksichtigt werden. Die Formel dafür lautet:

$$\text{Verlängerungs faktor} = \left[1 + \frac{\text{Massstab}}{\text{Pupillen-vergrösserung}}\right]^2$$

Gewisse Objektive, vor allem asymmetrische Konstruktionen, sind für Nahaufnahmen ungeeignet oder müssen in extremen Nahbereichen in →

Retrostellung verwendet werden. Für Nahaufnahmen besonders zu empfehlen sind Spezialobjektive, die für diese Abbildungsmassstäbe besonders korrigiert sind.
3. → *Zwischenringe*. Mechanische Zubehörteile, die, mit Objektivfassungen versehen, zwischen Objektiv und Kameragehäuse gesetzt und miteinander kombiniert werden können. Die dadurch erreichte stufenweise Auszugsverlängerung bedingt, wie beim Balgengerät, die Berücksichtigung eines Verlängerungsfaktors.
4. Spezialobjektive, die für den Nahbereich korrigiert sind und eine entsprechend kurze → *Nahgrenze* (in der Regel bis Abbildungsmassstab 1:1) besitzen. Im extremsten Nahbereich, mit vergrösserndem Abbildungsmassstab, müssen spezielle Lupenobjektive (→ *Objektiv*) oder Mikroskope verwendet werden.
5. → *Konverter* sind für Nahaufnahmen ein nützliches Zubehör, da sie die minimale Entfernungseinstellung (→ *Nahgrenze*) erhalten und die → *Brennweite* verdoppeln.

Nahgrenze (at) Kürzeste an einem → *Objektiv* einstellbare → *Gegenstandsweite*. Sie liegt in der Regel bei → *Normalobjektiven* bei 0,5 m, während sie bei extremen → *Teleobjektiven* sogar nur 3 oder 5 Meter beträgt. Die Nahgrenze ist in erster Linie mechanisch bedingt und hängt von der Länge der → *Einstellschnecke* ab. Spezialkonstruktionen sind Nahaufnahmeobjektive, die bis 1:1 fokussierbar sind, oder Lupenobjektive für mehrfach vergrösserte Aufnahmen.

Nahmessung (bm) → *Objektmessung*, bei der die bildwichtigen Motivpartien aus nächster Nähe gemessen werden. Besonders bei grossem → *Kontrastumfang* empfehlenswert. → *Kontrastmessung*, → *Spotmessung*.

Nanometer nm. Längenmass. 1 Milliardstel Meter (10^{-9} m) = 0,000'001mm. Einheit der → *Wellenlänge*. Der sichtbare Bereich des → *Spektrums* reicht von rund 400 bis 700 nm.

Nasszone (lab) Teil des Labors (→ *Laboreinrichtung*), in welchem Chemikalien angesetzt, → *Filme* entwickelt (→ *Entwicklung*) und → *Fotopapiere* im Nassprozess verarbeitet werden. In der Regel ist hier fliessendes Kalt- und Warmwasser, sowie ein Wasserabfluss vorhanden. In der Nasszone des Labors sollten wenn möglich keine elektrischen Geräte, oder nur solche mit entsprechenden Vorsichtsmassnahmen (FI-Schalter, Vollschutz oder Erdung) benutzt werden. →← *Trockenzone*.

Natriumazetat (chem) (essigsaures Natrium, Rotsalz) $CH_3COONa \cdot 3H_2O$. Farblose, durchsichtige Kristalle, sehr leicht wasserlöslich. Verwendung in → *Tonbädern* und → *Härtefixierbädern* und Pufferlösungen (→ *Pufferung*).

Natriumbikarbonat (chem) (doppeltkohlensaures Natron) $NaHCO_3$. Weisses Pulver, leicht wasserlöslich, zersetzt sich in heissem Wasser. Schwach alkalisch. Verwendung: zur Schleierverhütung in Hydrochinon → *Entwicklern*; Goldtonbädern.

Natriumbisulfat (chem) (Natriumhydrogensulfat) $NaHSO4 \cdot H_2O$. Farblose Kristalle, sehr leicht wasserlöslich. Verwendung: Mit Natriumazetat als Ersatz von Essigsäure in → *Unterbrecherbädern*; (in gewissen Fällen) Ersatz für → *Schwefelsäure*.

Natriumbisulfit (chem) (Natriumhydrogensulfit, saures Natriumsulfit) $NaHSO_3$. Entsteht in Lösung. Verwendung (früher): Natriumbisulfitlauge zum Ansäuern des → *Fixierbades*.

Natriumchlorid (chem) (Kochsalz) NaC1. Transparente Kristalle, sehr leicht wasserlöslich. Wird in → *Bleichbädern* und Persulfat → *Abschwächern* verwendet.

Natriumdampflampe (lab) → *Lampe* für die Beleuchtung des Fotolabors (→ *Laborleuchte*). In Verbindung mit einem Spezialfilter wird eine spektrale Strahlungsverteilung (gelbes, → *monochromatisches Licht*) erreicht, die genau in die → *Sensibilisierungs*-lücke des lichtempfindlichen Materials (→ *Fotopapier*) passt, was erstaunlich hohe → *Beleuchtungsstärken* ermöglicht.

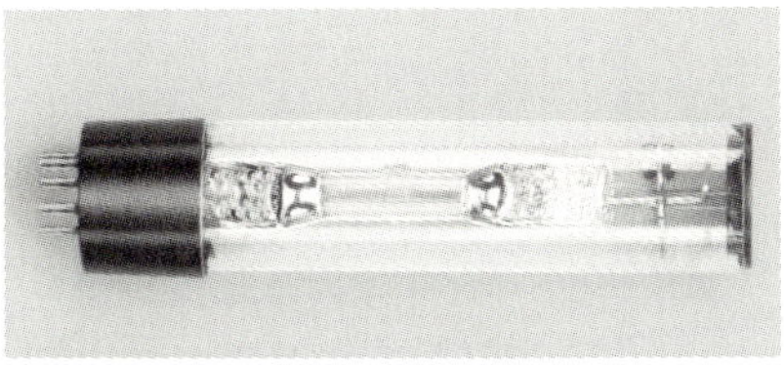

Natriumdampflampe (Osram)

Natriumhydrosulfit (chem) (Natriumdithionit, Blankit) $Na_2S_2O_4$. Weisses oder graues Pulver, leicht wasserlöslich. Zersetzt sich bei hoher Luftfeuchtigkeit. Verwendung: → *Silberfällungsmittel*; Farbstoff-Bleichmittel; Korrekturmittel für Farbschleier.

Natriumhydroxid (chem) (Ätznatron, kaustische Soda) NaOH. Weisse zerfliessende Stangen, Schuppen oder Pillen. Sehr leicht in Wasser löslich. Stark ätzend, starkes Gift. Wird als Alkali in → *Entwicklern* verwendet.

Natriumkarbonat (chem) (Soda, kohlensaures Natrium) Wasserfreies Salz: Na_2CO_3; Monohydrat: $Na_2CO_3 \cdot H_2O$; kristallisierte Soda: $Na_2CO_3 \cdot 10\,H_2O$. Es entsprechen 37 T sicc = 43 T Monohydrat und 100 T krist. Am meisten verwendetes Alkali in → *Entwicklern*.

Natriummetabisulfit → *Natriumpyrosulfit.*

Natriummetaborat (chem) $Na_2B_2O_4 \cdot H_2O$. Weisse Kristalle, leicht löslich in Wasser. Verwendung: als Alkali in → *Entwicklern*.

Natriumphosphat sekundär (chem) (Dinatriumphosphat, Natriumhydrogenphosphat) $Na_2HPO_4 \cdot H_2O$. Farblose Kristalle, leicht in Wasser löslich. Lösung reagiert schwach alkalisch. Wird in Goldtonbädern und als schwaches Alkali in → *Entwicklern* verwendet.

Natriumphosphat tertiär (chem) (Trinatriumphosphat) $Na_3PO_4 \cdot 12H_2O$. Weisses Pulver oder Schuppen, leicht verwitternd. Verwendung: starkes Alkali in → *Entwicklern*; zur Wasserenthärtung.

Natriumpyrosulfit (chem) (Natriummetabisulfit) $Na_2S_2O_5$. Weisses kristallines Pulver, löslich in Wasser. Lösung reagiert sauer. Wird zur Ansäuerung von → *Fixierbädern*, als → *Unterbrecherbad* und als Konservierungsmittel in → *Entwicklern* verwendet. Ist lagerbeständiger als → *Kaliummetabisulfit.*

Natriumsulfat (chem) (Glaubersalz) $Na_2SO_4 . 10H_2O$. Farblose Kristalle. Verwendung: Zusatz in Tropen → *Entwicklern*; wirkt quellungshindernd auf → *Gelatine.*

Natriumsulfid (chem) (Schwefelnatrium) $Na_2S \cdot 9H_2O$. Giftig! Zerfliessliche Kristalle oder nicht zerfliessliche Schuppen. Lösung riecht nach Schwefelwasserstoff. Verwendung: Schwefeltoner; Schwärzen von Kollodiumnegativen; Schwärzung in → *Umkehrprozessen*. → *Silberrückgewinnung.*

Natriumsulfit (chem) (schwefligsaures Natrium) Na_2SO_3. Weisses, vielfach granuliertes Pulver oder mit 7 H_2O kristallisiert. Natriumsulfit sicc. verhält sich zu Natriumsulfit crist. wie 1 : 2. In Wasser leicht löslich. Verwendung: als Konservierungsmittel in → *Entwicklern*; Klärbad bei → *Umkehrverfahren.*

Natriumsulfoantimoniat (chem) (Schlippesches Salz) $Na_3SbS_4 \cdot 9H_2O$. Farblose oder lange gelbe Kristalle. Sehr leicht wasserlöslich. Verwendung: Negativ → *Verstärker*, → *Tonung.*

Natriumtetraborat → *Borax.*

Natriumthiosulfat (chem) (Natriumhyposulfit, unterschwefligsaures Natrium, Fixiernatron, Antichlor) $Na_2S_2O_3 \cdot 5H_2O$. Farblose Kristalle oder, in wasserfreier Form, weisses Pulver. Löst sich sehr leicht in Wasser auf. Natriumthiosulfat sicc. entspricht 1,57 T Natriumthiosulfat crist. Verwendung: Lösungsmittel für Halogensilber (→ *Fixieren*); Bestandteil des → *Farmerschen Abschwächers*.

Natronlauge → *Natriumhydroxid*.

NC-Schicht engl (NC = non curling) → *Rückschicht*.

ND → *Neutraldichte*, → *Graufilter*

Nebenbilder (at) Scharfe, meist mehrfach auftretende zusätzliche Abbildungen von → *Lichtquellen*, die direkt ins → *Objektiv* scheinen, oder von vieleckigen → *Blenden*reflexen. Nebenbilder entstehen durch → *Reflexionen* an den → *Linsen*oberflächen im Innern des Objektivs. Durch moderne → *Vergütungs*verfahren (Multicoating) werden Nebenbilder stark reduziert.

Nebenfarbdichte (opt, chem, at) Die → Farbstoffe in den → *Schichten* eines Farbmaterials (→ *Farbnegativfilm*, → *Farbumkehrfilm*, → *Farbpapier*, → *Farbumkehrpapier*) absorbieren (→ *Absorption*) nicht nur in dem Spektralbereich (→ *Spektrum*), für den diese Schicht sensibilisiert (→ *Sensibilisierung*) ist, sondern auch geringfügig im benachbarten → *Wellenlängen*bereich. Diese Nebenabsorptionen bewirken bei der subtraktiven → *Farbmischung* eine geringere

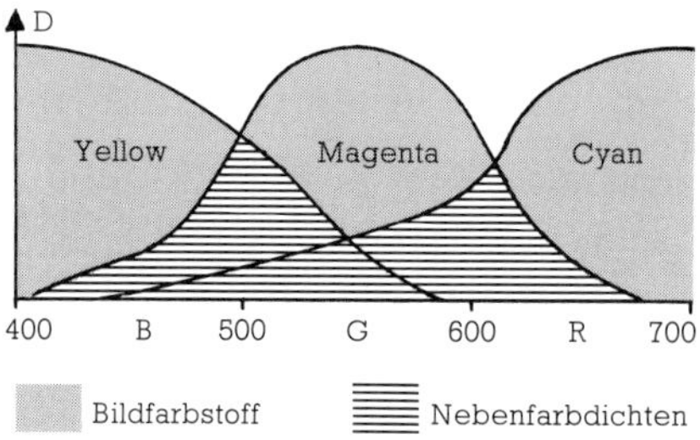

→ *Farbsättigung* sowie Farbverfälschungen und Verschwärzlichungen. Zudem können beim Kupplungsprozess Nebenreaktionen ablaufen, die zu anderen Farbstoffen führen, wodurch ebenfalls Farbverschiebungen und Verschwärzlichungen entstehen können. Beim Farbnegativ wirkt man diesen unerwünschten Erscheinungen bestmöglich durch Farbmaskierung (→ *Farbmaske*) entgegen.

Negativ (at, lab) Fotografische → *Abbildung*, deren → *Tonwerte* sich komplementär zum Original verhalten; d.h., die Tonwerte von Negativ und Original zusammen ergeben Schwarz. Als Negativ bezeichnet man auch ein entwickeltes (→ *Entwicklung*) Stück → *Film*, welches durch → *Projektion* im → *Vergrösserungsgerät* oder im Kontaktverfahren (→ *Kontaktkopie*) auf einem nach dem gleichen Prinzip arbeitenden lichtempfindlichen → *Fotopapier* ein positives Bild ergibt. →← *Positiv*.

Negativ Positiv

Negativbühne (lab) Bestandteil des → *Vergrösserungsgerätes*, in welchem zwischen zwei Plangläsern oder in einer doppelten → *Formatmaske* das zu vergrössernde → *Negativ* oder → *Diapositiv* festgehalten wird. Zur Vermeidung von → *Newton'schen Ringen* sind Negativbühnen meistens mit speziellen Anti-Newton-Gläösern ausgestattet.

Negativformate → *Formate*.

Negativ/Positiv-Verfahren (at, lab) Fotografisches Verfahren, bei welchem auf einem → *Film* nach der Aufnahme ein → *Negativ* entsteht, das als Grundlage für ein positives Abbild dient. Das → *Positiv* entsteht durch → *Projektion* des Negativs mit einem → *Vergrösserungsgerät* oder im Kontaktverfahren (→ *Kontaktkopie*) auf ein nach dem gleichen Prinzip arbeitendes → *Fotopapier*. Im Gegensatz zu den Negativ/Positiv-Verfahren gibt es auch sog. →← *Positiv/Positiv- Verfahren*, welche ohne (bleibendes) Negativ positive Bilder ergeben: → *Direkt-*

positivfilm, → *Direktpositivpapier*, Farbpositivmaterialien wie → *Farbumkehrfilm*, → *Farbumkehrpapier*, Farbmaterialien ohne → *Umkehrentwicklung* (→ *Silberausbleichverfahren*) und verschiedene Fotokopierverfahren.

Negativretusche (lab, bpr) Manuelle (mechanische oder chemische) → *Nachbehandlung* von → *Negativen* um die Wiedergabe von Details zu betonen oder zu unterdrücken. In der Regel kommt nur eine partielle Negativretusche mit einem Pinsel (→ *Ausflecken*), Bleistift oder grösserflächig mit einem farbgetränkten (→ *Eiweisslasurfarbe*) Wattebausch in Frage, wobei die nicht zu behandelnden Stellen mit → *Abdecklack* zu schützen sind. In der Praxis ist eine Negativretusche nur auf grossformatigen Negativen (→ *Format*) möglich, weil die relativ starke → *Vergrösserung* von Kleinbild- und Mittelformatnegativen kaum eine saubere Retuschearbeit zulässt.

Negativumfang → *Schwärzungsumfang*.

Neger (at) Jargon für → *Abschirmklappe*.

Nennformat → *Formate*.

Netzmittel (chem) Wasserlösliche, grenzflächenaktive Verbindungen (Alkyl- und Polyäthersulfate), die die Oberflächenspannung des Wassers reduzieren. Verdünntes Netzmittel wird als Schlussbad jedes fotografischen Prozesses verwendet, um → *Trocknungsflecken* zu vermeiden. In vielen Produkten, auch in → *Entwicklern*, ist oft Netzmittel enthalten, um eine bestmögliche Benetzung der → *Film*oberfläche und damit eine → *Entwicklung* ohne Fleckenbildung zu erreichen. Auch zur Hochglanz- → *Trocknung* von Barytpapier (→ *Fotopapier*) ist die Verwendung eines (speziellen) Netzmittels zu empfehlen.

Neutraldichte (at, lab, phys) Farblose → *Dichte*, die beispielsweise entsteht, wenn die → *Farbfilterung* der drei subtraktiven → *Grundfarben* (Yellow, Magenta und Cyan) um den gleichen Filterwert erhöht werden. → *Graufilter*, die auf Englisch ND-Filter (Neutral Density) heissen, führen zu einer Verlängerung der → *Belichtungszeit*.

Neutralfilterung (at, lab) → *Farbfilterung*, um bei der Herstellung von Farb → *Positiven* → *Farbstiche* zu eliminieren. Bei → *additiven Farbverfahren* ist die → *Belichtungszeit* der dominierenden Farbe zu verlängern, während bei den → *subtraktiven Verfahren* der Filterwert entsprechend zu erhöhen ist. Lässt sich ein Farbstich nicht neutral ausfiltern oder zeigt sich in einigen Bildpartien eine neue Farbdominante der → *Komplementärfarbe*, so liegt ein Farbstich 2. Art vor, der nur mit einer partiellen → *Farbmaske* oder durch → *Retusche* behoben werden kann.

Neutralgraufilter → *Graufilter*.

Neutralisierung (chem) Unterbrechung eines chemischen Prozesses durch Änderung des → *pH-Wertes*. So kann eine → *Säure* durch eine geeignete → *Lauge* neutralisiert und damit unwirksam gemacht werden.

Newton'sche Ringe (opt) → *Interferenz*-Erscheinung, die durch Überlagerung von → *Licht*schwingungen unterschiedlicher Phasen entstehen. Sie treten auf, wenn sich zwi-

Prüfen einer Linse mit dem Passglas (Foto: Wild-Leitz AG, Heerbrugg)

schen zwei Flächen eines transparenten Mediums ein Luftspalt (in der Grössenordnung von Lichtwellenlängen) bildet, und haben ein kreisförmiges oder ovales spektralfarbenes (→ *Spektrum*) Aussehen. Bei der Herstellung von → *Linse*n können Abweichungen von der gewünschten Idealform (→ *Linsenformen*) mit Newtonschen Ringen sichtbar gemacht werden, indem ein Passglass mit dem Prüfling in Kontakt gebracht wird. In der praktischen Fotografie treten derartige Interferenz-Erscheinungen manchmal bei glasgefassten → *Diapositiv*en oder beim Herstellen von → *Verbrösserung*en mit Glasnegativbühnen auf. Es gibt Spezialgläser, die leicht aufgerauht sind und dadurch eine Bildung von Newtonschen Ringen verunmöglichen. Bei Diarahmen genügt auch eine Formatmaske aus Metall oder Pappe, um einen geringen Abstand zwischen dem Diapositiv und dem Deckglas zu bilden.

Niépce de St. Victor, Claude Felix Abel (bio) (1805-1870) Französischer Kavallerie-Offizier und Erfinder. Vetter von → *Niépce, Nicéphore*. Es gelang ihm erstmals eine lichtempfindliche → *Albumin*schicht auf Glas haften zu lassen. Obwohl weniger empfindlich, wiesen die Glasnegative gegenüber den → *Kalotypie*negativen von → *Talbot* eine bessere → *Transparenz* auf. Er verbesserte auch das Bitumenverfahren seines Vetters und entwickelte daraus einen Prozess, um Stahlplatten ätzen zu können.

Niépce, Nicéphore (bio) (1765-1833) Französischer Amateur-Wissenschaftler. Hielt erstmals (wahrscheinlich bereits 1816) das Bild der → *Camera obscura* mit chemischen Mitteln fest. Er verwendete dazu Chlorsilberpapier und später, 1826, Asphaltschichten. Aus diesem Jahr stammt auch die älteste heute noch erhaltene Fotografie der Welt. Die Belichtungszeit betrug etwa 8 Stunden. Danach wurden die unbelichteten, nicht gehärteten Bildstellen in mit Petrol verdünntem Lavendelöl gelöst. Schloss 1829 mit → *Daguerre* einen Vertrag zu gemeinsamer Forschungsarbeit ab. Nach seinem Tod (1833) wurde sein Sohn Isidore Rechtsnachfolger, der nach Veröffentlichung der → *Daguerreotypie* vergeblich einen Prioritätsanspruch erhob.

Nitratfilm (at, hist) 35-mm- → *Film* mit → *Schichtträger* aus Celluloid (Nitro-Zellulose und Kampher), der vorwiegend in der → *Kinematographie* verwendet wurde. Die leichte Entflammbarkeit dieses Materials hatte zahlreiche Kinobrände zur Folge, so dass in den zwanziger Jahren Azetat-Schichtträger allgemein üblich wurden. Azetat-Filme trugen die z.T. heute noch verwendete Bezeichnung «Safety-Film» (→ *Sicherheitsfilm*).

nm → *Nanometer*.

Normalobjektiv (at, opt) → *Objektiv*, dessen → *Brennweite* etwa der → *Format*diagonale entspricht. Sein → *Bildwinkel* ist mit 45° etwa gleich gross wie der Sehwinkel des menschlichen Auges, was eine räumliche Darstellung (→ *Perspektive*) ergibt, die bei normalem Betrachtungsabstand als natürlich empfunden wird.

Format (mm)	Diagonale (mm)	Brennweite (mm)
13x17	21,5	22
24x36	43,3	50
60x60	84,8	80
60x70	92,2	90
90x120	150,0	150
130x180	222,0	240
180x240	300,0	300

Die → *Lichtstärke*n preisgünstiger Normalobjektive liegen üblicherweise bei 1:1,7. Versionen mit 1:1,4 (1/2 Blendenstufe lichtstärker) sind relativ teuer.

Nullkopie (lab) → *Kopie* auf → *Farbpapier* ohne Verwendung von → *Korrekturfiltern*. Sie dient als Grundlage der → *Filter*bestimmung (→ *Neutralfilterung*).

O

Oberflächenentwicklung → *Ausgleichsentwicklung.*

Oberflächenspiegel (opt) → *Spiegel* für optische Zwecke, dessen reflektierende Schicht auf der Oberfläche der Glas-(oder Metall-)platte aufgedampft ist (z.B. Spiegel bei → *Spiegelreflexkameras*).

Oberlicht (li) Meist grossflächige → *Beleuchtung*, die das Motiv praktisch senkrecht von oben anstrahlt. Dient sehr oft als tageslichtähnliche, weiche «allgemeine Helligkeit» und wird durch ein → *Hauptlicht* und durch → *Effektlichter* ergänzt. Früher besassen die → *Ateliers* Glasdächer, die mit Vorhängen partiell abgeschirmt werden konnten und ein sehr natürlich wirkendes Oberlicht ergaben.

Objektiv (opt, at, lab, pro, hist) Optisches System, bestehend aus → *Linsen* (und/oder → *Spiegeln*) zur → *Abbildung* von Objekten. Objektive haben, wie Sammellinsen, die Eigenschaft, achsparallele Strahlen (→ *optische Achse*) in einem → *Brennpunkt* (→ *Brennweite*) zu vereinen. Sämtliche einfallenden → *Licht*strahlen formieren in der → *Bildebene* durch eine unendliche Zahl von Bildpunkten ein reelles, scharfes Abbild des Motivs. Eine einfache Sammellinse weist verschiedene physikalisch bedingte Fehler (→ *Abbildungsfehler*) auf, die durch die Kombination verschiedener Linsen aus unterschiedlichen → *Glas*sorten reduziert bzw. für einen bestimmten Verwendungsbereich optimiert werden können. Das Resultat stellt jedoch immer einen Kompromiss dar. Objektive werden nicht nur für die Aufnahme, sondern ebenso für die Wiedergabe eines fotografischen Bildes benötigt (→ *Projektion*, → *Vergrösserung*).

Geschichte. Die Sammellinse, Urform des Objektivs, war als Brenn- und Vergrösserungsglas bereits im Altertum bekannt. Girolamo Cardano verwendete um 1550 eine Linse erstmals in einer → *Camera obscura*. 1812 stellte die → *Meniskus*linse von William Hyde Wollastone mit Lichtstärke 1:16 und einem → *Bildwinkel* von 50° eine erhebliche Verbesserung dar, 1829 kombinierte Charles Louis Chevalier eine Bikonvex-Linse aus → *Kronglas* mit einer Bikonkav-Linse aus → *Flintglas*. Damit entstanden die ersten Versuche der Erfinder der Fotografie (→ *Niépce*, → *Daguerre*, → *Talbot*). Der unga-

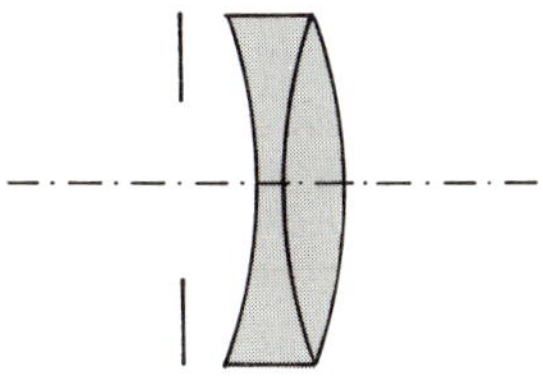

1829 – Chevalier-Achromat

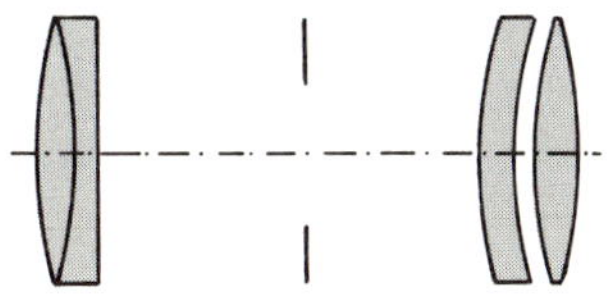

1840 – Petzval-Objektiv 1 : 3,6

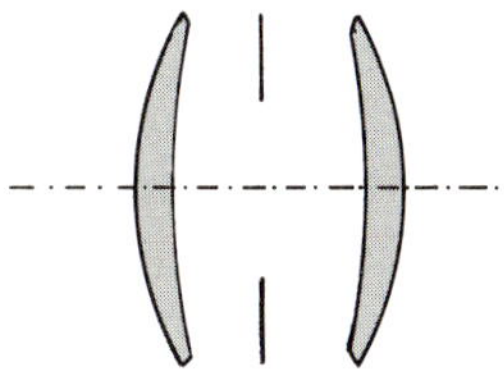

1865 – Steinheil «Periskop»

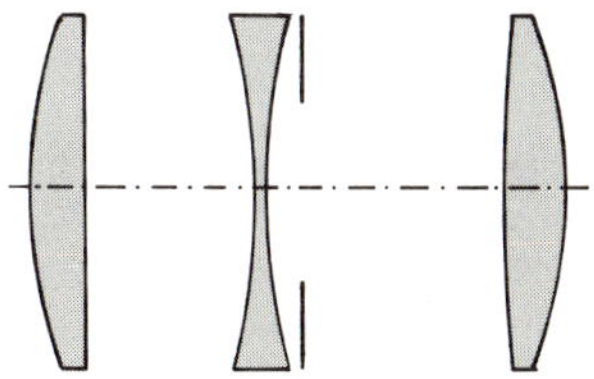

1893 – Cooke-Triplet

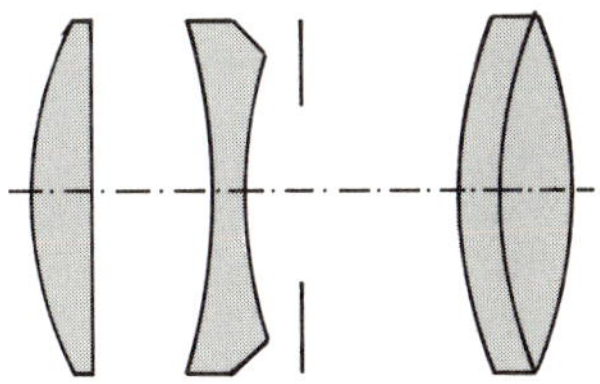

1902 – Zeiss «Tessar»

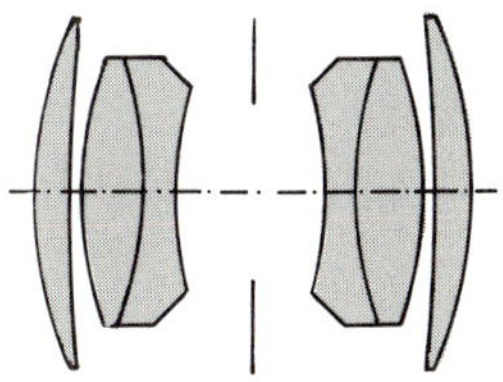

1896 – Zeiss «Planar»

rische Mathematiker Josef → *Petzval* leitete 1840 eine neue Ära ein, indem er erstmals ein Objektiv errechnete, das zudem mit der sensationellen Lichtstärke von 1:3,6 besonders der Porträt-Fotografie neue Möglichkeiten bot. Auch war die Korrektion der → *Koma*, der → *sphärischen* und der → *chromatischen Aberration* bereits relativ gut. Das Verlangen nach Objektiven mit grossem → *Bildfeld* führte zu symmetrischen Konstruktionen (mit zwei achromatischen Elementen). Das erste Objektiv dieser Art war die «Globe Lens» (1862) von Harrison und Schnitzer mit 92° Bildwinkel und der geringen Lichtstärke von 1:17,5. Drei Jahre später war das «Periskop» von Steinheil mit Lichtstärke 1:7 und Bildwinkel 70° wesentlich erfolgreicher. Die Korrektur der sphärischen und der chromatischen Aberration war jedoch noch nicht befriedigend, so dass Objektive mit zwei doppellinsigen Elementen wie das «Rapid Rectlinear» von Dallmeyer und der «Aplanat» von Steinheil (1866) die Entwicklung weiterbestimmten. Ein Abbildungsfehler, der → *Astigmatismus*, liess sich erst beheben, nachdem Schott und Abbe 1888 neue Glassorten schufen, die einen höheren → *Brechungsindex* und geringere → *Dispersion* aufwiesen. Im gleichen Jahr kam das von Schroeder konstruierte «Ross Concentric» als erstes anastigmatisch korrigiertes Objektiv auf den Markt. Es hatte einen Bildwinkel von 70° und Lichtstärke 1:16. Mit 1:7,5 war das von

1. Objektivfassung, 2. Kameraanschluss, 3. Blendenring, 4. Schärfentiefenskala, 5. Entfernungsskala (Foto: Leica GmbH, Solms)

Bestandteile eines Objektivs (Nikon)

Rudolph konstruierte «Zeiss Protar» 1890 eine erfolgreiche Weiterentwicklung, wobei die Kombination eines Altachromaten und eines Neuachromaten neben dem Astigmatismus auch zur Korrektur der sphärischen Aberration führte. Eine wegweisende Neukonstruktion gelang H.D. Taylor 1893 mit der «Cooke Lens». Um die → *Bildfeldwölbung* zu verbessern, nahm er eine Sammel- und eine Zerstreuungslinse gleicher Stärke, trennte sie, um eine Sammelwirkung zu erreichen, und teilte das positive Element in zwei Linsen, von denen je eine vor und hinter die Zerstreuungslinse gesetzt wurde. So entstand ein Dreilinser («Triplet» genannt), der erstaunlich gute Eigenschaften aufwies und zahlreichen weiteren Konstruktionen (z.B. Zeiss «Tessar», Voigtländer «Heliar», Kodak «Ektar», Zeiss «Sonnar» u.v.a.m.) als Vorbild diente. Eine bemerkenswerte Konstruktion gelang 1897 Emil van Hoëgh mit dem Goerz «Dialyt», der mit vier freistehenden Einzellinsen symmetrisch aufgebaut war. Damit verwandt sind die Gauss-Ableitungen, welche aus vier freistehenden Menisken bestehen; Objektive, die den immer mehr geforderten hohen Lichtstärken gerecht wurden: Zeiss «Planar» 1:6,3 (1896) von Rudolph, Leitz «Summar», Schneider «Xenar» usw. → *Teleobjektive* mit ihrem engen → *Bildwinkel* finden ihren Ursprung im Galileischen Fernrohr des 17. Jahrhunderts, dem neben einer Sammellinse ein negatives Hinterglied eigen war. Es diente auch Dallmeyer als Vorbild, als er 1891 aus einem Achromat und einem dreilinsigen Zerstreuelement das «Adon» schuf. Das «Bistelar» von Busch zeigte 1906 die klassische Telekonstruktion auf, welche 1914 von Booth astigmatisch korrigiert werden konnte. Bereits zu Beginn dieses Jahrhunderts hatte man erkannt, dass durch Verschieben des positiven Gliedes Teleobjektive mit veränderlicher Brennweite konstruiert werden können (→ *Vario-Objektive*). Die geringe Lichtstärke und die mangelhafte Bildqualität liessen jedoch drei Jahrzente verstreichen, bis solche Objektive besonders in der → *Kinematographie* Verwendung fanden. In der → *Kleinbildfotografie* begann diese Ära erst 1959 mit dem Voigtländer «Zoomar». Um gewisse Korrektionszustände bei Objektiven zu erreichen, werden heute für bestimmte Zwecke → *asphärische Linsen* verwendet. Patente für ihre Fertigungsmethoden gehen in das Jahr 1908 zurück, doch war ihre Herstellung früher zu aufwendig und, bedingt durch die relativ geringen Lichtstärken, kaum erforderlich.

Einteilung: Die wichtigsten Kenngrössen eines Objektivs sind → *Brennweite* und → *Lichtstärke*. Entspricht die Brennweite der Diagonale des Bildfensters der → *Kamera*, so spricht man von einem → *Normalobjektiv*. Sein → *Bildwinkel* beträgt 40° bis 50°. Ist die Brennweite kürzer als die Formatdiagonale, so handelt es sich um → *Weitwinkelobjektive* (Bildwinkel 180°-60°), ist sie länger, so ist es ein → *langbrennweitiges Objektiv* (Bildwinkel 1°-40°). → *Teleobjektive* sind Spezialkonstruktionen langbrennweitiger Objektive mit verkürzter Baulänge (→ *Schnittweite* < Brennweite; durch ein zerstreuendes, hinteres Linsenelement). Das konstruktionsmässige Gegenteil sind → *Retrofokus-Objektive*, deren Schnittweite länger ist als die Brennweite (→ *Weitwinkelobjektive*; durch ein negatives vorderes Linsenelement). Weiter gibt es noch Spezialobjektive wie → *Makro-Objektive*, → *Spiegellinsen-Objektive*, apochromatische Objektive (→ *Apochromat*), → *Weichzeichner*objektive und Objektive mit veränderlicher Brennweite (→ *Vario-Objektive*).

Korrektion und Herstellung. Die Beseitigung der → *Abbildungsfehler* ist für ein Objektiv mit grossem Bildwinkel und hoher → *Lichtstärke* wesentlich komplizierter als für ein langbrennweitiges mit geringer Öffnung. Aus diesem Grunde sind → *kurzbrennweitige Objektive* meistens viellinsige, kostenintensive optische Systeme, die diesbezüglich nur noch durch Objektive mit veränderlicher Brennweite (→ *Vario-Objektive*) übertroffen werden. Eine wesentliche herstellungstechnische Massnahme zur Verbesserung der → *Kontrast*leistung und damit des → *Auflösungsvermögens* ist die bestmögliche Reduktion des → *Streulicht*anteils durch → *Vergütung* der Linsen sowie durch besondere Bearbeitung (Berillen und Schwärzen) der Objektiv-Fassungsteile. Eines der grössten Probleme bei der Fertigung von Einzellinsen und bei der Montage der Objektive ist die Zentrierung. Sie trägt massgeblich zur Streuung zwischen den einzelnen Objektiven innerhalb einer gewissen Fabrikationstoleranz bei.

Objektivanschluss (opt, at) Ringförmiger, mechanischer Bauteil an der → *Kamera*, um → *Wechselobjektive* zu befestigen. Das → *Objektiv* ra-

Objektivanschluss; Bajonett (Nikon)

stet nach maximal 1/4-Umdrehung im Bajonett-Fassungsring ein und lässt sich beim Drücken einer Entriegelungstaste wieder lösen. Kontakte im Objektivanschluss elektronisch gesteuerter Kameras gewährleisten die → *Blendensteuerung*, sowie andere Funktionen. Bei → *Autofokus*kameras mit gehäuseintegriertem AF-Motor wird eine Achse durch den Objketivanschluss geführt, welche über ein Getriebe die Objektiv- → *Einstellschnecke* dreht. Kameras mit Gewinde-Objektivanschluss sind heute kaum noch im Markt, weil der Objektivwechsel zu umständlich ist und die Ausrichtung elektronischer oder mechanischer Übertragungselemente zu kompliziert ist.

Objektivfassung (opt, at) (Objektivtubus) Zylinderförmiger Körper aus Metall oder Kunststoff, in welchem die Einzellinsen (→ *Linse*) oder Linsengruppen mit höchster Präzision in die Linsensitze eingepasst sind. Die einzelnen Fassungsteile müssen durch spezielle Oberflächenstrukturen und schwarze, nichtreflektierende Lacke besonders → *reflex*frei gestaltet sein.

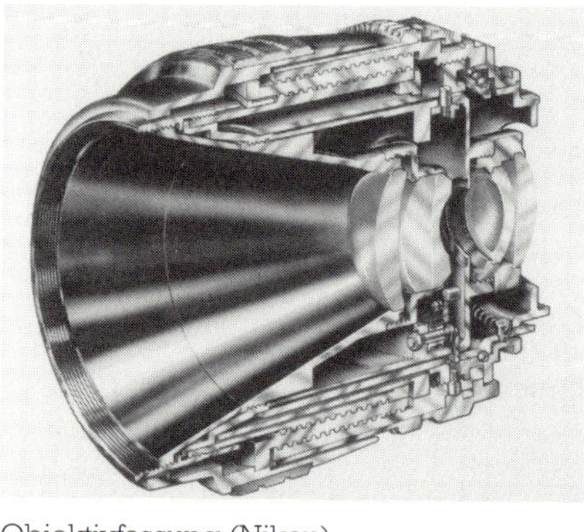

Objektivfassung (Nikon)

Objektivkopf (opt, at) → *Objektiv* ohne → *Einstellschnecke*, welches für → *Nahaufnahmen* an einem → *Balgengerät* verwendet wird und Aufnahmen von → *Unendlich* bis in den Vergrösserungsbereich ermöglicht.

Objektmessung (bm) (Messung der → *Leuchtdichte*). Methode zur Belichtungsmessung, bei der in der Auf-

Zeichnung: Gossen, Erlangen.

nahmerichtung das vom Objekt remittierte → *Licht* gemessen wird. Der → *Messwinkel* eines (Hand-) → *Belichtungsmesser*s entspricht mit 40 bis 50° etwa dem → *Bildwinkel* eines → *Normalobjektiv*s (Ausnahme: → *Spotmessung*). Belichtungsmesser sind auf die Remission eines mittleren Grauwertes (18%, → *Graukarte*) geeicht. Überwiegen helle oder dunkle Motivteile und werden diese bei der Messung nicht entsprechend berücksichtigt, so kann eine Fehlmessung resultieren. Nach dem Prinzip der Objektmessung arbeiten auch in Kameras eingebaute Belichtungsmesser, die durch das Objektiv messen (→ *TTL-Messung*). →← *Lichtmessung*.

Objektumfang → *Kontrastumfang*.

Offenblitz-Aufnahme (at) («Wanderblitz»). Um einen grösseren Raum mit einem → *Blitzgerät* gleichmässig auszuleuchten, führt man eine → *Langzeitbelichtung* durch und blitzt dabei das Motiv von verschiedenen Standorten aus in Aufnahmerichtung an (→ *Blitzlicht*). Dabei gelingt es, auch die Raumtiefe gleichmässig hell wiederzugeben. Die Arbeitsblende (→ *Blende*) muss durch Probeaufnahmen ermittelt werden, wobei die mittlere Beleuchtungsdistanz eines Blitzes als Berechnungs- (oder Mess-)Grundlage angenommen werden kann. Bietet sich in grossen Räumen oder Hallen keine Möglichkeit, um → *Beleuchtungskörper* ausserhalb des Aufnahmewinkels zu plazieren oder hinter Gegenständen zu verbergen, so ist die Offenblitz-Beleuchtungstechnik oft die einzige Lösung, um zu einer brauchbaren Aufnahme zu kommen.

Innenaufnahme des Munots in Schaffhausen mit 12 Einzelblitzen während einer Langzeitbelichtung.

Öffnungsfehler → *sphärische Aberration.*

Öffnungsverhältnis (opt) (relative Öffnung) Verhältnis des Öffnungsdurchmessers (Eintrittspupille) zur → *Brennweite.* Der maximale Öffnungsdurchmesser legt die → *Lichtstärke* fest. Sie ist eine Kenngrösse des → *Objektivs* und wird als Verhältniszahl auf die Objektivfassung graviert (z.B. 1:2/50 mm, grösste → *Blendenöffnung* = 2,0). Wird die Blende verändert, so verändert sich auch das Öffnungsverhältnis und damit die → *Blendenzahl* als dessen Kehrwert. Aus einer bestimmten Blendenzahl errechnet sich die nächsthöhere mit dem Faktor 1,4 ($\sqrt{2}$) und verlangt die doppelte → *Belichtungszeit.*

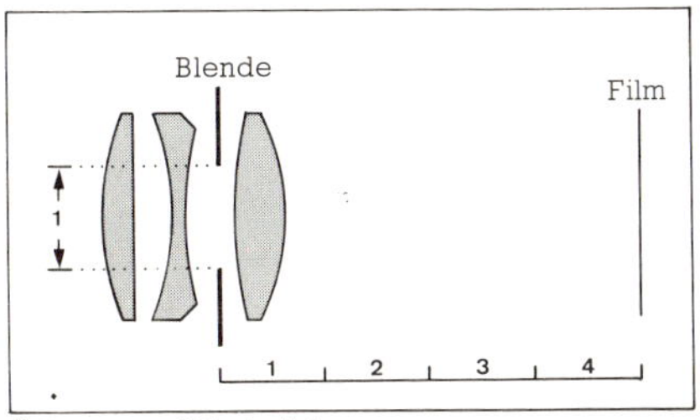

Öffnungsverhältnis 1:4

Okular (opt) → *Linse* oder Linsensystem, durch welches das → *Sucherbild* betrachtet wird. Bei den meisten → *Spiegelreflexkameras* kann die Stärke des Okulars für Brillenträger durch Korrekturlinsen dem Sehfehler angeglichen werden.

Okularverschluss (opt) Lichtdichtes Element, welches auf den Suchereinblick (→ *Okular*) aufgesteckt werden kann, um bei langen → *Belichtungszeiten* einen Lichteinfall zu verhindern, welcher zu einer Beeinflussung der → *Belichtungsmessung* führen könnte. Bei einigen Kameras ist der Okluarverschluss eingebaut und besteht aus zwei beweglichen Metalllamellen.

Öldruck (bpr, hist) → *Edeldruck*verfahren, das 1904 von G.E. Rawlins erfunden wurde. Ein gelatinebeschichtetes Papier wurde in einer → *Kaliumbichromat*-Lösung sensibilisiert und unter Lichtabschluss getrocknet. Dann erfolgte die → *Belichtung* durch ein grossformatiges Negativ im Kontaktverfahren (→ *Kontaktkopie*). Diese bewirkte anstelle einer Schwärzung eine Härtung der → *Gelatine.* Nach einer längeren Wässerung trug man mit einem geeigneten Pinsel eine Ölfarbe auf, die an den gehärteten Gelatinepartien haften blieb, während sie von der (unbelichteten) ungegerbten, wasserhaltigen Gelatine abgestossen wurde. Danach konnte ein Umdruck auf ein gewöhnliches Papier vorgenommen werden.

Opalglas (at) Glaskörper (vor allem Glasscheiben), welche durch ihre mattierte Oberfläche, entsprechende Beschichtung oder spezielle Materialbeschaffenheit gerichtetes → *Licht* in diffuses umwandeln. Sie haben eine stark streuende Wirkung und ergeben ein weiches Licht mit verlaufenden Schatten.

Opallampen (lab) → *Glühlampen,* die in Beleuchtungsgeräten und → *Vergrösserungsgeräten* benutzt werden und einen innen mattierten Glaskolben besitzen. Sie bewirken eine weichere, diffusere Beleuchtung, bei Vergrösserungsgeräten eine bessere → *Ausleuchtung.* (→ *Opalglas*)

Opazität (opt) Masszahl für die → *Licht*undurchlässigkeit bzw. Kehrwert der → *Transparenz* (→ *Dichte*). Daraus ergibt sich die Beziehung:

$$\text{Opazität} = \frac{\text{auffallendes Licht}}{\text{durchscheinendes Licht}}$$

Optik (phys) 1. In der Physik versteht man unter Optik die Lehre der Erscheinungsformen des → *Licht*es. Dies umfasst für fotografische Zwecke: → *Absorption*, → *Beugung*, → *Brechung*, → *Interferenz*, → *Polarisation*, → *Reflexion* und → *Streuung*.
2. Unkorrekt wird «Optik» häufig als Kurzform für → *Objektiv* gebraucht.

Optische Achse (opt) Eine Gerade, die bei Einzellinsen (→ *Linsen*) die Verbindungslinie zwischen den Krümmungsmittelpunkten optisch wirksamer Flächen und bei Linsensystemen die Symmetrieachse darstellt. Sie wird in schematischen Zeichnungen durch eine Strich-Punkt-Linie markiert. Lichtstrahlen, die parallel zur optischen Achse verlaufen, bezeichnet man als achsparallel.

Optische Bank (opt) 1. Präzises Metallprofil, rund, drei- oder vierkantig, welches als Führungsschiene von optischen Prüfeinrichtungen dient. Darauf können «Reiter» befestigt werden, die verschiedene optische Systeme oder Elemente aufnehmen, um solche zu justieren, zu prüfen, zu vermessen oder um physikalische Erscheinungen zu demonstrieren.
2. Führungsprofil an der → *Fachkamera*, an dem die Standarten verschieb- und verstellbar befestigt sind.

Originalobjektiv (opt) → *Objektiv*, das von einem → *Kamera*hersteller angeboten wird und meistens nur in Verbindung mit dessen System eingesetzt werden kann. Es verfügt deshalb über einen festen → *Kameraanschluss*teil. →← *Fremdobjektive.*

Orthochromatisch (at, chem) Eigenschaft einer → *Emulsion*, neben Blau auch Grün und Gelb zu registrieren. Diese Erweiterung der → *spektralen* → *Empfindlichkeit* wird durch Beimischen gewisser Farbstoffe bei der Emulsionsherstellung erreicht (→ *Sensibilisierung*). Orthochromatische → *Filme* sind meistens niederempfindlich (→ *Filmempfindlichkeit*) und werden aufgrund der fehlenden Rotempfindlichkeit selten in der bildmässigen Fotografie, häufig hingegen als → *Strichfilm* für graphische Zwecke verwendet.

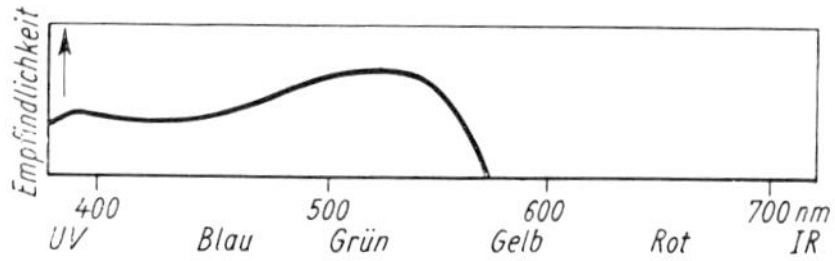

Spektrale Empfindlichkeit eines orthochromatischen Films.

Ortho-Phenylendiamin (chem) $C_6H_4(NH_2)_2$ → *Entwicklersubstanz* in echten Feinkornentwicklern (→ *Feinkornentwicklung*, → *Entwickler*). Wird meist in Verbindung mit → *Metol* verwendet. Geringeres Entwicklungsvermögen als → *Para-Phenylendiamin.*

Orthoskopisch (opt) nennt man ein → *Objektiv*, das frei von → *Verzeichnung* ist.

Ortsfrequenz (opt) Anzahl Linienpaare (oder Perioden) pro Millimeter (L/mm bzw. Per/mm) eines Liniengitters, welches als Abbildungsvorlage für → *Objektiv*tests verwendet wird (→ *Modulationsübertragung*).

Override (at) Manuelle Korrektur einer (automatischen) Einstellung. So wird in der fotografischen Praxis häufig die → *Belichtung* korrigiert (→ *Belichtungskorrektur*), die durch den → *DX-Code* eingegebene → *Filmempfindlichkeit* oder die automatische → *Scharfeinstellung* (→ *Autofokus*) manuell verändert.

Oxidation (chem) Chemische Reaktion, bei der Elektronen übertragen werden. Jede Oxidation ist kombiniert mit einer → *Reduktion*. Klassisches Beispiel in der Fotografie ist die → *Entwicklung*. Silbersalz, d.h. Silberionen, werden zu metallischem → *Silber* reduziert. Dabei werden die notwendigen Elektronen von der → *Entwicklersubstanz* geliefert, die ihrerseits oxidiert wird. → *Entwickler* sind also im Prinzip Reduktionsmittel, die durch Oxidation unwirksam werden. Infolge der Oxidation, z.B. durch Luft-Sauerstoff, ist ein Entwickler nur beschränkt haltbar. Die Entwicklersubstanz verbindet sich mit Sauerstoff und verliert ihre Reaktionsfähigkeit (deshalb Entwicklerflaschen immer randvoll füllen).

P

Packfilm → *Filmpack.*

Panchromatisch (at, chem) Eigenschaft einer → *Emulsion*, neben Blau und Grün auch Rot zu registrieren. Durch Beimischen gewisser Farbstoffe (optische → *Sensibilisierung*) wird erreicht, dass das → *Filmmaterial* über den gesamten sichtbaren Spektralbereich empfindlich ist (spektrale → *Empfindlichkeit*). Dabei wird ein Umsetzen der → *Farben* in Grautöne angestrebt, das bestmöglich dem Helligkeitseindruck des menschlichen Auges entspricht. Durch Veränderung der Sensibilisatoren können drei verschiedene Arten panchromatischer Filme hergestellt werden:

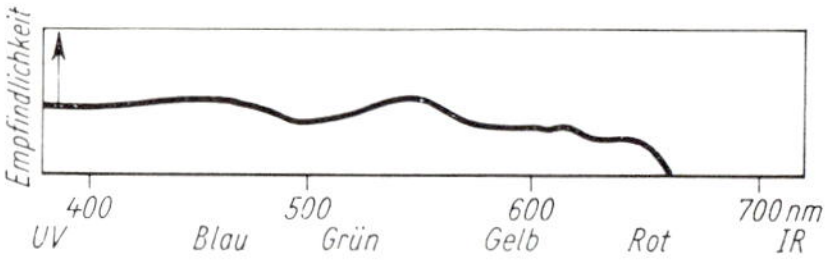

Typ A mit geringer Rotempfindlichkeit (früher vor allem für Porträt-Aufnahmen verwendet),

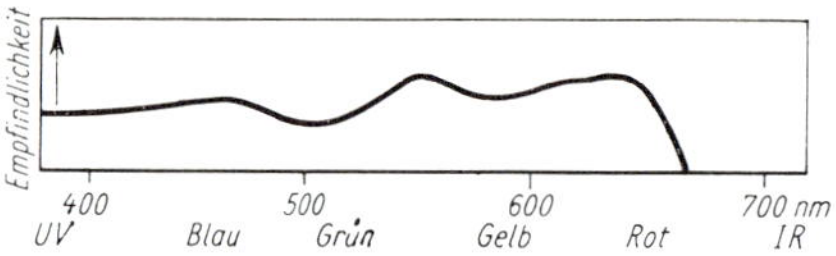

Typ B mit nahezu derselben Grün- und Rotempfindlichkeit, gebräuchlichstes modernes Filmmaterial, und

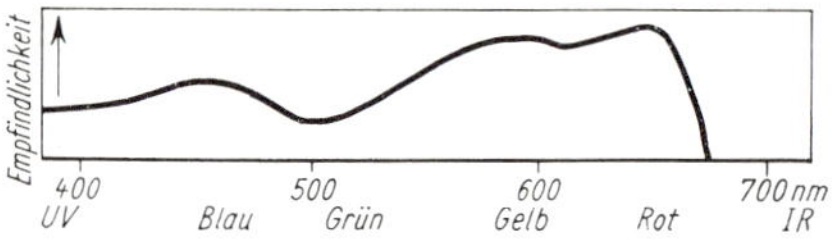

Typ C mit gesteigerter Rotempfindlichkeit.

Panchromatische Emulsionen werden auch zur Herstellung bestimmter → *Fotopapiere* verwendet, die dazu bestimmt sind, von → *Farbnegativen* tonwertrichtige (→ *Tonwert*) Schwarzweiss → *Kopien* anzufertigen.

Pankratisches Objektiv → *Vario-Objektiv.*

Panorama-Aufnahme (at) Aufnahmen, die einen Bildwinkel von 100 bis 360° aufweisen. Sie können entweder aus verschiedenen Einzelaufnahmen bestehen, welche danach zusammengesetzt werden, oder sie werden mit einer speziellen → *Panoramakamera* aufgenommen. Steht für eine Panoramaaufnahme nur eine gewöhnliche → *Kamera* zur Verfügung, so geht man wie folgt vor:

1. Die Kamera wird auf ein → *Stativ* montiert, welches über einen drehbaren Stativkopf verfügt. Die Drehachse sollte im Idealfall durch den bildseitigen Hauptpunkt (→ *Hauptebene*) verlaufen. Kamera senkrecht und waagrecht mit Wasserwaage ausrichten.
2. Die → *Belichtungsmessung* erfolgt

Panorama-Aufnahme, bestehend aus 6 montierten Einzelaufnahmen

auf einen Mittelwert. Während der Aufnahmeserie darf die Belichtung nicht verändert werden. Eine allfällige Belichtungsautomatik der Kamera ist abzuschalten.
3. Vor jeder Einzelaufnahme wird die Kamera um denselben Winkelbetrag in horizontaler Richtung gedreht. Es ist darauf zu achten, dass sich die Aufnahmen überlappen, d.h. dass prägnante Motivteile jeweils in der nachfolgenden Aufnahme wieder vorkommen. Je länger die verwendete → *Brennweite* und je stärker die Überlappung, desto einfacher und genauer kann anschliessend das Zusammensetzen der Einzelbilder erfolgen. Ferner darf sich am Motiv nichts bewegen, da sonst z.B. Fahrzeuge auf mehreren Einzelaufnahmen erscheinen können oder vorbeiziehende Wolken das Zusammensetzen sehr erschweren können (oder eine → *Retusche* notwendig machen).
4. Die Filme werden gleichzeitig entwickelt (→ *Entwicklung*), so dass die → *Negative* dieselbe → *Gradation* aufweisen. Die Herstellung der → *Vergrösserungen* erfolgt dementsprechend mit unveränderter → *Belichtungszeit*. Wer nicht selbst vergrössert, muss dies beim Kopierauftrag entsprechend vermerken.
5. Vor dem Zusammensetzen ist auf jeweils zwei angrenzenden Teilvergrösserungen die ideale, gemeinsame Schnittlinie festzulegen. Die so präparierten und zugeschnittenen Bilder werden auf eine feste Unterlage aufgezogen (→ *Aufziehen*).
Um eine Panoramaaufnahme projizieren zu können (→ *Projektion*), müssen die einzelnen → *Diapositive* sehr exakt gerahmt und mit mehreren → *Projektoren* simultan projiziert werden (→ *Multivision*).

Panorama-Kameras (at) Spezialkameras für → *Panorama-Aufnahmen*. Wir unterscheiden grundsätzlich 4 verschiedene Arten:
1. Kamera mit extremem → *Weitwinkelobjektiv* und einem Bildformat mit einem der Anwendung entsprechenden Seitenverhältnis (von 4:5 bis 1:3). Die meisten solcher Kameras verwenden → *Planfilme* oder → *Rollfilme*.
2. Kamera mit Schwenkobjektiv. Die Kamera ist mit einem → *Objektiv* ausgerüstet, welches während der → *Belichtung* in horizontaler Richtung um eine vertikale Achse schwenkt, die durch die bildseitige → *Hauptebene* des Objektivs verläuft. Da der verwendete → *Rollfilm* oder Kleinbildfilm (→ *Kleinbild-Fotografie*) halbzylinderartig im Abstand der → *Brennweite* um diese Achse geführt wird, resultieren verzeichnungsfreie (→ *Verzeichnung*) Aufnahmen. Die → *Belichtungszeit* wird durch die Geschwindigkeit der Schwenkbewegung bestimmt, und der horizontale → *Bildwinkel* beträgt etwa 140°.
3. Rotationskamera. Um Panoramen von 360° (und mehr) herzustellen, gibt es Spezialkameras, die sich um eine zwischen den → *Hauptebenen* des → *Objektivs* liegende Achse in horizontaler Richtung drehen. Der → *Film* wird gleichzeitig mit der Aufnahme in der Gegenrichtung an einem Schlitz vorbeigezogen.
4. Kamera mit anamorphotischem Objektiv, welches in horizontaler Richtung einen anderen → *Abbildungsmassstab* aufnimmt als in der

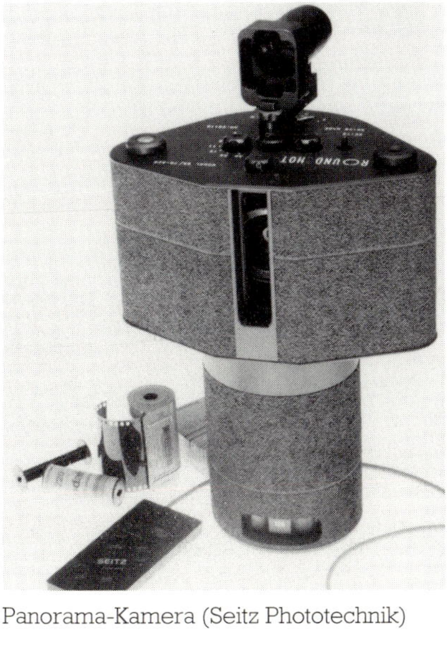

Panorama-Kamera (Seitz Phototechnik)

Panorama-Kamera (Kodak)

Vertikalen. So wird ein grösserer horizontaler Bildwinkel und eine «komprimierte Dimension» erreicht, welche durch ein optisch identisches → *Objektiv* bei der → *Projektion* wieder aufgehoben wird. (Das Prinzip des Anamorphoten stammt ursprünglich aus der → *Kinematographie* und wurde dort für verschiedene Breitwand-Verfahren, z.B. Cinemascope, verwendet).

Papierentwickler (lab) → *Entwickler* für → *Fotopapiere*. Es handelt sich dabei um → *Schichttiefenentwickler*, welche innerhalb einer kurzen → *Entwicklungszeit* von einer bis zwei Minuten das Bild voll → *ausentwickeln* ohne die → *Lichter* zu verschleiern (→ *Schleier*).

Papiergradation → *Fotopapier*.

Papieroberfläche (lab) Die Oberflächenstruktur von → *Fotopapier* kann je nach Fabrikat sehr unterschiedlich sein und verschiedene Bezeichnungen tragen. Abgesehen von matten Oberflächen, die bei der Papierherstellung durch Mattierungszusätze erzielt werden, entstehen die verschiedenen Stukturen durch Einprägen entsprechend strukturierter Kalanderwalzen.

Papierspender (lab) Lichtdichter Behälter für → *Fotopapier*, welcher bei jedem Öffnen der stirnseitigen Klappe ein Blatt Papier ausstösst. Nach der Papierentnahme schliesst sich die Klappe wieder selbsttätig. Papierspender ermöglichen eine schnelle Entnahme des Fotopapiers und sind sehr zu empfehlen, wenn grössere Quantitäten belichtet werden müssen.

Papiertrocknung → *Trocknung*.

Para-Aminophenol (chem) $NH_2C_6H_4OH$ → *Entwicklersubstanz*, die universell in hochkonzentrierten ätzalkalischen → *Entwicklern* (Agfa Rodinal) Verwendung findet. Verdünnte Lösungen sind nur beschränkt haltbar.

Parabolspiegel (opt) Asphärischer Hohlspiegel, der frei ist von *sphärischer* und *chromatischer* → *Aberration*. Sowohl achsferne als auch achsnahe Parallelstrahlen treffen sich in einem gemeinsamen → *Brennpunkt*. Schräg einfallende Strahlen ergeben eine starke → *Koma*. Als optisches Element wird der Parabolspiegel in Spezialgeräten eingesetzt oder findet in Form eines verspiegelten Metallkörpers als → *Reflektor* in → *Beleuchtungs*geräten Verwendung.

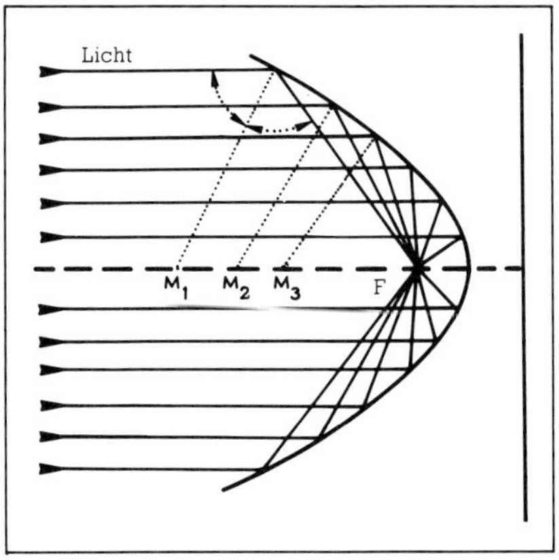

Reflexion am Parabolspiegel eines Scheinwerfers

Parallaxe (phys) Zwei Winkel, deren Schenkel paarweise parallel sind. Dank der Parallaxe unserer Augen entsteht ein räumlicher Seheindruck (→ *Stereoskopie*). In der Fotografie tritt die Parallaxe bei → *Sucherkameras* und *zweiäugigen* → *Spiegelreflexkameras* auf, da das → *Objektiv* (→ *Bildwinkel*) und der → *Sucher* (Betrachtungswinkel) örtlich nicht übereinstimmen. Die entstehende Differenz, Parallaxenfehler genannt, macht sich bei Aufnahmen unter drei Metern bemerkbar. Während billigere Kameras eine Parallax-Anzeige im Sucher auf-

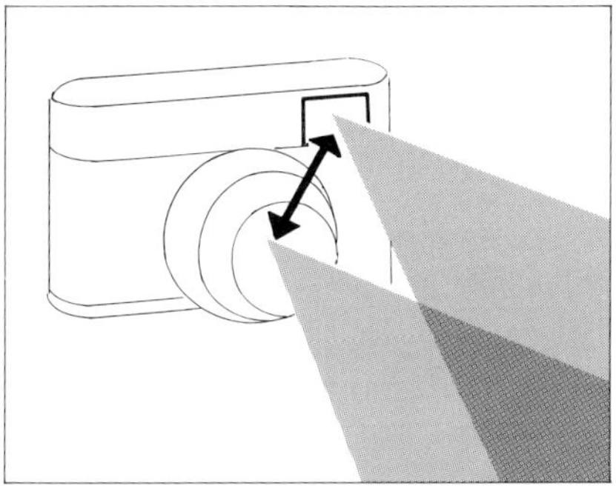

weisen, wird der Parallaxenfehler bei teuren Kameras mechanisch ausgeglichen (→ *Parallaxenausgleich*).

Parallaxenausgleich (opt) Die → *Parallaxe*, welche bei → *Sucherkameras* und *zweiäugigen* → *Spiegelreflexkameras* auftritt, wird ausgeglichen, indem die Bildfeldbegrenzung im → *Sucher* oder das gesamte Suchersystem gekoppelt mit dem → *Entfernungsmesser*, mechanisch verschoben wird.

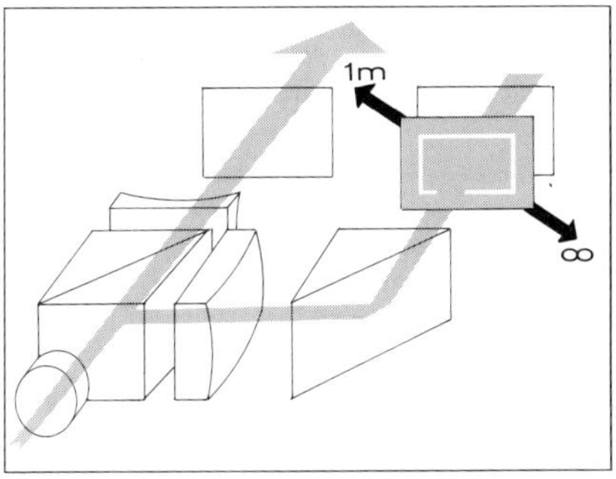

Para-Phenylendiamin (chem) $C_6H_4\ (NH_2)_2$ → *Entwicklersubstanz* in echten Feinkornentwicklern (→ *Feinkornentwicklung*, → *Entwickler*). Bedingt durch das geringe Reduktionsvermögen tritt p-Phenylendiamin meist in Verbindung mit → *Metol* oder → *Glycin* auf. Derivate des Para-Phenylendiamins dienen als → *Farbentwickler*. Die Substanz ist giftig und verfärbt Hände und Wäsche sehr stark.

Passepartout (bpr) Pappkarton mit ausgeschnittenem Fenster, welcher die Präsentation eines verhältnismässig kleinen Bildes in einem grösseren (Wechsel-)Rahmen gestattet.

Passergenauigkeit (lab) Übereinstimmen verschiedener deckungsgleich montierter Teilbilder, z.B. → *Farbauszüge*, → *Masken*, → *Sandwich*filme. Die Passergenauigkeit wird mit sogenannten Passerkreuzen erleichtert. Der Begriff wird vor allem in der → *Reproduktions*- und Drucktechnik, z.B. bei Mehrfarbendrucken, verwendet.

Patrone → *Filmpatrone*.

Pentaprisma (opt) Spezielle Prismenart (→ *Prisma*) mit fünfflächiger Form (penta = fünf). Mit dem Winkelspiegel verwandt. Das Dachkant-Pentaprisma einer *einäugigen* → *Spiegelreflexkamera* ermöglicht deshalb eine seitenrichtige, aufrechtstehende Wiedergabe des → *Mattscheiben*bildes.

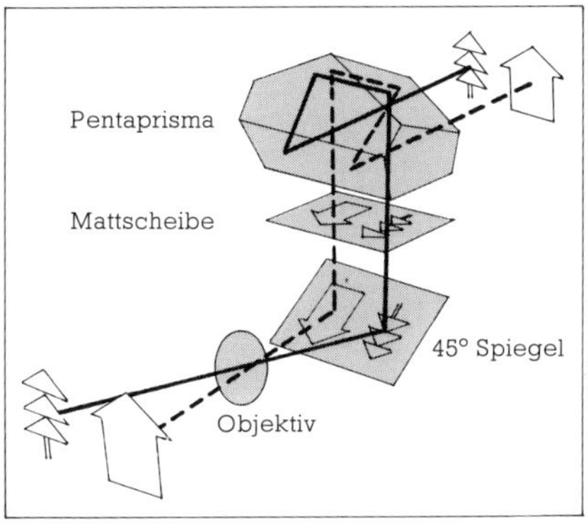

Strahlengang im Dachkant-Pentaprisma einer Kleinbildkamera.

Bei verschiedenen → *Systemkameras* lässt sich das Pentaprisma gegen andere → *Sucher*einsätze auswechseln. Einige Spiegelreflexmodelle besitze anstelle eines Pentaprismas enstsprechend angeordnete → *Spiegel*, um Gewicht einzusparen.

PE-Papier → *RC-Papier*.

Perforation (at) Die zur Erfindung der → *Kinematografie* massgebende, im → *Film*material eingestanzte Lochreihe, welche den → *Filmtransport* in

Perforation eines 35-mm-Kleinbildfilmes.

der → *Kamera* und bei der → *Projektion* ermöglicht. Kleinbildfilme (→ *Kleinbild-Fotografie*) sind doppelseitig, Kassettenfilme (→ *Kassettenkamera*) dagegen einseitig, und 16mm sowie 70mm-Filme sind wahlweise einseitig oder doppelseitig perforiert erhältlich. Beim Kleben von kinematographischen Filmen (→ *Kinematographie*) ist auf konstanten Lochabstand der Perforation zu achten.

Perspektive (at) Ebene Darstellung räumlicher Verhältnisse und Gegenstände. In der Fotografie wird eine dreidimensionale Szene in einem zweidimensionalen Bild wiedergegeben. Dabei kann der räumliche Eindruck entweder naturentsprechend, über- oder untertrieben (perspektivisch verändert) wiedergegeben werden. Nach den Gesetzen der Zentralperspektive tragen einmal die Verkürzung von in die Tiefe gestaffelten (gleich grossen) Gegenständen und im weiteren das Zusammenlaufen der Fluchtlinien in einen gemeinsamen Fluchtpunkt zur räumlichen Wirkung bei. Die Perspektive wird ausschliesslich durch den Aufnahmestandort und, mit der → *Fachkamera*, durch horizontales oder vertikales Schwenken der hinteren Standarte (Veränderung der Fluchtlinien) beeinflusst. Die → *Brennweite* des → *Objektivs* verändert die Perspektive nicht. Sie gestattet lediglich, infolge des grösseren oder kleineren → *Bildwinkels*, einen veränderten Aufnahmestandort. Fotografiert man ein bestimmtes Motiv vom gleichen Standort mit zwei verschiedenen Brennweiten, so verändert sich nur der → *Abbildungsmassstab*; die Perspektive ist jedoch identisch. Die natürliche Perspektive eines Bildes steht mit dessen → *Betrachtungsabstand* in direktem Zusammenhang:

Betrachtungsabstand = Objektivbrennweite x Vergrösserungsfaktor

Die Perspektive kann noch durch andere Faktoren unterstrichen werden: Unterschiedliche Helligkeitswerte von → *Vordergrund* und → *Hintergrund* (→ *Luftperspektive*), Übergewichtung des Vordergrundes beim Bildaufbau und starker → *Farbkonstrast* des Motivs.

Petzval, Josef Max (bio) (1807-1891) Ungarischer Mathematiker. Errechnete 1840 erstmals ein Objektiv, das durch die damals sensationelle → *Lichtsstärke* von 1: 3,6 wesentlich zur Reduktion der → *Belichtungszeit* beitrug und dadurch das → *Porträt*ieren ermöglichte. Das Petzval-Objektiv wurde von Voigtländer gebaut und war ebenso wie das 1857 errechnete «Orthoskop» (→ *Orthoskopisch*) massgebend für den Objektivbau.

Phantombild (at) Um den Informationsgehalt einer → *Sachaufnahme* zu erhöhen, kann man bei geeigneten Objekten eine → *Doppel-* bzw. → *Mehrfach*belichtung durchführen, wobei gewisse Bestandteile für die Einzelbelichtungen entfernt werden. Dadurch ist nicht nur die äussere Form eines Gegenstandes zu erkennen, sondern auch die Lage innerer Funktionselemente.

Foto: Adrian Bircher

Phenidon → *1-Phenyl-3-pyrazolon.*

1-Phenyl-3-pyrazolon (chem) (Phenidon) → *Entwicklersubstanz*, die praktisch immer in Kombination mit → *Hydrochinon* verwendet wird. Derivate: 1-Phenyl-4-methyl-3-pyrazolon (Methyl-Phenidon, Phenidon-Z), 1-Phenyl-4-dimethyl-3-pyrazolon (Dimezon).

Phosphoreszenz (phys) Gewisse Substanzen (Phosphore genannt) haben die Eigenschaft bei → *Licht*einwirkung Energie aufzunehmen und diese als Lichtstrahlen einer längeren → *Wellenlänge* schnell oder über einen längeren Zeitraum abzugeben. → *Lumineszenz.*

Photo... frühere, heute in wissenschaftlichen Arbeiten nach DIN-Norm 19040 (Begriffe der Photographie) noch gebräuchliche Schreibweise. Im generellen Sprachgebrauch hat sich nach Duden → *Foto...* allgemein durchgesetzt.

Photogrammetrie (at) Auf dem Prinzip der → *Stereoskopie* beruhendes Verfahren, um nach zwei sich teilweise überdeckenden fotografischen Aufnahmen einen massstabgetreuen Plan des Bildinhaltes herzustellen. Die Zentralprojektion der Aufnahme wird in die Parallelprojektion des Planes umgewandelt. Dazu wird das Bildpaar in einem Auswertgerät (Autograph) als dreidimensionales Modell betrachtet. Mit einem Messpunkt werden die relevanten Bildpunkte in der X-, Y- und Z- Achse manuell abgetastet und entweder analog mit einem Pantographen auf einen Zeichentisch übertragen oder analytisch als Digitalwerte in einen Elektronenrechner gegeben, der über einen Plotter den entsprechenden Plan ausdruckt. Die letztgenannte, modernere Methode ermöglicht die Berücksichtigung programmierter Korrekturen. 90 Prozent der photogrammetrischen Aufnahmen betreffen die Luftbild-Photogrammetrie und dienen z.B. der Herstellung von Landkarten (→ *Flugaufnahmen*). Daneben wird die terrestrische Photogrammetrie aber auch im Denkmal- und Kulturgüterschutz, bei

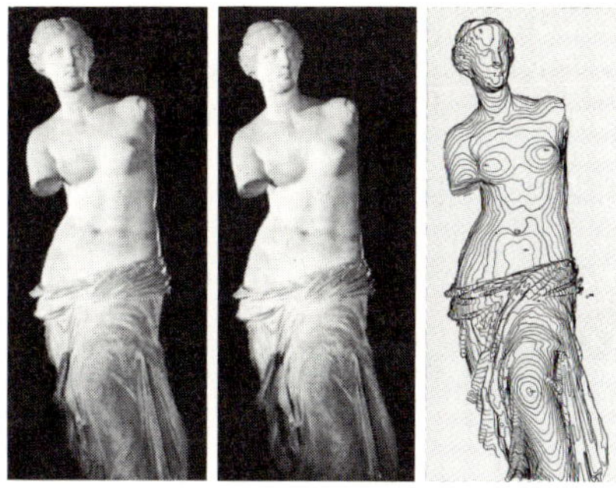

Stereoskopische Aufnahmen und Photogramm der «Venus» von Milo (Wild Heerbrugg AG, Heerbrugg).

erkennungsdienstlichen Arbeiten der Polizei sowie bei Industrie- und Ingenieuraufgaben eingesetzt.

ph-Wert (chem) von lat. «pondus hydrogenii» = Gewicht des Wasserstoffs). Masszahl für den Säure- oder Alkaligehalt einer Lösung. Sie ist der negative Logarithmus zur Basis 10 der Konzentration der Wasserstoffionen einer Lösung (z.B. Wasser = 10^{-7}). Bei pH-Werten von 0 bis 7 spricht man von einer sauren Lösung, pH-Wert 7 ist neutral, und 7 bis 14 verweisen auf eine alkalische Lösung. Der pH-Wert ist eine sehr wichtige Kontrollmöglichkeit der Verarbeitungsbäder fotografischer Prozesse. Einige pH-Richtwerte fotografischer (und nicht fotografischer) Lösungen:

	pH	Lösung
↑	14	(4% Natriumhydroxyd-Lösung)
	13	(0,4% Natriumhydroxyd-Lösung)
	12	Entwickler mit Ätznatron
alkalisch	11	Entw. mit Natriumkarbonat
	10	
	9	Feinkornentwickler
↓	8	Entw. mit Borax (Blut)
neutral	7	Wasser, neutrale Lösungen
↑	6	(Milch)
	5	(Bier)
	4	Saure Fixierbäder
sauer	3	Frisches Unterbrecherbad
		(Most, Orangensaft)
	2	(Zitronensaft)
	1	$^1/_{10}$ Schwefel- od. Salzsäure
↓	0	konzentrierte Säuren

Pigmentdruck (bpr, hist) → *Edeldruckverfahren*, bei dem ein → *Negativ* auf eine pigmenthaltige Bichromat-gelatineschicht kopiert wird. An den belichteten (→ *Belichtung*) Stellen härtet die Gelatine und wird wasserunlöslich. Die nichtgehärteten Gelatinepartien werden in einer anschliessenden Wässerung weggewaschen, wodurch ein positives Farbstoffbild zurückbleibt, welches durch das verwendete Pigment charakterisiert ist. Meistpraktiziertes Pigmentverfahren war der → *Kohledruck*, bei dem feinster Russ als Farbstoff diente.

Pilotlampe (at) → *Einstellicht* eines Studioblitzgerätes (→ *Blitzgerät*), welches mit dem Blitz proportional übereinstimmt und dadurch eine präzise Kontrolle der → *Lichtführung* ermöglicht.

Pixel (phys, at) 1. Akronym für engl. «picture element». Bildpunkt, aus dem sich ein elektronisch erzeugtes oder umgeformtes Bild (→ *elektronische Fotografie*) zusammensetzt.
2. Masszahl für das → *Auflösungsvermögens* eines → *CCD*-Sensors.

Digitalisiertes Bild (Kodak)

Pizzighelli, Giuseppe (bio) (1849-1912) Österreichischer Hauptmann und Foto-Wissenschaftler. Leiter der fotografischen Abteilung des k.k. Technisch-administrativen Militärkomitees in Wien. Erarbeitete zusammen mit → *Eder* das Chlorsilbergelatine-Entwicklungspapier (1881) und zusammen mit A. von Hübl die «Platinotypie». Präsident der «Società Fotografica Italiana».

Planfilm (at) Lichtempfindliches → *Film*material für Aufnahme- oder Kopierzwecke in Einzelblatt → *Konfektionierung*. Wird in den üblichen → *Format*en von 6 x 9 cm bis 50 x 60 cm in Packungseinheiten zu 10, 25 oder 50 Filmen verkauft. Um die Filmsorte und die Schichtseite zu erkennen, wird am Filmrand eine → *Kerbung* eingestanzt. Befindet sich diese rechts oben oder links unten, so ist die Schichtseite dem Betrachter zugewandt. Planfilme werden in → *Kassette*n in → *Fachkamera*s verwendet und manuell in Schalen (→ *Schalenentwicklung*), → *Entwicklungstanks* oder maschinell verarbeitet.

Planfilm-Verpackung (Kodak)

Planfilmkassette (at) Lichtdichter Behälter, welcher beidseitig je einen → *Planfilm* aufnehmen kann. Zur → *Belichtung* des Planfilms wird die Kassette anstelle der → *Mattscheibe* in die → *Fachkamera* eingesetzt, dann wird der → *Verschluss* des → *Objektiv*s geschlossen und der lichtschützende Kassettenschieber geöffnet. Nach der Belichtung wird der Schieber wieder in die Kassette eingesteckt. Die Schieberseite ist oben so gekennzeichnet, dass der Fotograf erkennt, ob der Film belichtet oder nicht. Das Einlegen der Planfilme wird im Dunkeln oder mittels eines → *Wechselsack*s vorgenommen.

Planlage (at, lab) Sowohl bei der Aufnahme als auch beim Anfertigen von → *Vergrösserung*en ist es für die → *Schärfe* von entscheidender Bedeutung, dass sich der → *Film* oder das → *Fotopapier* in keiner Richtung wölbt, sondern plan liegt. Fabrikatorische Massnahmen sollten bei normalen Luftfeuchtigkeitsverhältnissen sowohl vor als auch nach der Nassverarbeitung zu einer genügenden Planlage führen. In der Kamera sorgt die Filmandruckplatte und die Filmführung (→ *Filmtransport*) für eine bestmögliche Planlage. Beim Vergrössern sollte ein → *Vergrösserungsrahmen* oder eine → *Vakuumplatte* verwendet werden. In Luftbildkameras (→ *Flugaufnahmen*) und → *Reproduktions*kameras, wo mit grossformatigen Filmen höchste Präzision gefordert wird, sorgen pneumatische Ansaugvorrichtungen für eine optimale Planlage.

Platindruck (bpr, hist) Silberloses Druckverfahren, welches 1873 von William Willis erfunden wurde. Dazu erfolgte die Beschichtung eines Papiers mit einer Lösung aus Eisenoxalat und Kaliumplatinchlorid. Nach der → *Belichtung* wurde in Kalium- oder Ammoniumoxalat entwickelt (→ *Entwicklung*). Willis gründete 1879 die «Platinotype Company» in London, stellte dort das erforderliche Material her und vergab Lizenzen zur Anfertigung von Platinotypien. Der Erste Weltkrieg hatte eine starke Steigerung des Platinpreises zur Folge, so dass das Verfahren gegen die ständig verbesserten Bromsilberpapiere nicht mehr konkurrenzfähig war.

Platten (at, lab, hist) Bevor biegsame → *Schichtträger* erfunden wurden (1887, → *Goodwin*) und noch bis zum Zweiten Weltkrieg, waren die mit einer → *Emulsion* beschichteten Glasplatten das übliche Aufnahmematerial in der Fachfotografie. In den grossformatigen → *Kameras* bot nur Glas eine optimale → *Planlage*, und für kritische Kopierarbeiten ist die → *Masshaltigkeit* von Glas bis heute durch kein anderes transparentes Material zu übertreffen. Glasplatten sind für Spezialemulsionen heute noch im Einsatz.

Pocket-Kameras Einfache → *Kameras* für den 110er → *Kassettenfilm* mit dem Bildformat 13x17 mm. Durch den hohen Bedienungskomfort der → *Kompaktkameras*, auch in den unteren Preisklassen, haben die Pocket-Kameras stark an Popularität verloren.

Polarisation (li, phys) Während die Wellen von natürlichem → *Licht* normalerweise in allen Richtungen schwingen, können sie unter gewissen Voraussetzungen auch nur in einer Ebene schwingen. Man spricht dann von polarisiertem Licht. Das menschliche Auge ist jedoch nicht in der Lage, dieses zu erkennen. Es braucht dazu einen Analysator, d.h. einen → *Polarisationsfilter*, welcher das polarisierte Licht ausschaltet.

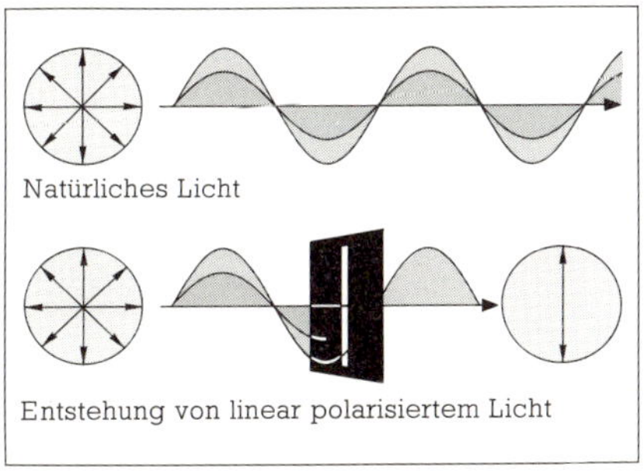

Man unterscheidet drei Arten von polarisiertem Licht:
1. Licht, welches nur in einer Ebene schwingt, nennt man linear polarisiertes Licht.
2. Besteht es aus zwei senkrecht zueinander stehenden polarisierten Teilwellen, die eine Phasendifferenz der Amplituden von 1/4 der Wellenlänge aufweisen, so bezeichnet man es als elliptisch polarisiertes Licht und
3. Elliptisch polarisiertes Licht mit gleich grossen Amplituden nennt man zirkular polarisiertes Licht.

Polarisationsfilter (at, phys) (Polfilter). → *Filter*, die aufgrund einer eingelegten Schicht mit orientierten Molekülen eine «Gitterwirkung» ha-

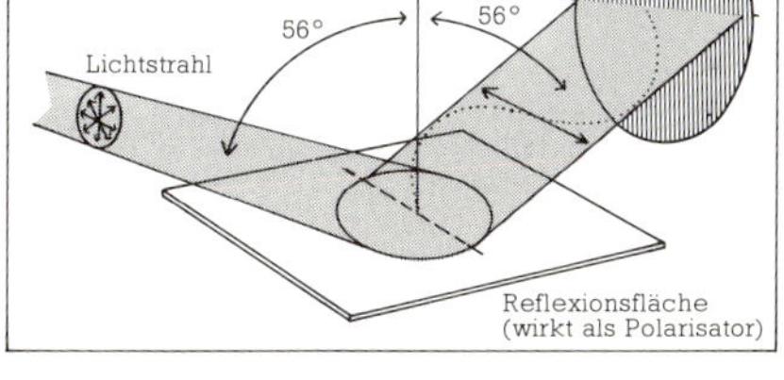

ben und das Licht polarisieren (→ *Polarisation*). Als Analysator absorbiert (→ *Absorption*) er polarisiertes Licht, wenn dessen Schwingungsebene senkrecht zur Gitterstruktur des Filters steht. Dadurch können Lichtstrahlen, welche an nichtmetallischen Flächen (z.B. Glas, Wasser, Kunststoff) in einem Winkel von etwa 34° reflektieren (bzw. linear polarisiert werden; Polarisator), je nach Stellung des Filters reduziert bis eliminiert werden.

Reflexverminderung mit einem Polarisationsfilter

Ist die Gitterstruktur zur Schwinungsebene des Lichtes parallel, so durchdringt auch polarisiertes Licht den Filter. Er wirkt in diesem Fall, aufgrund seiner → *Dichte*, als neutraler → *Graufilter*. Zwei Polarisationsfilter hintereinander können je nach Drehung als variabler Graufilter verwendet werden und bewirken, wenn ihre Gitterstrukturen senkrecht zueinander stehen, eine Totalauslöschung. Polarisationsfilter lassen sich nicht nur zur Reflexverminderung verwenden, sondern ergeben besonders bei seitlichem Licht eine bessere → *Farbsättigung* sowie eine Abdunklung des Himmelslichtes, da dieses teilweise polarisiert ist.

Es gibt zwei verschiedene Arten von Polarisationsfiltern:
1. Linearpolarisationsfilter und
2. Zirkularpolarisationsfilter, die aus der Kombination eines Linearpolarisationsfilters und eines Viertelwellenplättchens bestehen. Sie werden bei spannungsoptischen Messungen und zur Kontraststeigerung von Radar- und Monitorschirmen verwendet. Bei → *Spiegel*reflexkameras mit → *halbdurchlässigen Spiegeln* können die Messresultate der → *Innenmessung* mit Linearpolarisationsfiltern verfälscht werden. In diesem Fall sind Zirkularpolarisationsfilter zu verwenden. Polarisationsfilter sind, zwischen Glas gefasst, zur Verwendung vor dem → *Objektiv* im Handel, können jedoch auch als wärmebeständige Folien, zum Gebrauch vor der → *Lichtquelle*, gekauft werden.

Polyethylenterphthalat (chem) (PETP) → *Schichtträger*material, das hauptsächlich aus einem Polykondensationsprodukt aus Ethylenglykol und Terephthalsäure besteht.

Portfolio (bpr, at) Sammlung von Werken (meist eines Fotografen) über ein bestimmtes Thema oder für einen bestimmten Zweck. Sie werden häufig in Form von Arbeitsmappen oder Zeigebüchern den Galerien, Kunstmuseen, Sammlern, Bild (oder Werbe-)-agenturen und anderen Interessenten präsentiert. Auch der Bildteil einer Zeitschrift, in welchem Bilder eines Fotografen oder Bilder zu einem bestimmten Thema veröffentlicht werden, nennt man Portfolio.

Porträt (at) Fotografische Aufnahme, die Aussehen und Wesen eines Menschen zum Ausdruck bringt. Dies stellt an den Fotografen in technischer, künstlerischer und menschlicher Hinsicht sehr hohe Anforderungen. Die Porträt- Fotografie bietet dem Fotografen eine sehr vielfältige, kreative Tätigkeit und die Möglichkeit eigener Stilprägung, was in anderen Bereichen, durch die auftragsspezifische

Aufgabenstellung, sehr oft erschwert oder verunmöglicht ist. Abgesehen von einfachen Passbildern, die sich lediglich auf das Aussehen eines Menschen beschränken und in den seltensten Fällen der Wesensdarstellung oder den künstlerischen Ambitionen des Fotografen Rechnung tragen können, unterscheiden wir zwei Arten von Porträt-Aufnahmen:

1. → *Live-Porträt.* Es entsteht in der natürlichen, gewohnten Umgebung des Menschen, z.B. an seinem Arbeitsplatz, in freier Natur oder in seiner Privatsphäre. Sie wirken meistens durch ihre Ungestelltheit natürlicher und lebensnaher als das Atelier-Porträt und entstehen häufig als → *Schnappschuss* im Rahmen einer → *Reportage* oder einer Aufnahmeserie, wobei die vorherrschenden Lichtverhältnisse in der Regel kaum beeinflusst werden können.

2. Atelier-Porträt. Wird im → *Atelier* des Fotografen mit künstlichen → *Lichtquellen* (→ *Fotoleuchten*, → *Blitzlicht*) gestaltet. Bei der → *Lichtführung* dominiert ein natürlich wirkendes → *Hauptlicht*, meistens mit vorgesetztem → *Diffusor*. Dieses wird ergänzt durch eines oder mehrere → *Effektlicht*er. Zur Vermeidung von Schlagschatten (→ *Schatten*) ist eine → *Aufhellung* gegenüber dem Hauptlicht erforderlich. Die Bildgestaltung, bei der sehr oft eine diagonale Linienführung angetönt ist, und die exakte Bestimmung des endgültigen Bildausschnittes sind zwei sehr wesentliche Faktoren, die eine Porträtaufnahme mitbestimmen. Eine Person lässt sich auf verschiedene Arten porträtieren: als Ganzbild, als Brustbild (einschliesslich der Hände) oder als Kopfbild, wobei das Gesicht frontal (der Kamera zugewandt) im Halb- oder im Ganzprofil aufgenommen werden kann. Es können auch mehrere Personen zugleich porträtiert werden. Besonders bei Aufnahmen von Frauen wird häufig ein → *Weichzeichner* verwendet. Vorzugsweise sind → *langbrennweitige Objektive* zu verwenden. Es ist empfehlenswert, Aufnahmeserien durchzuführen, damit man das beste Bild mit dem wesenstypischen Gesichtsausdruck auswählen kann.

Positiv (at, lab) Fotografische → *Abbildung*, deren → *Tonwerte* dem Original entsprechen. Ein Positiv ist entweder ein Aufsichtsbild (→ *Kopie*) oder ein transparentes Filmstück (→ *Diapositiv*), welches projiziert werden kann. →← *Negativ*.

Positiv

Negativ

Positivfilm (lab) → *Planfilm*material mit steiler → *Gradation* zur Herstellung von → *Diapositiv*en (farbig oder schwarzweiss) nach Farbnegativen (→ *Farbnegativfilm*) oder Schwarzweiss → *Negativ*en.

Positiv-Retusche → *Retusche*.

Positiv/Positiv-Verfahren (at, lab) (Direktpositiv-Verfahren) Fotografisches Verfahren, bei dem auf einem → *Film* oder einem → *Fotopapier* ohne (haltbares) → *Negativ* direkt ein positives Bild (→ *Positiv*) entsteht. Darunter fallen in erster Linie → *Direktpositivfilme*, → *Direktpositivpapiere*, → *Farbumkehrfilme* (die farbige → *Diapositiv*e ergeben), → *Farbumkehrpapiere* (die zur Anfertigung eines farbigen Aufsichtsbildes nach einem Diapositiv dienen), Schwarzweissmaterialien, die umkehrentwickelt (→ *Umkehrentwicklung*) werden, sowie sämtliche → *Sofortbild*- und → *Fotokopier*verfahren.

Prädiktions-Autofokus (at) → *Autofokus*-System, welches in der Lage ist, die Bewegung des Objektes in die Schärfeberechnung (→ *Scharfeinstellung*) miteinzubeziehen. Dabei registriert das System die Bewegungsrichtung und die Bewegungs-

Prädiktions-Autofokus: Sobald das Autofkokus-System ein sich bewegendes Objekt erfasst hat (A), errechnet es seine Geschwindigkeit, um im Moment des Auslösens eine letzte Fokus-Korrektur auf die neue Distanz (B) vorzunehmen (Schema Minolta).

geschwindigkeit des Objektes und stellt das → *Objektiv* auf den zum Zeitpunkt der → *Verschluss*auslösung vorausberechenbaren Standort scharf (→ *Auslöseverzögerung*). Scharfe Aufnahmen entstehen, wenn das sich bewegende Objekt seine Geschwindigkeit nicht erheblich ändert, nachdem die Elektronik sie ermittelt hat und die Autofokus-Mechanik die notwendigen Verstellwege (→ *Fokussierung*) in der Zeit zwischen Objekterkennung und Auslösung bewältigt.

Pressefotografie (at, lab) Fotografische Dokumentation des aktuellen Geschehens zur Publikation in Tageszeitungen oder Zeitschriften. Das Einzelbild (oder eine → *Sequenz;* → *Reportage*) ergänzt bzw. illustriert in der Regel einen Text und erhöht dadurch die Aussagekraft und den Beachtungsgrad einer Information. Pressefotografen erleben ein Ereignis mit und müssen gefühlsmässig dessen Höhepunkt erkennen, um im entscheidenden Augenblick eine in den meisten Fällen einmalige Situation im Bilde festhalten zu können. Dies stellt an den Fotografen sehr hohe handwerkliche, geistige und physische Anforderungen. Pressefotografen verwenden meistens → *Kleinbildkameras*, häufig mit angesetztem Motor (→ *Motorkamera*). Neben → *Weitwinkelobjektiven*, die für Übersichtsaufnahmen eingesetzt werden, arbeiten Pressefotografen vorwiegend mit → *Teleobjektiven*, um trotz situations- oder vorschriftenbedingten Hindernissen das aktuelle Geschehen vollformatig aufnehmen zu können. Mit hochempfindlichem → *Film*material und mit → *Blitzlicht* ist der Fotograf von den herrschenden → *Licht*situationen weitgehend unabhängig (→ *Available Light-Fotografie*). Durch einen steten Zeitdruck bedingt, erfolgt die Verarbeitung des lichtempfindlichen Materials zum fertigen Bild mit Hilfe von zeitsparenden Spezialmethoden (→ *Fixierentwicklung*, → *Stabilisierungsverfahren*). Mit → *Scannern* erfasste Pressebilder werden oft auch telefonisch vom Ort des Geschehens zur Redaktion übermittelt.

Presse-Fotografie (Charlie Cole; World Press Photo Contest 1990; Kodak)

Print (lab) engl. für → *Kopie*, → *Vergrösserung*.

Printer (lab) Automatisches Kopiergerät zur Herstellung von Papierbildern (→ *Kopie*) im Grosslabor. Mit einem → *Scanner* wird die → *Korrekturfilterung* und die → *Belichtungszeit* aufgrund der → *Dichte* des Farbnegativs (→ *Farbnegativfilm*) bestimmt, in einem Computer gespeichert und bei der automatischen → *Belichtung* berücksichtigt. Je nach → *Format*wahl können verschiedene Breiten von →

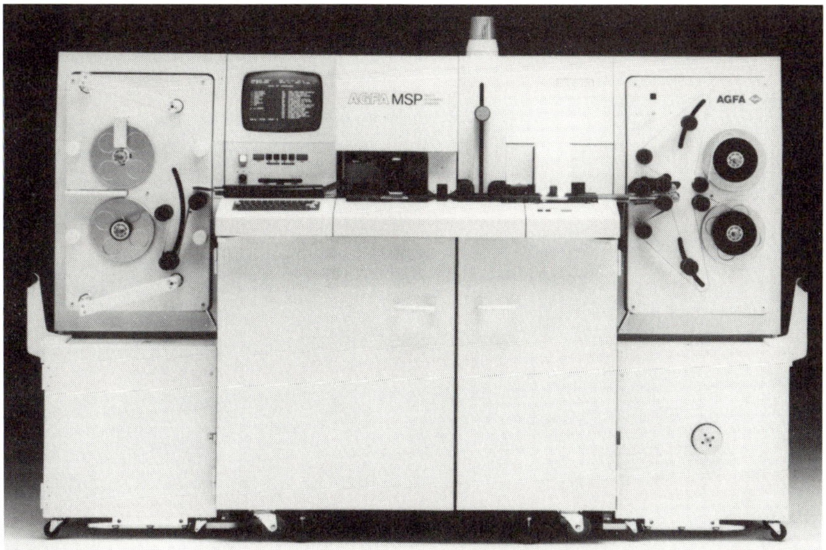

Printer (Agfa MSP)

Rollenpapieren verwendet werden. Die → *Lichtquelle*, meistens eine → *Halogenlampe*, brennt dauernd, und die → *Belichtungszeit* wird über einen → *Verschluss* gesteuert. Der zur Zeit schnellste Printer erreicht eine Stundenleistung von 20'000 Kopien.

Printfilm (lab) Spezialfilm, der zur Herstellung von → *Diapositiven* nach Farbnegativen dient. Auch → *Positivfilm* genannt. Printfilme haben eine relativ steile → *Gradation* (vergleichbar mit → *Farbpapieren*) und werden wie → *Farbnegativfilme* entwickelt.

Prisma (opt) Lichtdurchlässiger Körper, meistens aus Glas, der in der → *Optik* zur Richtungsänderung (→ *Brechung*, → *Reflexion*, → *Dispersion*) von → *Licht*strahlen verwendet wird.

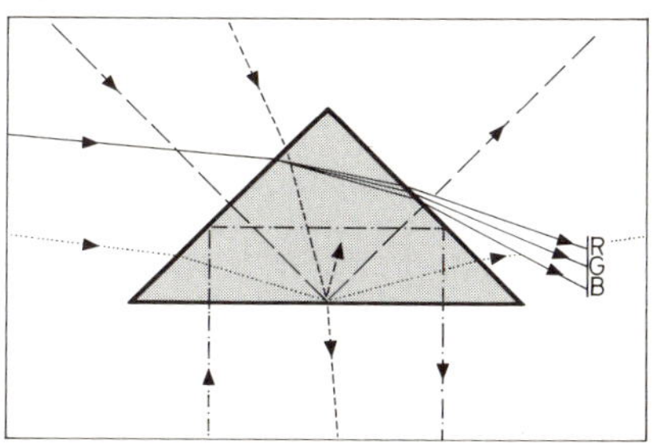

Strahlengänge durch ein Prisma.

Man unterscheidet grundsätzlich
1. Zerstreuungsprismen, mit denen ein «weisser» Lichtstrahl in seine → *Spektralfarben* (→ *Spektrum*) zerlegt werden kann, und
2. Umlenkprismen, die in optischen Strahlengängen zur Richtungsänderung von Lichtstrahlen benutzt werden. Sie weisen gegenüber → *Oberflächenspiegeln* den Vorteil höherer Resistenz gegen mechanische Verletzungen auf.

Prismensucher (opt) Bestandteil des → *Sucher*systems bei → *Spiegelreflexkameras*, um das Bild derart umzulenken, dass es seitenrichtig und aufrechtstehend im → *Okular* erscheint. Dazu verwendet man ein → *Pentaprisma*.

Prismenvorsatz (opt) → *Mehrfachprisma*.

Probestreifen (lab) Kleiner Streifen → *Fotopapier*, welcher beim → *Vergrössern* zum Ermitteln der optimalen → *Belichtungszeit* und → *Gradation* dient. Probestreifen müssen unter absolut identischen Bedingungen verarbeitet werden, wie die vollformatigen Vergrösserungen. Es ist darauf zu achten, dass die Vergrösserung gegenüber dem nassen Probestreifen beim → *Trocknen* noch etwa 10 bis 20 Prozent nachdunkeln.

Programmautomatik (at) → *Belichtungsautomatik* in → *Kameras*, die über eine spezielle elektronische Schaltung, in Abhängigkeit von der gemessenen → *Beleuchtungsstärke* und der eingegebenen → *Filmempfindlichkeit*, die bestmögliche Kombination von → *Verschlusszeit*/→ *Blende* selbsttätig einstellt und im → *Sucher* anzeigt. Die Elektronik ist so programmiert, dass immer die kürzestmögliche Verschlusszeit bei kleinstmöglicher Blende gewählt wird. Daraus resultiert bei günstigen Aufnahmebedingungen eine optimale Zeit/Blenden-Kombination, die zum unbeschwerten Fotografieren beiträgt und möglichst verwacklungssichere Verschlusszeiten gewährleistet. Einige Kameras bieten dem Fotografen die Möglichkeit in die Automatik manuell einzugreifen und Blende oder Verschlusszeit frei zu wählen. Dabei passt sich die Automatik der neuen Vorgabe an und korrigiert die Belichtung mit dem unbeeinflussten Einstellelement. Man nennt diesen Vorgang «Programm-Shift».

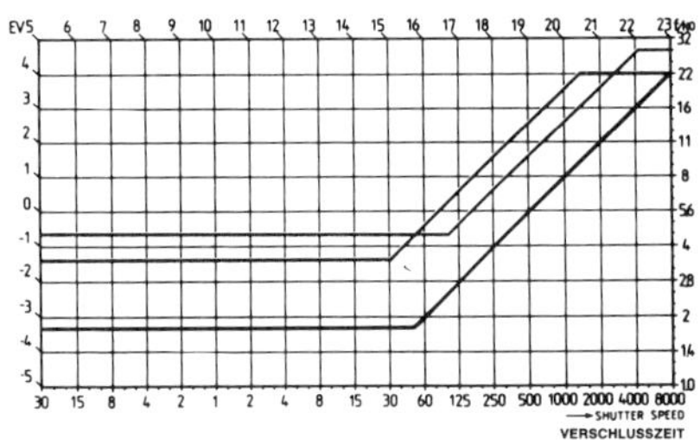

Programmautomatik

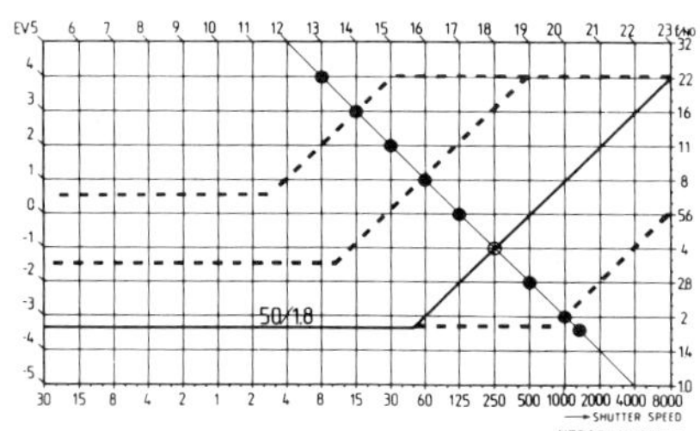

Programmshift

Programm-Shift → *Programmautomatik*

Projektion (pro, bpr) (Meist vergrösserte) Abbildung von durchleuchteten Vorlagen (→ *Diapositiv* in diaskopischer Projektion) oder beleuchteten Gegenständen (Aufsichtsvorlagen in episkopischer Projektion, → *Episkop*) mit Hilfe des optischen Systems des → *Projektors* auf eine → *Projektionswand*. Die Berechnungen von Projektionsdistanz (g), Projektionsbildgrösse (G) oder erforderlicher → *Brennweite* (f) des Projektionsobjektivs können mit Hilfe folgender Formeln vorgenommen werden: (B = Längsseite des Diapositivs)

$G = \frac{f(G-B)}{B}$	$G = \frac{B(g-f)}{f}$	$f = \frac{g \times B}{G + B}$

Um Verzerrungen des Projektionsbildes zu vermeiden, sollte der Projektor möglichst waagrecht und so aufgestellt werden, dass die → *optische Achse* im Zentrum der Projektionsfläche senkrecht auftrifft. Die → *Lichtquelle* des Projektors muss gelegentlich kontrolliert und eventuell zentriert werden, damit kein Lichtverlust oder keine schlechte → *Ausleuchtung* entsteht. Diavorführungen können durch → *Überblendprojektion* (→ *Diaporama*, → *Multivision*) oder durch Tonsynchronisation (→ *Tonbildschau*) weiter perfektioniert werden.

Projektionswand (bpr, pro) Weisse oder kunststoffperlenbesetzte Fläche, die mindestens 85 Prozent des projizierten Lichtes (→ *Projektion*) reflektiert. Die Oberflächen können unterschiedlich beschaffen sein und eignen sich dadurch nur für bestimmte Betrachtungswinkel. Perl- oder Kristallwände haben einen engen → *Reflexions*winkel und sind für grosse Projektionsdistanzen und einen engen Betrachtungswinkel bestimmt, während spezielle Weitwinkelwände für kurze Projektionsdistanzen oder breite Betrachtungswinkel eingesetzt werden. Hochreflektierende, mit Glaskügelchen bedeckte Projektionsflächen

Projektionswand (Star)

sind für → *Hintergrundprojektionen* unerlässlich, da diese praktisch das gesamte Projektionslicht mit geringstem Streuverlust reflektieren.

Projektor (pro, bpr) Gerät zur → *Projektion* von transparenten Vorlagen (→ *Diapositive*, diaskopische Projektion) oder beleuchteten Gegenständen (Aufsichtsvorlagen, episkopische Projektion, → *Episkop*). Ein Projektor besteht aus
1. einem Beleuchtungssystem (Lichtquelle, meistens → *Halogenlampe*, → *Reflektor*, → *Wärmeschutzfilter*, → *Kondensor*), welches in der Regel mit einem Ventilator luftgekühlt wird, und
2. dem optischen System mit der Diapositivbühne und automatischer Diawechselvorrichtung und dem Projektions → *Objektiv*. Die Diapositive be-

Projektor (Leica)

finden sich bei den meisten Modellen in speziellen → *Magazinen*, und der Diawechsel kann vom Vortragenden entweder manuell oder über eine häufig kabellose (infrarot- oder ultraschallgesteuerte) Fernbedienung vorgenommen werden. Beim gleichzeitigen Einsatz mehrerer Projektoren (→ *Diaporama*, *Multivision*) benötigt man besondere Steuergeräte für die → *Überblendprojektion*.

Proportionen (at, lab) Die verschiedenen → *Formate* für Aufnahme und → *Vergrösserung* zeigen verschiedene Seitenverhältnisse. Um die Formate bestmöglich auszunutzen, ist auf die Proportionen zu achten.

Prozessfotografie (at) Aufgabenbereich in der Industrie, in welchem die Fotografie als Produktionsmittel, aber auch zur Planung oder Kontrolle von Fabrikationsprozessen eingesetzt wird. Klassische Anwendungsbeispiele sind die Herstellung von integrierten Schaltungen oder das Fotoätzen von Metallplatten in der Schilderanfertigung. Kerngedanke in der Prozessfotografie ist, unter Wahrung engster Toleranzen rationell und ökonomisch produzieren zu können.

Formate und Proportionen				
Proportionen	**1:1**	**4:5**	**3:4**	**2:3**
Formate		40x50cm	30x40cm	
(Werte gerundet)		24x30cm		
		20x25cm	18x24cm	13x18cm
		4x5"	9x12cm	
	6x6cm	6x7cm	6x8cm	6x9cm
	4x4cm		4,5x6cm	24x36mm

Prozessor → *Entwicklungsmaschinen.*

Prozesstimer (lab) Zeitgebergerät, welches zur Kontrolle von Verarbeitungsprozessen (z.B.→ *Entwicklung* von → *Filme*n und → *Fotopapiere*n) dient. Meistens sind Prozesstimer mit → *Belichtungsschaltuhr*en kombiniert.

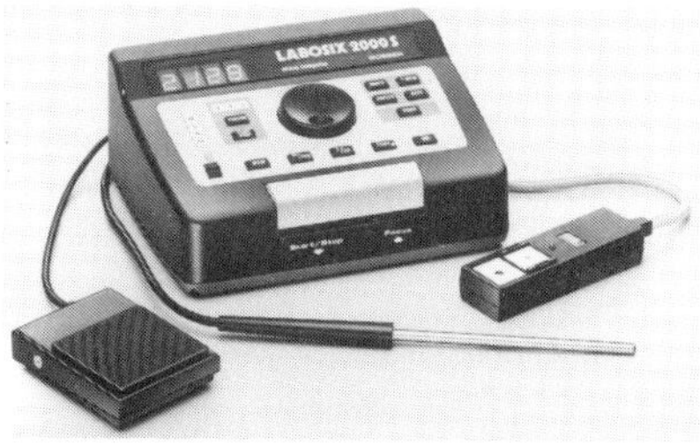

Prozesstimer (Gossen)

Pseudosolarisation → *Sabattier-Effekt,* → *Solarisation.*

Pufferlösung (chem) Lösung, deren → *pH-Wert* infolge ihrer Zusammensetzung unter gewissen Bedingungen über längere Zeit annähernd konstant gehalten werden kann.

Punktlicht (at, lab) → *Lichtquelle,* mit kleiner Leuchtfläche und hoher Intensität, welche in Verbindung mit einem optischen System das Strahlenbündel fast parallel erscheinen lässt. Der Fotograf arbeitet mit zwei verschiedenen Punktlichtquellen:
1. → *Spotlight*-Scheinwerfer im → *Atelier,* der durch einen entsprechenden → *Reflektor* ein gerichtetes, hartes → *Licht* ergibt, und
2. Lichtquelle in → *Kondensor-Vergrösserungsgeräten,* mit denen eine optimale → *Schärfe,* aber auch die → *Körnigkeit* des → *Films* und Staubpartikel betont wiedergegeben werden.

Punktmessung → *Spotmessung.*

Pupille (opt) Virtuelle → *Blende*nöffnung, die beim Betrachten eines → *Objektivs* sichtbar und messbar ist. Da sie innerhalb des optischen Systems liegt, sehen wir nicht den effektiven Blendendurchmesser, sondern einen vergrösserten oder verkleinerten.
Wir unterscheiden zwischen Eintrittspupille (Betrachtung des Objektivs von der Gegenstandsseite) und der Austrittspupille (Betrachtung des Objektivs von der Bildseite). Bei symmetrischen Objektiven sind Eintritts- und Austrittspupille gleich gross. Bei asymmetrischen Objektiven (→ *Asymmetrie*), deren → *Schnittweite* stark von der → *Brennweite* abweicht (→ *Teleobjektive,* → *Retrofokus*objektive), muss der → *Pupillenvergrösserung* bei der → *Auszug*sverlängerung Rechnung getragen werden.

Pupillenvergrösserung (opt, at) Pupillenmassstab. Verhältnis der Austrittspupille zur Eintrittspupille (→ *Pupille*) eines → *Objektivs.* Der Pupillenvergrösserung kommt bei der → *Auszug*sverlängerung mit asymmetrischen Objektiven (→ *Asymmetrie*) eine grosse Bedeutung zu. Sie lässt

Messen der Eintrittspupille

Messen der Austrittspupille

sich errechnen, indem man den Durchmesser der Austrittspupille durch den Durchmesser der Eintrittspupille teilt:

$$PV = \frac{\text{Austrittspupille}}{\text{Eintrittspupille}}$$

Bei → *Teleobjektiven* ist die Pupillenvergrösserung kleiner als 1, bei → *Retrofokus*-Konstruktionen ist sie grösser als 1.

Push-Entwicklung (lab) Durch eine verlängerte → *Entwicklungszeit* oder eine höhere Verarbeitungstemperatur ist es grundsätzlich möglich, die praktische → *Filmempfindlichkeit* über den nominellen Wert hinaus auszunutzen. Allerdings sind damit qualitative Einbussen verbunden, wie geringere → *Schattenzeichnung*, reduzierte → *Kontrast*wiedergabe und gröbere → *Körnigkeit*, doch wird die Push-Entwicklung in der Regel in der → *Available light*-, → *Reportage*- und Aktualitätsfotografie eingesetzt, wo die Bildaussage und der Dokumentationswert einer Aufnahme bedeutend wichtiger ist, als die letzte Nuance der Bildqualität.
Zur Push-Entwicklung lässt sich als Richtwert nur angeben, dass eine Verlängerung der Entwicklungszeit um 25 Prozent etwa der doppelten Filmempfindlichkeit entspricht. Genauere Werte sind von der Art des → *Entwicklers*, des → *Films* und vom → *Motivkontrast* abhängig und müssen durch eigene, materialspezifische Versuche ermittelt werden.

Q

Quadratgesetz (phys, li) Die → *Beleuchtungsstärke* einer punktförmigen → *Lichtquelle* (→ *Punktlicht*) nimmt im Quadrat der Entfernung ab (→ *Lambert'sche Gesetze*).

Quälschleier → *Schleier*.

Quarzglas (opt) Einkomponentenglas (SiO_2) mit geringer Wärmedehnung, hoher Temperaturbelastbarkeit und extremer → *UV*-Durchlässigkeit. Da bei der Herstellung von Quarzglas Schmelztemperaturen von über 2000° C erforderlich sind, ist es verhältnismässig teuer. Es wird auch für den Glaskolben von → *Halogenlampen* und → *Metalldampflampen* verwendet. Quarzglas höchster Reinheit verwendet man für optische Bauteile (z.B. → *Glasfaseroptik*, → *Quarzobjektiv*).

Quarzobjektiv (opt) Spezial- → *Objektiv* für die → *Ultraviolett-Fotografie*. Während gewöhnliche Glasobjektive nur bis etwa 320 nm → *UV*-durchlässig sind, können mit Quarzobjektiven → *Wellenlängen* bis 200 nm registriert werden. Es existieren auch Quarzobjektive, die bezüglich der → *chromatischen Aberration* so berechnet sind, dass sie im Bereich des sichtbaren Spektrums fokussiert werden können.

Quecksilber (chem) Hg. chemisches Element, einziges bei Zimmertemperatur flüssiges Metall. Quecksilberdampf wird in Gasentladungslampen (→ *Quecksilberdampflicht*) verwendet und → *Quecksilber(II)-chlorid* zum → *Verstärken* von Negativen benutzt. → *Daguerreotypien* wurden in Quecksilberdämpfen entwickelt. Quecksilber ist extrem giftig 0,2 bis 0,4 g wirken tödlich.

Quecksilber(II)-chlorid (chem) $HgCl_2$. Sublimat, Merkurichlorid. Weisse Kristalle oder Pulver, geruchlos, metallischer Geschmack, leicht löslich in Wasser, Alkohol und Äther. Starkes Gift. Verwendung: → *Verstärken* von → *Negativen*.

Quecksilber-Dampflampen (at, lab) → *Gasentladungslampen*, in denen durch verdampfendes → *Quecksilber* energiereiche Spektrallinien im UV-Bereich, eine grüne, eine blau-violette und zwei schwache gelbe Linien entstehen. Durch Anregung eines Leuchtstoffs wird vom UV-Spektrum die fehlende rote Strahlung emittiert. Quecksilber-Dampflampen geben einen sehr hohen → *UV*-Anteil ab, weisen ein *diskontinuierliches* → *Spektrum* auf und sind aufgrund ihres geringen (oder fehlenden) Rotanteils als fotografische → *Lichtquellen* sehr beschränkt brauchbar. In den Leuchtstoffröhren wird Quecksilberdampf verwendet, um die Fluoreszenz der Phosphorbeschichtung anzuregen. Im Volksmund werden solche Fluoreszenzröhren fälschlicherweise auch «Neonröhren» genannt. Neben diesen Niederdrucklampen gibt es noch Quecksilber-Dampflampen für die allgemeine Beleuchtung (Hochdrucklampen) und für wissenschaftliche Zwecke (Höchstdrucklampen).

Quellrelief (lab, hist) Bichromatgelatineschichten sind nach der Verarbeitung der → *Belichtung* entsprechend unterschiedlich gehärtet. Sie nehmen an den unbelichteten – und somit gegerbten – Stellen mehr Wasser auf und stossen dort fetthaltige Druckfarbe ab, während gegerbte Partien diese aufnehmen, um auf ein Übertragungspapier abgedruckt zu werden. Zahlreiche → *Edeldruckverfahren*, z.B. → *Bromöldruck*, → *Öldruck*, aber auch frühe farbfotografische Verfahren beruhen auf diesem Prinzip.

R

Rahmensucher (at) Einfacher Durchsichtssucher (→ *Sucher*), der keine optischen Bestandteile, sondern nur zwei verschieden grosse Metallrahmen aufweist, die durch ihren Abstand und ihr Seitenverhältnis den

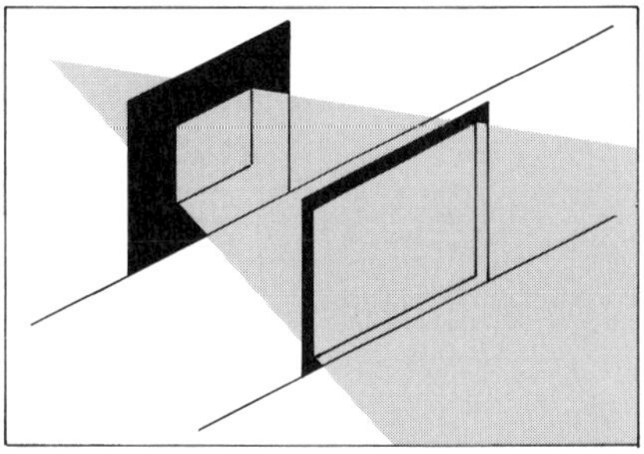

dem Bildformat (→ *Format*) der Kamera entsprechenden Motivausschnitt zeigen. Rahmensucher werden heute nur noch selten bei → *Messsucherkameras* mit extremen → *Teleobjektiven* verwendet.

Randlichtabfall (at) (Helligkeitsabfall, natürliche Vignettierung). Der Öffnungsdurchmesser (→ *Öffnungsverhältnis*, → *Blende*) gilt nur für achsparallel (→ *optische Achse*) Strahlen. Für schrägeinfallende Strahlenbündel ist die elliptisch wirkende Öffnung kleiner, als die kreisrunde Blende für achparallele Strahlen. Zudem nimmt das Licht schrägeinfallender Strahlen aufgrund des → *Quadratgesetzes* gegen den Rand hin stärker ab, als im Zentrum. Dies beiden Faktoren führen besonders bei → *Weitwinkelobjektiven* zu einer geringeren → *Belichtung* der Randzonen. Abhilfe schafft ein konzentrischer → *Verlaufsfilter*.

Randsignierung Bei der Herstellung von → *Filmen* (→ *Filmherstellung*) werden Markenname, Filmtyp, Fabrikationsnummer, Bildnumerierung, → *DX-Code* (bei → *Farbnegativfilmen*) und andere Kennzeichnungen am Filmrand einbelichtet (→ *Belichtung*).

Rastblende (lab) Die → *Blenden*einstellung an → *Vergrösserungs*objektiven besitzen eine mechanische Rastung, damit der Anwender im Dunkeln die Blendenstufen abzählen kann. Bei den meisten Objektiven kann die Rastung ausgeschaltet werden, was eine genauere Einstellung ermöglicht.

Raster Transparente Strukturfolie, die in der Drucktechnik dazu dient, ein → *Halbtonbild* in Punkte verschiedener Grössen zu zerlegen. Helle Parti-

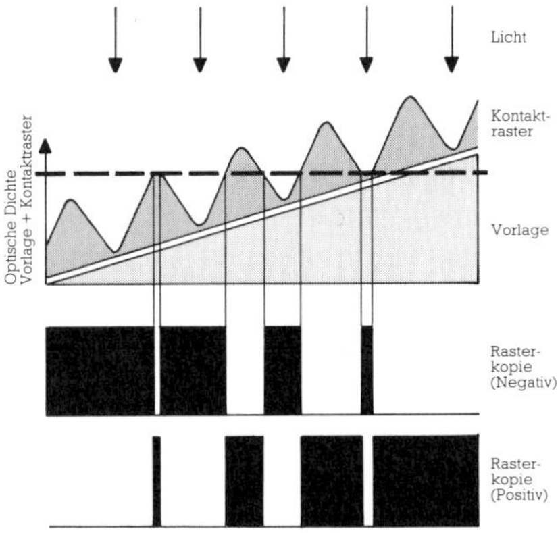

en der Vorlage ergeben im (positiven) Druck kleine, dunkle Stellen hingegen grosse Rasterpunkte. Der Kontaktraster wird in der → *Reproduk-*

Vergrössertes Rasterbild

*tions*kamera mit dem → *Strichfilm* in Kontakt gebracht. Die hellen Bildstellen der Vorlage durchdringen eine höhere Schwärzung des Kontaktrasters und ergeben damit grössere belichtete Punkte. Das Licht von dunklen Originalstellen vermag nur an flächenmässig kleinen Stellen den Kontaktraster zu durchdringen, um auf dem Film einen kleinen Punkt zu ergeben. Ein gerastertes → *Negativ* kann zur Herstellung einer Druckplatte verwendet werden. Die Rasterperiode (Elemente/cm) richtet sich nach dem Verwendungszweck und nach der zum Druck gelangenden Papierqualität, z.B. für Zeitungsdruck 30er bis 35er, für satiniertes Papier 48er bis 54er und für optimale Detailwiedergabe auf feinstem Kunstdruckpapier 70er bis 80er-Raster. Raster und gerasterte Bilder werden auch für fotografische → *Verfremdungen* verwendet. Mit dem Aufkommen der → *Scanner* hat diese Arbeitsmethode der Bildaufrasterung an Bedeutung verloren.

Rasterelektronenmikroskop (at) Wissenschaftliches Gerät zur Betrachtung und zum Fotografieren von bis zu 160'000fach vergrösserten Objekten. Diese werden zunächst speziell präpariert, meistens goldbedampft (besputtert), und dann im Hochvakuum von einem Elektronenstrahl abgetastet. Die dabei entstehenden Signale ergeben nach entsprechender Verarbeitung ein Bild auf einem Monitor und können dort mit einer Kamera aufgenommen werden. Das Rasterelektronenmikroskop hat den Vorteil, dass das Objekt extrem stark vergrössert mit einer sehr grossen → *«Schärfentiefe»* plastisch wirkend dargestellt werden kann. Seit einigen Jahren kann man mittels eines Zusatzgerätes (Gammadiskriminator) das Bild in drei Helligkeitsstufen zerlegen und dadurch ein Farbbild auf dem Monitor entstehen lassen.

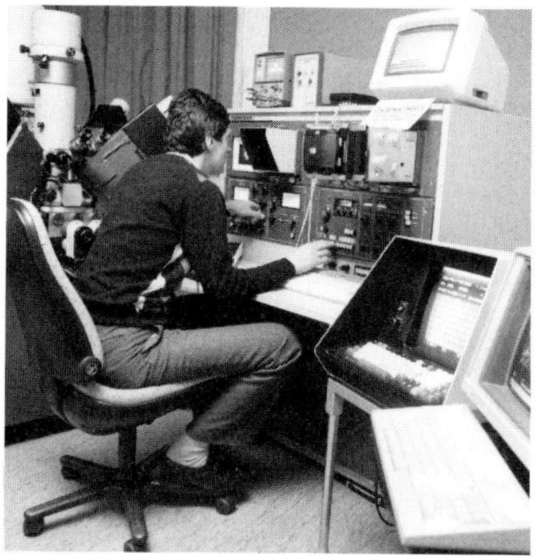

Rasterelektronenmikroskop

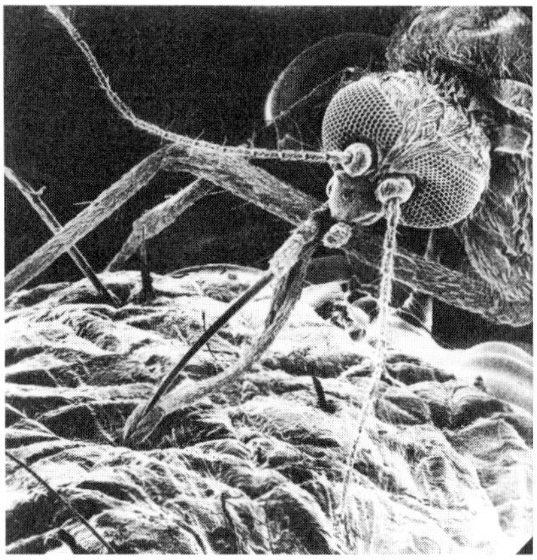

Eine Mücke sticht in die menschliche Haut. Rasteelektronenmikroskopaufnahme von Lennart Nilsson/Foto Hasselblad

Rayogramm (lab) → *Fotogramm*, das nach dem amerikanischen Künstler und Fotografen Man Ray (1890-1976) benannt ist. Praktisch gleichzeitig wie → *Moholy-Nagy* hatte sich Ray mit Fotogrammen, Solarisationen und Collagen beschäftigt.

RC-Papier (lab) (RC = resin coated) auch PE-Papier genannt, PE = polyäthylenbeschichtet. → *Fotopapiere* mit einem kunststoffversiegelten → *Schichtträger*. Der Papierfilz ist durch eine beidseitige Polyäthylen-Beschichtung nicht saugfähig, so dass Chemikalien und Wasser nicht in den Schichtträger eindringen können. Dadurch resultieren kürzere Verarbeitungs-, Auswässerungs- und Trockenzeiten. RC-Papiere sind durch ihre Temperaturfestigkeit und mechanische Robustheit besonders für die maschinelle Verarbeitung konzipiert, können jedoch auch in der Schale behandelt und an der Luft getrocknet werden. Wie konventionelle Fotopapiere sind RC-Papiere in verschiedenen Oberflächen und, soweit dies Schwarzweiss-Papiere betrifft, verschiedenen → *Gradation*en oder als → *Gradationswandelpapiere* erhältlich. Hochglanzoberflächen trocknen aufgrund fabrikatorischer Massnahmen hochglänzend auf und müssen nicht auf besondere Weise getrocknet werden. Die → *Planlage* ist gegenüber → *Barytpapieren* wesentlich verbessert worden. Die Archivfestigkeit dürfte gegenüber den Barytpapieren etwas schlechter sein.

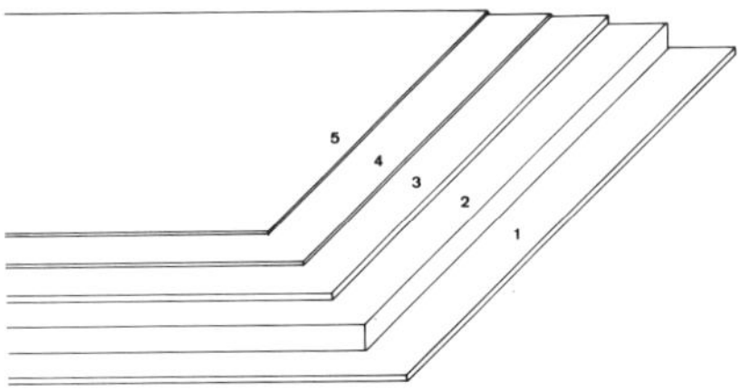

Schnitt durch ein RC-Papier: 1. Polyäthylenschicht; 2. Papierfilz; 3. pigmentierte Polyäthylenschicht; 4. Emulsion und 5. Gelatine-Schutzschicht.

Recycling (lab) Wiederverwertung, Rohstoffrückgewinnung. Rohstoffverknappung und Umweltschutz haben in den letzten Jahren das Herstellungs- und Konsumverhalten stark beeinflusst: Man versucht, nicht (mehr) verwendete Produkte wieder in den Fabrikationsprozess zurückzuführen, um damit das Abfallaufkommen zu reduzieren und die natürlichen Ressourcen zu schonen. Eines der ältesten Beispiele für Recycling in der Fotografie ist die → *Silberrückgewinnung*, die bei den Herstellern und in Grosslabors mit grösster Konsequenz vollzogen wird. Aber nicht nur Fixier- und Bleichbäder müssen heute entsilbert und umweltgerecht entsorgt werden, sondern auch andere Foto- und insbesondere Farbchemikalien. Kleinverbraucher und Fotografen, die dazu selbst nicht in der Lage sind, sollten die verbrauchten Lösungen vermehrt in besondere Sammelstellen bringen.

Reduktion (chem, at, lab)
1. Chemischer Vorgang der Elektronenabgabe, wobei das Reduktionsmittel oxidiert («Redox-Vorgang», siehe →← *Oxidation*). In der Fotografie ist die → *Entwicklung* ein typischer Redox-Vorgang; im täglichen Leben z.B. die Verbrennung oder die Bildung von Rost.
2. → *Verkleinerung*.

Reflektor (at) → *Lichtwandler*. Bestandteil von → *Fotoleuchten* und → *Blitzgeräte*n, welcher aufgrund seiner Form, Grösse und Oberflächenbeschaffenheit das → *Licht* der → *Lichtquelle* charakterisiert und in eine bestimmte Richtung reflektiert (→ *Reflexion*). Man unterscheidet grundsätzlich drei Arten von Reflektoren, die in der Fotografie verwendet werden:

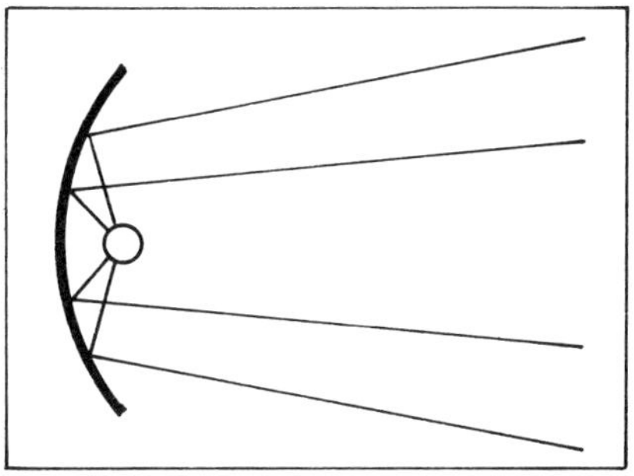

1. Sphärische Reflektoren bewirken eine weiche → *Beleuchtung* mit geringer → *Schatten*bildung. Sie werden meistens in Verbindung mit Lichtquellen grosser Leuchtflächen (z.B. → *Fotolampen*) als → *Hauptlicht* oder zur → *Aufhellung* von Schatten verwendet.
2. Parabolische Reflektoren ergeben ein nahezu paralleles Strahlenbündel. Theoretisch erzeugt ein im → *Brennpunkt* plaziertes → *Punktlicht* ein Strahlenbündel im Durchmesser des para-

bolischen Reflektors. Gerichtetes Licht dieser Art wird häufig verwendet, um gewisse (dunkle) Motivpartien zusätzlich auszuleuchten oder um ein Objekt aus einer gewissen Distanz zu beleuchten.

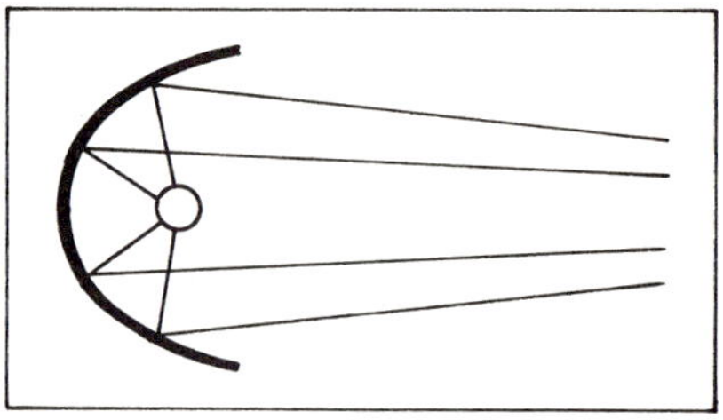

3. Elliptische Reflektoren konvergieren (→ *Konvergenz*) die Lichtstrahlen in einen Punkt. Sie werden besonders eingesetzt, um kleine Motivteile zu beleuchten oder dienen als → *Effektlicht*quelle.
Die Wirkung eines Reflektors kann nur optimal ausgenutzt werden, wenn sich die Lichtquelle im Zentrum, d.h. in dessen Brennpunkt befindet. Ein Verschieben bewirkt einerseits eine (steuerbare und gewollte) Veränderung des Strahlenbündels, anderseits aber auch einen Lichtverlust.

Reflexe (at) 1. → *Reflexion*en von → *Lichtquelle*n auf spiegelnden Oberflächen. Sie erhöhen den → *Kontrastumfang* und können im Bild störend oder aber interessant wirken. Bei → *Sachaufnahmen* lassen sich Reflexe durch entsprechende → *Lichtführung* vermeiden. Mit dem → *Polarisationsfilter* können sie unter bestimmten Voraussetzungen auf nichtmetallischen Flächen reduziert oder beseitigt werden.
2. → *Farbreflexe*.
3. → *Blendenreflexe*.

Reflexion (opt) Fallen → *Licht*strahlen auf eine spiegelnde Fläche, so werden sie nach folgenden Gesetzen zurückgeworfen:
1. Der Einfallswinkel (α) gegen das Flächenlot ist gleich gross wie der Ausfallswinkel (Reflexionswinkel β).
2. Einfallende und reflektierte Strahlen liegen in derselben Ebene.
3. Das Reflexionsbild in einem → *Spiegel* (→ *Oberflächenspiegel*) liegt gleich weit hinter diesem, wie sich das Objekt vor dem Spiegel befindet. Die Reflexionsgesetze sind für den Fotografen beim praktischen Arbeiten von grosser Wichtigkeit, da er sich damit verschiedene Vorgänge (z.B. das Entstehen und Vermeiden von → *Reflexen*) erklären kann. Reflexionen, die an nichtspiegelnden oder unpolierten Flächen entstehen, nennt man → *Remission*en. Es resultiert dann kein Bild, sondern eine → *Aufhellung* oder ein → *Farbreflex*.

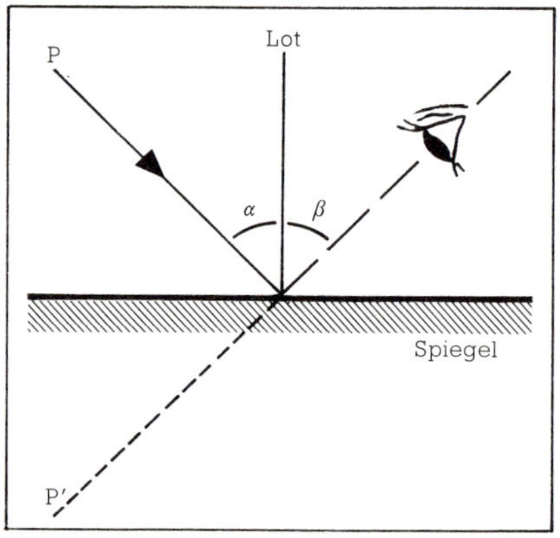

α = Einfallswinkel; β = Reflexionswinkel; P = Gegenstand; P' = Abbild des Gegenstands im Spiegel.

Reflexionsfläche (at) Fläche, an der → *Licht* zurückgeworfen wird (→ *Reflexion*, → *Remission*). Je nach Oberfläche wird dabei nach bestimmten optischen Gesetzmässigkeiten ein Gegenstand aufgehellt (→ *Aufhellung*, → *Remisson*) oder verfärbt (→ *Farbreflex*), oder es entsteht in einer polierten Oberfläche (→ *Spiegel*, → *Oberflächenspiegel*) ein Abbild (→ *Reflexion*).

Reflexionslichthof (phys) Ein → *Licht*strahl, der auf eine fotografische Schicht auftrifft und die → *Emulsion* durchdringt, kann von einer Fläche (z.B. dem → *Schichtträger*) ganz oder teilweise in die Emulsion reflektiert (→ *Reflexion*) werden. Dabei entsteht eine → *Belichtung*, welche als saumartige → *Überstrahlung* die → *Konturenschärfe* beeinträchtigt. Durch fabrika-

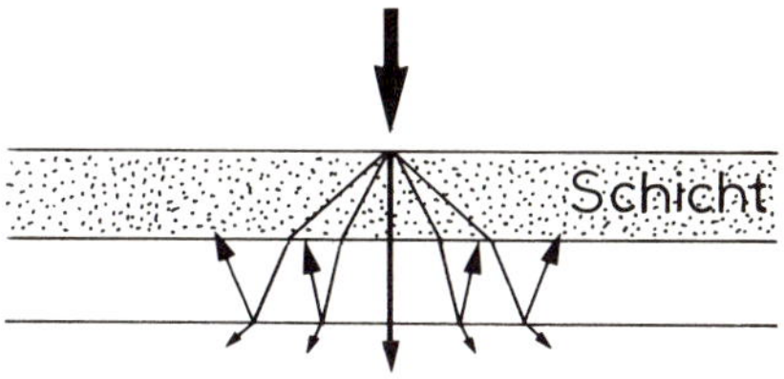

torische Massnahmen (→ *Lichthofschutz*) kann der Reflexionslichthof stark unterdrückt, jedoch nicht gänzlich beseitigt werden. → *Diffusionslichthof.*

Reflexionsschirm (at) Schirmförmiger → *Lichtwandler*, der die Leuchtfläche von → *Blitzgeräten* oder Dauerlichtquellen vergrössert und dadurch zu einem weicheren, fast schattenlosen Licht führt. Reflexionsschirme sind innen mit Metallfolie ausgelegt und haben deshalb ein sehr hohes → *Reflexionsvermögen.* (→ *Diffusionsschirm*).

Reflexionsschirm (Multiblitz)

Reflexionsvermögen (opt) Eigenschaft einer Oberfläche, aufgrund ihrer Beschaffenheit das auftreffende → *Licht* mehr oder weniger zurückzustrahlen (→ *Reflexion*). Eigentlich ist der Ausdruck unkorrekt, da man bei nichtspiegelnden und unpolierten Oberflächen von einem → *Remissionsvermögen* sprechen müsste.

Schwarzer Samt	0,5%
Mattes, schwarzes Papier	2 %
Zeitungspapier	40 %
Weisses Kunstdruckpapier	80 %
Silberspiegel	98 %

Reflexionsvermögen verschiedener Materialien

Reflexionswinkel (opt) Ausfallswinkel einer → *Reflexion.* Entspricht dem Winkel zwischen dem einfallenden → *Lichtstrahl* und Flächenlot.

Refraktion → *Brechung.*

Regelautomatik → *Computerblitz.*

Regenerierung (lab) Ersetzen verbrauchter chemischer Substanzen und gleichzeitiges Erhalten des → *pH-Wertes* in kontinuierlichen fotografischen Prozessen mit Hilfe spezieller Regeneratorlösungen. Durch die Regenerierung können die Eigenschaften und Verarbeitungszeiten verschiedener Prozessstufen über einen langen Zeitraum konstant gehalten werden; eine Massnahme, die sich besonders bei der Maschinen- und → *Tankentwicklung* aus wirtschaftlichen und ökologischen Gründen aufdrängt. Mit analytischen und sensitometrischen Kontrollen (→ *Sensitometrie*) wird die erforderliche Regeneratormenge bestimmt bzw. die automatische Regenerierung bei grossen Anlagen überwacht. Regeneratorlösungen können nicht nur bei maschineller Verarbeitung verwendet werden, sondern auch bei → *Dosenentwicklung* oder → *Tankentwicklung.* Dabei wird vorzugsweise quantitativ regeneriert, d.h. pro entwickeltem Film eine bestimmte Menge Regeneratorlösung beigefügt, weil die analytische Regenerierungsmethode zu aufwendig ist.

Reifung (chem) Bei der Herstellung einer → *Emulsion* unterscheidet man zwei Arten von Reifung:
1. Physikalische Reifung. Veränderung der → *Korngrösse* und deren Verteilung durch Wärmebehandlung

nach der Fällung. (Mit Fällung wird die Bildung der → *Silberhalogenid*keime bezeichnet.)
2. Chemische Reifung (Nachreifung): Aufgrund der Eigenschaften der → *Gelatine* und mittels speziell beigefügter Stoffe wird in Form einer Wärmebehandlung eine zweite Reifung durchgeführt, bei der sich Empfindlichkeits- und Reifekeime bilden.

Reihenblitz (at) (Blitzleiste, Flashbar) Der Reihenblitz ist eine Einheit von mehreren → *Blitzlampe*n, die in einem flachen, transparenten Gehäuse nebeneinander angeordnet sind. Jede Blitzlampe hat ihren eigenen → *Reflektor*. Die Lampen können einzeln

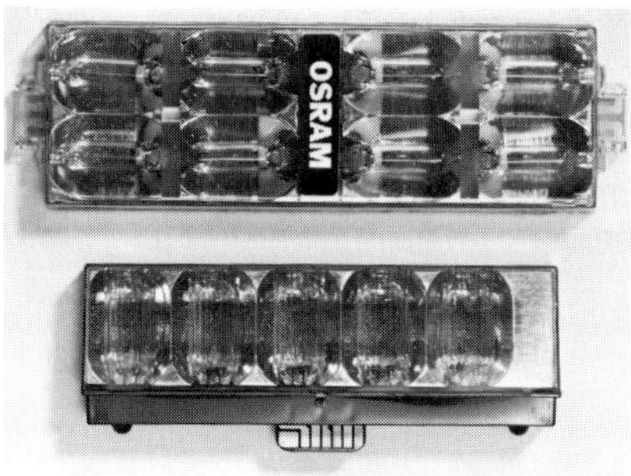

Reihenblitz (Flashbar) (Osram)

oder in Gruppen über elektrische Kontakte gezündet werden. Reihenblitze werden vor allem in der Amateurfotografie mit einfachen → *Kameras* verwendet.

Relative Öffnung → *Öffnungsverhältnis*.

REM → *Rasterelektronenmikroskop*.

Remission (opt) → *Reflexion*en an einer nichtspiegelnden oder unpolierten Fläche. Aufgrund der unregelmässig strukturierten Oberfläche wird das Licht diffus zurückgeworfen oder (zum Teil) vom Körper absorbiert.

Reportage (at) Fotografieren einzelner Phasen eines Geschehens nach einem bestimmten Konzept. Vor dem Fotografieren ist es empfehlenswert, sich intensiv mit dem Thema zu befassen und einen drehbuchartigen Aufnahmeplan zu erstellen. Dabei sollte man sich nur auf die wesentlichsten und ausdrucksvollsten Momente eines Vorgangs oder des Geschehens konzentrieren. Das Fotografieren selbst sollte möglichst bei vorhandenem → *Licht* (→ *Available Light-Fotografie*) erfolgen, um dadurch die vorherrschende Stimmung und Lichtsituation in den Aufnahmen wiederzugeben. Die Bildpräsentation ist der endgültigen Verwendung (Ausstellung, → *Tonbildschau*, Veröffentlichung in Zeitungen oder Zeitschriften) anzupassen. In der Regel sind Bildlegenden oder ein Begleittext zu verfassen. Bei Reportagen verwendet man meistens eine möglichst handliche → *Kleinbildkamera* mit → *Motor*. Die → *Objektiv*wahl richtet sich in erster Linie nach den vorhandenen Raumverhältnissen. Der Einsatz von → *Blitzlicht* oder anderen → *Kunstlicht*quellen sollte möglichst vermieden werden.

Reproduktion (at) Originalgetreue Wiedergabe einer Vorlage. Reproduktionen werden auch angefertigt, um ein Zwischenprodukt (z.B. → *Raster*negativ, -positiv, Litho) in einem anderen Massstab (→ *Abbildungsmassstab*) für eine Wiedergabe mit einem Druckverfahren zu verwenden. Man unterscheidet grundsätzlich zwischen Aufsichtsvorlagen (→ *Auflicht*) und Durchsichtsvorlagen (→ *Durchlicht*), von denen → *Halbtonbilder*, → *Raster*bilder oder → *Strichabbildung*en hergestellt werden können. Von farbigen Vorlagen kann man (je nach späterer Verwendung) ein Diapositiv, ein → *Internegativ*, ein → *Schwarzweiss*negativ oder einen → *Farbauszug* anfertigen. In Reproduktionsanstalten sind Spezialkameras (Reproduktionskameras) fest installiert. Sie erstrecken sich meistens über zwei Räume, wobei sich die → *Beleuchtung*seinrichtung, der Vorlagehalter und die (mit Tastendruck wechselbaren) → *Objektiv*e mit dem Kamera→ *Balgen* im Hellteil befinden, während der → *Film*halter mit der Vakuumeinrichtung und dem Steuergerät im Dunkelteil untergebracht ist. In jüngster Zeit haben haben → *Scanner*

Horizontal-Reproduktionskamera (Klimsch+Co., Frankfurt am Main)

die Reproduktionskameras weitgehend abgelöst: Die Vorlage wird damit linienweise abgetastet, und die Lithos und Farbauszüge werden danach in einem Computer rechnerisch erstellt und in einem Belichtungsgerät auf Film belichtet.
Will man mit einer gewöhnlichen Kamera Reproduktionen ausführen, so ist die Verwendung eines → *Stativs* oder einer Reproduktionseinrichtung unerlässlich. Es ist besonders darauf zu achten, dass die Vorlagenebene und die Filmebene der Kamera absolut parallel sind, damit die Winkel originalgetreu wiedergegeben werden. Als Beleuchtung kommen entweder → *Blitzlicht*, → *Kunstlicht* oder (in Ausnahmefällen) → *Tageslicht* in Frage. Die Art der → *Lichtquellen*, der → *Reflektoren*, die Beleuchtungsdistanz und der Beleuchtungswinkel sind so zu wählen, dass die Vorlage optimal ausgeleuchtet ist. Reproduktionen gehören in den Bereich der → *Nahaufnahmen*, die mit → *Vorsatzlinsen*, → *Balgengerät* oder Spezialobjektiven zu bewältigen sind.

Reproduktionsobjektiv (at) Für professionelle → *Reproduktionen* verwenden Reproanstalten eigens konstruierte → *Apochromaten*. Es handelt sich um Spezialobjektive, die für den Nahbereich (→ *Nahaufnahmen*) und die drei → *Grundfarben* Blau, Grün und Rot korrigiert sind. Damit wird eine optimale → *Schärfe* und → *Passergenauigkeit* bei → *Farbauszugs*arbeiten erreicht. → *Apochromaten* gibt es auch für einige (→ *Kleinbild-*) → *Systemkameras*. Arbeitet man mit üblichen → *Objektiven*, so sollte man eines auswählen, das möglichst geringe → *Verzeichnungen* aufweist, vorzugsweise ein → *Makro-Objektiv*.

Reprofilme → *Lithfilm*.

Reproständer (at) Gerät, welches aus einem Grundbrett, einer Führungssäule und einem Reproarm besteht und zur Herstellung von winkelgetreuen → *Reproduktionen* dient. Die → *Kamera* wird am Reproarm durch das → *Stativgewinde* so befestigt, dass die Filmebene und das Grundbrett absolut parallel zueinander verlaufen. Die Kontrolle erfolgt mit einer Wasserwaage. Mit einer Kurbel kann die Höhe der Kamera, und damit der → *Abbildungsmassstab*, verändert werden. Weiter können am Grundbrett

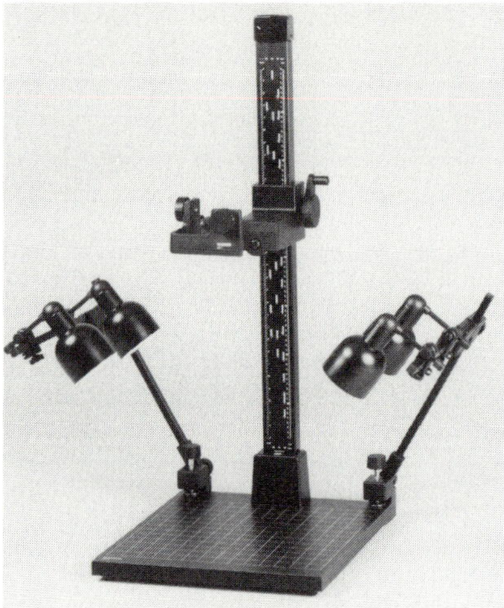

Reproständer (Kaiser)

Reproarme mit den → *Beleuchtungs*körpern montiert werden.

Restlichtverstärker (at) Elektronisches Gerät, welches das Bild eines lichtstarken → *Objektivs* 10'000 bis 30'000fach verstärkt. Aufgrund der extremen Verstärkung sind Restlichtverstärker nur für → *Nachtaufnahmen* oder Spezialaufgaben einzusetzen. Bei Vollmond ergibt sich mit einem → *Film* von ISO 400/27° eine → *Belichtungszeit* von etwa 1/500 Sekunde. Der Restlichtverstärker besteht aus einer Bildverstärkerröhre (Fotokathode), die das auftreffende Licht durch Beschleunigen der Elektronen in einem Hochspannungsfeld verstärkt und auf einen Leuchtschirm wirft. Meistens sind zwei oder drei Fotokathoden über → *Glasfaseroptiken* miteinander verbunden (zwei- oder dreistufige Verstärkung). Mit einem besonders lichtstarken Objektiv wird das Bild des Leuchtschirms verlustfrei mit der → *Kamera* aufgenommen.

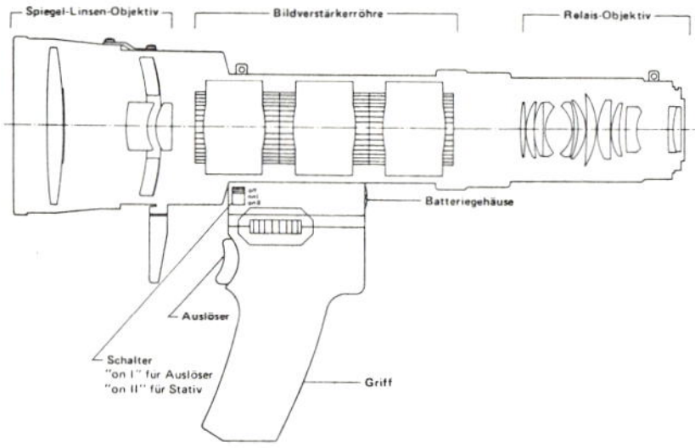

Restlichtverstärker (Prinzipschema)

Foto: Jürg H. Meier

Retikulation → *Runzelkorn.*

Retrofokus (opt) Spezielle Konstruktion von → *Weitwinkelobjektiven* mit verlängerter → *Schnittweite* durch ein vorgesetztes konvexes (→ *Linsenformen*) Linsensystem. Dieser → *Objektivtyp* drängt sich besonders bei *einäugigen* → *Spiegelreflexkameras* auf, da der → *Spiegel* und die optischen Elemente des → *Suchers* (→ *Mattscheibe*, → *Pentaprisma*) einen Platzbedarf haben, der grösser ist als die → *Brennweite* von Weitwinkelobjektiven.

Retrostellung (at) Verwendet man asymmetrische → *Objektive* (welche für ∞ korrigiert sind) mit dem → *Balgengerät* für extreme → *Nahaufnahmen* (→ *Abbildungsmassstab* > 1:1), so sollte das Objektiv um 180° gedreht (in Retrostellung) an das Balgengerät gesetzt werden. Dies ist sinnvoll, weil sich bei extremen Nahaufnahmen das Verhältnis von → *Gegenstandsweite* zur → *Bildweite* umkehrt: Bei Aufnahmen im Abbildungsmassstab 1:∞ bis 1:1 ist die Gegenstandsweite grösser als die Bildweite, während von 1:1 bis ∞:1 die Bildweite grösser ist. Um die Objektive in Retrostellung zu verwenden, bedient man sich eines speziellen → *Adapters*, der das Filtergewinde des Objektivs mit dem Objektivanschluss des Balgengerätes verbindet (Umkehradapter). Mit dem Aufkommen von → *Autofokus*kameras, die aufwendige elektronische und mechanische Übertragungselemente zwischen Kameragehäuse und Objektiv besitzen, ist das Ansetzen der Objektive in Retrostellung nur noch ausnahmsweise möglich. Es stehen deshalb für Nahaufnahmen Objektive zur Verfügung, die speziell für den Nahbereich korrigiert sind.

Retusche (bpr) Manuelle Beseitigung von Fehlern auf → *Negativ*en oder → *Positiv*en bzw. partielle Veränderung eines Bildes. Die einfachste Art der Retusche ist das → *Ausflecken*, wobei kleine Flecken – mit belichtete Staubpartikel und Kratzer – mit einem feinen Marderhaarpinsel und mit entsprechend verdünnter Retuschierfarbe gedeckt werden. Bei Farbbildern ist der entsprechende Farbton mit → *Eiweisslasurfarbe* zu mischen.
Etwas in Vergessenheit geraten und bei → *Kleinbild*negativen kaum noch durchführbar, ist die Negativretusche. Dabei beseitigte man auf der Schichtseite grossformatiger Glasplatten oder → *Planfilm*e gewisse Fehler mit einem weichen Bleistift oder mit dem Pinsel. Mit Lasurfarben wurden auch grossflächige Partien des Negativs übermalt, damit diese im Positiv heller erschienen, oder aber partiell abgeschwächt (→ *Abschwächen*), um sie dunkler wiederzugeben. Auch Diapositive können auf diese Weise partiell eingefärbt werden.
Besonders bei → *Sachaufnahmen* und in der → *Werbefotografie* werden die Spritzretusche (Abdecken gewisser Partien mit einer handgeschnittenen → *Maske* und Überspritzen der verbleibenden Bildteile) und die chemische Korrektur (Wegätzen oder Verfremden gewisser Bildteile) häufig praktiziert. Die früher übliche Schabretusche, das Entfernen dunkler Staubpartikel oder Flecken auf dem Positiv mit einem skalpellähnlichen Messer, ist bei den heute verbreiteten → *RC-Papier*en nur noch sehr bedingt durchführbar.

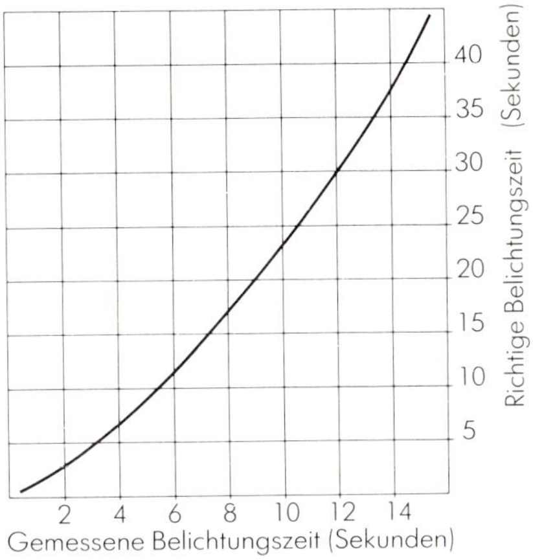

Reziprozitätskurve des Ilford Pan F-Films.

Reziprozitätsfehler (at) Nach dem Reziprozitätsgesetz von Bunsen und Roscoe ist es gleichgültig, ob die → *Belichtung* als Produkt von → *Beleuchtungsstärke* und Zeit mit einer hohen Beleuchtungsstärke und einer kurzen → *Belichtungszeit* oder mit einer geringen Beleuchtungsstärke und einer langen Belichtungszeit zustande kommt. Die Praxis zeigte dem Wiener Astronomen → *Schwarzschild*, dass dies nicht zutrifft. Demzufolge bezeichnet man den Langzeitfehler auch als «Schwarzschildeffekt».
Wird eine fotografische Schicht extrem lange (Langzeitfehler; bei Farbfilmen schon ab 1/2 Sekunde) oder extrem kurz (Kurzzeitfehler; kürzer als 1/1000 Sekunde) belichtet, so muss länger als gemessen belichtet werden, damit die gewünschte → *Schwärzung* erreicht wird. Dies ist darauf zurückzuführen, dass sich bei kurzer Belichtungszeit oder geringer Intensität nur wenige entwicklungsfähige Silberkeime (→ *Silberkeimtheorie*) bilden und kleinere Subkeime sonst wieder zerfallen (thermischer Zerfall).
Der Verlängerungsfaktor bei Lang- und Kurzzeitaufnahmen (Schwarzschildexponent) ist keine Konstante. Aus diesem Grunde kann dieser schwerlich errechnet werden, und es ist ratsam, sich entsprechenden Tabellenmaterials der Filmhersteller zu bedienen.

Bei Farbfilmen kann das Reziprozitätsverhalten der drei Schichten unterschiedlich sein, so dass sich Farbverschiebungen (→ *Farbstich* 1. Art) ergeben, die meist durch Farbkorrekturfilter (→ *Korrekturfilter*) behoben werden können.

Reziprozitätsgesetz → *Reziprozitätsfehler*.

«R»-Index → *Infrarot*.

Ringblitz (at) → *Blitzgerät* mit einer Spezialblitzröhre, welche ringförmig um das → *Objektiv* der → *Kamera* herum angeordnet ist. Dadurch wird eine frontale, schattenlose Ausleuchtung (→ *Beleuchtung*) des Motivs ermöglicht. Ringblitze werden besonders in der medizinischen Fotografie, aber auch für technische Detailaufnahmen oder in der → *Modefotografie* eingesetzt. Ringblitze können mit verschiedenen Adaptern an den meisten → *Systemkameras* verwendet werden. Bei den meisten wird die Leistung des Ringblitzgerätes durch die Kameraelektronik geregelt (→ *Computerblitz*).

Ringblitz (Foto Multiblitz)

Ringmotor (at) Ringförmiger Motor, der an der → *Objektivfassung* angebracht ist und (bei einigen) → *Autofokus*kameras die Schärfe einstellt.

RMS-Wert (phys) Methode zum Messen der → *Körnigkeit* (Root-Mean-Square). Dabei wird der bei visueller Betrachtung erhaltene Eindruck auf densitometrisch-elektronischem Weg in einem Zahlenwert ausgedrückt. Je niedriger diese Zahl, desto feiner ist die Körnigkeit des Films. Die Messung

RMS-Wert	5-20	mikrofein - fein
RMS-Wert	21-30	mittel - grob
RMS-wert	31-55	grob - sehr grob

erfolgt durch den Vergleich der Ablenkung des durch ein geeichtes Mikro → *Densitometer* ausgestrahlten Lichtbündels. Die RMS-Körnigkeit entspricht dem 1000fachen Wert dieser Ablenkung

Rollenpapier (lab) → *Fotopapier* ist nicht nur in standardisierten Blattformaten, sondern auch in Rollenform erhältlich. Die Konfektionierungen unterscheiden sich je nach Papierhersteller. In Europa sind die Breiten 76 mm, 89 mm, 102 mm für → *Printer* am gebräuchlichsten, während 1000 und 1270 mm für Grossvergrösserungen verwendet werden. Für den Printergebrauch liegt die Länge üblicherweise bei 125 oder 300 Metern, während für Grossvergrösserungen 10 Meter abgepackt werden. Belichtetes Rollenpapier wird meistens in → *Entwicklungsmaschinen* verarbeitet.

Rollenquetscher (lab) Gerät, welches aus einer Gummirolle und einem Griff besteht und dazu dient, bei der Hochlanz- → *Trocknung* von → *Barytpapier* das überschlüssige Wasser und Luftblasen zwischen Hochglanzfolie und → *Schichtseite* wegzupressen.

Rollfilm (at) → *Filmkonfektionierung*, bei der das lichtempfindliche Material (→ *Film*) mit einem Stück Klebband an einem lichtdichten Schutzpapier (auch «Papierallonge» genannt) angeklebt ist. Dieses ist auf eine Kunststoffspule aufgerollt. Das Schutzpapier ist rückseitig bedruckt und zeigt durch ein spezielles Fenster in der Kamerarückwand (bzw. bei neueren Kameras über ein Bildzählwerk) die jeweilige Bildnummer sowie bei einigen Herstellern den Filmtyp. Die gebräuchlichste Sorte ist der Rollfilm 120, der 12 Aufnahmen im Format 6x6cm (bzw. 8 Aufnahmen 6x9cm oder 16 Aufnahmen 4,5x6cm) ermöglicht. Der Rollfilm 220 ist doppelt so lange und verfügt nicht über ein durchgehendes Schutzpapier, sondern nur über einen lichtdichten Vor- und Nachspann. Aus diesem Grunde darf er auch nicht in Kameras verwendet werden, die rückseitig ein Fenster zum Ablesen der Bildnummer besitzen. Rollfilme besitzen auf der Rückseite des → *Schichtträgers* eine → *Gelatine*schicht (auch NC-Schicht genannt, → *Rückschicht*), die die → *Planlage* verarbeiteter → *Negative* wesentlich verbessert, als Lichthofschutz (→ *Lichthofschutzschicht*) dient und das Friktionsverhalten zwischen Film und Schutzpapier verbessert.

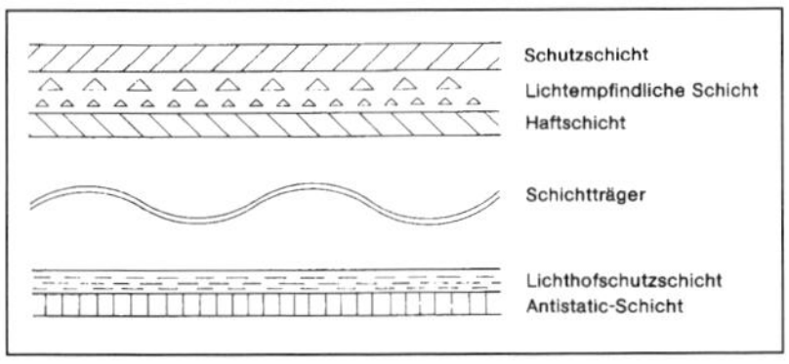

Aufbau eines Rollfilms

Rollo → *Schlitzverschluss*

Röntgen, Wilhelm Conrad (bio) (1845-1923) Deutscher Physiker, der 1895 «eine neue Art von Strahlen» entdeckte. Es handelt sich bei ihnen um elektromagnetische Schwingungen, vergleichbar mit → *Licht*, aber mit wesentlich kürzerer → *Wellenlänge*. Infolge ihrer hohen Energie durchdringen sie Materie. Dadurch ergibt sich die Möglichkeit, z.B. den menschlichen Körper mittels Durchleuchten zu untersuchen. Weiter erforschte Röntgen die Änderung der Eigenschaften der Körper unter Einwirkung hoher Drucke, die Kapillarität, die Kompressibilität und das Verhältnis der spezifischen Wärmen. Er wies auch die magnetische Wirkung eines bewegten elektrisch geladenen Körpers nach. Er erhielt 1901 den Nobelpreis für Physik.

Röntgenfotografie (at) Die nach → *Röntgen* benannten elektromagnetischen Strahlungen (0,001 bis 30 nm) sind mit speziellen fotografischen Schichten registrierbar. Solche Röntgenfilme besitzen meistens vor- und rückseitig des → *Schichtträgers* strahlungsempfindliche → *Emulsionen*. Die Röntgenfotografie wird vorwiegend in der Medizin (z.B. Lokalisieren von Knochenbrüchen und Diagnostik), bei der Materialprüfung (z.B. Untersuchen von Schweissnähten) und in der Kristallographie (z.B. Bestimmen von Kristallstrukturen, Faserdiagramm) eingesetzt. Im medizinischen Röntgen werden meistens Verstärkerfolien eingesetzt, um die Strahlenbelastung für den Organismus möglichst klein zu halten. Dazu werden Filme zwischen zwei Kalziumwolframatfolien gelegt, die durch eine von den Röntgenstrahlen angeregte → *Fluoreszenz*-Strahlung, die ihrerseits im → *Wellenlängen*bereich des sichtbaren → *Licht*es liegt, eine sekundäre → *Belichtung* bewirken. Eine Abwandlung der Röntgenfotografie ist die Röntgen-Schirmbildfotografie, bei der mit einem elektronischen Bildwandler (Prinzip → *Restlichtverstärker*) ein Leuchtschirm angeregt wird, der auf gewöhnliches Material aufgenommen werden kann. Der Vorteil dieser Methode liegt darin, dass sehr geringe, praktisch unschädliche Strahlendosen eingesetzt werden müssen.

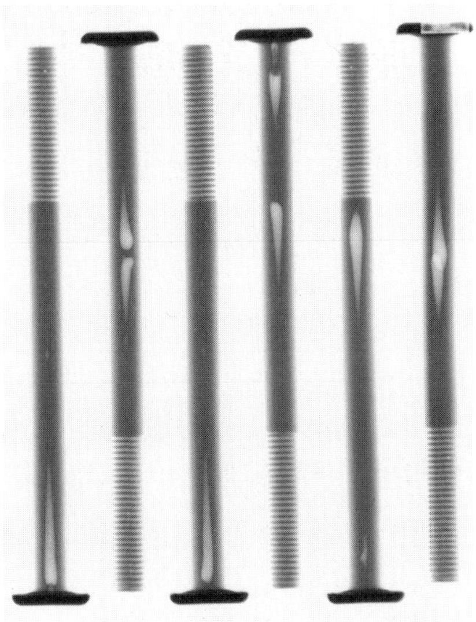

Feststellung von Lufteinschlüssen in Polyamidschrauben. Aufnahme: Eidgenössische Materialprüfungs- und Versuchsanstalt, Dübendorf.

Rotationsentwicklung (lab) → *Entwicklung* von belichtetem (→ *Belichtung*) → *Fotopapier* oder → *Filmgut* in meistens motorangetriebenen Trommeln oder Dosen (→ *Dosenentwicklung*). Durch die Verwendung von Einmal-Chemie und durch einen regelmässigen Bewegungsrhythmus wird eine sehr gute Konstanz und durch die geringe Menge an Chemikalien ein wirtschaftliches Arbeiten erreicht. Aus diesen Gründen hat sich die Rotationsentwicklung auch zur Farbverarbeitung für den Amateurgebrauch im Heimlabor durchgesetzt.

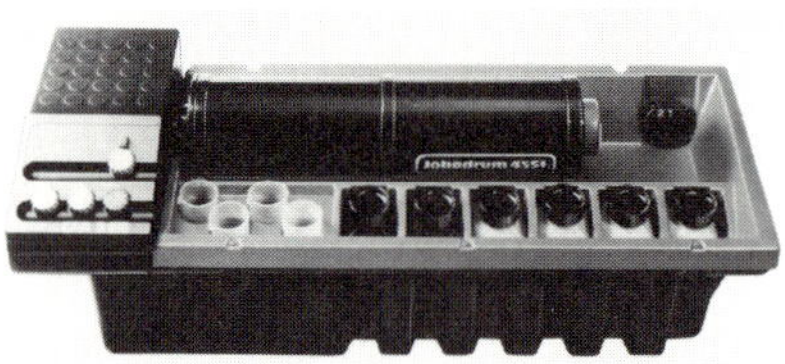

Rotationsentwicklungsmaschine (Jobo)

Rotaugeneffekt (at) Fotografiert man Personen (oder Tiere) in einem dunklen Raum mit Kameras, deren → *Blitzgerät* nahe der → *Optischen Achse* angeordnet ist, so reflektiert (→ *Reflexion*) der Blitz in der Netzhaut des Auges und bewirkt einen roten Fleck in der Augenmitte.
Der Rotaugeneffekt wird begünstigt durch
1. geringe Distanz zwischen optischer Achse und Blitzreflektor
2. lange → *Brennweite* des → *Objektivs* (kleiner → *Reflexionswinkel*),
3. weite Aufnahmedistanz (kleiner → *Reflexionswinkel*),
4. wenig Raumlicht, und dadurch weit geöffnete Pupille der fotografierten Person,
5. Blickrichtung der Person und
6. Augenbeschaffenheit und Veranlagung der Person.
Einige → *Kameras* bieten die Möglichkeit, durch einen schwachen Vorblitz oder eine Blitzserie (bewirkt eine Pupillenreduktion) den Rotaugeneffekt zu verringern, allerdings verbunden mit dem Nachteil, dass die Personen den Fotografen bemerken und in die Kamera blicken.

Rückprojektion (pro) Bei der Rückprojektion wird auf eine transparente → *Projektionsfläche* projiziert, die sich zwischen dem → *Projektor* und dem Betrachter befindet. Entgegen der üblichen Projektionsart müssen dabei die → *Diapositive* seitenverkehrt in das → *Magazin* gefüllt werden. Die Rückprojektion wird häufig an Ausstellungen eingesetzt, weil sich eine Raumverdunklung erübrigt und die Betrachter nicht den Strahlengang der Projektion stören können. Zum Einbelichten von Hintergründen wurde die Rückprojektion in den letzten Jahren durch die einfachere und qualitativ bessere → *Hintergrundprojektion* abgelöst.

Rückschicht (lab) Auch NC-Schicht genannt (NC = non curling), → *Gelatine*schicht, die auf die Rückseite des → *Schichtträgers* von → *Roll-* und → *Planfilmen* gegossen wird, um folgende Eigenschaften zu verbessern: 1. → *Lichthofschutz* (→ *Lichthofschutzschicht*)
2. Besseres Friktionsverhalten zwischen Film und Schutzpapier (beim → *Filmtransport* gleitet der Film minim auf dem Schutzpapier, er darf dabei nicht gebremst oder zerkratzt werden) 3. Bessere → *Planlage* verarbeiteter → *Negative* (weil die Rückschicht im trockenen und feuchten Zustand den gleichen Ausdehnungskoeffizienten wie die → *Emulsions*schicht besitzt).

Rückschwingspiegel (at) → *Spiegel* in einer einäugigen → *Spiegelreflexkamera*, der nach der → *Belichtung* wieder automatisch in seine Ausgangslage zurückkehrt und das Sucherbild freigibt.

Rückspulkurbel (at) Kurbel an → *Kleinbild*kameras, welche es ermöglicht, den belichteten → *Film* wieder in die lichtschützende → *Patrone* zurückzuspulen. Bei den meisten modernen, vollmotorisierten Kameras entfällt dieser manuelle Vorgang, weil sie mit einem motorischen → *Filmtransport* ausgestattet sind, der den Film nach der letzten Belichtung automatisch zurückspult.

Rundhorizont (at) (Hohlkehle). Rund ausgebildeter Übergang zwischen → *Atelier*boden und Wand. Damit sind Aufnahmen mit verlaufendem Hintergrund ohne störende Eckkante möglich.

Runzelkorn (lab) Falscher, aber allgemein verbreiteter Ausdruck für die Retikulation der → *Gelatine*. Durch den Temperatursturz von warm nach kalt (oder unter bestimmten Voraussetzungen durch einen zu hohen → *pH-Wert* der Lösungen) kann die Gelatine stark aufquellen und durch Schrumpfung eine charakteristische «Runzelkorn»-Struktur erhalten. Mit der → *Körnigkeit* des Films hat dieser irreparable Fehler nichts zu tun. Moderne Filmmaterialien sind auf höhere Verarbeitungstemperaturen ausgelegt und sind weitgehend retikulationsfest.

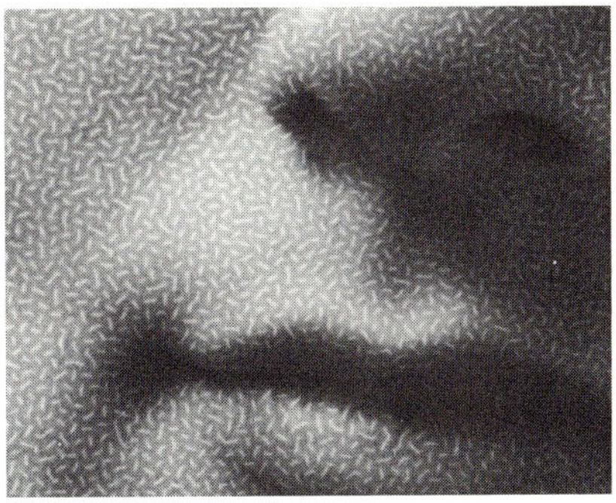

Runzelkorn

S

Sabattier-Effekt (lab) (Pseudosolarisation) Wird ein belichtetes (→ *Belichtung*) → *Positiv* (oder → *Negativ*) anentwickelt (→ *Entwicklung*) und dabei diffus nachbelichtet, so findet eine partielle Bildumkehrung statt. Der Grund liegt darin, dass an den bereits anentwickelten Stellen durch Oxidationsprodukte der → *Entwicklersubstanz* eine → *Desensibilisierung* stattfindet, während an den unbelichteten

Stellen durch die Zweitbelichtung erneut entwickelbare Keime gebildet werden, womit dann eine Bildumkehrung entsteht. Zwischen den negativen und den positiven Bildpartien ergibt sich eine Trennlinie (→ *Aequidensite*). Der Sabattier-Effekt ist auch mit Farbmaterial praktizierbar und ergibt interessante Bildwirkungen.

Sachaufnahme (at) In der → *Werbefotografie*, der → *Industriefotografie* und zu Dokumentationszwecken müssen Gegenstände so wiedergegeben werden, dass ihre formale Schönheit unter Berücksichtigung von Handhabung und Funktion zum Ausdruck kommt. Sachaufnahmen werden meistens im → *Atelier* (oder im Freien) mit der grossformatigen → *Fachkamera* aufgenommen, um → *Perspektive* und → *Schärfeausgleich* optimal einstellen zu können.

Salpetersäure (chem) HNO_3. Farblose bis schwach gelbliche Flüssigkeit, stark ätzend, stechend riechend. Sogar die Dämpfe sind giftig! Reinigungsmittel für Gefässe und Platten. Wurde früher zur Ansäuerung des Silberbades des Kollodiumverfahrens und als Ätzmittel in der Lithographie verwendet.

Salzsäure (chem) Chlorwasserstoffsäure. HCl. Farblose ätzende Flüssigkeit, an der Luft rauchend. Giftig, auch Dämpfe. Wird als Reinigungsmittel für Schalen und Entwicklertanks verwendet.

Sammellinse (opt) Konvex- → *Linse*, die im Zentrum dicker ist als am Rand und achsparallele Strahlen in einem → *Brennpunkt* sammelt. Sie ermöglicht die reelle → *Abbildung* eines Objektes, die jedoch mit → *Aberrationen* behaftet ist. Setzt man in den Brennpunkt einer Sammellinse eine → *Lichtquelle*, so wird ein divergentes (→ *Divergenz*) Strahlenbündel in ein paralleles umgewandelt (→ *Licht*, → *Kondensor*). → *Linsenformen*.

Sandwichdia (pro) Zwei helle → *Diapositive* können zusammen Schicht gegen Schicht in ein Diarähmchen montiert werden. Bei der → *Projektion* entsteht annähernd derselbe Effekt wie bei einer → *Doppelbelichtung*, mit dem Unterschied, dass für Doppelbelichtungen ein dunkler Hintergrund erforderlich ist, während für Sandwichdias helle Motive geeigneter sind. Auch bei verschiedenen → *Verfremdungstechniken*, z.B. bei der → *Isohelie*, werden Sandwichdias hergestellt.

Säuregrad → *pH-Wert*.

Saumeffekt → *Eberhard-Effekt*

SCA (at) (SCA = Spezial Camera Adaptersystem). Adaptersystem für → *Blitzgeräte*, welches die systemkonforme Verwendung an nahezu allen Automatik- → *Kameras* ermöglicht. Dabei sind unter anderm folgende Au-

tomatikfunktionen möglich:
• → *Blitzbereitschafts*anzeige im Kamerasucher,
• automatische Umschaltung auf die → *Synchronisationszeit*.
• → *Blitzkontrollanzeige* im Kamerasucher,
• Automatikblitzbetrieb (→ *Programmautomatik*)
• → *TTL-Messung* und -steuerung,
• automatische → *Blenden*steuerung,
• → *Autofokus*-Messblitz.

SCA-Adapter werden an ein entsprechendes Blitzgerät gesteckt und werden über den → *Zubehörschuh* und den → *Mittenkontakt* elektronisch mit der Kamera verbunden.

SCA-Adapter (Metz)

Scanner (at) Elektronisches Gerät zur Abtastung und Übermittlung von Bildern. Scanner werden in der → *Reproduktions*technik verwendet, um Aufsichts- oder Durchsichtsvorlagen elektronisch aufzurastern (→ *Raster*) und → *Farbauszüge* unter Berücksichtigung der Korrektur von → *Dichte*, → *Farbe* und → *Gradation* herzustellen. Auch → *Printer* sind mit einem Scanner ausgestattet, welcher die → *Farb*charakteristik und die → *Dichte* des → *Negativs* ausmisst. Die Messdaten werden im Computer gespeichert und steuern die → *Farbfilter*ung und die → *Belichtung*.

Schale → *Entwicklungsschale*.

Schalenentwicklung (lab) Zur → *Entwicklung* von → *Fotopapier* und → *Planfilm*en dienen neben den → *Entwicklungsmaschinen* auch Schalen (→ *Entwicklungsschalen*) aus Kunststoff oder rostfreiem Stahl. Sie sind in verschiedenen genormten Grössen und Ausführungen erhältlich. Die Schalenverarbeitung eignet sich besonders für die → *Schwarzweissfotografie*. Bei den modernen, für hohe Temperaturen konzipierten Farbprozessen tritt eine zu schnelle Abkühlung auf. Zudem ist der Bewegungsrhythmus zu unregelmässig und nicht reproduzierbar, so dass sich dafür die → *Rotationsentwicklung* besser eignet.

Schalensyphon (lab) Gerät zur → *Wässerung* von → *Kopien* in Schalen (→ *Schalenentwicklung*). Der Schalensyphon führt von oben frisches Wasser zu, erzeugt in der Wässerungsschale eine Strömung und zieht unten das mit → *Fixiersalz* (spezifisch schwerer) angereicherte Wasser ab. Um die Wirkung mit einem Schalensyphon wesentlich zu verbessern, kann eine runde Wässerungswanne verwendet werden, in welche der Schalensyphon tangential eingesetzt wird.

Schalensyphon (Kodak)

Schalenwärmer (lab) Elektrisches, temperaturgeregeltes Gerät, welches als Unterlage für → *Entwicklungsschalen* dient, um die Temperatur der Verarbeitungslösung konstant zu halten.

Schärfe (opt) Fähigkeit eines → *Objektivs*, feinste Details des Motives in einer → *Abbildung* wiederzugeben. Die Schärfe ist von verschiedenen Faktoren abhängig: Korrektion des Objektivs, → *Scharfeinstellung*, Wiedergabe des → *Kontrastumfanges*, (→ *Modulationsübertragungs*funktion, → *Konturenschärfe*, → *Körnigkeit*, → *Lichthofschutz* → *Entwicklung*, → *Vergrösserung* und → *Verwackeln* der Kamera während dem Auslösen). Die Schärfe lässt sich nicht eindeutig mathematisch definieren, doch bezeichnet man ein → *Negativ* als scharf, wenn der → *Zerstreuungskreis*durchmesser etwa 1/1500 der Normal- → *Brennweite* beträgt. Das heisst in der Praxis, dass ein Punkt auf einem → *Kleinbild*negativ höchstens 0,03 mm gross wiedergegeben werden darf, damit er auf der davon hergestellten → *Vergrösserung* bei normalem → *Betrachtungs–abstand* vom menschlichen Auge als scharf empfunden wird. Die optimale Schärfe eines Objektives kann sich immer nur in einer Ebene (in der → *Bildebene*) befinden. Durch Abblenden (→ *Blende*) ist es jedoch möglich, den Schärfebereich zu erweitern (→ *Schärfentiefe*). Bei den meisten modernen Kameras wird die Schärfe automatisch eingestellt (→ *Autofokus*).

Schärfeausgleich (at) Durch die Verstellbarkeit einer → *Fachkamera* ist es möglich, die Lage der → *Bildebene* (→ *Schärfe*) nahezu beliebig zu verändern, so dass bei nicht abgeblendetem → *Objektiv* Gegenstände im Nahbereich (abhängig vom → *Format*) bis Unendlich scharf sind (→ *Scheimpflug*). Dabei wird der Schärfebereich nicht grösser, sondern die Lage der Schärfeebene wird so verändert, dass sich Gegenstandsebene, Objektivebene und Bildebene in einer gemeinsamen Schnittgeraden schneiden.

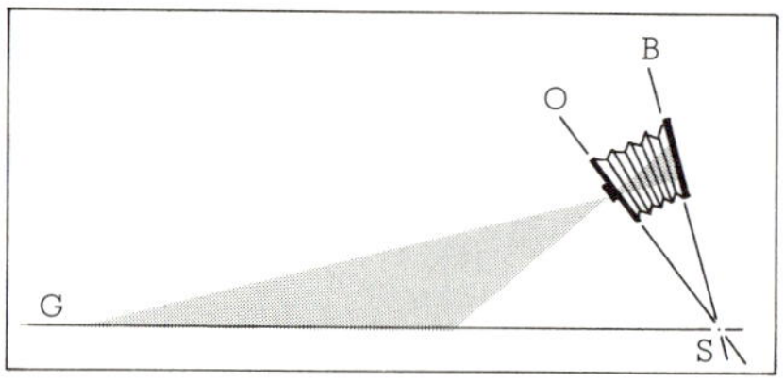

G = Gegenstandsebene, O = Objektivebene, B = Bildebene, S = gemeinsame Schnittgeraden

Scharfeinstellung (opt) (Fokussierung) Übereinstimmung der → *Bildebene* mit der → *Filmebene*. Dies geschieht durch Verschieben des Objektivs in der → *optischen Achse* mittels einem Gewinde (→ *Einstellschnecke*) oder einem anderen mechanischen Feintrieb. Zur Scharfeinstellung gibt es verschiedene Kontrollmöglichkeiten: → *Mattscheibe*, → *Entfernungsmesser*, → *Schnittbildindikator*, → *Mikroprismenraster* oder → *Mischbildentfernungsmesser*. Die meisten modernen → *Kleinbildkameras* verfügen heute über eine → *Autofokus*-Einrichtung, welche die Scharfeinstellung selbsttätig vornimmt. Um die Scharfeinstellung beim Vergrössern (→ *Vergrösserung*) zu vereinfachen, kann ein → *Einstellnegativ* anstelle des zu vergrössernden → *Negativs* in die Bildbühne gelegt werden.

Schärfenpriorität (at) Der → *Auslöser* von → *Autofokus*kameras bleibt solange gesperrt, bis das Objekt scharf eingestellt ist. Dadurch werden unscharfe Aufnahmen vermieden. Um dennoch eine nicht zentrumsorientierte → *Bildgestaltung* durchführen zu können, lässt sich die → *Schärfe* speichern (→ *Messwertspeicher*) bevor der Bildausschnitt definitiv im → *Sucher* bestimmt wird. →← *Auslösepriorität*.

Schärfentiefe (opt) (Oft fälschlich als «Tiefenschärfe» bezeichnet). Bereich der → *Schärfe*nausdehnung einer fotografischen Aufnahme. Jedes → *Objektiv* gibt nur eine Ebene (→ *Einstellebene*) einwandfrei scharf wieder. Die Gegenstände davor und dahinter werden jedoch mit tolerierbarer → *Unschärfe* (→ *Zerstreuungskreis*) abgebildet. Dieser Schärfebereich (die Schärfentiefe) ist abhängig von

1. der → *Brennweite* des Objektivs,
2. der eingestellten → *Blende* und

Blende 2,8 | Blende 8 | Blende 22

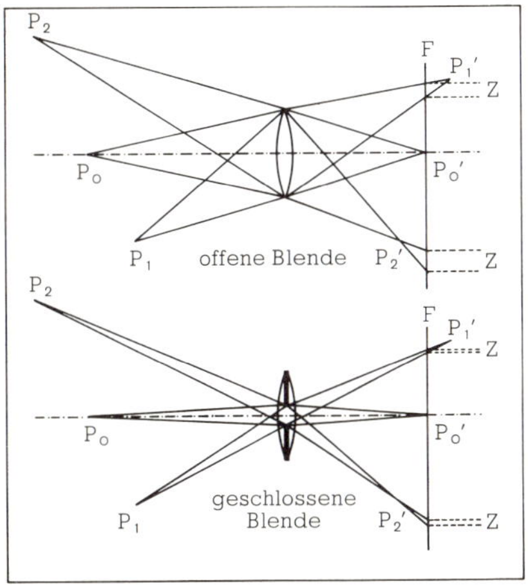

P_0 = Scharfgestellter Gegenstand, P_1 = nah gelegener Gegenstand, P_2 = weitentfernter Gegenstand, F = Filmebene, Z = Zerstreuungskreis

3. der Aufnahmeentfernung (→ *Abbildungsmassstab*, → *Gegenstandsweite*)
4. Unschärfetoleranz abhängig vom Aufnahme- → *Format* (→ *Schärfe, Zerstreuungskreisdurchmesser*).

Die Zusammenhänge zwischen den Variablen sind in der Tabelle aufgeführt sind.

Ein Punkt, der ausserhalb der Einstellebene liegt, wird als → *Zerstreuungskreis* auf der Filmebene wiedergegeben, der in Abhängigkeit von Blende, Brennweite und Entfernung unterschiedlich gross erscheint. Ist er kleiner als 1/1500 der Normalbrennweite, so wird er noch als scharf empfunden. Der Schärfentiefebereich lässt sich bei Objektiven mit manueller → *Scharfeinstellung* auf der → *Schärfentiefeskala* ablesen.

Brennweite Blende Entfernung	länger geöffnet nah	kürzer geschlosen weit
Schärfentiefe	kleiner	grösser

Schärfentiefeskala (opt) Skala auf der → *Objektivfassung* von → *Objektiven* mit manueller → *Scharfeinstellung*, welche das Ablesen des

→ *Schärfentiefe*bereiches in Abhängigkeit von der → *Blende* ermöglicht. Im dargestellten Beispiel wird der Objektraum bei Blende 11 von 2 m bis ∞ scharf abgebildet.

Schatten (lab, at) 1. Stark gedeckte Stellen einer positiven → *Kopie* oder eines → *Diapositiv*s bzw. minimal belichtete (→ *Belichtung*) Stellen in einem → *Negativ*. →←*Licht*er. In den meisten Fällen ist eine bestmögliche Detailwiedergabe in den Schattenpartien wünschenswert (→ *Schattenzeichnung*).
2. Wird ein Gegenstand von einer → *Lichtquelle* angestrahlt, so entsteht auf der lichtabgewandten Seite des Gegenstandes ein Schatten. Seine Grösse und Charakteristik ist abhängig von der Leuchtfläche, dem Beleuchtungswinkel und der Beleuchtungsdistanz. Bei grosser Leuchtfläche (→ *Flächenleuchte*, → *Reflexionsschirm* oder → *Reflektor* mit → *Diffusor*) und geringer Distanz ergibt sich neben dem Kernschatten auch ein Halbschatten, während ein → *Spotlight* oder ein → *Punktlicht* einen scharfbegrenzten Schatten bewirken.

Schattenzeichnung (at) Abhängig vom → *Kontrastumfang*, von der → *Belichtung*, der → *Entwicklung* und der → *Gradation* des Aufnahmematerials, werden in den → *Schatten* die Details mehr oder weniger stark wiedergegeben. In der Praxis wird der Kontrastumfang des Motivs durch → *Aufhellung* mit → *Reflexionsfläche*n oder → *Lichtquelle*n (→ *Blitz*aufhellung bei → *Gegenlichtaufnahme*n) reduziert, um die Schattenzeichnung zu verbessern. In der → *Schwarzweiss-Fotografie* kann die Schattenzeichnung durch die → *Entwicklung* und durch die Wahl einer entsprechenden Papiergradation (→ *Fotopapier*) beeinflusst werden, während bei Farb → *Diapositiv*en oder Farb → *Negativ*en Kontrastmasken (→ *Maske*) angefertigt werden müssen.

Scheimpflug, Theodor (bio) (1865-1911) Österreichischer Hauptmann, der sich mit → *Photogrammetrie* und fotografischer Kartographie befasste. Er erarbeitete ein → *Entzerrung*sverfahren, das sich der schiefen Transformation bediente, und ermöglichte dadurch die Auswertung von Luftbildfotografien (→ *Flugaufnahmen*). Die von ihm 1897 erkannten «Schnittlinienbedingungen zur Gesamtscharfabbildung geneigter Ebenen» waren später wegweisend für die Konstruktion von → *Fachkameras* und → *Vergrösserungsgerät*en und ermöglichten den → *Schärfeausgleich* oder das → *Entzerren* einer schrägen Aufnahme.

Scheiner, Julius (bio) (1858-1913) Deutscher Astronom und Physiker. Er konstruierte ein Sensitometer mit Sektorenscheibe und Benzin-(später Hefner-)Lampe, zur Bestimmung der Lichtempfindlichkeit von fotografischem Material. Sein Empfindlichkeitssystem galt 1934, mit dem Aufkommen der → *DIN*-Angaben, als veraltet.

Scheitelzeit (li) Dauer von der Blitzauslösung bis zum Erreichen des → *Lichtstrom*höchstwertes in Millisekunden (ms). → *Leuchtzeit*.

Schicht → *Emulsion*sschicht, in welcher die lichtempfindlichen Substanzen (→ *Silberhalogenide*) eingebettet sind. Bei den meisten Materialien werden mehrere Schichten auf dem → *Schichtträger* übereinander gegossen. Durch die → *Entwicklung* wird die lichtempfindliche Schicht zur bildtragenden Schicht. Die Schichtdicke ist ein besonders wichtiges Kriterium bei der Herstellung von Filmen und Papieren, welches einen grossen Einfluss auf → *Schärfe* und → *Auflösungsvermögen* hat.

Schichtoberflächenentwicklung (lab) → *Entwickler*, die stark verdünnt sind und aufgrund ihrer Zusammensetzung (→ *Entwicklerzusammensetzung*) mit viel → *Entwicklersubstanz* (in der Regel → *Phenidon*) und wenig → *Kaliumbromid* sehr schnell reagieren (→ *Inkubationszeit*), den → *Kontrast* jedoch nur sehr allmählich steigern und die → *Filmempfindlichkeit* nicht besonders stark ausnützen. Sie sind für die → *Feinkornentwicklung* gut geeignet, weniger jedoch für die → *Empfindlichkeitssteigerung* (→ *Push-Entwicklung*).

Schichtseite (lab) Seite eines → *Negativs* oder → *Positivs*, welche mit der lichtempfindlichen → *Emulsion* beschichtet wurde. Man erkennt sie bei → *Filmen* an einem matten → *Reflexionsverhalten*, oft an einem schwachen Bildrelief und an der → *seitenverkehrten* → *Randsignierung*, bei → *Fotopapieren* an der glänzenden Oberfläche. → *Planfilme* besitzen eine → *Kerbung*, welche das Feststellen der Schichtseite im Dunkeln ermöglicht. Sie ist dem Verarbeiter zugewandt, wenn sich die Kerbung oben rechts oder unten links befindet. Ferner dient die Kerbung zum Indentifizieren von Filmfabrikat und -typ. Beim Kopieren (→ *Kopie*, → *Kontaktkopie*) und → *Vergrössern* ist darauf zu achten, dass die Schichtseite des → *Negativs*, (bzw. des → *Diapositivs*) der Schichtseite des → *Fotopapiers* zugewandt ist, da sonst ein → *seitenverkehrtes* Bild und (beim Kopieren) eine Unschärfe durch die Dicke des Schichtträgers resultiert.

Schichttiefenentwicklung (lab) → *Entwickler*, die mit einer langen → *Inkubationszeit* den → *Kontrast* im → *Negativ* sofort aufbauen und innerhalb kurzer Zeit einen sehr hohen → *Gammawert* erreichen. Sie enthalten viel → *Hydrochinon* (→ *Entwicklersubstanz*) und sehr viel → *Kaliumbromid*. Schichttiefenentwickler sind besonders als → *Papierentwickler* und zur → *Entwicklung* von → *Strichfilmen*. geeignet.

Schichtträger Unterlage, welche mit → *Emulsionen* beschichtet wird und dem fotografischen Material die mechanische Festigkeit verleiht. Während früher Celluloid (→ *Nitratfilm*) als Schichtträger diente, kommen heute bei → *Filmen* praktisch ausschliesslich Triacetat (Azetylzellulose) oder Polyester zur Anwendung (→ *Sicherheitsfilm*). Der Schichtträger von Kleinbildfilmen (→ *Kleinbildfotografie*) und → *Rollfilmen* ist etwa 0,1 mm dick, während er bei → *Planfilmen* etwa 0,25 mm stark ist. Glas, früher häufigster Schichtträger, wird heute in den Dicken von 1,0 bis 2,5 mm mit Spezialemulsionen für die wissenschaftliche Fotografie begossen, wenn eine besonderes hohe → *Masshaltigkeit* gefordert ist. Für → *Fotopapiere* verwendet man entweder einen speziellen, wasserfesten Papierfilz in verschiedenen Stärken (kartonstark oder papierstark) oder polyäthylenbeschichtetes Papier (→ *RC-Papier*).

Schiebezoom (at, opt) → *Zoom-Objektiv*, bei welchem die → *Linsengruppen* zur stufenlosen Verstellung der → *Brennweite* durch Schieben eines Ringes bewegt werden. (→← *Drehzoom*).

Schleier (lab) (Negativdichte) Geringe bis stark störende optische → *Dichte* einer unbelichteten (→ *Belichtung*) fotografischen → *Schicht*. Die erste messbare → *Schwärzung* bezeichnet man als → *Grundschleier*. Ein Schleier kann bei der Fabrikation, der → *Lagerung* oder der Verarbeitung durch verschiedenste Einflüsse entstehen. Bei der Verarbeitung von → *Fotopapieren* kann ein sogenannter → *Quälschleier* auftreten, wenn zu lange, zu warm oder in einem bromidarmen → *Entwickler* entwickelt wird. Daneben gibt es zwei Möglichkeiten der Schleierbildung, die mit der → *Belichtung* in Zusammenhang stehen:

1. Lichtschleier: entsteht infolge ungenügender, nicht lichtdichter Verpakkung von fotografischem Material, und
2. → *Grauschleier*: findet in einer zu intensiven unterschwelligen → *Vorbelichtung* oder in einer Überlagerung des Materials seinen Ursprung.

Schleier, dichroitischer → *Dichroitischer Schleier*.

Schlieren-Fotografie (at) Fotografisches Verfahren zur Erforschung von Gasstössen und Luftbewegungen. Besonders in der Aeronautik (Luftbewegungen über glatten Oberflächen an Flugzeugen bei Geschwindigkeiten im Überschallbereich), in der Ballistik (Schockwellen, welche sich um Geschosse bilden), in der Wärme- und Verbrennungstechnik (Wärmeübertragungen und Verbrennungsprozesse) sowie in anderen Wissenschaften nimmt die Schlieren-Fotografie einen wichtigen Platz ein.

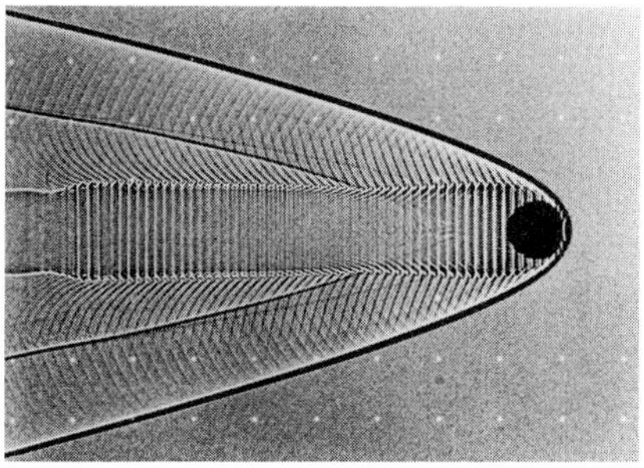

Schlieren-Aufnahme eines Projektils (v = 1925 m/Sekunde) in Knallgas. Photo: Deutsch-Französisches Forschungsinstitut, St. Louis.

Da es sich um ein optisches Verfahren handelt, wird der Versuch in keiner Weise beeinflusst. Die Empfindlichkeit dieser Methode ist so gross, dass Temperaturunterschiede in einem Luftstrom von etwa 5°C leicht registriert werden können. Dies entspricht etwa der Lufterwärmung über einer menschlichen Hand. Anderseits kann die Empfindlichkeit so weit reduziert werden, dass der Gasausstoss einer Rakete (etwa 2500°C) aufgenommen

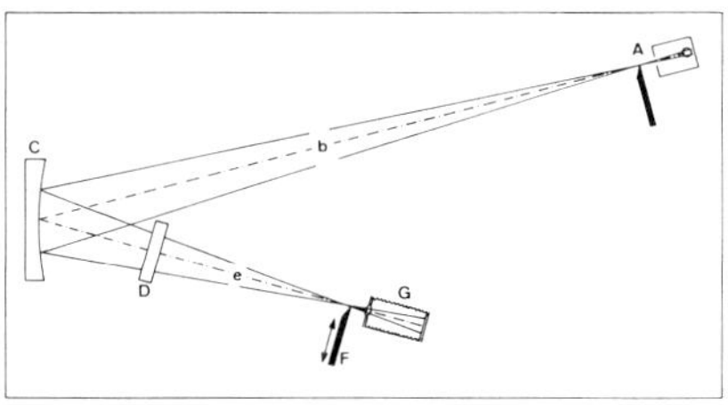

Beispiel einer Geräte-Anordnung für Schlieren-Aufnahmen. A = Lichtquelle mit Kondensor, ohne Objektiv, jedoch mit Schlierenkante (z.B. Rasierklinge), B = Beleuchtungsdistanz etwa 7 m, C = Hohlspiegel (Brennweite etwa 4 m, Radius etwa 8 m), D = Objektraum, E = Distanz Hohlspiegel–Kamera etwa 1,8 m, F = Schlierenkante vor dem Kameraobjektiv, deren Verschiebung einen negativen oder positiven Schlierenkontrast bewirkt, G = Kamera mit Objektiv von 550 mm Brennweite.

werden kann, um die Druckwellen sichtbar zu machen. Bei der Schlieren-Fotografie durchläuft das Licht ein kompliziertes optisches System, ehe es den → *Film* erreicht.

Schlitzverschluss (at) → *Verschluss*, der aus zwei lichtdichten Stoffvorhängen (Rollo) oder Lamellen (→ *Lamellenverschluss*) besteht, welche nach der Auslösung mit einer, durch die eingestellte Verschlusszeit geregelten, Verzögerung unmittelbar vor der → *Bildebene* der → *Kamera* ablaufen. Der → *Film* wird dadurch nicht überall gleichzeitig belichtet (→ *Belichtung*), sondern ablaufend von einem Ende des Bildfensters zum andern. Durch die Verzögerung des 2. Verschlussvorhangs ergibt sich ein Schlitz, dessen Breite, zusammen mit der Ablaufgeschwindigkeit, für die Verschlusszeit massgebend ist.

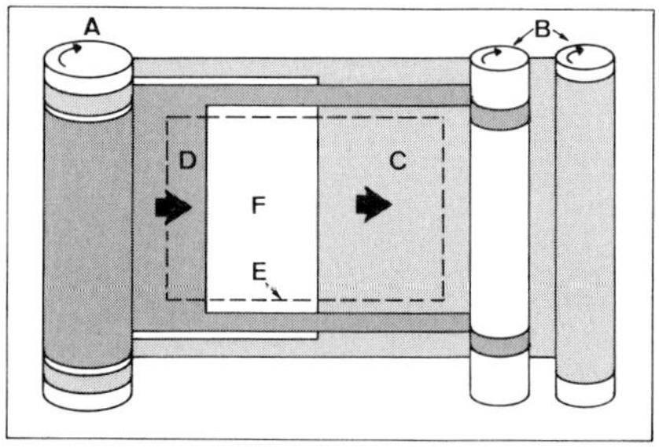

Prinzip des Schlitzverschlusses. A = Rollowalze, B = Federwalzen, C = erstes Verschlussrollo mit Rollobändern, D = zweites Verschlussrollo mit Rollobändern, E = Bildfenster, F = Schlitz, der den Film ablaufend zur Belichtung freigibt.

Mit einem Schlitzverschluss sind Belichtungszeiten bis zu 1/8000 Sekunde möglich. Bei längeren Zeiten als 1/60 bis 1/250 Sekunde (→ *Synchronisationszeit*) wird das Bildfenster kurzzeitig ganzflächig freigegeben, was → *Blitzlicht*aufnahmen ermöglicht. Ein sich bewegender Gegenstand kann durch die gleichzeitige Bewegung der Verschlussrollos deformiert wiedergegeben werden.

Schmalfilm (at) Kinematographische Aufnahmetechnik (→ *Kinematographie*) mit → *Kameras*, welche → *Filme* verwenden, die schmaler sind als der (für professionellen Gebrauch übliche) 35-mm-Normalfilm. Schmalfilme werden vor allem von Amateurfilmern verwendet und haben 8mm (einseitig perforiert, Super-8 oder Single-8 in → *Kassetten*) oder 16mm Breite.

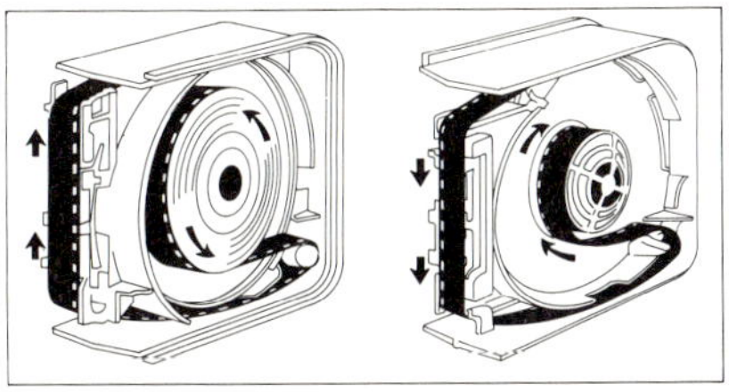

Blick in das «Innenleben» einer Super-8-Kassette (schematisch). Der unbelichtete Film (links) wird nach der Belichtung automatisch auf einen zweiten Kern aufgespult (rechts). Darstellung: Agfa-Gevaert.

In den letzten Jahren wurde der Schmalfilm im Amateurbereich praktisch vollumfänglich durch → *Video* am Markt abgelöst. Schmalfilm beschränkt sich heute auf einen verhältnismässig kleinen Kreis von Anwendern, die meistens in Clubs organisiert sind, und Spiel- und Dokumentationsfilme mit beachtlich hohem künstlerischen und technischen Niveau produzieren.

Schnappschuss (at) Fotografische Aufnahme, die ohne Vorbereitung und meistens so aufgenommen wird, dass die fotografierten Personen (oder Tiere) nichts bemerken. Sie wirken dadurch lebendiger und ungestellt. Um Schnappschusssituationen rechtzeitig erfassen zu können, ist das vorherige Einstellen von → *Belichtungszeit*, → *Blende* und Entfernung

Foto: Bruno Scalco

empfehlenswert (→ *Schnappschusseinstellung*). Kameras mit → *Programmautomatik* und/oder → *Autofokus* erhöhen die Aufnahmebereitschaft beträchtlich.

Schnappschusseinstellung (at) Zur Erhöhung der Aufnahmebereitschaft kann man die → *Belichtungszeit* und die → *Blende* häufig schon vor einem erwarteten Ereignis einstellen. Dabei sollte eine möglichst kleine Blende (grosse → *Schärfentiefe*) gewählt werden. Bei kurzbrennweitigen → *Objektiven* kann auch mit Hilfe der → *Schärfentiefenskala* und bei langbrennweitigen Objektiven oft durch eine Ersatzpunktmessung der Schärfenbereich voreingestellt werden.

Schneckengang → *Einstellschnecke*.

Schneidemaskierfilm (lab) (Ulano-Folie) Rote Folie auf → *Schichtträger*, die mit einem Skalpell oder Papiermesser durchtrennt und partiell abgezogen werden kann. Schneidemaskierfilm ist im Grafik- und Zeichenbedarf erhältlich und dient eigentlich dazu, Bildteile auf → *Lithos* freizustellen (→ *Freistellen*) oder Strich- (→ *Strichaufnahme*) und → *Rasteraufnahmen* zu kombinieren. Er ist aber auch sehr gut geeignet, um Bildteile auf grossformatigen → *Planfilmen* freizustellen, sofern diese überall scharfe Konturen aufweisen.

Schnellfixierbad (lab) → *Fixierbad*, welches auf der Basis von → *Ammoniumthiosulfat* beruht und eine sehr kurze → *Fixierzeit* bewirkt.

Schnellschalthebel (at) Bedienungshebel für den → *Filmtransport*, der zugleich ein Spannen des → *Verschlusses* bewirkt. Der Hebelweg beträgt in der Regel etwa 120°.

Schnellschussobjektiv (at) Spezialobjektiv mit langer → *Brennweite* und pistolengriffartiger → *Scharfeinstellung*. Eine grossflächige Taste an der Vorderseite des Griffs bewirkt ein Verschieben des Objektivkopfes oder bestimmter Linsengruppen (→

Schnellschussobjektiv (Novoflex)

Innenfokussierung) zur Scharfeinstellung. Mit dem Aufkommen von → *Autofokus* haben Schnellschussobjektive zwar etwas an Bedeutung verloren, bieten aber trotzdem vor allem mit extrem langbrennweitigen → *Objektiven*, in der → *Sportfotografie* und in der → *Tierfotografie* eine sehr schnelle und komfortable Scharfeinstellung.

Schnellverarbeitung (lab) Die Verarbeitung belichteter (→ *Belichtung*) → *Filme* und → *Fotopapiere* (→ *RC-Papier* lässt sich durch hochalkalische → *Entwickler*, mit höheren Temperaturen und intensiver Bewegung, mit Schnellfixierbädern (→ *Fixierbad*), Fixiernatronzerstörern und Schnelltrocknungsmitteln bis auf wenige Minuten verkürzen. Auch spezielle → *Entwicklungs*chemikalien (→ *Fixierentwicklung*) sind für eilige Fälle im Handel erhältlich, und die maschinelle Verarbeitung von → *RC-Papieren* (von denen die meisten in der Schicht eingelagerte → *Entwicklersubstanzen* aufweisen) lässt sich in etwas mehr als einer Minute bewerkstelligen. Die Schnellverarbeitung bietet sich für journalistische, medizinische und technische Aufnahmen besonders an. Allerdings sind viele derartige Methoden (→ *Stabilisierungsverfahren*) in den letzten Jahren durch die → *Sofortbild-Fotografie* und die elekromagnetische Bildaufzeichnung (→ *Elektronische Fotografie*, → *Video*) überholt worden.

Schnittbildindikator (at) Hilfsmittel zur → *Scharfeinstellung* auf der → *Mattscheibe* von → *Spiegelreflexkameras*. Der Schnittbildindikator besteht aus zwei in einem bestimmten

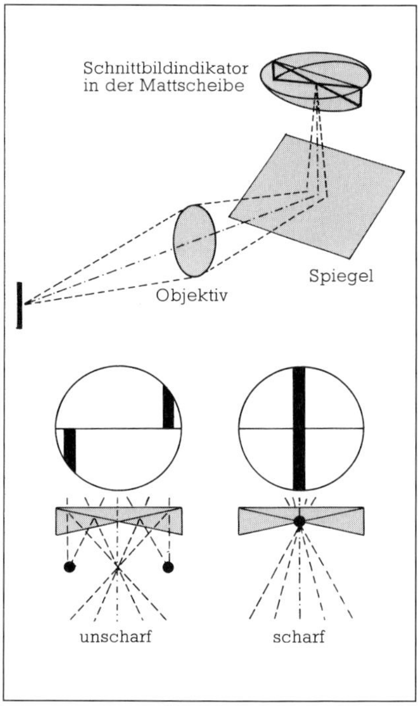

Winkel zueinander angeordneten Glaskeilen, im Zentrum der Mattscheibe, welche die Randstrahlen des → *Objektivs* derart ablenken, dass sie bei unkorrekter → *Scharfeinstellung* nicht eines, sondern zwei Teilbilder von vertikalen Linien entstehen lassen. Bei korrekter Scharfeinstellung vereinen sich die Linien.

unscharf scharf

Der Schnittbildentfernungsmesser arbeitet mit den Randstrahlen des Objektivs und zeigt deshalb nur bei geöffneter → *Blende* ein zuverlässiges Ergebnis. Beim Gebrauch von Objektiven mit geringer maximaler Öffnung (→ *langbrennweitigen Objektiv*en) können die Messkeile abgeschattet werden und dunkel erscheinen.

Schnittweite (opt) Abstand vom Scheitel der Hinterlinse des → *Objektivs* zur → *Bildebene*. Bei → *Teleobjektiven* ist die Schnittweite kürzer, und bei → *Retrofokus*-Objektiven länger als die → *Brennweite*.

Schraubgewinde Befestigungsmechanismus am Kameragehäuse für → *Wechselobjektive*. Das → *Objektiv* sitzt nach drei bis vier Umdrehungen fest, wodurch ein Objektivwechsel länger dauert, als mit dem heute üblichen → *Bajonettanschluss*. Zudem ist die Konstruktion des Übertragungsmechanismus für die → *Springblende* sowie die Plazierung von Kontaktstellen bei elektronischen → *Kameras* bei einem Bajonettanschluss einfacher und betriebssicherer.

Schulterstativ (at) Schulterstütze, die sich besonders bei Aufnahmen mit schweren → *langbrennweitigen Objektiven*, z.B. in der → *Sport-Fotografie* und in der → *Tier-Fotografie* bewährt.

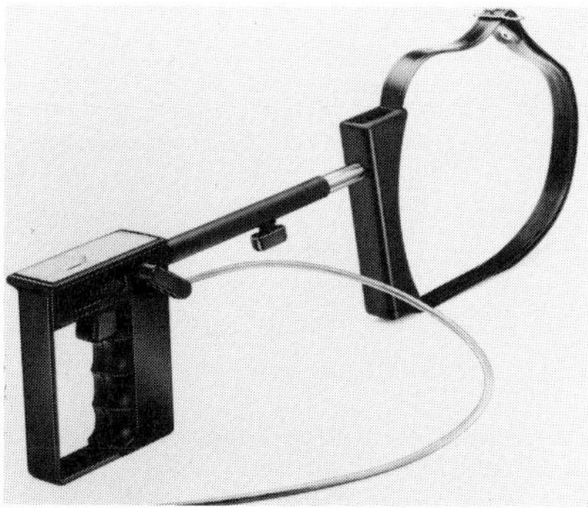

Kaiser Phototechnik GmbH & Co. KG, Buchen/Odenwald.

Schulze, Johann Heinrich (bio) (1687-1744) Deutscher Chemiker und Philosoph. Er entdeckte 1725 die Lichtempfindlichkeit von salpetergesättigter Kreide mit Silbernitrat. Es gelang ihm Schablonen im Kontaktverfahren abzubilden, doch waren diese «Bilder» nicht haltbar.

Schumann-Platte (at) Fotografische → *Platte* mit einer speziellen → *Emulsion* für → *UV*-Aufnahmen. Da die → *Gelatine* kurzwellige UV-Strahlen absorbiert (→ *Absorption*), liegen die → *Silberhalogenid*kristalle auf der Gelatineschicht. Der deutsche Chemiker Victor Schumann (1841-1913) befasste sich intensiv mit der Fotochemie und der Spektrographie. Für seine Versuche mit ultraviolettem → *Licht* goss er besonders gelatinearme Platten, deren fabrikatorische Herstellung er 1893 empfahl. Schumann-Platten sind extrem empfindlich gegen mechanische Verletzungen.

Schutzgas (Tetenal)

Schutzgas (lab) Spezielles sauerstoffreies Gas, welches in Spraydosen konfektioniert ist und dazu dient, den Luftraum in → *Entwickler*flaschen zu füllen, um eine → *Oxidation* zu vermeiden.

Schutzschicht Zum Schutz gegen mechanische Verletzungen werden lichtempfindliche Materialien (→ *Film*, → *Fotopapier*) meistens mit einer gehärteten → *Gelatine*schutzschicht überzogen.

Schwarzfilter → *Infrarot-Filter*, → *UV-Filter*.

Schwarzschild, Karl (bio) (1873-1916) Deutscher Astronom, der während seiner Tätigkeit an einer Wiener Sternwarte durch fotografisch-sensitometrische Untersuchungen (→ *Sensitometrie*) den → *Reziprozitätsfehler* (Langzeitfehler) erkannte und das

Schwarzschild' sche → *Schwärzungs*gesetz formulierte: «Die fotografische Wirkung des Lichtes auf die Wirkung von Bromsilbergelatineplatten hängt von der Lichtintensität, der Belichtungszeit und einem für die betreffende Platte charakteristischen Faktor ab.» Sein Mitarbeiter Erich Kron (1881-1917) präzisierte später Schwarzschilds Theorien. Schwarzschild wurde 1901 als Direktor der Sternwarte Göttingen und 1909 als Direktor des Potsdamer Astrophysikalischen Observatoriums gewählt.

Schwarzschild-Effekt → *Reziprozitätsfehler.*

Schwärzung (opt) Während der → *Entwicklung* werden die belichteten (→ *Belichtung*) → *Silberhalogenide* einer fotografischen → *Schicht* zu metallischem → *Silber* reduziert. Die daraus resultierende optische → *Dichte* eines → *Negativs* oder eines → *Positivs* nennt man Schwärzung. Bei Durchsichtsbildern (→ *Negativ*, → *Diapositiv*) verringert die Schwärzung (optische Dichte) die → *Transparenz*, während bei Aufsichtsbildern (→ *Fotopapier*) das → *Licht* mehr oder weniger stark reflektiert (→ *Reflexion*) wird. → *Schwärzungskurve.*

Schwärzungskurve (opt) Graphische Darstellung des Zusammenhangs zwischen → *Belichtung* und → *Dichte* (→ *Schwärzung*). Dazu belichtet man das fotografische Material unter einem genormten → *Graukeil* und misst nach der → *Entwicklung* die

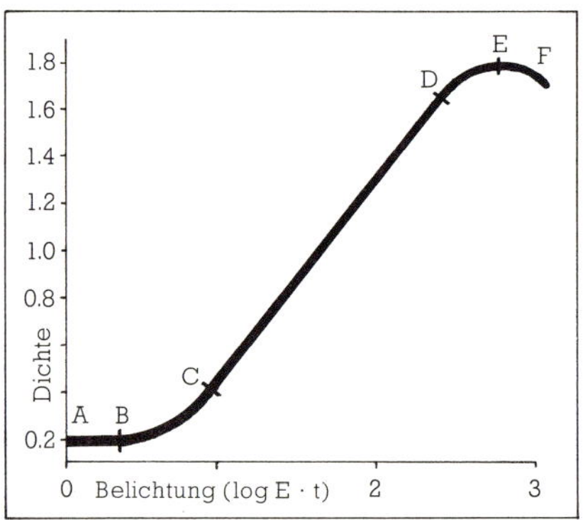

Dichten der einzelnen Stufen mit einem → *Densitometer* aus. Die Werte werden danach in ein Koordinatennetz eingetragen, auf dessen waagrechter Achse (Abszisse) die Belichtungswerte (log E · t) und auf der senkrechten (Ordinate) die Dichte markiert sind. Durch das Verbinden der Messpunkte im Koordinatennetz entsteht eine Kurve, die bei → *Negativ*en von links nach rechts ansteigt und bei → *Positiv*en in gleicher Richtung absinkt. Form und Lage der Kurve verdeutlichen die Charakteristik des Materials und/oder die Arbeitsweise des → *Entwickler*s besser als das Vergleichen der gemessenen Zahlenwerte.

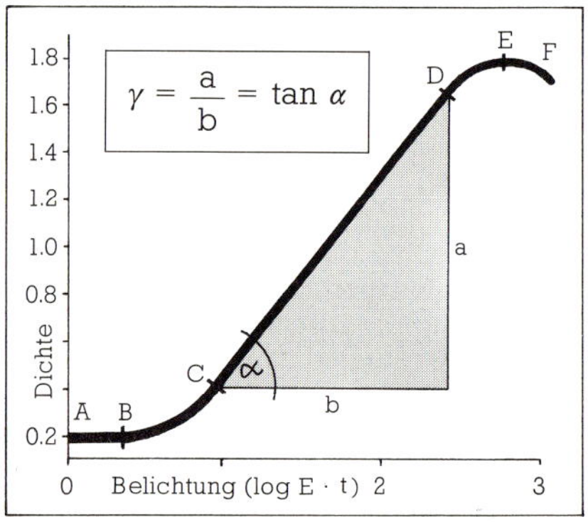

Die einzelnen Kurvenabschnitte werden folgendermassen bezeichnet: A-B = → *Schleier* (oder Negativdichte), dessen Dichte immer > 0 ist. B = → *Schwellenwert*, erste messbare Schwärzung über dem Schleier, Beginn der Bildaufzeichnung und Bestimmungspunkt für die → *Filmempfindlichkeit* (DIN-Messung basiert auf Dichte 0,1 über dem Schleier). Je weiter dieser Punkt nach links verschoben ist, desto empfindlicher ist die Schicht. B-C = Kurvenfuss, → *Durchhang*, Bereich der → *Unterbelichtung* und der *Schattenzeichnung.* C-D = gradliniger Teil, Gebiet der richtigen Belichtung (Belichtungsumfang). Bei vielen heutigen Materialien stellt dieser Abschnitt keine Gerade mehr dar, sondern einen stetigen Anstieg, weil damit eine bessere → *Tonwertwiedergabe* erreicht werden kann. D-E =

Schulter, Bereich der → *Überbelichtung.* E = Scheitel, maximale Dichte. E-F = → *Solarisation*, mit zunehmender Belichtung nimmt die Dichte wieder ab. Dieser Effekt kann mit den meisten heutigen Materialien nicht mehr erzeugt werden; sie sind solarisationsfest. Die Schwärzungskurve lässt auch die Bestimmung des → *Gammawertes* (→ *Gradation*, → *Betawert*, → *Kontrastindex*) zu.
Der Gammawert lässt sich durch → *Entwicklung* beeinflussen (Entwicklungszeit und -temperatur sowie Konzentration und Zustand des Entwicklers).

Schwärzungsumfang (opt) (Negativumfang, Negativkontrast) Differenz zwischen den → *Lichtern* (maximale → *Dichte*) und den → *Schatten* (→ *Schwellenwert*) eines Schwarzweiss → *Negativs*.

$$S = D_{max} - D_{min}$$

Der Schwärzungsumfang eines «normalen» Negativs der bildmässigen Fotografie liegt zwischen 0,8 und 1,0. Nach dem Schwärzungsumfang richtet sich die Wahl der Papiergradation (→ *Gradation*, → *Fotopapier*), wenn man keinen Verlust an Lichter- oder Schattenzeichnung in Kauf nehmen will. Ein kontrastreiches Negativ (S = > 1) erfordert eine «weiche» Papiergradation (→ *Gradationsziffer* 1, 2), während ein kontrastarmes («flaues») Negativ (S = < 1) auf ein «härteres» Papier (Gradationsziffer 4, 5) kopiert wird.

Schwarzweiss-Fotografie
Schon mit den Primärverfahren aus der Erfindungszeit der → *Fotografie* war es nur möglich, die Farben eines Motivs in helligkeitsentsprechende Grauwerte umzusetzen. Mangels brauchbarer Methoden der Farbwiedergabe (→ *Farbfotografie*) gab man sich lange Zeit mit der schwarzweissen Darstellung zufrieden. Die Schwarzweiss-Fotografie beruht auf:
1. der → *Belichtung* einer lichtempfindlichen → *Schicht* (→ *Emulsion*, → *Film*),
2. der → *Schwärzung* von belichteten → *Silberhalogenide* bei der → *Entwicklung*,
3. dem Herauslösen unbelichteter Silberhalogenide und damit der Haltbarmachung des → *Negativs* beim → *Fixieren* und
4. dem Herauswaschen der Chemikalien bei der anschliessenden → *Wässerung.* Zur Herstellung eines → *Positivs* (→ *Kopie*) wiederholt sich dieser Prozess auf → *Fotopapier*, wonach ein dem Motiv entsprechendes Aufsichtsbild resultiert.

Foto: H. Leuzinger

Je nach → *Schwärzungsumfang* des Negativs muss die entsprechende Papiergradation (→ *Gradation*) gewählt werden. Zu dichte (→ *Dichte*, → *Überbelichtung*) Negative können abgeschwächt (→ *Abschwächen*) und unterentwickelte (→ *Entwicklung*) verstärkt (→ *Verstärkung*) werden. Mit einem → *Kopierfilm* kann man von einem Negativ ein projektionsfähiges (→ *Projektion*) → *Diapositiv* herstellen. Durch → *Umkehrentwicklung* kann ein Schwarzweissfilm direkt positiv entwickelt werden.
Verschiedene Spezialmaterialien vergrössern die Anwendungsmöglichkeiten der Schwarzweiss-Fotografie. Darunter fallen einmal die s/w-Verfahren der → *Sofortbild*-Fotografie, dann

die → *Strichfilme*, welche im graphischen Gewerbe (→ *Reproduktion*, Drucktechnik), aber auch bei fotografischen → *Verfremdungen* eine bedeutende Rolle spielen, und schliesslich werden unzählige Aufgaben in der Wissenschaft, der Technik, der Industrie und in der Forschung mit Hilfe der Schwarzweiss-Fotografie gelöst. Neben den laufend verbesserten und vereinfachten Farbverfahren wird auch in Zukunft der Schwarzweiss-Fotografie immer eine grosse Bedeutung zukommen, wobei die Vorteile der raschen und zuverlässigen Verarbeitung, der präzisen Kopierfähigkeit, der Wirtschaftlichkeit und der vielfältigen kreativen Möglichkeiten massgebend sind.

Schwefelsäure (chem) H_2SO_4. Schwere, ölige, farblose Flüssigkeit. Verwendung in Abschwächern und Bleichbädern sowie mit Kaliumbichromatlösung als Reinigungsmittel.

Schwefeltonung → *Tonung*.

Schwellenwert (opt) Geringste messbare optische → *Dichte* (→ *Schwärzung*) über dem → *Schleier* (→ *Schwärzungskurve*). Der Schwellenwert 0,1 über dem Schleier ist für die Bestimmung der Empfindlichkeit von Schwarzweissfilmen nach DIN (→ *Filmempfindlichkeit*), nebst anderen Bedingungen, massgebend.

Seidenraster (lab) Struktur von → *Fotopapier*, welche kleine konvexe Elemene aufweist, welche bei der Papierherstellung (→ *Fotopapier*) mit einer Kalanderwalze in die → *Gelantine*schutzschicht eingeprägt wird.

Seitenlicht (at) Wird das Objekt seitlich aus einem Winkel von etwa 90° zur Aufnahmeachse angestrahlt, so spricht man von Seitenlicht. Dabei tritt die Struktur einer Oberfläche besonders deutlich hervor. Bei → *Porträt*aufnahmen bewirkt das Seitenlicht starke Schlagschatten, die in der Regel störend und unerwünscht sind. Sie können gegebenenfalls durch → *Aufhellung* gemildert werden.

Seitenrichtig (lab) Als seitenrichtig wird ein Bild bezeichnet, dessen linke und rechte Seite mit der Vorlage (bzw. dem Objekt) übereinstimmen. Ein → *Negativ* oder → *Diapositiv* wird seitenrichtig kopiert (→ *Kopie*) bzw. projiziert (→ *Projektion*), wenn die → *Schichtseite* der lichtempfindlichen → *Schicht* des → *Fotopapier*s bzw. der → *Projektionsfläche* zugewandt ist. →← *seitenverkehrt*.

Seitenverkehrt (lab) Als seitenverkehrt wird ein Bild bezeichnet, dessen linke und rechte Seite gegenüber der Vorlage (bzw. dem Objekt) vertauscht sind. Man spricht auch von einem → *Spiegel*bild oder einem gekonterten Bild (→ *Kontern*). Stellt man eine seitenverkehrte → *Kopie* im Kontaktverfahren her (→ *Kontaktkopie*), so ist sie (meistens) unscharf (→ *Unschärfe*), weil durch den → *Schichtträger* hindurchkopiert wurde (Ausnahme: Beleuchtung mit → *Punktlicht*). →← *seitenrichtig*.

Sekundärspiegel (at) In modernen → *Spiegelreflexkameras* wird das → *Licht*, welches durch das → *Objektiv* in den → *Spiegelkasten* gelangt, nicht nur über den → *halbdurchlässigen Spiegel* in den Sucherschacht und von dort über das → *Pentaprisma* in das → *Sucherokular*, sondern auch über einen zweiten Spiegel, den Sekundärspiegel, zu den Messzellen des → *Belichtungsmesser*s (→ *Innenmessung*) und den → *Autofokus*sensoren umgelenkt. Bei der → *Belichtung* schwenkt der Sekundärspiegel um um 90° nach oben an den Sucherspiegel, der gleichzeitig um 45° nach oben schwenkt und dem Licht den Weg zur → *Filmebene* freigibt.

Selbstauslöser (at) (Vorlaufwerk) Mechanisches oder elektronisches Funktionselement an der → *Kamera*, welches eine voreingestellte → *Verschlusszeit* mit einer bestimmten Verzögerung von in der Regel 10 Sekunden selbsttätig auslöst. Selbstauslöser waren früher nicht in Kameras integriert, sondern boten als Zubehör dem Fotografierenden die Gelegenheit, selbst mit aufs Bild zu kommen. Abgesehen von dieser Anwendung gestattet der Selbstauslöser ein besonders sanftes Auslösen langer Verschlusszeiten, z.B. in Ermangelung eines Drahtauslösers. Viele Selbstauslöser können über eine drahtlose → *Fernauslösung* (→ *Infrarot*) ausgelöst werden und bieten die Möglichkeit zwei oder mehrere Belichtungen nacheinander vorzunehmen.

Selbstporträt (at) → *Porträt*, auf welchem der Fotograf selbst zu erkennen ist. Der Ausdruck ist mit einer gewissen Vorsicht zu gebrauchen: Viele als Selbstporträts deklarierte Aufnahmen wurden von Hilfspersonen oder anderen Fotografen aufgenommen.

Selektive Belichtungsmessung → *Spotmessung*.

Selektive Schärfe (at) Um bei einer Aufnahme ein bestimmtes Objekt oder einen Motivteil besonders zu betonen, wird mit geringer → *Schärfentiefe* (grosse → *Blende*) und vorzugsweise langer → *Brennweite* fotografiert. Der Motivraum vor und hinter dem scharf eingestellten Motiv wird dadurch unscharf wiedergegeben, bzw. in der Unschärfe bis zur Unerkennbarkeit aufgelöst.

Selen (chem) Se. Chemisches Element, welches in zwei Arten vorkommt:
1. metallisches graues Selen, unlöslich in Schwefelkohlenstoff, produziert den elektrischen Strom bei Belichtung (→ *Selenzelle*).
2. rotes amorphes Pulver. Sehr giftig! Löslich in Schwefelkohlenstoff. Selensalze ergeben in → *Tonungs*bädern braune → *Bildtöne*.

Selentonung → *Tonung*.

Selenzelle (bm) Lichtelektrischer Strahlungsempfänger, der ohne äussere Spannung einen vom einfallenden → *Lichtstrom* abhängigen elektrischen Strom erzeugt (Sperrschichteffekt). Selenfotoelemente fanden früher in → *Belichtungsmessern* Verwendung, sind heute jedoch durch Elemente höherer Lichtempfindlichkeit (die allerdings alle → *batterie*abhängig arbeiten) technisch überholt. (→ *Fotowiderstand*).

Sensibilisierung (chem) Charakteristische Veränderung einer → *Emulsion* durch Beimischen chemischer Substanzen bei ihrer Herstellung. Man unterscheidet:
1. Chemische Sensibilisierung: Erhöhung der Allgemeinempfindlichkeit (→ *Filmempfindlichkeit*) der Emulsion durch Edelmetallsalze oder Schwefelverbindungen. Dabei spielt auch die → *Gelatine* eine grosse, nicht restlos geklärte Rolle. Feinkörnige Emulsionen lassen sich einfacher sensibilisieren als grobkörnige.
2. Optische Sensibilisierung: Veränderung der *spektral*en → *Empfindlichkeit* durch Beimischen gewisser Farbstoffe bei der Emulsionsherstellung. Jede fotografische Emulsion besitzt eine Grundempfindlichkeit für ultraviolette Strahlung und blaues → *Licht* (→ *Spektrum*). Schon → *Vogel* entdeckte 1873, dass mit Farbstoffen die Empfindlichkeit von → *Silberhalogeniden* auch für grünes und gelbes Licht erweitert werden kann (→ *Orthochromatisch*), während die Sensibilisierung für rote Strahlen (→ *Panchromatisch*) A. Miethe und A. Traube im Jahre 1901, und diejenige für unsichtbare, infrarote Strahlen (→ *Infrarot*) erst 1925 gelangt. Die optische Sensibilisierung ist die wichtigste Grundlage der → *Farbfotografie*. Die Emulsionen eines → *Dreischichten-Farbfilm*s sind in jeder der drei Schichten für einen anderen Spektralbereich sensibilisiert.

Sensitometrie (lab) (Empfindlichkeitsmessung) Untersuchung der fotografischen Eigenschaften lichtempfindlicher Materialien und der verschiedenen Schritte fotografischer Prozesse. Sie lässt nicht nur die Bestimmung der → *Filmempfindlichkeit*, sondern auch der → *Gradation* zu, und ermöglicht durch eine exakte Qualitätskontrolle eine reproduzierbare Herstellung lichtempfindlicher Materialien. Auch die Verarbeitung und der Zustand der Verarbeitungsbäder können sensitometrisch überwacht werden. Mit einem Sensitometer erfährt das zu untersuchende Material eine genormte → *Belichtung*. Der nach der → *Entwicklung* entstandene → *Graukeil* wird mit einem → *Densitometer* ausgemessen. Dabei resultieren Zahlenwerte, die mit Hilfe der → *Schwärzungskurve* vergleichbar veranschaulicht werden.

Sequenz (at) (Serie) Fotografisches Festhalten eines Vorganges, eines Zustandes oder einer Idee mit Einzelaufnahmen, die in bestimmten, regelmässigen Zeitabständen (Frequenz) entstehen. Es ergibt sich dadurch eine Bildfolge, die eine technische, künstlerische oder sogar surrealistische Aussage haben kann.

Sequenzkamera (at) → *Kamera*, mit mehreren → *Objektiven*, welche mehrere Aufnahmen nacheinander auf einem → *Planfilm* ermöglicht. Die Aufnahmefrequenz kann an einem Steuergerät vorgewählt werden. Sequenzkameras werden überall dort eingesetzt, wo ein relativ schneller Bewegungsablauf festgehalten werden muss, z.B. bei Sportaufnahmen oder in der industriellen und wissenschaftlichen Forschung. → *Hochfrequenz-Fotografie*.

Weinberger AG, Foto-Instrumentation, Zürich

Shift-Objektiv (at) → *Objektiv*, welches einen übergrossen → *Bildkreis* aufweist und nach oben, unten und beiden Seiten parallel verschoben werden kann. Damit können bei-

Shift-Objektiv (Leica)

spielsweise → *stürzende Linien* bei → *Architekturaufnahmen* aufgehoben werden. Es gibt auch sogenannte Shift/Tilt-Objektive, die so verstellt werden können, dass die → *optische Achse* nicht mehr rechtwinklig auf der → *Filmebene* auftrifft, die → *Hauptebene* des Objektivs nicht mehr parallel zur → *Filmebene* steht und ein → *Schärfeausgleich* vorgenommen werden kann. Es werden damit ähnliche Verstellungen mit einer Kleinbildkamera möglich, die sonst der → *Fachkamera* vorbehalten sind.

Schnitt durch ein Shift-Objektiv (Leica)

Sicherheitsfilm → *Schichtträger* aus unbrennbarem Material. Früher wurde nahezu ausschliesslich Celluloid zur Herstellung des Schichtträgers von Kinofilmen und → *Rollfilmen* verwendet (→ *Nitratfilm*). Die leichte Entflammbarkeit dieses Materials, und die Gefahr der Selbstentzündung unter gewissen Lagerbedingungen, führten zu zahlreichen, oft folgenschweren Brandfällen, so dass die Industrie in den zwanziger Jahren dazu überging, Schichtträger aus unbrennbarer Acetylcellulose herzustellen. Heute werden auch Kunststoffe auf der Basis von Polyester oder Polykarbonat verwendet, welche Schichtträger besserer → *Masshaltigkeit* ergeben. Filme mit schwerentflammbaren Schichtträgern müssen den Pakkungsaufdruck und die → *Randsignierung* «Safety-Film» tragen (nach DIN 15551).

Sichtentwicklung (lab) → *Entwicklungs*verfahren, um vor allem → *Planfilme* in der → *Entwicklungsschale* bei entsprechendem Laborlicht (→ *Laborleuchte*) zu verarbeiten und die Entwicklung nach Sichtkontrolle im richtigen Moment zu unterbrechen. Grundsätzlich ist von diesem Entwicklungsverfahren abzuraten, da dieses wesentlich schlechter reproduzierbar ist, als die Kontrolle von Temperatur und → *Entwicklungszeit*. Möglich ist die Sichtentwicklung nur deshalb, weil der Film während der Entwicklung seine Empfindlichkeit (→ *Filmempfindlichkeit*) stark einbüsst, so dass erst im letzten Viertel der angenommenen Zeit eine visuelle Kontrolle bei entsprechendem Schutzlicht praktisch möglich ist.

Siemensstern (opt) Testvorlage, die ursprünglich von Siemens entwikkelt wurde, um die Abbildungsqualität von Kino- → *Objektiven* zu prüfen.

Der kreisförmige Siemensstern besteht aus radial angeordneten schwarzen und weissen Feldern. In der → *Reproduktion* mit dem zu prüfenden Objektiv, erscheinen die schwarzen und weissen Felder, die gegen das Zentrum hin immer näher beieinander liegen, plötzlich als graue Fläche. Zur Auswertung des → *Auflösungsvermögen* wird die Anzahl der schwarzen Flächen durch den Umfang der Grauzone geteilt, wodurch man das Auflösungsvermögen in Linienpaaren pro Millimetern erhält. Der Siemensstern und andere, zu gleichem Zweck dienende Testvorlagen haben heute nur noch eine geringe Bedeutung, da zur Objektivprüfung nicht nur die Schärfeleistung alleine geprüft wird, sondern deren Zusammenhang mit der Kontrastübertragung (→ *Modulationsübertragungsfunktion*, MTF).

Silber (chem) Chemisches Element Ag. Schwarzes, in poliertem Zustand weissglänzendes Edelmetall, welches in der Fotografie in Form von → *Silberhalogenid*en als lichtempfindliche Substanz verwendet wird.

Silberfarbbleichverfahren (lab) Chromolytische Farbverfahren. Farbverfahren, das zur Herstellung von Farbbildern nach Farbdiapositiven (→ *Diapositiv*) dient (→ *Positiv/Positiv-Verfahren*). Die Farben entstehen dabei nicht aufgrund eingelagerter → *Farbkuppler* und einer → *chromogenen Entwicklung*, sondern sind als Azofarbstoffe bereits in den Schichten des Materials enthalten. Bei der chromolytischen (farbstoffabbauenden) Verarbeitung wird abhängig von der → *Belichtung* der nichtverwendete Farbstoff abgebaut, indem das bei der Entwicklung entstandene Bildsilber im anschliessenden Farbbleichbad die Azo-Farbstoffe zerstört (reduktive Spaltung). Der verbleibende Farbstoff ergibt nach dem → *Fixieren* ein haltbares und vor allem sehr lichtechtes, positives Farbbild. Zudem resultieren geringere Lichthöfe (→ *Diffusionslichthof*), was eine bessere Schärfeleistung zur Folge hat.

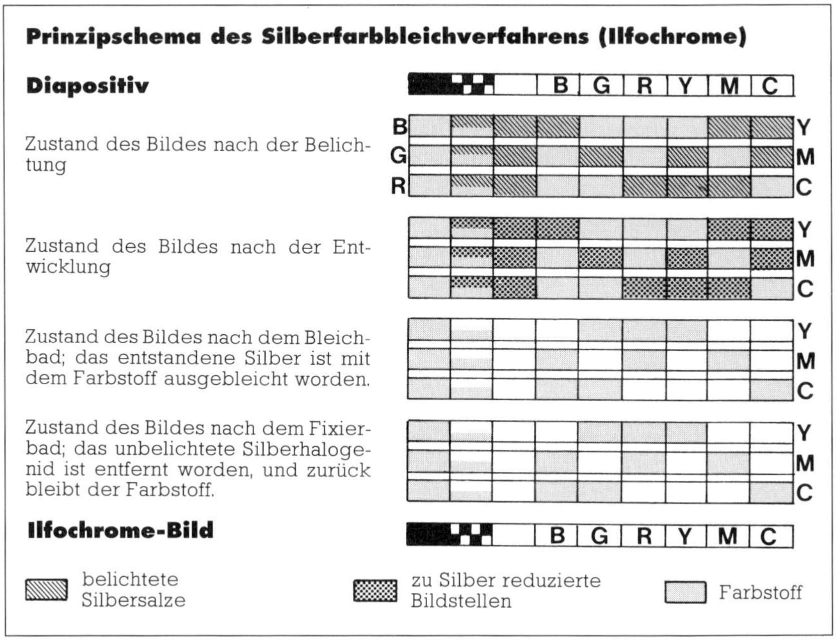

Silberfarbbleichverfahren gehen auf die Erfindung von Karl Schinzel aus dem Jahr 1905 und auf ein Verfahren von Bela Gaspar (etwa 1933) zurück. Seit 1962, und vereinfacht seit 1974, ist unter der Markenbezeichnung «Cibachrome», und später «Ilfochrome», ein Silberfarbbleichverfahren auch für den Amateurgebrauch im Handel erhältlich.

Silberhalogenide (chem) → *Silber*salze der Halogenwasserstoffsäuren. Einige davon, Silberbromid (AgBr), Silberchlorid (AgCl) und Silberjodid (AgJ), sind lichtempfindlich, schwerlöslich und bilden den wesentlichsten Bestandteil von fotografischen → *Emulsion*en. Durch Lichteinwirkung werden sie in metallisches Silber und freies Halogen zersetzt (fotolytische Zersetzung). Es entsteht ein unsichtbares → *latentes Bild*, welches bei der → *Entwicklung* durch → *Schwärzung* des Silbers sichtbar wird. Silbersalze sind nur für ultraviolette Strahlung und blaues → *Licht* empfindlich (→ *Spektrum*). Durch Beimischen von Sensibilisatoren (→ *Sensibilisierung*) bei der Emulsionsherstellung wird ihre *spektrale* → *Empfindlichkeit* jedoch über den gesamten sichtbaren Spektralbereich (bis ins unsichtbare → *Infrarot*) erweitert.

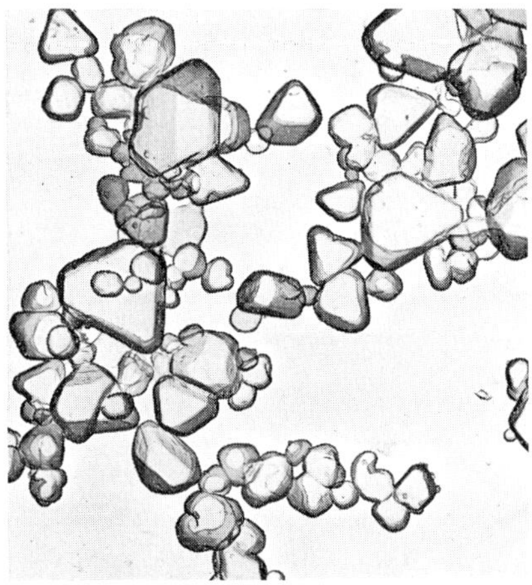

Elektronenmikroskopische Aufnahme von nicht entwickeltem Silberhalogenid (Bromsilber AgBr). Foto: Agfa-Gevaert

Silberkeim-Theorie (chem) Erklärung für das Entstehen des → *latenten Bild*es durch Lichteinwirkung auf ein unbelichtetes Silbersalz-Kristall.

Ein unbelichtetes Silbersalz-Kristall besteht aus einem Gitternetz von negativ geladenen Bromjonen und positiv geladenen Silberionen. Durch die Einwirkung elektromagnetischer Strahlung (→ *Licht*, → *Belichtung*) absorbiert ein Bromion ein Lichtquant und setzt ein negatives Elektron frei. Dieses wandert im Gitternetz, bis es auf einen Reifkeim (Störstelle im Kristallgitter oder Fremdatom) stösst und von diesem festgehalten wird. Dabei entstehen negativ geladene Zentren, die freie positiv geladene freie Silberionen (Zwischengittersilberionen) anziehen und diese unter Bildung von metallischem Silber entladen. Das latente Bild besteht demnach aus metallischem, bei der Belichtung gebildetem Silber, das an den Reifkeimen angelagert ist. Solche sog. «Subkeime» sind noch nicht entwickelbar (sie können jedoch durch bestimmte Verfahren, z.B. → *Latensifikation*, zu reaktionsfähigen «Vollkeimen» ausgebildet werden). Unter weiterer Lichteinwirkung wachsen die Subkeime zu Vollkeimen (mit mindestens 4 Silberatomen) an, welche die → *Entwicklung* einleiten können (Katalyse). Bei sehr starker Belichtung wird das entstehende Silber als «Auskopiersilber» sichtbar.

Silbermaske → *Maske*, → *Maskieren*.

Silbernitrat (chem) $AgNO_3$ (salpetersaures Silber). Farblose, durchsichtige Kristalle, leicht löslich in Wasser, schwer löslich in Alkohol. Gift! Verwendung: Ausgangsmaterial für die lichtempfindlichen Silbersalze in jeder → *Emulsion*; Silberverstärker; physikalische Entwicklung.

Silberrückgewinnung (chem, lab) Physikalische oder chemische Verfahren, um das aus den → *Film*en in den Verarbeitungsbädern (→ *Stoppbad*, → *Bleichbad*, → *Fixierbad* und → *Wässerung*) herausgelöste → *Silber* zurückgewinnen und zur Herstellung fotografischer → *Emulsion*en wiederzuverwenden (→ *Recycling*). Da Silber als kostbarer (zur Zeit im fotografischen Prozess noch unersetzlicher) Rohstoff auch die Umwelt belastet (Silber gehört zu den Schwermetallen und ist nicht abbaubar), ist die Silberrückgewinnung aus ökologischen und ökonomischen Gründen eine dringende Notwendigkeit.
Man unterscheidet grundsätzlich drei Methoden der Silberrückgewinnung:
1. Chemische Fällung mit → *Natriumsulfid*, Borohydrid, Dithionit und anderen reduzierenden Stoffen. Es handelt sich bei den geeigneten chemischen Substanzen meistens um starke Gifte, die das Silber sehr fein und kaum filtrierbar ausscheiden.
2. Metallaustausch. Wird Kupfer, Zink, Eisen oder Aluminium in das silberhaltige Fixierbad gebracht, so wird das Silber ausgeschieden, und das Metall geht in die Lösung. In der Praxis werden oft Eisenspäne verwendet, die in speziell konfektionierten Patronen im Handel sind. Die Reinigung bzw. Trennung von Silber und Eisen wird von spezialisierten Unternehmen vorgenommen.
3. Elektrolyse. Bei der elektrolytischen Silberrückgewinnung bedient man sich zweier Elektroden, die in das silberhaltige Fixierbad eingetaucht werden. An die Elektroden wird dann Gleichstrom niedriger Spannung angelegt, wodurch sich reines Silber an der Kathode niederschlägt.
Ist die Silberrückgewinnung optimal vorgenommen worden, lässt sich das Fixierbad wiederverwenden. Die erforderlichen Geräte sind relativ teuer, bieten jedoch, besonders bei grossen Mengen, einen optimalen Wirkungsgrad.

Silbersalzdiffusionsverfahren (chem) Komplexe → *Silber*salze können in einem alkalischen Medium (→ *Entwickler*) unter gewissen Voraussetzungen von einer → *Schicht* in eine benachbarte diffundierten (→ *Diffusion*). Eine belichtete (→ *Belichtung*) → *Silberhalogenid*-→ *Schicht* wird mit einer Positivschicht (Übertragungspapier) in engen Kontakt gebracht. Die Positivschicht enthält fein (→ *kolloid*al) verteiltes Silber oder Silbersulfid und → *Natriumthiosulfat*. Nun gelangt ein alkalischer → *Entwickler* zwischen die beiden Schichten. Dadurch setzt in der Negativschicht die Reduktion (→ *Entwicklung*) des belichteten Silberhalogenids ein, während das Natriumthiosulfat aus der Positivschicht in die Negativschicht wandert und dort das unbelichtete Silberhalogenid unter Bildung von Silberkomplexsalzen löst. Diese wandern in die Positivschicht, werden dort an den vorhandenen → *Silberkeim*en adsorbiert und durch die → *Entwicklersubstanz* reduziert. Durch die Trennung von Negativschicht und Übertragungspapier wird der Diffusionsvorgang gestoppt.

Das Silbersalzdiffusionsverfahren wurde unabhängig von E. Weyde und A. Rott um 1938 entdeckt und zunächst für die fotografische Direktkopie (→ *Kopie*, → *Fotokopie*) verwendet. Sie stellte aber auch die technologische Grundlage für die → *Sofortbild-Fotografie* dar. Abgeleitet von der physikalischen Entwicklung, ist sie ein typisches Beispiel der → *Fixierentwicklung*.

Silhouette (at) Unbeleuchtete Objekte vor einem angestrahlten hellen → *Hintergrund* wirken als Silhouette.

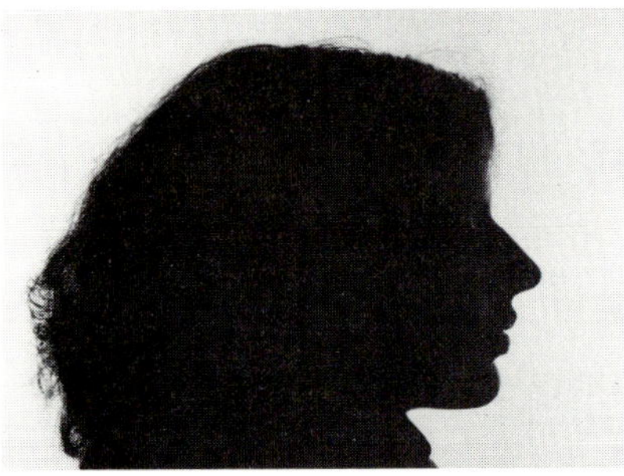

Belichtet man auf den hellen Hintergrund, so fehlt dem Objekt jede → *Schattenzeichnung*, was den Silhouetten-Effekt verstärkt. Erscheinen beispielsweise bei Landschaftsaufnahmen (→ *Landschaftsfotografie*) gewisse Motivteile als Silhouette, so erhält das Bild eine ausserordentliche Tiefenwirkung.

Silikagel (chem) (Kieselsäure-Gel) Aus Wasserglas mit einer Säure ausgefällte, amorphe, kolloide Kieselsäure (SiO_2), welche die Fähigkeit hat, Feuchtigkeit aus der Luft bei normaler Temperatur aufzunehmen und diese durch Aufwärmen wieder abzugeben. Silikagel wird in der Regel elektronischen Geräten und → *Kameras* in die Originalverpackung mitgegeben, um beim Transport und Lagerung eine zu hohe Luftfeuchtigkeit zu vermeiden. Es kann auch verwendet werden, um den Filmvorrat und vor allem die belichteten → *Filme* in tropischen Ländern vor der Rückbildung des latenten Bildes (→ *Latentes Bild*) zu schützen.

Siliziumzelle → *Fotowiderstand*.

Skylight-Filter (at) Zart rosa getöntes → *Farbfilter*, welches einerseits zu einer wärmeren Farbwiedergabe verhilft und anderseits als → *UV-Sperrfilter* wirkt und eine bessere Durchdringung von atmosphärischem → *Dunst* ermöglicht. Es verhindert die aufgrund höherer → *Farbtemperatur* zu blaue Wiedergabe der Schatten in den Bergen (über etwa 2000 m) und am Meer. Ein Verlängerungsfaktor braucht bei Skylightfiltern nicht berücksichtigt zu werden.

SLR englische Abkürzung für «Single Lens Reflex» (→ *Spiegelreflexkamera*).

Sofortbild-Fotografie (at) Fotografische Verfahren, die ohne eine Verarbeitung im Dunkeln nach etwa einer Minute ein fertiges → *Schwarzweiss*- oder Farbbild ergeben. Die heute bekannten Sofortbildverfahren

Sofortbildkamera (Polaroid)

Sofortbild in Wissenschaft und Forschung (Polaroid)

basieren technologisch auf dem → *Silbersalzdiffusionsverfahren* (bzw. Farbstoffdiffusionsverfahren). Die zur → *Entwicklung* notwendige chemische Substanz ist als Fixierentwicklerpaste (→ *Fixierentwicklung*) in einem auf drei Seiten verschlossenen Beutel enthalten und wird unter dem Druck von zwei Stahlwalzen zwischen dem → *Negativ*material und dem Übertragungspapier gleichmässig verteilt (→ *Trennbildfilm*).

Das erste Sofortbildverfahren wurde von → *Land* erfunden und 1947 auf den Markt gebracht. 1960 folgte das farbige Sofortbild, und 1972 kündete Dr. Land das Polariod SX-70-System an, bei welchem Negativ- und Positivmaterial eine abfallfreie, festverbundene Einheit bilden (→ *Integralfilm*).

Sofortbildmaterial ist für Berufsfotografen auch für das Format 20x25cm und 50x60cm verfügbar. Auch ein Sofortfilmsystem (Polavision) konnte 1977 präsentiert werden und bildete als → *Farbraster*material die technologische Grundlage für das Sofortdiamaterial «Polachrome», das 1984 auf den Markt gebracht wurde.

Softlinse → *Weichzeichner.*

Solarisation (at) Abnahme der → *Dichte* bei zunehmender → *Belichtung*. Die → *Schwärzungskurve* verdeutlicht, dass an den Abschnitt extremer → *Überbelichtung* ein Bereich abnehmender → *Schwärzung* bei zunehmender Belichtung anschliesst. Der Effekt ist mit modernen Materialien nicht mehr zu erzielen. In der → *Schwarzweiss-Fotografie* gibt es jedoch Spezialmaterialien, die aufgrund einer chemischen Vorbehandlung im Solarisationsbereich arbeiten. Solche → *Direktpositivfilme* werden in der Praxis z.B. verwendet, um → *Duplikat*negative herzustellen. Der Begriff «Solarisation» wird häufig irrtümlich für den → *Sabattier-Effekt* (Pseudosolarisation) verwendet.

Spannungskonstanthalter (lab) Elektronisches Gerät, welches Spannungsschwankungen des Netzes ausgleicht und die Ausgangsspannung konstant hält. Das ist insbesondere bei → *Farbvergrösserungen* wichtig, damit eine bestmögliche Reproduzierbarkeit gewährleistet ist.

Spannungsoptische Aufnahmen (at) Untersuchungsmethode in der Materialprüfung, die Aufschluss über Spannungen in einem unterschiedlich belasteten Werkstück gibt. Dazu wird von dem zu untersuchenden Körper ein identisches (oder verkleinertes) durchsichtiges Kunststoffmodell (Acrylglas) angefertigt. Anschliessend wird das Modell in polarisiertem Licht (→ *Polarisation*) durch

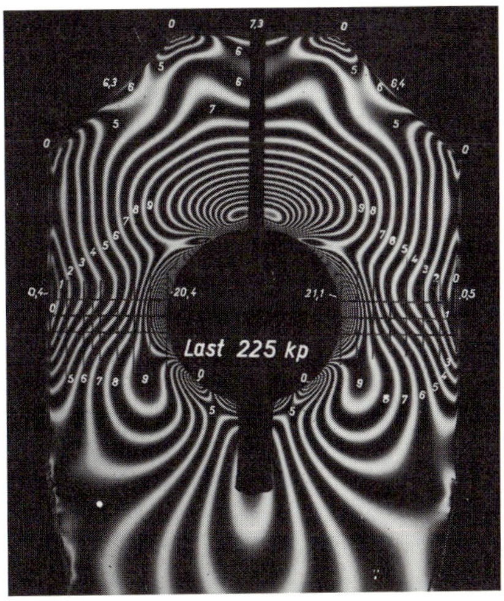

Spannungsoptische Untersuchung an der Lasche einer Bolzenverbindung. (Photo: Labor für Spannungsoptik der EMPA, Dübendorf.)

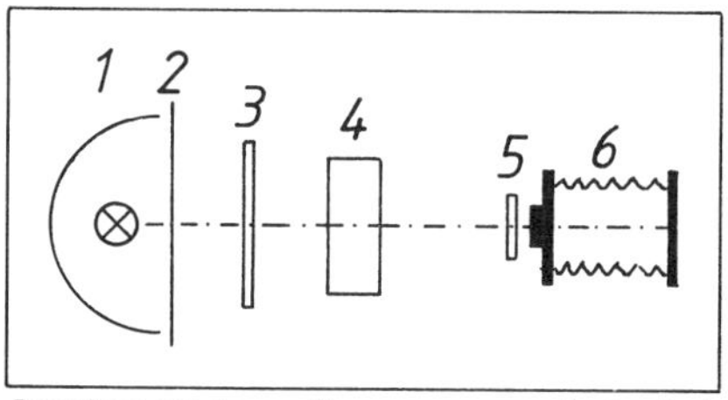

Anordnungsschema für spannungsoptische Aufnahmen: 1. Lichtquelle, 2. Diffusor, 3. Polarisator (Polarisationsfilter), 4. Prüfmodell, 5. Analysator (Polarisationsfilter in gekreuzter Stellung zu Analysator), 6. Kamera.

einen als Analysator wirkenden → *Polarisationsfilter* fotografiert. Je nach Belastung verändern sich die Spannungslinien, die eventuelle Schwachstellen sichtbar machen.

Spektrale Empfindlichkeit → *Empfindlichkeit, spektrale.*

Spektralfarben (phys) Als Spektralfarben bezeichnet man die reinen → *Farben* des sichtbaren → *Spektrums*. Sie reichen (mit zunehmender → *Wellenlänge*) von Blau über Grün, Gelb, Orange bis Rot und entstehen durch → *Dispersion* des weissen → *Lichtes*.

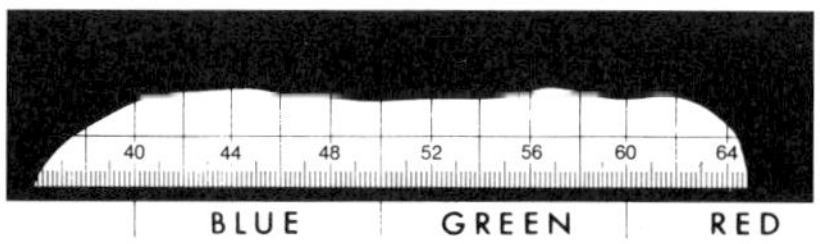

Spektrogramm des Kodak Tri-X Pan Prof. Die Belichtung erfolgte bei Tageslicht.

Spektrogramm (phys) Aufzeichnung der *spektralen* → *Empfindlichkeit* eines fotografischen Materials. Dazu wird auf den zu prüfenden → *Film* oder → *Fotopapier* in einem Spektrograph ein → *Spektrum* aufbelichtet. Die durch die → *Spektralfarben* erzielten → *Dichten* werden in ein Koordinatennetz übertragen, woraus eine für das Material charakteristische Kurve seiner spektralen Empfindlichkeit resultiert.

Spektrum (phys) Gelangt weisses → *Licht* durch ein → *Beugungsgitter* oder ein → *Prisma*, so entsteht aufgrund der → *Dispersion* eine Farbskala, die man Spektrum nennt. Sie stellt einen kleinen Ausschnitt aus dem Gesamtspektrum elektromagnetischer Schwingungen dar, welches grosse Bereiche von Strahlungen enthält, die man nur mit bestimmten Hilfsmitteln, nicht aber mit den Augen wahrnehmen kann.

Abhängig von der → *Lichtquelle* lassen sich zwei Arten von Spektren unterscheiden:

1. Als kontinuierliches Spektrum bezeichnet man eine Farbskala, deren → *Spektralfarben* lückenlos ineinander übergehen. (→ *Verteilungstemperatur*).

2. Fehlen gewisse Farben oder sind einige als Spektrallinien wiedergegeben, so spricht man von einem diskontinuierlichen oder Linienspektrum. → *Gasentladungslampen* beispielsweise weisen ein diskontinuierliches Spektrum auf (→ *Farbtemperatur*) und sind deshalb als fotografische Lichtquellen nur bedingt geeignet.

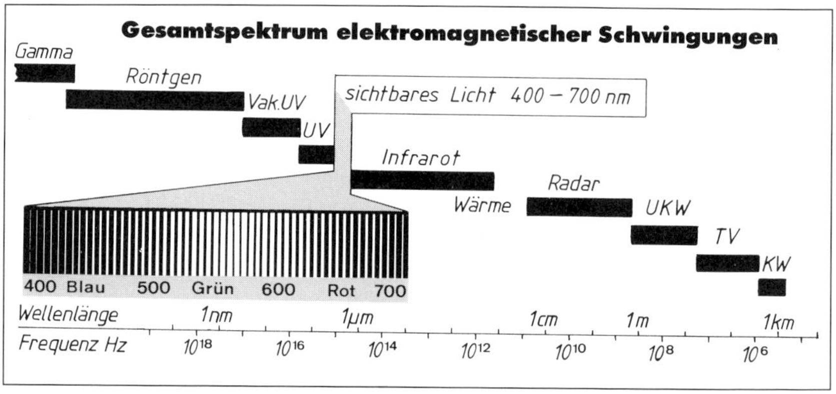

Sperrfilter (at) → *Filter*, die gewisse Spektralbereiche (→ *Spektrum*, → *Spektralfarben*) absorbieren. → *Farbfilter* lassen das → *Licht* ihrer Eigenfarbe durch, während ihre → *Komplementärfarbe* gesperrt wird. Im normalen Sprachgebrauch gibt die Filterbezeichnung (Rotfilter, Blaufilter etc.) an, welcher Teil des Spektrums durch den Filter hindurch gelassen wird. Will man explizit angeben, welche Spektralfarben nicht durch den Filter hindurch gelassen werden, so spricht man von einem Sperrfilter (Gelbsperrfilter = Blaufilter). Hauptbeispiel ist der → *UV-Sperrfilter*, der keine UV-Strahlen hindurch lässt.

Sphärische Aberration (opt) (Öffnungsfehler) Durchläuft ein achsparalleles → *Licht*bündel eine → *Sammellinse*, so werden die Randstrahlen stärker gebrochen als Strahlen nahe der → *optischen Achse*. Auf diese Weise entstehen mehrere → *Brennpunkt*e und demzufolge ein unscharfes Bild. Die Gesamtbreite dieser Brennpunkte nennt man → *Kaustik*.

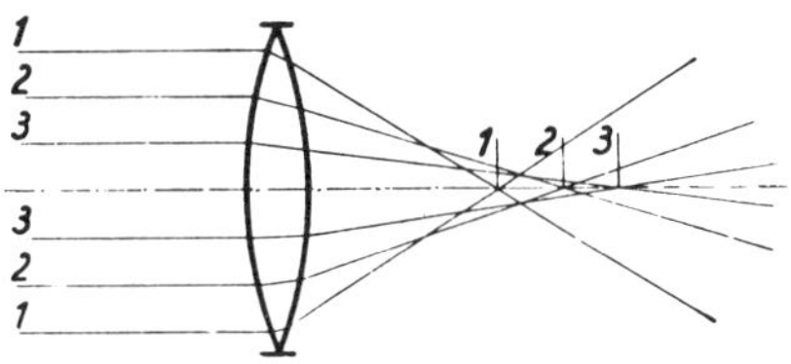

Durch → *Abblenden*, dem Verringern der effektiven Öffnung, kann der Fehler stark gemildert werden. Die sphärische Aberration spielt heute nur noch bei höchst lichtstarken (→ *Lichtstärke*) → *Objektiv*en eine Rolle. Zur Korrektion werden häufig → *asphärische Linsen* verwendet.

Spiegel (opt) Körper, der das auftreffende → *Licht* vollkommen (oder teilweise bei → *halbdurchlässigen Spiegeln*) und gerichtet reflektiert (→ *Reflexion*). Die reflektierende Oberfläche besteht aus einer aufgedampften Silber- oder Aluminiumschicht. Nichtoberflächenversilberte Spiegel können für bildmässige Zwecke nicht verwendet werden, da sie zu Doppelbildern führen. Neben ebenen Planspiegeln gibt es auch Hohlspiegel, die das Licht in einem → *Brennpunkt* sammeln. Sie gelangen beispielsweise in → *Reflektor*en und → *Spiegellinsenobjektiv*en zur Anwendung.

Spiegelkasten (at) Bestandteil einer → *Spiegelreflexkamera*, in welchem der Sucherspiegel mit dem zum Hochklappen und Rückschwingen (→ *Rückschwingspiegel*) erforderlichen Mechanismus untergebracht ist.

Spiegellinsenobjektive (at) Extrem langbrennweitige → *Objektive* besonderer Bauart, die aufgrund einer Kombination von → *Spiegel*- und → *Linsen*elementen eine stark verkürzte Baulänge ermöglichen. Spiegel weisen keine chromatischen → *Abbildungsfehler* auf. Spiegellinsenobjektive haben keine → *Blende* und können nur mit voller Öffnung verwendet werden. Zur Lichtreduktion müssen gegebenenfalls → *Graufilter* verwendet werden.

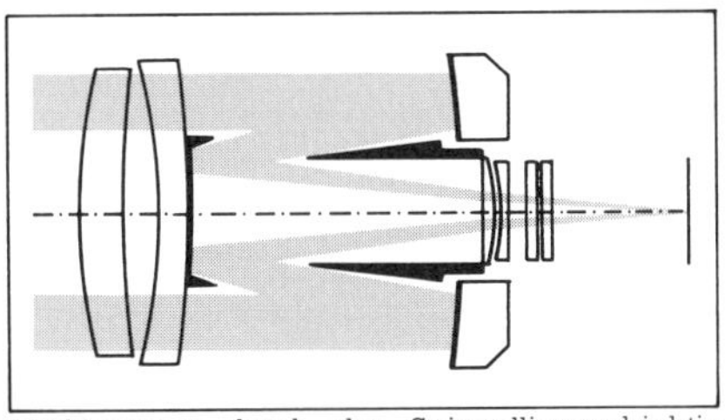

Strahlengang durch das Spiegellinsenobjektiv Zeiss Mirotar 1:4,5/500 mm.

Spiegelreflexkamera (at) → *Kamera*, deren → *Sucher*strahlengang über einen → *Spiegel* im → *Spiegelkasten* gelenkt wird. Man unterscheidet grundsätzlich drei verschiedene Typen:

1. Einäugige Spiegelreflexkamera. Ein Spiegel lenkt den Strahlengang des → *Objektivs* im rechten Winkel um, so dass das Bild auf einer → *Mattscheibe* und über ein → *Pentaprisma* im → *Okular* betrachtet werden kann. Bei der Auslösung klappt der Spiegel nach oben und gibt den Strahlengang über den → *Schlitzverschluss* zum → *Film* zur → *Belichtung* frei. Nach der

Spiegelreflexkamera; Phantombild (Leica)

Belichtung nimmt der Spiegel wieder seine ursprüngliche Position ein (Rückschwingspiegel) und zeigt erneut das Sucherbild. Durch dieses optische System ist das Sucherbild immer frei von → *Parallaxe*. → *Systemkamera*.

2. Zweiäugige Spiegelreflexkamera. Kamera mit zwei übereinander angeordneten identischen Objektiven, von denen das untere, mit einem → *Zentralverschluss* versehen, zur Aufnahme dient, während das obere zum Sucher gehört. Sein Strahlengang wird mit ei-

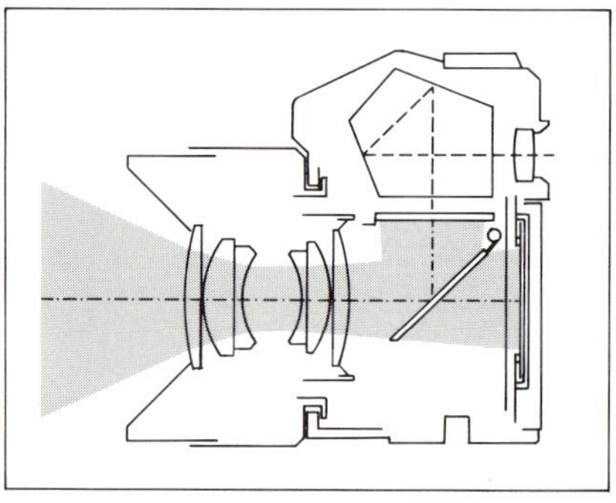

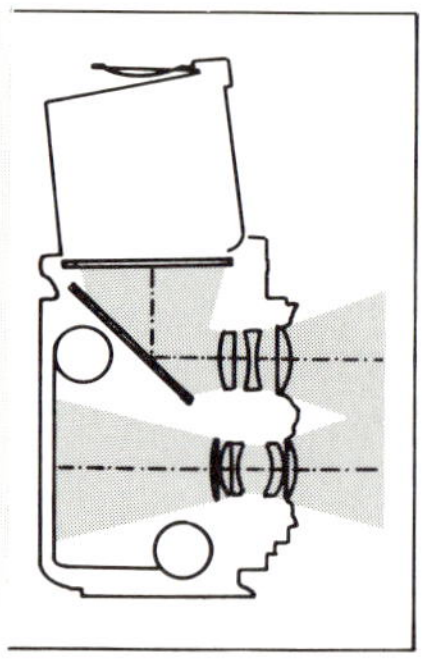

nem feststehenden Spiegel um 90° auf eine Mattscheibe umgelenkt. Da sie als → *Systemkamera* mit paarweisen und damit teuren → *Wechselobjektiven* ungeeignet ist, ist die zweiäugige Spiegelreflexkamera praktisch vom Markt verschwunden.
3. → *Kompakt-Spiegelreflexkamera*, die nach dem Prinzip einer einäugigen Spiegelreflexkamera konstruiert ist, jedoch eine sehr kompakte Form und ein fest eingebautes → *Vario-Objketiv* besitzt.

Spitzlichter (at) (Hochlichter). Während Weiss in einem → *Positiv* mit einer geringen → *Dichte* wiedergegeben wird, zeigen mitfotografierte hellere → *Reflexe* und → *Lichtquellen* keine Zeichnung und entsprechen auf einem → *Fotopapier* dem Papierweiss. Solche Bildpartien (oft auch nur Punkte oder Konturen) sind rein weiss und werden in der Fachsprache als «Spitzlichter» bezeichnet. Bei → *Reproduktionen* oder → *Duplikat*en fertigt man häufig eine Hochlichtmaske (→ *Maske*) an, damit diese weissen Partien erhalten bleiben.

Sportfotografie (at) Das Fotografieren bei sportlichen Wettkämpfen setzt einerseits Grundkenntnisse der betreffenden Sportart voraus, und verlangt anderseits vom Fotografen höchste Konzentration, um im entscheidenen, vorauszuahnenden Moment auszulösen. Es wird grundsätzlich zwischen zwei Arten von Sportaufnahmen unterschieden:

Foto: Carl Imber

1. Die dokumentarische Sportaufnahme zeigt den Höhepunkt einer sportlichen Tätigkeit, z.B. den Zieldurchlauf des Gewinners, wobei mit einer möglichst kurzen → *Belichtungszeit* die Bewegung «eingefroren» wird. So werden Details eines raschen Bewegungsablaufes sichtbar, die das menschliche Auge nicht wahrnehmen kann.
2. Bei kreativen Sportaufnahmen tritt der Bewegungsablauf als bildwichtiges Element in Erscheinung, während die Person des Sportlers oder die Bewegungsphase eine sekundäre Rolle spielen. Oft verwirklicht man solche, sehr stimmungsvoll wirkenden Aufnahmen durch Mitziehen der Kamera, wobei der → *Hintergrund* und Teile des Motivs unscharf erscheinen.

Foto: Carl Imber

Sportfotografen arbeiten meistens mit einäugigen → *Spiegelreflexkamera*s für Kleinbildfilme (→ *Kleinbild-Fotografie*). Abgesehen von der Möglichkeit → *Wechselobjektiv*e zu verwenden, erhöhen ein integrierter → *Motor*, → *Autofokus* sowie die → *Belichtungsautomatik* der Kamera die Aufnahmebereitschaft beträchtlich. Die Wahl der → *Brennweite* des → *Objektiv*s hängt vom möglichen Standort des Fotografen bzw. von der Sportart ab. Sehr häufig wird mit → *Teleobjektiv*en oder langbrennweitigen → *Zoom-Objektiv*en gearbeitet. Besonders bei Aufnahmen von Hallensportarten, aber auch um bei schlechten Lichtverhältnissen eine kurze → *Verschluss*zeit wählen zu können, wird mit hochempfindlichem → *Film*material gearbeitet

(→ *Filmempfindlichkeit*), welches bei Bedarf empfindlichkeitssteigernd entwickelt wird (→ *Push-Entwicklung*). Künstliche → *Lichtquellen* z.B. → *Blitzlicht*, sind bei vielen Sportveranstaltungen nicht zugelassen, da sie die Sportler stören könnten.

Spotlight (at) Englischer, sich eindeutschender Fachausdruck für eine → *Lichtquelle*, die eine (meist rund) begrenzte Fläche ausleuchtet. Spot-

Spotlights (Multiblitz)

lights sind Lichtquellen, die über ein optisches System verfügen, z.B. eine → *Fresnellinse* oder einen → *Kondensor*, oder gewöhnliche Lichtquellen, an deren → *Reflektor* ein wabenartiger Vorsatz angebracht wird. Spotlights werden eingesetzt, um gewisse Motivpartien gezielt aufzuhellen, um → *Reflexe* zu erzeugen oder um die Konturen des Objektes zu betonen.

Spotmessung (bm) (Punktmessung, selektive Belichtungsmessung). → *Objektmessung* mit einem speziellen → *Belichtungsmesser*, der über einen besonders engen Messwinkel verfügt. Die Spotmessung ermöglicht, die bildwichtigen Motivpartien zu messen und die eventuell störenden Bildteile stark abweichender Helligkeit unberücksichtigt zu lassen. Ein typisches Beispiel dieser Art ist die → *Gegenlichtaufnahme*, bei der die → *Integralmessung* zwangsläufig zu einer Fehlmessung (→ *Unterbelichtung*) führt. Neben vielen → *Spiegelreflexkameras*, die heute über integrierte Spotbelichtungsmesser verfügen, gibt es auch → *Handbelichtungsmesser* für Spotmessung im Handel oder aber spezielle Vorsätze, die den Messwinkel des Belichtungsmessers reduzieren. →← *Intergralmessung*.

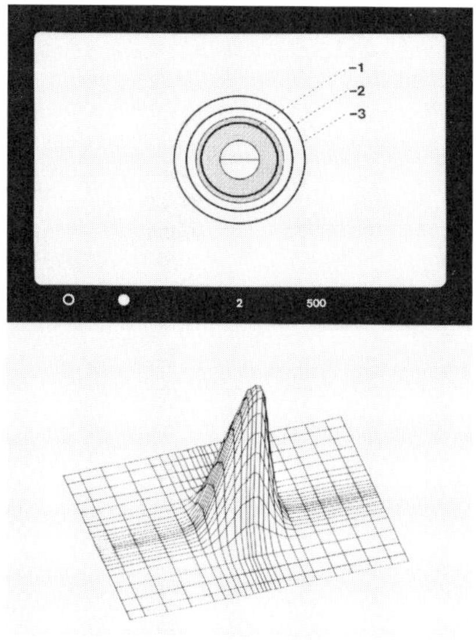

Spotbelichtungsmessung

Spotbelichtungsmesser (Gossen)

Springblende (at) Bei modernen → *Wechselobjektiven* für → *Spiegelreflexkameras* sorgt eine mechanische

Vorrichtung dafür, dass sich die in ihrem Ruhezustand voll geöffnete → *Blende* im Augenblick des Auslösens auf den vorgewählten Wert schliesst und sich nach erfolgter → *Belichtung* wieder voll öffnet. Dadurch ergibt sich ein helles → *Sucherbild* (was die → *Scharfeinstellung* erleichtert) und eine erhöhte Aufnahmebereitschaft. Eine → *Abblendtaste* ermöglicht ein manuelles Schliessen der Blende, um die → *Schärfentiefe* visuell im Sucher beurteilen zu können.

Stabilisatoren (chem) Chemische Substanzen, die bei der Herstellung der → *Emulsion* beigemischt werden, um die Lagerfähigkeit (→ *Haltbarkeit*) fotografischer → *Schichten* zu verbessern. Die Veränderung der → *Filmempfindlichkeit*, der → *Gradation* und die Neigung zur → *Schleier*bildung im Laufe der Zeit sind von zahlreichen Faktoren der Rohstoffauswahl, der Aufbereitung und der Herstellung fotografischer Emulsionen abhängig, so dass es sich bei der Stabilisation um ein äusserst komplexes wissenschaftliches Gebiet handelt. Häufig kommen Indolizine, Benzotriazole und Benzimidazole zur Anwendung.

Stabilisierungsverfahren (lab) Fotografisches → *Positiv*-Verfahren, welches auf rasche Verarbeitung, und nicht auf optimale Haltbarkeit der Kopien ausgelegt ist. → *Fotopapiere* für solche Zweibad-Verfahren enthalten in der Schicht die → *Entwicklungssubstanz*, welche in dem alkalischen Aktivator das belichtete Bild innerhalb kurzer Zeit ausentwickeln (→ *Entwicklung*). In einem anschliessenden Stabilisator, einer Ammoniumrhodanidlösung, wird das unbelichtete → *Silberhalogenid* stabilisiert, d.h. gegen Lichteinwirkung unempfindlich gemacht. Die Haltbarkeit solcher Kopien ist begrenzt, da die Schicht nach der Verarbeitung noch Silbersalze enthält. Sie kann jedoch verbessert werden, indem man im üblichen Positivprozess nachfixiert (→ *Fixieren*) und wässert (→ *Wässerung*). Durch das Aufkommen der → *RC-Papiere* und deren kurze, meist maschinelle Verarbeitung haben die Stabilisierungsverfahren ihre Bedeutung verloren.

Standarte (at) Bauteil einer → *Fachkamera*, an welchem das → *Objektiv* (Objektivstandarte), die → *Mattscheibe* mit → *Kassetten*halterung (Bildstandarte) oder ein Hilfsbalgen (→ *Balgen*) (Hilfsstandarte) angebracht ist. Jede Standarte lässt sich jeweils horizontal und vertikal schwenken und verschieben, wodurch sich die verschiedenen Verstellmöglichkeiten einer Fachkamera ergeben.

Standwässerung (lab) Ist in einem Labor kein fliessendes Wasser vorhanden, so können die → *Kopien* auch in einem Wasserbehälter provisorisch mit mindestens fünfmaliger Wassererneuerung gewässert werden. Allerdings sind auf diese Weise gewässerte Kopien nur bedingt haltbar, es sei denn, sie werden nachträglich nochmals mit den üblichen Wässerungsmethoden (→ *Wässerung*) nachbehandelt.

Stativ (at) Gestell zur Befestigung einer → *Kamera*, um bei langen → *Belichtungszeiten* Verwacklungsunschärfen (→ *Verwackeln*) zu vermeiden. Die häufigste Form sind Standard- oder Bodenstative, die drei teleskopartig ausziehbare, beliebig verstell- und arretierbare Beine aus Metallprofilen sowie eine verstell- und arretierbare Mittelsäule aufweisen. Oben an der Mittelsäule befindet sich der Stativkopf (→ *Kugelgelenkkopf*)

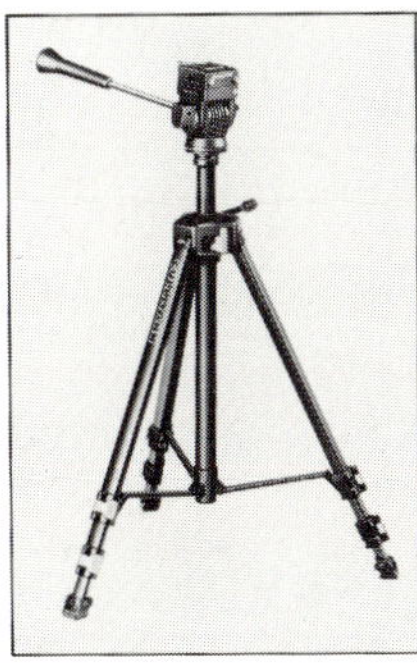

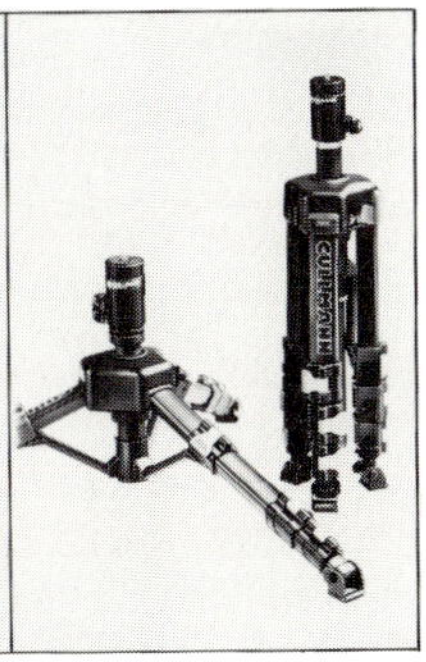

Cullmann GmbH, D-8506 Langenzenn

mit der Befestigungsschraube (→ *Stativgewinde*), der sich in drei verschiedenen Richtungen verstellen und arretieren lässt. Daneben gibt es noch Tischstative (ein Dreibeinstativ kleiner Bauweise zur Verwendung auf Tischen), → *Klemmstative* (die an verschiedensten Gegenständen festgeklemmt werden können), → *Schulterstative* (die ein Abstützen der Kamera gegen die Schulter ermöglichen), Einbeinstative (teleskopartig ausziehbar) sowie das Säulenstativ im Atelier der Berufsfotografie.

Stativgewinde (at) Gewinde an der Unterseite der → *Kamera*, um diese auf einem → *Stativ* zu befestigen. Das Stativgewinde dient auch dem Befestigen von Zubehörteilen wie Blitzschienen (zur Anbringung von → *Blitz*geräten). Es existieren zwei verschiedene Grössen genormter Stativgewinde: 1/4 Zoll für → *Kleinbildkameras* und 3/8 Zoll für → *Mittelformat-* und → *Fachkameras*. Zollgewinde haben gegenüber den metrischen Gewinden den Vorteil, dass die Kamera dank der stärkeren Gewindesteigung nach wenigen Umdrehungen festsitzt. Das Kameragewinde an Stativen ist genormt: die Höhe beträgt 4,5 mm.

Amateur-Stehbildvideokamera (Canon)

Stehbildvideo (at) Elektronische → *Kamera* (→ *elektronische Fotografie*), welche anstelle des Filmes ein → *CCD*-Element besitzt, dessen Bildsignale auf einer Minidiskette oder einer Speicherkarte gespeichert werden. Die Bilder können auf einem Fernsehmonitor betrachtet oder über einen Farbdrucker als Papierbild ausgedruckt werden. Das neue Bildmedium dürfte sich in Zukunft vermehrt durchsetzen. Als entscheidender Vorteil erscheint, dass man die Bildsignale der Kamera bzw. des Datenträgers direkt im Computer weiterverarbeiten kann. Die Silberhalogenid-Fotografie wird dadurch höchstens in Teilbereichen (Bildjournalismus, Passbilder, Registrierfotografie etc.) ersetzt, da das → *Auflösungsvermögen* einer Stehbildvideokamera dem Silberbild noch über längere Zeit deutlich unterlegen sein wird.

Stereo-Fotografie (at) Fotografisches Aufnahmeverfahren, bei dem zwei, meistens um den Augenabstand (ca. 65 mm) seitlich verschobene Teilbilder (→ *Parallaxe*) angefertigt werden, die bei gleichartiger Betrachtung einen dreidimensionalen (plastischräumlichen) Eindruck vermitteln. Stereoaufnahmen erfolgen in der Regel mit einer Spezialkamera, die über zwei Aufnahme → *Objektive* verfügt, oder mit einer gewöhnlichen Kamera und einem speziellen Stereovorsatz vor dem Objektiv. Auch durch Verschieben der Kamera auf einer speziellen Stereoschine kann der Stereoeffekt erzielt werden. Abgesehen von der Bildbetrachtung mit einem Stereobetrachter, ist auch die Stereo- → *Projektion* möglich. Mit zwei → *Projektoren* und zwei gegeneinander gekreuzten → *Polarisationsfiltern* werden die beiden Stereodias (→ *Diapositive*) auf eine metallisierte → *Projektionswand* geworfen. Die Zuschauer sind mit speziellen Stereobrillen ausgerüstet, die aus zwei Polarisationsfiltern entsprechender Achslage bestehen.

Stereokamera und Stereobetrachter (Eastman Kodak Co, Rochester, USA)

Stereoaufnahmen sind nicht unbedingt an den mittleren Augenabstand von 65 mm gebunden. Wird diese Basis vergrössert, so entsteht eine stärkere Tiefenwirkung, reduziert man sie, so gewinnen die Gegenstände an Grösse (Gigantismus). Stereobilder können auch zweifarbig gedruckt (→ *Anaglyphen*) und mit einer zweifarbigen Spezialbrille räumlich betrachtet werden.
Während die Stereo-Fotografie in der bildmässigen Fotografie eine eher untergeordnete Rolle spielt, besitzt sie in Wissenschaft und Forschung (→ *Photogrammetrie, Flugaufnahmen*) grosse Bedeutung.

(hist) Die Erkenntnis, dass die Vereinigung von zwei um den Augenabstand verschobenen Bildern (bzw. zeichnerische Darstellungen) einen räumlich wirkenden Seheindruck ergeben, war schon vor rund 2000 Jahren bekannt. Sie gewann an Bedeutung, als 1832 der englische Physiker Charles Wheatstone (1802-1875) das erste brauchbare stereoskopische Betrachtungsgerät konstruierte. Sein Freund → *Talbot* empfahl ihm, stereoskopische → *Kalotypie*n anfertigen zu lassen, was der Fotograf Collen im August 1841 erstmals realisierte. Nachdem um 1860 eine starke Nachfrage nach stereoskopischen Bildern einsetzte, tauchte dieses Verlangen beinahe zyklusartig 1895, 1925 und 1950 wieder auf.

Stickstoff (chem) Chemisches nichtmetallisches Element N_2 (Nitrogenium). Bildet den Hauptbestandteil der Luft. Verhindert durch Verdrängen des Luftsauerstoffs die → *Oxidation* des → *Entwickler*s und wird bei der → *Tankentwicklung* eingesetzt, um die Agitation des Entwicklers zu gewährleisten. Wird auch verwendet, um stark oxidierende Entwickler in Flaschen zu schützen (→ *Schutzgas*).

Stieglitz, Alfred (bio) (1864-1946) Amerikanischer Fotograf. Nach seinem Studium für Ingenieurwesen und Fotografie von 1882 bis 1890 an der Technischen Hochschule Berlin kehrte er nach New York zurück und befasste sich mit fotografischen Druckverfahren. 1902 begründete er die amerikanische Foto-Secession, eröffnete die Galerie 291 an der Fifth Avenue in New York und gab von 1903 bis 1917 die Zeitschrift «Camera Work» heraus.

Stilb → *Apostilb*

Stilleben (at) Experimentelle und gestalterische Fotografie, bei der sich der Fotograf besonders mit der Bildkomposition verschiedener Gegenstände, mit der → *Lichtführung*, den Objektfarben und anderen gestalterischen Fragen befasst. Stilleben werden meistens im → *Atelier* mit künstlichen → *Lichtquelle*n aufgenommen. Die Auswahl der Objekte beschränkt sich auf leblose Gegenstände (franz. «nature morte»).

Stillvideo → *elektronische Fotografie*, → *Stehbildvideo*.

Stoppbad (lab) (Unterbrecherbad) Verarbeitungsstufe im fotografischen Prozess, während der die → *Entwicklung* sofort gestoppt wird, indem der alkalische → *Entwickler* in einer sauren Lösung neutralisiert wird. Meistens verwendet man eine 2 %ige → *Essigsäure*lösung oder eine 4 %ige → *Natriumpyrosulfit*lösung. Das Stoppbad hat ferner die Aufgabe, die Verschleppung von alkalischem Entwickler in das → *Fixierbad* zu vermeiden.

Strahlenteiler (opt) Optisches Element, welches einen Teil des auftreffenden → *Lichtes* geradlinig durchlässt und einen Teil umlenkt (→ *Reflexion*).

Strahlenteilerkamera → *Dreifarben-Fotografie.*

Streifenkopie (lab) → *Kontaktkopie* von → *Rollfilm*en oder → *Kleinbild*filmen. Die Bildauswahl, das Bestimmen der → *Vergrösserung*sausschnitte sowie die Archivierung der → *Negativ*e werden mit Streifenkopien wesentlich vereinfacht.

Streiflicht (at) Starkes → *Seitenlicht* (häufig → *Spotlight*), welches flach eine strukturierte Oberfläche beleuchtet (→ *Beleuchtung*). Die erhabenen Teile werden stärker beleuchtet als die Vertiefungen, wodurch die Struktur deutlich in Erscheinung tritt.

Streulicht (at) Wird → *Licht* reflektiert (→ *Reflexion*) oder tritt ein Lichtstrahl von einem dünneren in ein dichteres Medium (Luft-Glas), so entsteht diffuses, ungerichtetes Licht, das man als Streulicht bezeichnet. In der Praxis kann Streulicht nahezu überall auftreten: Im Aufnahme-→ *Objektiv*, in der → *Kamera*, beim → *Kopier*en, beim → *Vergrössern*, bei der → *Projektion* und bei der → *Reproduktion*. Streulicht beeinträchtigt die → *Kontrast*wiedergabe und sollte bestmöglichst vermieden werden. In der → *Vergrösserung*stechnik kann Streulicht als Mittel der Kontrastreduktion angewandt werden (→ *Callier-Effekt*).

Streuscheibe → *Diffusor.*

Streuschirm → *Diffusorschirm.*

Strichabbildung (at) Fotografische Aufnahme (→ *Reproduktion*) einer Strich-(oder Halbton-) Vorlage, deren Bild keine Grautöne, sondern ausschliesslich Schwarz und Weiss enthält (Linien und Flächen). Dazu verwendet man einen → *Lith-Film*, der bei der Verarbeitung in einem speziellen Lith-Entwickler ein $\gamma > 4{,}0$ ergibt. →← *Halbtonbild*. Der → *Dokumentenfilm* arbeitet etwas weicher als der Lith-Film und ermöglicht auch die Wiedergabe feinster Liniendetails und gewisser Grauwerte.

Strichaufnahme (at) Aufnahme mit Strichfilm (→ *Strichabbildung*).

Strichfilm → *Lith-Film.*

Strich-Vorlage (at) → *Reproduktions*vorlage, die keine Grautöne (→ *Haltbonbild*), sondern ausschliesslich schwarze und weisse Linien und Flächen enthält. Sie wird originalgetreu mit einem → *Lith-Film* (→ *Strichabbildung*) reproduziert.

Stroboskop-Fotografie (at) Experimentelle Fotografie, bei der ein Bewegungsablauf mit einer intermittierenden → *Lichtquelle* (meist spezielles Stroboskop-Blitzgerät) in Form einer → *Mehrfachbelichtung* aufgezeichnet wird. Diese Technik wird vor allem für Bewegungsstudien, aber auch als kreatives Mittel angewandt.

Foto: Hans R. Schläpfer, Reussbühl LU

Strömungserscheinung (lab) Die → *Perforation* des Kleinbildfilms kann die Turbulenz des → *Entwickler*s ungünstig beeinflussen, so dass der entwickelte Film streifenartige hellere Zonen zeigt, die sich im Abstand der Perforationslöcher wiederholen. Solche Strömungserscheinungen haben zwei mögliche Ursachen:
1. ungenügende Bewegung im Entwickler, wobei der Entwickler durch die Perforationslöcher fliesst und die darunterliegende Schichtpartie stärker entwickelt.

2. Ungenügende Bewegung im → *Fixierbad*, wobei in den Zonen zwischen den Perforationslöchern die Entwicklung noch etwas andauert.
Auch die Bewegungsart bei der → *Dosenentwicklung* kann eine gewisse Rolle spielen: Wird der Film nur auf- und abwärts bewegt, so tritt der Fehler wahrscheinlicher auf als bei der → *Kippmethode*, welche Strömungserscheinungen praktisch ausschliesst.

Strukturkristalle (phys) (engl. core-shell). → *Silberhalogenid*kristalle, die aufgrund ihrer möglichst flachen Form und einer speziellen Oberfläche als gute Lichtrezeptoren wirken. Sie werden in den → *Emulsionen* von modernen hochempfindlichen (→ *Filmempfindlichkeit*) → *Film*en eingesetzt.

Strukturkristalle (Ilford)

Studio → *Atelier.*

Studioblitzanlage (at) → *Blitzgerät* bzw. -gerätesystem, das vorwiegend für den Einsatz im Fotostudio (→ *Atelier*) konzipiert ist und aus einem Generatorteil mit den → *Kondensatoren* und der elektronischen Schaltung sowie mehreren anschliessbaren Lampenköpfen besteht. Am Generator kann die Intensität der Blitzer und der → *Pilotlampen* stufenos geregelt werden. Verschiedene → *Reflektor*typen, → *Spotlights,* → *Diffusor*en usw. ermöglichen vielfältige, den jeweiligen Sujets angepassen → *Lichtführungen.*

Studio mit Studioblitzanlage (Elinca)

Studiokamera → *Fachkamera*.

Stufenlinse → *Fresnellinse*.

Stürzende Linien (at, lab) Fotografiert man ein Gebäude (oder einen formähnlichen Gegenstand) mit nach oben oder nach unten geneigter → *Kamera*, so sind die vertikalen Linien nicht mehr parallel. Man spricht in der Fachsprache von «stürzenden Linien». Diese perspektivische Verzerrung (→ *Perspektive*) lässt sich vermeiden, indem die → *Bildebene* der Kamera zur Gegenstandsfläche (in vorliegenden Fall zur Gebäudefassade) parallel gestellt wird. Um trotzdem den gewünschten Bildausschnitt zu erhalten, kann das → *Objektiv*- oder die Bildstandarte der → *Fachkamera* entsprechend parallel verschoben werden. Auch für → *Kleinbildkameras* gibt es spezielle → *Shift-Objektive*, die eine solche Parallelverschiebung zulassen, allerdings mit begrenzten Verschiebewegen. Aufnahmen mit stürzenden Linien können auch nachträglich beim → *Vergrössern* entzerrt werden (→ *Entzerren*).

Kamera nach oben gerichtet ergibt stürzende Linien

Mit parallel verschobenen Standarten sind die stürzenden Linien korrigiert

Sublimat → *Quecksilber(II)-chlorid*, (→ *Verstärkung*).

Substratschicht (chem) Haftschicht zwischen dem → *Schichtträger* und der → *Emulsion*.

Subtraktive Farbverfahren (at, lab) Farbprozesse, die auf der Mischung der subtraktiven → *Grundfarben* (Yellow, Magenta und Cyan) beruhen. → *Farbfotografie*, →← *additive Farbverfahren*.

Wechselsucher einer System-Spiegelreflexkamera (Pentax)

Sucher (at) Vorrichtung an der → *Kamera*, um das Motiv anzuvisieren und den Bildausschnitt festzulegen. Einfachste Durchsichtssucher bestehen aus zwei Metallrahmen, die einen bestimmten Abstand zueinander haben (→ *Rahmensucher*). Daneben gibt es optische Durchsichtssucher mit einer plankonkaven → *Linse* bis zu komplizierten optischen Systemen, die in → *Messucherkameras* eingebaut sind und über einen Leuchtrahmen (→ *Leuchtrahmensucher*) und einen integrierten → *Mischbildentfernungsmesser* verfügen. Die präzisesten Sucher weisen die einäugigen → *Spiegelreflexkameras* auf. Hier wird der Strahlengang des → *Objektivs* über einen → *Spiegel* und ein → *Pentaprisma* so umgelenkt, dass der Bildausschnitt genau dem Bildfenster der Kamera entsprechend durch das → *Okular* betrachtet werden kann.

Sucherparallaxe → *Parallaxe*.

Suchervergrösserung (at) Grössenverhältnis zwischen Objekt und Objektbetrachtung durch den → *Sucher*. Bei → *Spiegelreflexkameras* und → *Zoom-Kompaktkameras* ist sie abhängig von der verwendeten, bzw. eingestellten → *Brennweite*.

Sukzessivkontrast (opt) Optische Erscheinung, die die Trägheit unseres Sehempfindens beweist. Betrachtet man eine Farbfläche während einer gewissen Zeit intensiv, so nimmt das Auge nach Entfernen der Farbfläche beim Betrachten einer weissen Fläche die entsprechende → *Komplementärfarbe* wahr.

Superachromat (opt) (Ultrachromat) → *Objektiv*, dessen → *chromatische Aberration* für alle → *Farben* des sichtbaren → *Spektrums* und für → *Infrarot* bis 1000 nm korrigiert ist. Diese Korrektion ist nach Forschungen von Max Herzberger dann möglich, wenn die für die Linsen verwendeten Glasarten Brechungsindex-Funktionen n(λ) besitzen, die voneinander eine ganz bestimmte Verlaufsabhängigkeit aufweisen. Durch die Verwendung einer Kalzium-Fluorid-Linse sind Objektivkonstruktionen möglich, die ohne zu stark gewölbte Linsenflächen auskommen.

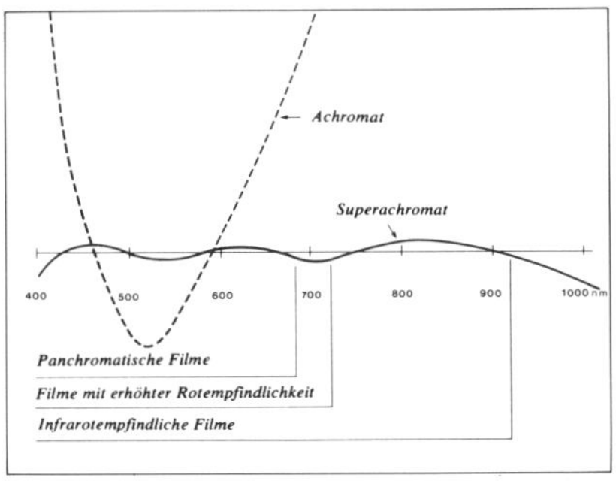

Unterschied der chromatischen Korrektur für einen Achromat und einen Superachromat

Superachromate lassen bei Infrarot-Aufnahmen eine visuelle → *Scharfeinstellung* zu und garantieren deshalb auch bei der Verwendung von Infrarot- und → *Falschfarbenfilm* eine optimale Bildschärfe. Hauptanwendungsgebiete dieser sehr teuren Objektive sind nicht nur die technisch-wissenschaftliche Fotografie im Infrarotbereich, sondern auch die Architektur- und Landschaftsfotografie, die von der überragenden Schärfe- und Kontrastwiedergabe profitieren.

Synchronisation → *Blitzlichtsynchronisation*.

Synchronisationszeit (at) (Synchronzeit) Kürzeste → *Verschlusszeit* der → *Blitzsynchronisation*, ohne dass die Lichtmenge reduziert oder das Bildfenster nur teilweise belichtet wird (→ *Belichtung*). Während beim → *Zentralverschluss* praktisch jede Verschlusszeit für Blitzlichtaufnahmen verwendet werden kann, setzt der → *Schlitzverschluss* konstruktionsbedingt gewisse Grenzen. Die kürzeste Synchronisationszeit ist jene Verschlusszeit, bei der der Schlitz des ablaufenden Verschlusses das ganze Bildfenster freigibt. Dadurch ist gewährleistet, dass zur Zündzeit des Blitzes das gesamte Bildfeld zur Belichtung freiliegt. Die Synchronisationszeit beträgt üblicherweise 1/90 Sekunde, geht jedoch bei modernen Kameras bis zu 1/250 Sekunde. Das hat vor allem für das Blitzen bei Tageslicht grosse Vorteile, weil durch die kürzere → *Verschlusszeit* auch leistungschwächere Geräte zur Schatten- → *Aufhellung* bei → *Gegenlicht*aufnahmen verwendet werden können (→ *Aufhellblitz*).

Synchronkabel (at) Kabel, welches den Zündimpuls von der → *Kamera* zur Auslösung einer → *Blitzgerätes* überträgt.

Systemkamera (at) → *Kamera* beliebigen → *Formates*, die nicht als einzelne Kamera, sondern als Gehäuse angeboten wird, welches in ein umfangreiches, vielfältig kombinierbares System von Grundbestandteilen und Zubehören eingebunden ist. Abgesehen von → *Wechselobjektiven* verschiedenster → *Brennweiten* werden → *Sucher*, → *Blitzgeräte*, → *Zwischenringe*, → *Balgengeräte*, → *Motoren*, → *Winder*, → *Filter*, → *Gegenlichtblenden*, → *Datenrückwände*, →

Mattscheiben, → *Reproständer*, Bereitschaftstaschen sowie eine Menge von Kleinzubehören unter dem gleichen Markennamen vertrieben. Systemkameras lassen sich auf diese Weise technisch auf alle nur denkbaren fotografischen Aufgaben anpassen.

Systemkamera (Victor Hasselblad AB, Göteborg 5)

T

T (at) → *Verschluss*stellung für unbegrenzte → *Langzeitbelichtung*. Bei einem ersten Auslösen wird der Verschluss geöffnet, während er sich bei einem zweiten Druck auf den Auslöser wieder schliesst. T, aus dem engl. «Time» abgeleitet, kommt neben der nach wie vor gebräuchlicheren → *B-*Stellung bei modernen → *Kamera*s kaum noch vor.

Tabletop-Fotografie (at) Fotografieren von Miniaturszenen, die auf einem Tisch im → *Atelier* aufgebaut sind. Im Gegensatz zu einem → *Stillleben* wird ein Gegenstand in einer neuen, künstlich gestalteten Umgebung aufgenommen, die in Dimension, Bedeutung und Aussage stark von der Realität abweichen kann.
Sehr häufig haben Tabletop-Aufnahmen humoristischen, irrealen bis utopischen Charakter. Sie entstehen unter Zuhilfenahme verschiedenartiger, teilweise zweckentfremdeter Utensilien und Gegenständen, die oft mit Kinderspielsachen, Miniaturfahrzeugen usw. kombiniert werden. Beleuchtet werden die Szenen meistens mit künstlichen → *Lichtquellen*, wobei ein → *Hauptlicht* (anstelle der Sonne) dominieren muss und die Schatten mit weissen Kartons oder kleinen → *Spiegel*n aufgehellt werden (→ *Aufhellung*). Grundsätzlich kann jede → *Kamera* für Tabletop-Aufnahmen verwendet werden, die sich für → *Nahaufnahme*n ausrüsten lässt.

Tabletop-Aufnahme von W. Heiniger, Zürich

Tageslicht (at, phys) → *Licht*, das mit einer → *Farbtemperatur* von 5500 K (182 M) der spektralen Zusammensetzung (→ *Spektrum*) des mittleren Tageslichtes entspricht. Belichtet man damit entsprechend sensibilisierte Farbfilme (→ *Sensibilisierung*, → *Tageslichtfarbfilm*), so entstehen neutrale Farbaufnahmen ohne → *Farbstich*. Es gibt auch künstliche → *Lichtquellen*, die Tageslichtcharakter haben, z.B. → *Blitzlicht* oder einige Fluoreszenzröhren, wobei letztgenannte aufgrund ihres diskontinuierlichen Spektrums (→ *Verteilungstemperatur*) für Farbaufnahmen weniger geeignet sind.

Tageslichtdose (lab) Entwicklungsdose (→ *Dosenentwicklung*), in welche die Filme ohne Verdunkelung eingelegt werden können.

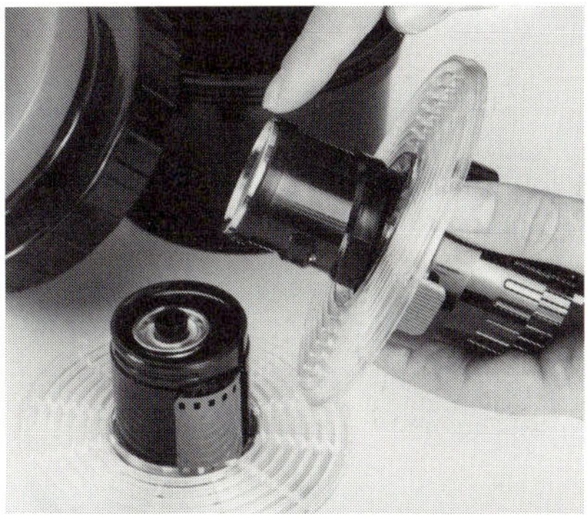

Tageslichtdose (Jobo)

Tageslichtfarbfilm (at) → *Farbfilm*, der aufgrund seiner → *Sensibilisierung* für die → *Belichtung* mit → *Tageslicht* (5500 K bzw. 182 M, → *Farbtemperatur*) konzipiert ist. Die meisten Tageslichtfarbfilme verfügen über ein ungünstiges Langzeitverhalten (→ *Reziprozitätsfehler*) und sollten, um → *kippende Farben* zu vermeiden, nicht länger als 1/2 Sekunde belichtet werden. Mit einem blauen → *Konversionsfilter* können Tageslichtfilme auch mit → *Kunstlicht* belichtet werden, doch führt der → *Verlängerungsfaktor* in der Praxis häufig zu ungünstig langen Belichtungszeiten, so dass sich die Verwendung eines → *Kunstlichtfarbfilms* oder eines → *Blitzgerät*es aufdrängt. Bei → *Nachtaufnahme*n wird oft auf die Verwendung eines Konversionsfilters verzichtet, da hier die wärmere Farbwiedergabe als angenehm empfunden wird.

Tageslichtpatrone → *Filmpatrone.*

Talbot, William Henry Fox (bio) Fox Talbot (1800-1877) Englischer Archäologe, Chemiker, Mathematiker und Erfinder des ersten fotografischen → *Negativ/Positiv-Verfahrens*. Nach ersten Versuchen mit → *Silbernitrat*- und Chlorsilber-Papier gelang ihm 1835 eine erste fotografische Aufnahme mit der → *Camera obscura*. Nachdem → *Daguerre* in Paris sein Verfahren bekanntgegeben hatte, machte Talbot Prioritätsansprüche für sein Verfahren geltend, das er «Photogenic drawing» (= Lichtzeichnung) nannte, und beschrieb dieses im Januar 1839 ausführlich. Er verwendete auch als erster das von → *Herschel* 1819 entdeckte → *Natriumthiosulfat* als Fixiermittel (→ *Fixierbad*). Im Rahmen weiterer Untersuchungen mit lichtempfindlichen Substanzen entdeckte er die → *Entwicklung* des latenten Bildes (→ *latentes Bild*) durch Gallussäure, wodurch die → *Belichtungszeit* von mehreren Sekunden auf etwa 1/100s reduziert werden konnte. Seine Papiernegative badete er in flüssigem Wachs, um diese transparenter zu machen, und kopierte sie zu einem positiven Bild um. Dieses neue Verfahren, welches er → *Kalotypie* nannte und 1841 patentieren liess, verbreitete sich nur sehr zögernd, da Talbot hohe Lizenzgebühren dafür verlangte.
Von 1844-1846 veröffentlichte er die ersten mit Originalfotos illustrierten Bücher unter dem Titel «The Pencil of Nature». 1852 patentierte er ein Druckverfahren, die «Fotoglyphy», welches auf der Ätzung von Kupfer- oder Stahlplatten beruhte und den Druck von → *Halbton*-Bildern ermöglichte.

Talbotypie → *Kalotypie.*

Tankentwicklung; Filmentnahme

Tankentwicklung (lab) In der Berufsfotografie werden → *Film*e meistens in Tankanlagen entwickelt. Grundsätzlich existieren zwei Grössen: 70-Liter-Tanks, sogenannte «Hochtanks», in denen → *Rollfilm*e, einmal umgelenkte → *Kleinbildfilm*e und mehrere → *Planfilm*e in speziellen Rahmen untereinander entwickelt werden können, und 13,5-Liter-Tanks, in denen vorwiegend → *Planfilm*e in Metallrahmen oder Roll- und Kleinbildfilme in Spulen verarbeitet werden. Die Bewegung bei der Tankentwicklung erfolgt entweder manuell (was mit einer gewissen Gefahr mechanischer Verletzungen der Filme verbunden ist) oder durch das Einpumpen von → *Stickstoff* im Entwickler und Druckluft in den übrigen Verarbeitungsbädern, wobei Intervall und Dauer des Stickstoffstosses über ein Steuergerät geregelt werden können. Zur Temperierung der Lösungen sind die Tankanlagen meistens von einem → *Mantelbad* umgeben.

Teilbelichtung (lab) → *Belichtung* beim → *Vergrössern*, die partiell (→ *Nachbelichten*) oder ganzformatig (beim Herstellen von Farbvergrösserungen nach dem Prinzip der *additi-*

ven → *Farbmischung* oder bei der → *Vorbelichtung* zur Veränderung der → *Gradation*) erfolgen kann und die nicht zur vollen → *Schwärzung* führt.

Teildurchlässiger Spiegel → *halbdurchlässiger Spiegel.*

Teilreflexion (opt) Eine → *Linse* bricht (→ *Brechung*) nicht nur das → *Licht* nach den Grundsätzen der → *Optik*, sondern ein Teil des Lichtes wird auch an der Linsenfläche reflektiert (→ *Reflexion*). Diese Teilreflexion führt zu Lichtverlusten und vermindert die → *Kontrastwiedergabe*. Durch die → *Vergütung* der Linsenoberflächen wird die Teilreflexion grösstenteils unterdrückt.

Telekonverter → *Konverter.*

Teleobjektiv (at) → *Langbrennweitiges Objektiv*, dessen gesamte Baulänge meistens kürzer ist als die → *Brennweite*. Dies wird erreicht, indem man dem sammelnden Vorderglied (→ *Linsenformen*) einen Luftraum und ein zerstreuendes Hinterglied folgen lässt, was zu einer Verkürzung der → *Schnittweite* führt. Dabei kommt die bildseitige → *Hauptebene* in den Bereich der Frontlinse oder bei extremen Konstruktionen sogar vor diese zu liegen. Die Brennweite von Teleobjektiven ist grösser als die → *Formatdiagonale* und der → *Bildwinkel* kleiner als 45°. Teleobjektive werden meist dort eingesetzt, wo bei grosser → *Gegenstandsweite* ein reduzierter → *Bildwinkel* zu einem engen Motivausschnitt führt. Dies ist in der → *Sport*- und → *Tierfotografie* sowie bei Porträts und zahlreichen anderen Einsatzgebieten besonders erwünscht. Aufnahmen mit Teleobjektiven weisen eine typische komprimierte Tiefenwirkung auf. Die → *Lichtstärke* liegt in der Regel bei 1:2 bis 1:8, bei besonders langbrennweitigen Konstruktionen. Aufgrund der geringen → *Schärfentiefe* lassen sich → *Schärfe* und → *Unschärfe* besonders gut gestalterisch einsetzen. Unter die Gruppe der Teleobjektive fallen auch Sonderkonstruktionen wie → *Schnellschussobjektive* und → *Spiegellinsenobjektive*.

Teleobjektiv (Leica)

Temperatur (lab) Wie bei allen anderen chemischen Vorgängen spielt die Temperatur der Verarbeitungsbäder auch bei den fotografischen Prozessen eine massgebende Rolle. Um optimale Resultate zu erhalten, sind Temperatur- und Zeitangaben der Hersteller exakt einzuhalten. Diese Temperaturangaben können von den Herstellern je nach Sprachraum in Grad Celsius (°C) oder Grad Fahrenheid (°F) erfolgen. Zur Umrechnung dienen folgende Formeln:

$$°C = \frac{5\,(°F - 32)}{9}$$

$$°F = \frac{9 \times °C}{5} + 32$$

Daraus ergeben sich die folgenden, bei fotografischen Prozessen häufig auftretenden Verarbeitungstemperaturen:

°C		°F	°C		°F
18	=	64,4	32	=	89,6
20	=	68,0	34	=	93,2
22	=	71,6	36	=	96,8
24	=	75,2	38	=	100,4
30	=	86,0	50	=	122,0

Temperieren (lab) Tamperaturregelung und -konstanthaltung von Verarbeitungsbädern fotografischer Prozesse. Man unterscheidet grundsätzlich zwei Temperaturklassen:
1. Raumtemperaturprozesse, die zwischen 18°C und 24°C liegen und bei normalen Raumbedingungen problemlos konstant gehalten werden können. Die Lösungen kühlen sich nur sehr langsam ab und können ggf. gelegentlich aufgewärmt werden, oder ein Temperaturverlust kann durch eine Zeitverlängerung kompensiert werden.
2. Hochtemperaturprozesse (die meisten Farbprozesse), die zwischen 30°C und 38°C liegen und kürzere Verarbeitungszeiten aufweisen. Zur Konstanthaltung ist unbedingt ein → *Mantelbad* oder ein Temperiergerät erforderlich. Hiervon gibt es verschiedene Ausführungen, die entweder mit einem Warmwasser-Mantelbad oder mit temperierter Luft arbeiten.

Temperaturstrahler → *Lichtquellen.*

Testbild (at) Standardisierte Vorlage, um die Eigenschaften von fotografischen Prozessen und Geräten zu testen. Entsprechend konzipiert, dienen sie beispielsweise dazu, die Farbwiedergabe eines → *Farbverfahrens* oder die → *Schärfe*leistung eines → *Objektivs* zu dokumentieren. Testbilder müssen unter idealen Bedingungen (→ *Farbtemperatur*, → *Scharfeinstellung*) reproduziert (→ *Reproduktion*) werden. (→ *Siemensstern*).

Testnegativ → *Einstellnegativ.*

Tetrachlorkohlenstoff (chem) CCl_4. Farblose, unbrennbare, süsslich riechende Flüssigkeit. Wird als Lösungsmittel für Harze, Fette, als Negativlack oder als Filmreinigungsmittel verwendet.

Theater-Fotografie (at) Es wird grundsätzlich unterschieden zwischen
1. der amateurmässigen Theater-Fotografie, bei der man, mit entsprechender Bewilligung, während der Vorstellung aus dem Zuschauerraum fotografiert, und der
2. professionellen Theater-Fotografie, die im Auftrag und meistens während einer Hauptprobe erfolgt. Theater-Fotografen wählen dazu Standorte unmittelbar vor oder sogar auf der Bühne. In beiden Fällen muss man sich mit der vorhandenen, meistens sehr effektvoll wirkenden → *Beleuchtung* begnügen (→ *Available Light-Fotografie*, → *Push-Entwicklung*). Hochempfindliche → *Filme* (→ *Filmempfindlichkeit*) und lichtstarke → *Objektive* (→ *Lichtstärke*) werden in der Regel eingesetzt. Die Verwendung von zusätzlichen → *Lichtquellen*, insbesondere von → *Blitzlicht*, ist meistens verboten. Auch sollte man eine möglichst leise Kamera verwenden, um die Vorführung nicht zu stören. Neben üblichen Szenen sind auch Aufnahmen von einzelnen Schauspielern oder im extremen Ausschnitt deren Mimik sehr wirkungsvoll.

Thermographie (phys, at) Elektronisches bzw. indirektes infrarot-fotografisches Aufzeichnungsverfahren für Wärmestrahlen. Während → *Infrarot-Filme* nur bis 1200 nm (→ *Nano-*

Eine sanierungsbedürftige Fassade (links) entpuppte sich aufgrund des Thermogramms (unten) plötzlich als Fachwerkbau, welche danach entsprechend renoviert werden konnte (rechts). Bilder: AGA Thermovision, Jenzer AG, CH-8954 Geroldswil.

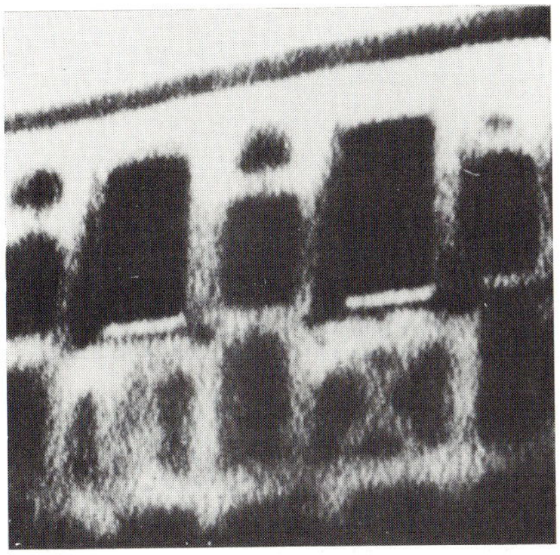

meter) sensibilisiert werden können, ist es mit thermographischen Aufzeichnungsgeräten möglich, Wärmestrahlen im Normalbereich von 2 bis 50 µm zu registrieren. Dazu wird eine Spezialkamera verwendet, die auf einem Monitor ein Farb- oder Schwarzweissbild entstehen lässt, welches mit einer gewöhnlichen → *Kamera* und üblichem Filmmaterial fotografiert werden kann. Die Thermografie wird vorwiegend in der Forschung, der Wissenschaft und der Industrie eingesetzt, um Wärmeverteilungen im Bereich von -20°C bis 1600°C zu studieren.

Thiosinamin (chem) (Allylsulfoharnstoff). $NH_2CSNH(C_3H_5)$. Nach Knoblauch riechende, farblose Kristalle, leicht löslich in Wasser, löslich in Alkohol und Äther. Dient als Lösungsmittel von Halogensilbersalzen und zur Steigerung der Lichtempfindlichkeit durch chemische → *Sensibilisierung.*

Thyristorschaltung (at) Elektronische Schaltung bei → *Computerblitz*geräten, welche die → *Leuchtzeit* des Blitzes bei ausreichender → *Beleuchtungsstärke* abschaltet und die zur Blitzabgabe nicht benötigte Energie in dem → *Kondensator* zurückhält. Damit wird eine kürzere → *Blitzfolgezeit* erreicht und Energie gespart.

Tiefenentwickler (lab) Im Gegensatz zu den Oberflächenentwicklern (→ *Ausgleichentwicklung*) erfolgt bei der Tiefenentwicklung der Bildaufbau ausgehend von den höchsten → *Lichtern* über die Mitteltöne zu den → *Schatten.* Tiefenentwickler enthalten meistens Pyrogallol, Brenzkatechin, Hydrochinon oder Glycin als → *Entwicklersubstanz* in Verbindung mit Alkalikarbonten und Kaliumbromid. In der Regel arbeiten Tiefenentwickler kontrastreich. Typische Anwendung: → *Papierentwickler.*

Tiefenschärfe → *Schärfentiefe.*

Tier-Fotografie (at) Wir unterscheiden grundsätzlich drei Arten von Tieraufnahmen:

1. Haustiere. Gezähmt und in Kenntnis ihrer Umgebung lassen sie sich problemlos fotografieren. Unter Umständen können gewisse Szenen sogar gestellt werden.
2. Tiere im Zoo und öffentlichen Parks. Auch hier bieten sich kaum besondere Schwierigkeiten. Die Tiere lassen sich meistens auf relativ kurze Distanzen aufnehmen, und schon mit kurzen → *Teleobjektiv*en können interessante Bildausschnitte gewählt werden.
3. Tiere in freier Wildbahn. Hier werden die ersten Bilder kaum auf Anhieb gelingen. Es gilt zunächst die Lebensgewohnheiten der Tiere genau zu studieren und sich so zu verhalten, dass die Tiere sich nicht gestört fühlen. Dazu besteht einmal die Möglichkeit,

sich nach Jagdregeln an das Wild heranzupirschen, was ebenso wie das Verweilen auf einem Hochsitz viel Geduld erfordert. In beiden Fällen kommen praktisch ausschliesslich Aufnahmen mit langen Tele- oder → *Spiegellinsenobjektiven* (ab → *Stativ!*) in Frage. Abgesehen von den beiden erwähnten Methoden wird auch häufig die bereits vorzeitig eingestellte Kamera mit Motor (→ *Motorkamera*) über einen → *Fernauslöser* betätigt.

Foto: Paul A. Hui

Von einigen Herstellern gibt es spezielle geräuschdämpfende Tarnsäcke («Blimp» genannt), welche die Auslöse- und Filmtransportgeräusche weitgehend unterdrücken. Schliesslich kann die Kamera auch automatisch über einen Trittkontakt oder über eine (→ *Infrarot-*) Lichtschranke ausgelöst werden. Nicht nur das Fotografieren von grossen Tieren kann problematisch und aufwendig sein. Auch Vögel, Käfer, Insekten, Reptilien, Kröten oder Schmetterlinge stellen sich kaum in Pose und fordern vom Fotografen oft eine stundenlange Geduldsprobe.

Timer engl. Ausdruck für → *Zeitschaltuhr*.

Tischstativ (at) → *Stativ* mit besonders kleinen Abmessungen, das vor-

wiegend auf einen Tisch oder auf andere glatte Oberflächen gestellt wird. Es gibt auch Tischstative, die über eine Klemmvorrichtung verfügen, mit der sie an Metallprofilen oder anderen geeigneten Gegenständen befestigt werden können. Ein → *Kugelkopf* erlaubt die beliebige Verstellung der Kamera. Bei relativ kurzen → *Belichtungszeiten* (bis etwa 1/2 Sekunde) kann das Tischstativ auch mit einer Hand gegen eine Wand gepresst werden.

Tonbildschau (bpr, pro) → *Projektion* von → *Diapositiven*, die mit Musik, Geräuschen und gesprochenem Kommentar ab Tonband begleitet wird. Impulse auf diesem Tonband steuern den automatischen Diawechsel. Unter diesen Oberbegriff fallen auch → *Audiovision*, → *Diaporama* und → *Multivision (→ Überblendtechnik)*.

Programmieren einer Tonbildschau mit einem Personal Computer (Rollei)

Tontrennung (lab) Auszug bestimmter Grauwerte aus einem → *Halbton*-Negativ. Dabei kann man selektiv gewisse → *Dichten* (z.B. → *Lichter* oder → *Schatten*) oder Farben (→ *Farbauszug*, → *Farbauszugsfilter*) aus einem Negativ (oder → *Diapositiv*) herausarbeiten. Man stellt dazu vom Original zunächst ein vergrössertes (→ *Vergrösserung*) → *Positiv* auf einem grossformatigen → *Planfilm* her und ritzt an dessen Rändern Passkreuze (→ *Passergenauigkeit*) ein, oder verwendet andere Passeinrichtungen (z.B. mit Nocken). Nun kopiert man dieses Positiv unter Variation der → *Belichtungszeit* im Kontaktverfahren (→ *Kontaktkopie*) auf mehrere kontrastreich arbeitende → *Strichfilme* um und erhält auf diese Weise mehrere verschiedenartige Tontrennungen. Diese Filme können nun für verschiedenartige → *Verfremdungen* (z.B. → *Isohelie*) weiterverwendet werden.

Tonung (lab) Umwandlung von metallischem Bildsilber in ein farbiges Bild. Man unterscheidet zwischen direkten und indirekten Tonungen. Während bei der direkten Tonung nur ein Bad erforderlich ist, muss bei der indirekten Tonung das Bildsilber zuerst in einem → *Bleichbad* in → *Silberhalogenid* umgewandelt werden. Üblichstes Verfahren ist die Schwefeltonung (Umwandeln von Silber in bräunliches Silbersulfid Ag_2S) mit direkten oder indirekten, geruchlosen Verfahren (Sepiatonung). Blaue Farben erzielt man mit der Eisenblautonung durch die Umwandlung von Silber in Berliner Blau. Aus der fotografischen Chemie kennt man die chromogene Tonung: Das gebleichte Silberbild wird in einem → *Farbentwickler*, dem ein → *Farbkuppler* beigegeben ist, entwickelt. Je nach Farbkuppler kann jeder beliebige Farbton erzeugt werden. Eine Besonderheit ist die → *Selen*tonung, welche weniger wegen des Tonungseffektes (bräunliches Silberselenid Ag_2Se) angewandt wird, sondern weil so behandelte Schwarzweiss-Materialien besonders haltbar und archivfest sind. Abgesehen von einer Reihe verschiedenster Tonungsrezepten gibt es im Handel fertig konfektionierte Tonungsmittel, deren Anwendung verhältnismässig einfach ist. Die Papiersorte und die vorangegangene Verarbeitung (→ *Entwicklung*, → *Fixieren*, → *Wässern*) beeinflussen das Resultat erheblich.

Tonwert (lab, at) Grauwert in einem → *Positiv*, der einer bestimmten Motivhelligkeit oder Motivfarbe entspricht. Die → *Tonwertwiedergabe* kann mit → *Filtern* beeinflusst werden.

Tonwertumkehrung (lab) Verhalten sich die Tonwerte (→ *Tonwertwiedergabe*) in einem fotografischen Bild zu den Originalfarben umgekehrt, d.h. werden helle Farben in dunklen Grauwerten und dunkle Farben in hellen Grauwerten wiedergegeben, so spricht man von einer Tonwertumkehrung. Ein → *Negativ* ist eine Tonwertumkehrung eines → *Positiv*es. Beim → *Sabattier-Effekt* und bei der → *Solarisation* treten die Tonwertumkehrungen partiell auf. (→ *Direktpositivfilm*, → *Direktpositivpapier*).

Tonwertwiedergabe (at) Das menschliche Auge empfindet → *Farben* in unterschiedlichen Helligkeitswerten. Gelb wirkt für uns hell, während Rot oder Violett dunkle Farben sind. Die Filmhersteller sind bestrebt, die → *panchromatisch*en → *Emulsionen* so zu sensibilisieren (→ *Sensibilisierung*), dass die Grauwerte helligkeitsmässig bestmöglich unserem Sehempfinden entsprechen. In der Praxis ist dies aufgrund der hohen Blauempfindlichkeit des Silberhalogenids nicht möglich. Um Farben, die ähnliche Grautonwerte ergeben, trotzdem differenziert wiedergeben zu können, verwendet man → *Filter* und erreicht, dass die Eigenfarbe des Filters heller und seine → *Komplementärfarbe* dunkler im → *Positiv* erscheint.

Totalreflexion (opt) Ein → *Licht*strahl, der in einem dichteren optischen Medium (mit höherem → *Brechungsindex*) auf dessen Grenzfläche trifft, kann nur in das benachbarte dün-

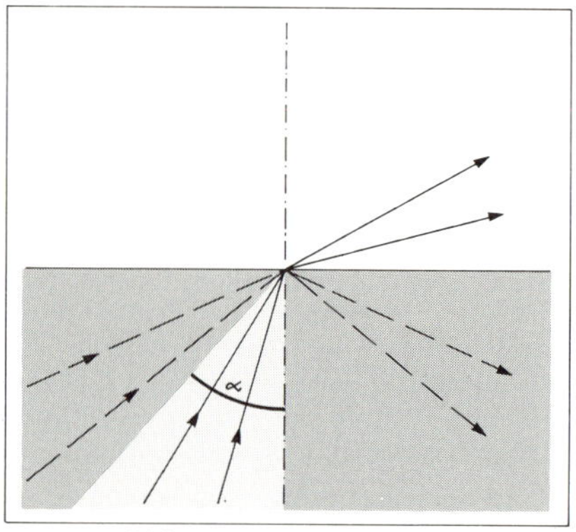

———— Lichtstrahlen innerhalb des Grenzwinkels α gelangen vom dichteren in das dünnere optische Medium.

— — — Lichtstrahlen ausserhalb des Grenzwinkels α werden innerhalb des gleichen Mediums total reflektiert.

nere optische Medium (mit niedrigerem Brechungsindex) gelangen, wenn er sich innerhalb des Grenzwinkels befindet. (Der Grenzwinkel, abhängig vom Brechungsindex, beträgt z.B. für Kronglas 41° und für Flintglas 34°.) Liegt der Lichtstrahl ausserhalb des Grenzwinkels, so kann er nicht aus dem dichteren in das dünnere Medium austreten. Es entsteht eine Totalreflexion. Die Totalreflexion lässt sich auch beim Tauchen oder in Aquarien sehr deutlich beobachten: Nur innerhalb eines bestimmten Grenzwinkels ist es dem Taucher möglich, durch die Wasseroberfläche hindurch die Umgebung im Luftraum zu sehen. Die Totalreflexion findet im → *Umkehrprisma* und in der → *Glasfaseroptik* praktische Anwendung.

Transparenz (opt) → *Licht*durchlässigkeit eines belichteten und entwickelten → *Films* (oder eines → *Filters*). Sie stellt das Verhältnis zwischen durchscheinendem Licht und eingestrahltem Licht dar und wird entweder in einer Prozentzahl oder als Dezimalbruch angegeben. → *Dichte*, → *Opazität*.

$$T = \frac{\text{durchscheinender Lichtstrom}}{\text{eingestrahlter Lichtstrom}}$$

Trennbildfilm (at) → *Film*material, welches in der → *Sofortbild-Fotografie* eingesetzt wird und aus zwei Teilen besteht:
1. → *Negativ*teil mit lichtempfindlicher Schicht (→ *Emulsion*) und
2. → *Positiv*teil bestehend aus dem Übertragungspapier.
Nach der Belichtung wird zwischen den beiden Filmteilen die → *Entwickler*paste (→ *Entwicklung*) verteilt. Nach der → *Entwicklungszeit* von rund einer Minute, werden die beiden Filmteile in ein fertiges → *Positiv* und in ein → *Negativ* getrennt (daher die Bezeichnung), wobei das Negativ je nach Filmart weggeworfen oder für weitere → *Kopien* mit konventionellen Fotoverfahren weiterverwendet werden kann.

Triäthanolamin (chem) $N(CH_2 \cdot CH_2OH)_3$. Gelbliche, viskose Lösung, nicht flüchtig, schwach nach Ammoniak riechend. Alkalität stärker als bei Ammoniak. Wird als kombiniertes Alkali-Lösungsmittel für Schwarzweiss-Entwickler-Konzentrate und die chromogene Entwicklung verwendet.

Trickfilter (at) → *Filter*, der eine fotografische Aufnahme in irgendeiner Weise verfremdet (→ *Verfremdung*).

Cokin-Filterhalter und Trickfilter.

Neben gewöhnlichen Farbfiltern gibt es gefärbte → *Polarisationsfilter*, → *Verlauffilter* (neutralgrau oder teilweise eingefärbt), Spektralfilter, die um jede → *Lichtquelle* oder um jeden → *Reflex* Spektralerscheinungen (→ *Spektrum*) entstehen lassen, Sterneffektfilter, die eine Lichtquelle oder einen Reflex mit einem sternstrahlenartigen Saum umgeben, und → *Weichzeichner*-Vorsätze, die infolge → *Überstrahlung* die Konturen kontrastärmer (weicher) wiedergeben. Abhängig von der → *Dichte* des Filters muss bei der → *Belichtung* ein → *Verlängerungsfaktor* berücksichtigt werden. Trickfilter werden häufig aus optisch geeigneten Kunststoffen gefertigt und in einer Vielzahl verschiedenster Ausführungen innerhalb eines Systems angeboten. Dazu gibt es auch spezielle → *Filterhalter*, die sich auf jeder → *Systemkamera* verwenden lassen.

Tricklinsen (at) → *Linsen*, die ein optisches System (→ *Objektiv*) und dessen → *Brennweite* verändern und einen gestalterischen Bildeffekt bewirken. Darunter fallen → *Mehrfachprismen*, welche das Motiv mehrmals, entweder parallel nebeneinander oder kreisförmig angeordnet, wiedergeben, Nah- oder Telelinsen, welche die Brennweite verkürzen (siehe → *Nahaufnahmen*) bzw. verlängern, und Multifokallinsen, deren unterer Viertel als Nahlinse ausgebildet ist und dadurch den Vordergrund einer Aufnahme scharf erscheinen lässt.

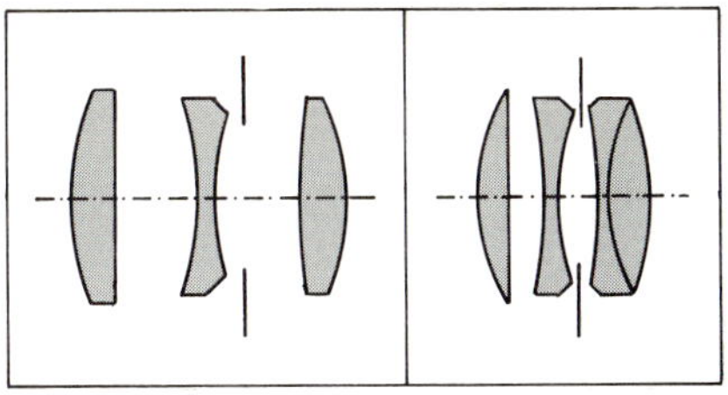

Cooke-Triplet Zeiss-Tessar

Triplet (opt) Dreilinsiges und dreigliedriges → *Objektiv*, bestehend aus einer positiven Front → *Linse* aus → *Kronglas*, einer negativen → *Flintglas*linse und einer weiteren positiven Kronglaslinse. Das erste derartige Objektiv wurde 1893 von H.D. Taylor gerechnet und kam unter der Bezeichnung «Cooke-Lens» in den Handel. Die berühmteste Triplet-Abwandlung ist das von P. Rudolph berechnete «Zeiss-Tessar», welches 1902 auf den Markt kam und über ein zweilinsiges verkittetes Hinterglied verfügte.

Trockenflecken (lab) Nach dem → *Wässern* muss ein → *Netzmittel* verwendet werden, damit das Wasser an der → *Film*oberfläche gleichmässig abläuft. Die trocknende → *Schicht* ist sehr empfindlich gegen Staubpartikel, mechanische Verletzungen und Wasserspritzer, die infolge ungleichmässigen Auftrocknens zu Trockenflecken führen. Diese weisen auf dem trockenen → *Negativ* eine geringere → *Dichte* auf (weil das Bildsilber seine Struktur verändert) und erscheinen im → *Positiv* als dunkler Fleck mit hellem

Multifokallinse, Parallelprismenlinse und Mehrfachprismenlinse (Photos B + W, Wiesbaden).

Rand (Kontraktion der Gelatine). Sie lassen sich nur entfernen, wenn man den noch feuchten Film sofort nachwässert, abermals mit Netzmittel behandelt und anschliessend trocknet. Stellt man den Fehler erst auf dem trockenen Film fest, so ist eine nachträgliche Beseitigung der Trockenflecken nur selten (mit einer extrem langen Wässerung) möglich.

Trockenplatte (hist) Im Jahre 1871, als die kompliziert zu verarbeitende Kollodiumplatte (→ *Kollodium-Fotografie*) bei allen Fotografen üblich war, empfahl der englische Arzt, Richard Leak → *Maddox*, eine Glasplatte mit einer Gelatine-Bromsilberschicht zu versehen, die auch in trokkenem Zustand belichtet und verarbeitet werden konnte. Die Tatsache, dass solche Platten anfangs wesentlich weniger empfindlich waren als die Kollodiumplatten, verhinderten ihre Verbreitung. Erst nachdem Charles Bennet 1878 die Bromsilber-Gelatine-Emulsion mit einem Bromkaliüberschuss versah und die Platte während einer längeren Zeit bei erhöhter Temperatur lagerte bzw. reifen liess, setzte sich die Trockenplatte allmählich durch. Auch wurde dadurch zu Beginn der achtziger Jahre die fabrikmässige Herstellung fotografischer Platten möglich, was der Fotografie zu einem starken Auftrieb verhalf.

Trockenpresse (lab) Gerät mit integrierten Heizelementen zur → *Trocknung* von → *Barytpapier* (→ *Fotopapier*). Die → *Kopien* werden mit dem → *Schichtträger* auf die Oberfläche des Gerätes gelegt und mit dem Spanntuch angepresst. Der Trockenprozess ist abgeschlossen, wenn das Spanntuch trocken ist. Nach der Trocknung zeigt die Kopie die Originaloberfläche des Fotopapiers. Wünscht man einen Hochglanz zu erzielen, so werden in die Kopien mit der Schichtseite gegen eine Hochglanzfolie gelegt und mit einem Abquetscher angepresst. Die Hochglanzfolie wird zwischen Heizfläche und Spanntuch eingelegt. Bei der Hochglanztrocknung darf die Trokkenpresse erst geöffnet werden, wenn keine Knistergeräusche mehr zu hören sind (→ *Muschelbruch*).
→ *RC-Papier* darf nicht auf Trockenpressen getrocknet werden, sondern an der Luft oder mit einem speziellen → *Durchlauftrockner*.

Trockenschrank (lab) Schrankförmiges Gerät, das zum Trocknen von → *Filmen* und → *Fotopapieren* dient. Es besteht aus einem Gehäuse, einem Gebläse, einer meist mehrstufigen Heizung und einer Aufhängevorrichtung für das Trockengut. Teurere Trockenschränke verfügen über einen Staubfilter und eine Zeitschaltuhr, die das Gerät nach einer vorgewählten Zeit selbsttätig abschaltet.

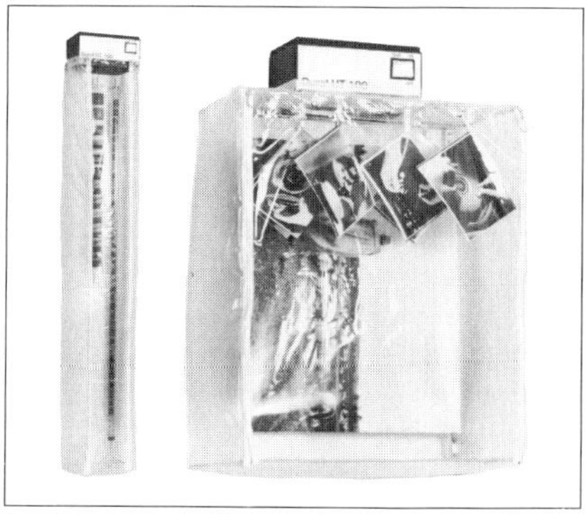

Trockenschrank für den Amateurgebrauch, der sowohl für Filme als auch für Papier verwendet werden kann (Durst AG, Bozen).

Trockenzone (lab) Teil des Labors (→ *Laboreinrichtung*), in welchem elektrische Geräte (→ *Vergrösserungsgerät*, → *Durchlauftrockner*, → *Trockenpresse* und → *Trockenschrank*) eingesetzt werden, welche aus Sicherheitsgründen vom →← *Nassteil* getrennt sein sollten. Auch in der Trockenzone müssen elektrische Geräte vorschriftsgemässe Schutzeinrichtungen besitzen (Erdung oder Vollschutz). In der Trockenzone wird oft feuchtigkeitsempfindliches Material gelagert, wie → *Filme*, → *Fotopapier* und Chemikalien. Zudem findet im Trockenteil auch häufig die Endverarbeitung der → *Kopien* und

→ *Vergrösserungen* statt, wie Schneiden, → *Ausflecken* und → *Aufziehen*.

Trocknung (lab) Die fotografischen Materialien werden (mit Ausnahme der Filme für die → *Sofortbild-Fotografie*) nass verarbeitet und müssen danach getrocknet werden. Bei → *Filmen* sollte grundsätzlich ein → *Netzmittel* verwendet werden, um eine gleichmässige Trocknung zu erzielen und Fleckenbildungen zu vermeiden. Es gibt grundsätzlich drei verschiedene Trocknungsarten, die jedoch unterschiedlich viel Zeit in Anspruch nehmen. Die Trocknungszeit ist abhängig von der Trocknungstemperatur und der relativen Feuchtigkeit der Trocknungsluft.

1. Lufttrocknung. → *Filme* und → *Fotopapiere* können an einem staubfreien Ort zur Trocknung aufgehängt werden. Die Trocknung dauert mehrere Stunden. Um diese zu beschleunigen, kann überschüssiges Wasser auf der Oberfläche von Fotopapieren mit einem speziellen Abstreifer, einem Viscose-Schwamm oder einem Hirschleder, entfernt werden. Filme sollten grundsätzlich nicht abgestreift werden, da Staub und kleinste Partikel im Wasser ein Zerkratzen der Schicht zur Folge haben können.

2. Heisstrocknung. Durch Wärme kann die Trockenzeit erheblich verkürzt werden. Dazu hängt man Filme in einen speziellen → *Trockenschrank*, in dem mit einer Heizung und einem Gebläse ein Warmluftstrahl von maximal 40 °C erzeugt wird. Die Trockenzeit dauert zwischen 15 und 60 Minuten. Höhere Temperaturen sind nicht empfehlenswert, da die → *Planlage* des Films beeinträchtigt wird und die Gelatine schmelzen kann. → *RC-Papiere* können in speziellen Durchlauftrocknern getrocknet werden, die über ein Warmluftgebläse und ein System von Abquetschrollen (zur Entfernung des überschüssigen Wassers) und Transportrollen (zum kontinuierlichen Weitertransport der Papiere) verfügen. Bei einer maximalen Temperatur von 80° dauert die Trocknung zwischen 20 und 60 Sekunden, abhän-

Durchlauftrockner für RC-Papier (Foto: Rowi International, Neuburg/Donau)

gig von der Durchlaufgeschwindigkeit. Während RC-Papiere aufgrund ihres versiegelten → *Schichtträgers* in sehr kurzer Zeit trocknen, dauert dies bei → *Barytpapieren*, die über einen mit Wasser vollgesogenen Papierfilz verfügen, erheblich länger. Man verwendet dazu spezielle → *Trockenpressen*, die als Flachpressen für Einzeltrocknung oder als Trommelgeräte für kontinuierlichen Betrieb existieren. Eine Metallplatte wird bis auf etwa 80° C erhitzt. Darauf wird das zu trocknende Fotopapier gelegt und mit einem Spanntuch angepresst. Bei Matttrocknung wird die Schichtseite mit dem Tuch in Kontakt gebracht. Für Hochglanztrocknung kommt die Schicht gegen eine eingelegte Hochglanzfolie zu liegen, die eine hochverchromte Oberfläche aufweist. Überschüssiges Wasser und Lufteinschlüsse müssen vor der Trocknung mit einem → *Abquetscher* entfernt werden. Die Trocknungsdauer liegt zwischen 3 und 10 Minuten.

3. Schnelltrocknung. Mit schnell verdunstenden Mitteln, z.B. Alkohollösungen, kann die Trocknungszeit wesentlich verkürzt werden. Es empfiehlt sich jedoch, eine solche Trockenmethode ausgiebig zu testen, bevor man sie in der Praxis einsetzt. Kleine Papier- oder Filmstücke sind auch mit einem Haartrockner innerhalb weniger Sekunden trocken. Filme und Papiere, die mit Kaliumkarbonat behandelt wurden, sind später nachzuwässern (→ *Wässerung*) und auf konventionelle Art wieder zu trocknen.

Tropenfestigkeit (at) → *Film*material muss kühl und trocken aufbewahrt werden (→ *Lagerung*). Hohe Luftfeuchtigkeit und hohe Temperaturen verändern die Charakteristika des fotografischen Materials und ermöglichen bzw. fördern den Bakterienbefall. In den Tropen, mit Temperaturen, die zwischen 30° C und 50° C liegen, und einer relativen Luftfeuchtigkeit von über 90 Prozent, ist die Bedingung optimaler Lagerung nur schwer einzuhalten. Abgesehen davon, dass die Filmhersteller ihre Produkte in Kunststoff-Aluminium-Folien verschweissen oder in luftdicht schliessende Kunststoffdosen verpacken, ist es unter tropischen Verhältnissen notwendig, dass das Filmmaterial in einer Kühlbox mit Trockeneis aufbewahrt wird. Zudem kann noch ein chemisches Trockenmittel (→ *Silicagel*) beigefügt werden. Die Fotoausrüstung sollte in einem dicht schliessenden Metallkoffer aufgehoben werden, der aufgrund seiner Aluminiumoberfläche die Hitzestrahlung optimal reflektiert.

TTL-Messung (bm, at) Abk. engl. «Trough-The-Lens». → *Belichtungsmessung*, → *Innenmessung*.

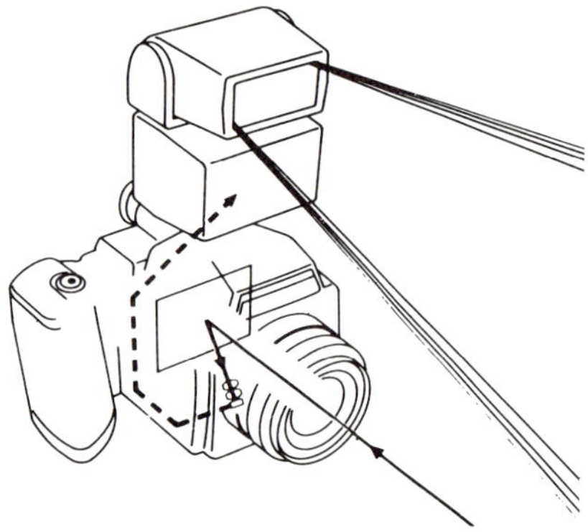

TTL-Messung; Prinzipschema der Blitz-Innenmessung (Pentax)

U

Überbelichtung (at, lab) Dauert eine → *Belichtung* zu lange oder fällt zuviel → *Licht* auf eine fotografische → *Schicht*, so wird ein → *Negativ* zu dunkel (zu dicht, → *Dichte*) und ein Positiv (→ *Diapositiv*) zu hell (zu dünn). Stellt man vor der → *Entwicklung* fest, dass ein Film (z.B. durch falsche Einstellung der → *Filmempfindlichkeit* am → *Belichtungsmesser*) überbelichtet worden ist, so kann man den Fehler durch eine verkürzte Entwicklungszeit in vielen Fällen beheben. Überbelichtete Negative erfordern beim Kopieren (→ *Kopie*) eine längere → *Belichtungszeit*. Sie sind meistens weicher (kontrastärmer, → *Gradation*) als normal belichtete. Überbelichtete Schwarzweiss-Negative (→ *Schwarzweiss-Fotografie*) können abgeschwächt (→ *Abschwächen*) werden. Überbelichtete Diapositive zeigen nach der Entwicklung einen Verlust der → *Lichter*zeichnung und können weder chemisch noch manuell korrigiert werden. →← *Unterbelichtung*.

Überblendprojektor (pro) Doppel- → *Projektor*, der die → *Überblendung* von zwei → *Diapositiv*en ermöglicht, um als Geräteeinheit den Forderungen moderner → *Tonbildschau*- und → *Multivision*stechniken zu entsprechen. Ein Überblendprojektor besteht aus zwei Beleuchtungssystemen, zwei optischen Systemen (→ *Objektiv*) und zwei Projektionsmagazinen (→ *Magazin*), aus denen die Dias mit einem Greifer in das Beleuchtungssystem eingeschoben werden. Mit Hilfe elektronischer Steuerungen können die Dias einzeln, überblendend oder in einer zeitlich vorprogrammierten Folge projiziert werden.

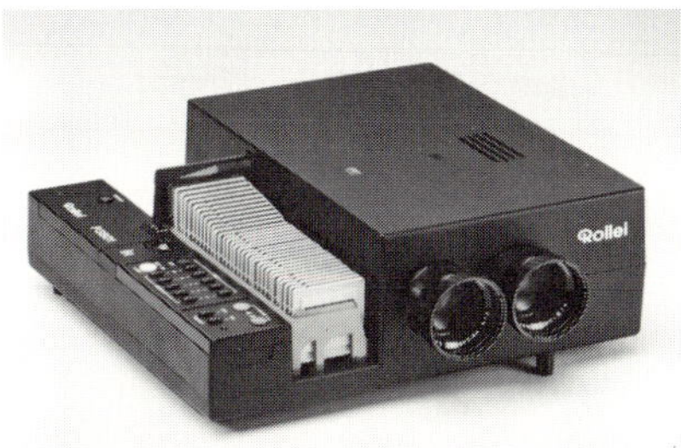

Überblendprojektor (Rollei)

Überblendtechnik (pro) Bei der → *Projektion* von → *Diapositiv*en entsteht beim Diawechsel aus mechanischen Gründen eine Dunkelphase, die etwa 1 Sekunde dauert und bei → *Tonbildschau*en oder → *Multivision*en sehr störend wirkt. Mit zwei automatischen → *Projektor*en und einem elektronischen Steuergerät ist es möglich, den Diawechsel überblendend zu steuern, so dass ein Bild in das nächste «überfliesst». Dazu werden die Projektoren (durch Veränderung des → *Lichtstrom*es) abwechselnd ein- und ausgeschaltet. Der Diawechsel erfolgt in dem jeweils abgeschalteten Projektor, während der andere ein Bild projiziert. (→ *Überblendprojektor*)

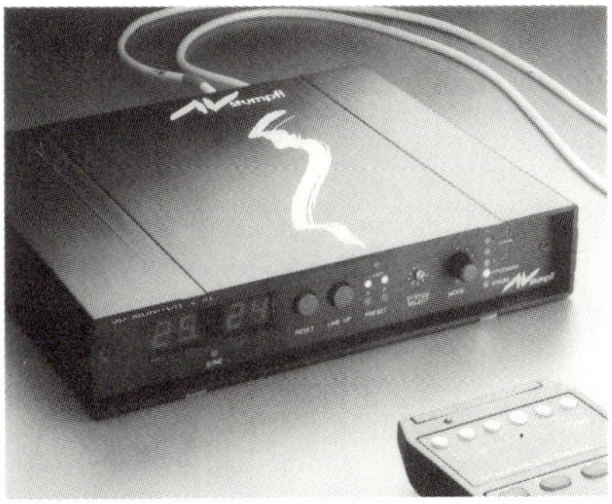

Überblendgerät (Stumpfl)

Überentwicklung (lab) → *Entwicklung* von belichtetem (→ *Belichtung*) fotografischem Material, die zu lange dauerte, bei einer zu hohen Temperatur oder in einem zu stark konzentrierten → *Entwickler* vorgenommen wurde. Bei → *Farbnegativ*filmen oder Schwarzweissfilmen (→ *Schwarzweiss-Fotografie*) resultieren zu dichte und zu kontrastreiche (→ *Dichte*, → *Gradation*) → *Negative*, während sich bei → *Farbumkehrfilm*en ein kontrastreicheres und zu helles Bild mit einem Detailverlust in den → *Lichtern* ergibt →← *Unterentwicklung*. In der → *Schwarzweiss-Fotogra-*

fie ist es möglich, einen unterbelichteten Film (→ *Unterbelichtung*) durch verlängerte Entwicklung zu retten (→ *Empfindlichkeitssteigerung*, → *Push-Entwicklung*).

Überlagerung (at) (Überalterung). Fotografische Materialien müssen innerhalb einer gewissen Zeit belichtet (→ *Belichtung*) und verarbeitet (→ *Entwicklung*) werden, um eine optimale Qualität zu erhalten. Der Hersteller druckt aus diesem Grund auf die Verpackung ein Garantiedatum auf und akzeptiert Materialreklamationen nur innerhalb dieser Zeitspanne. Das Garantiedatum enthält einen Sicherheitsfaktor, so dass die Fotomaterialien auch nach diesem Zeitpunkt noch durchaus einwandfreie Ergebnisse zeigen. Wichtig dabei ist die → *Lagerung* des Filmmaterials, welche dessen → *Haltbarkeit* wesentlich beeinflusst.
Bei belichteten Filmen, insbesondere bei Farbfilmen, ist die Lagerung noch kritischer, weil sich das → *latente Bild* relativ schnell zurückbildet. Deshalb müssen belichtete Filme so schnell wie möglich entwickelt werden.

Überstrahlung (at) Stark reflektierende (→ *Reflexion*) oder strahlende Objekte können im → *Streiflicht* oder im → *Gegenlicht* zu einer Veränderung der Kontur und zu einer Verminderung des → *Kontrast*es führen. Dabei entsteht → *Streulicht*, welches die → *Kontrastwiedergabe* bzw. den → *Schwärzungsumfang* reduziert. Sehr deutlich tritt die Überstrahlung bei → *Silhouetten*aufnahmen in Erscheinung, wenn auf den hellen → *Hintergrund* zu viel → *Licht* gegeben wird.

Ultrakurzzeiteffekt (at) → *Reziprozitätsfehler*, der entsteht, wenn eine fotografische → *Schicht* sehr kurz belichtet (→ *Belichtung*) wird.

Ultraviolett (phys) (UV). Kurzwelliger Bereich des → *Spektrums*, der für das menschliche Auge unsichtbar, fotografisch jedoch registrierbar ist. Man unterscheidet folgende Ultraviolettbereiche:

1. Langwelliges UV (320 bis 400 nm). Strahlen dieser Wellenlängen werden von gewöhnlichem optischem → *Glas* nach den für das sichtbare Spektrum geltenden Gesetzen gebrochen. Da zudem sämtliche fotografische Schwarzweiss- → *Schicht*en für UV empfindlich sind (*spektrale* → *Empfindlichkeit*), ist dieser Bereich für die → *Ultraviolett-Fotografie* am interessantesten.
2. Mittleres UV (280 bis 320 nm). Zur Registrierung solcher Wellenlängen auf einer fotografischen Schicht ist ein spezielles → *Quarzobjektiv* zu verwenden. Das mittlere UV bewirkt auch eine Bräunung bzw. Verbrennung (Sonnenbrand) der menschlichen Haut.
3. Kurzwelliges UV (200 bis 280 nm). Dieser mit einem → *Quarzobjektiv* ebenfalls registrierbare Bereich ist in der Biologie für seine keimtötende Wirkung bekannt. Für die ungeschützte menschliche Haut und für die Augen (Sonnenbrille tragen!) besteht eine direkte Gefahr. Man sollte deshalb nie in UV-Lichtquellen blicken.
4. Vakuum UV (10 bis 200 nm). Dieser UV- Bereich, der direkt an die Röntgenstrahlen (→ *Röntgenfotografie*) angrenzt, kann nur im luftleeren Raum registriert werden und ist deshalb für die praktische Fotografie unbedeutend.

Ultraviolett-Fluoreszenz → *Fluoreszenz-Aufnahmen*. → *Lumineszenz*.

Ultraviolett-Fotografie (at) Fotografisches Aufnahmeverfahren, bei dem lediglich das für das menschliche Auge unsichtbare → *Ultraviolett* registriert wird. Dazu müssen drei Bedingungen erfüllt werden:
1. Verwendung einer → *Lichtquelle*, die eine hohe ultraviolette Strahlung abgibt (meist → *Quecksilberdampf-Lampe*),
2. → *Absoption* des sichtbaren → *Licht*es durch Einsatz eines (→ *Schwarzfilter*) vor dem → *Objektiv* und
3. Verwendung eines geeigneten → *Objektiv*s. Viele moderne Objektive

kommen wegen der → *Vergütung* und der verwendeten Glassorten nicht mehr in Frage.
Eine Schwierigkeit stellt die → *Scharfeinstellung* dar, da die → *Brennweite* des Objektivs für ultraviolettes Licht länger ist. Es empfiehlt sich, einige Testaufnahmen mit verschiedenen Distanzeinstellungen zu machen und → *Weitwinkelobjektive* zu verwenden, die eine grössere → *Schärfentiefe* besitzen als → *Normalobjektive*.
Zur Bestimmung der → *Belichtungszeit* können die meisten → *Belichtungsmesser* verwendet werden, wobei der Messzelle das UV-Filter vorgesetzt werden muss, das auch für die Aufnahme vor dem Objektiv benötigt wird. Die wichtigsten Anwendungsgebiete der Ultraviolett-Fotografie liegen im wissenschaftlichen Bereich: Spektroskopie, Mikroskopie, Kriminologie, Geologie und Dermatologie. Hier werden auch Spezialfilme und Spezialplatten eingesetzt.

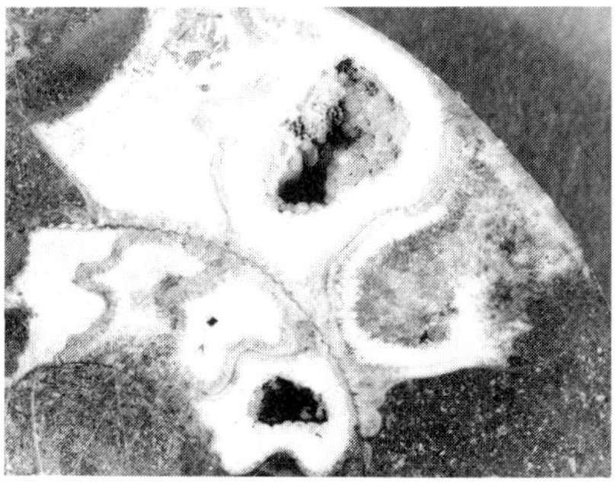

Ammonit, UV-Reflexion

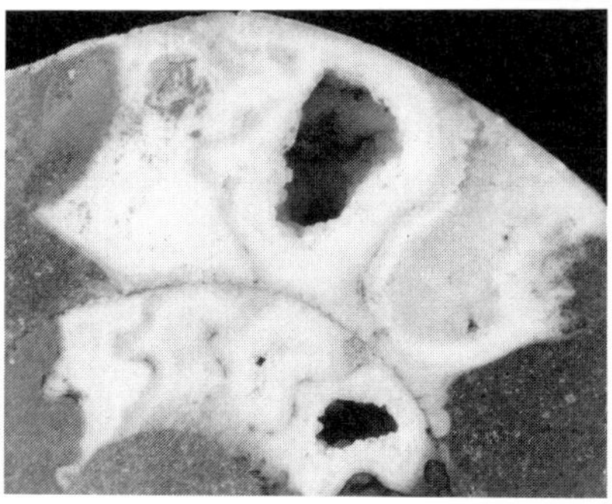

Ammonit, panchromatisch (Fotos: Romano Padeste)

Ultraviolett-Strahler (Schwarzlichtlampe) (at) → *Lichtquelle*, die einen besonders hohen Anteil ultravioletter Strahlung (→ *Ultraviolett*) abgibt und sowohl in der → *Ultraviolett-Fotografie* als auch für → *Fluoreszenz-Aufnahmen* verwendet wird. Es sind hierfür einmal spezielle Fluoreszenzröhren im Handel, die in die üblichen Röhrenfassungen eingesetzt werden können, oder spezielle Quecksilberhochdrucklampen und einem Quarzglaskolben, deren Strahlungsmaximum bei 365 nm liegt. Sie werden mit einem → *Schwarzfilter* verwendet, damit Restanteile des sichtbaren Spektrums absorbiert werden. → *Quecksilberdampflicht*.

Umentwicklung (lab) Sind normal belichtete (→ *Belichtung*) → *Negative* durch → *Unterentwicklung* oder durch → *Überentwicklung* zu dünn oder zu dicht geraten, so kann man diese durch Umentwickeln in → *Dichte* und → *Schwärzungsumfang* verändern. Dazu wird das → *Silber*bild in einem → *Bleichbad* gebleicht, dann belichtet und anschliessend in einem → *Entwickler* solange behandelt, bis die gewünschte → *Dichte* erreicht ist. Diese → *Entwicklung* kann unter normalen Lichtverhältnissen vorgenommen und die Wirkung ständig beobachtet werden, da sich kein unbelichtetes → *Silberhalogenid* mehr in der Schicht befindet.

Umkehrentwicklung (lab) → *Entwicklungs* verfahren, das in einem Verarbeitungsgang ohne → *Zwischennegativ* positive (→ *Positiv*) Bilder ergibt. Am häufigsten ist die → *Farbumkehrentwicklung* mit → *Farbumkehrfilmen* oder → *Farbumkehrpapieren*. Es ist jedoch auch möglich, eine Umkehrentwicklung mit Schwarzweissfilmen (→ *Schwarzweiss-Fotografie*) in entsprechenden Verarbeitungsbädern vorzunehmen. Dabei sind vorzugsweise Filme zu verwenden, die einen niedrigen → *Grundschleier* aufweisen (z.B. → *Dokumentenfilme*). Prinzipiell sind die Verarbeitungsstufen ähnlich wie bei

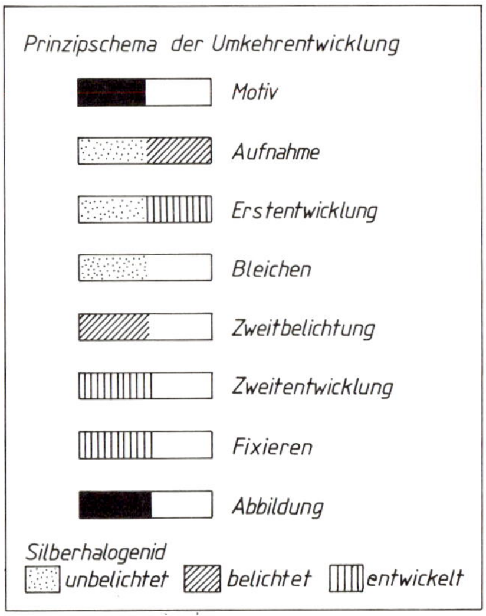

der Farbumkehrentwicklung: In einem kräftig arbeitenden → *Erstentwickler* wird das belichtete Bromsilber geschwärzt und im nachfolgenden → *Bleichbad* ausgebleicht. Dieses enthält Kaliumdichromat, welches mit Silber relativ leicht lösliches Silberchromat ergibt. Im → *Klärbad* wird das Silberbild der Erstentwicklung ausgewaschen. die Gelbfärbung der → *Gelatine* beseitigt. Zudem sorgt das darin enthaltene → *Natriumsulfit* aufgrund seines geringen Lösungsvermögens für → *Silberhalogenide* für klare → *Lichter* des Diapositivs. Danach folgt eine → *Zwischenbelichtung*, auf die das ursprünglich nicht belichtete, noch in der → *Schicht* verbleibende Bromsilber reagiert. Dieses wird während der nachfolgenden Zweitentwicklung geschwärzt, und in einem anschliessenden → *Fixierbad* wird das verbleibende Halogensilber fixiert. Das Fixierbad verhindert auch die Bildung von braunem Schwefelsilber. Die → *Wässerung* und die → *Trocknung* erfolgen anschliessend wie üblich.

Umkehrfilm → *Farbdiafilm*.

Umkopieren (lab) → *Kontaktkopie* von einem → *Diapositiv* oder einem → *Negativ* auf einen → *Film*. Auf diese Weise erhält man von einem Diapositiv ein farbiges → *Internegativ*, ein → *Duplikat* oder ein schwarzweisses Zwischennegativ. Nach einem Negativ lässt sich ein schwarzweisses oder farbiges Diapositiv (auf einem speziellen → *Printfilm*) anfertigen. In der → *Schwarzweiss-Fotografie* lässt sich durch zweimaliges Umkopieren die → *Gradation* verändern, oder Fehlbelichtungen können innerhalb gewisser Grenzen korrigiert werden. Auch kopiert man Schwarzweissnegative um, um gewisse → *Verfremdungen* zu erzielen (→ *Isohelie*). Kopiert man ein Schwarzweiss-Negativ auf einen → *Direktpositivfilm*, so resultiert ein Negativduplikat. (→ *Kontern*).

Umschichten (lab) Werden bis zu etwa 15 Blatt → *Fotopapiere* oder → *Planfilme* in einer genügend gefüllten und ausreichend grossen Schale (→ *Entwicklungsschalen*) gleichzeitig entwickelt (→ *Entwicklung*), so müssen diese zur Vermeidung von Entwicklungsflecken während der → *Entwicklungszeit* bewegt (→ *Agitation*) werden. Die Filme oder Papiere werden mit der → *Schichtseite* nach oben in die Schale gelegt. Danach wird immer das unterste Blatt hervorgezogen und oben auf den Stapel gelegt. Dieser Bewegungsrhythmus wird während der ganzen → *Entwicklungszeit* beibehalten.

Umschichten: Planfilm-Schalenentwicklung

Unendlich (opt, at) (Zeichen ∞) Entspricht die → *Brennweite* eines → *Objektivs* der → *Bildweite*, so werden Objekte in der → *Bildebene* scharf abgebildet, die unendlich weit entfernt sind. Die → *Licht*strahlen, die von diesen Punkten ausgehen, verlaufen parallel zur → *optischen Achse*. Praktisch ist Unendlich aufgrund des → *Zerstreuungskreis*durchmessers und der → *Brennweite* zu definieren. Ein Objektpunkt gilt als unendlich weit entfernt, wenn seine → *Gegenstandsweite* der 1500fachen Brennweite entspricht. Beispiel: Brennweite = 50 mm (Kleinbild; z = 0,03 mm) x 1500 = 75 Meter ≈ ∞.

Unendlicheinstellung → *Hyperfokale Distanz.*

Unschärfe (at) Fotografische Aufnahme oder Einstellung an der → *Kamera*, die unser Auge als nicht mehr scharf (→ *Schärfe*) empfindet. Sie kann verschiedene Ursachen haben:
1. Wenn die Kamera während der → *Belichtung* bewegt wird (Verwacklungsunschärfe, → *Verwackeln*),
2. wenn sich das Objekt während der Belichtung bewegt (→ *Bewegungsunschärfe*),
3. wenn die → *Gegenstandsweite* falsch eingestellt wurde (Einstellungsunschärfe, → *Scharfeinstellung*, → *Autofokus*),
4. wenn das → *Objektiv* zu wenig abgeblendet wurde (→ *Blende*; zu geringe → *Schärfentiefe*) oder
5. wenn das Objektiv dejustiert (bzw. dezentriert) ist.

Unschärfekreis → *Zerstreuungskreis.*

Unsensibilisiert (at) Eine fotografische → *Emulsion*, deren *spektrale* → *Empfindlichkeit* nicht durch Beigabe bestimmter Farbstoffe (Sensibilisatoren; → *Sensibilisierung*) verändert wurde, bezeichnet man als unsensibilisiert. Sie ist lediglich für blaues → *Licht* und → *ultraviolette* Strahlung empfindlich.

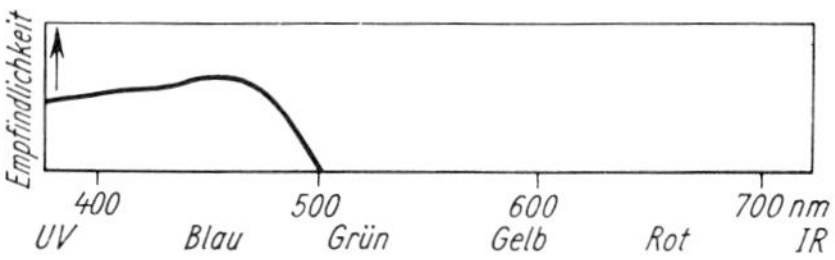

Spektrale Empfindlichkeit einer unsensibilisierten fotografischen Schicht

Unterbelichtung (at, lab) Dauert eine → *Belichtung* zu kurz oder fällt zu wenig → *Licht* auf eine fotografische → *Schicht* (→ *Emulsion*), so wird ein → *Negativ* zu transparent (→ *Transparenz*) (zu dünn) und ein → *Positiv* (→ *Diapositiv*) zu dunkel (zu dicht). Stellt man vor der → *Entwicklung* fest, dass ein → *Schwarzweiss-* → *Film* (z.B. durch falsche Einstellung der → *Filmempfindlichkeit* am → *Belichtungsmesser*) unterbelichtet worden ist, oder hat man den Film bei schlechten Lichtverhältnissen (→ *Available Light-Fotografie*) bewusst unterbelichtet, so lässt sich der Fehler teilweise und mit einer charakteristischen Einbusse an → *Schatten*zeichnung durch eine verlängerte Entwicklungszeit beheben (→ *Empfindlichkeitssteigerung*, → *Push-Entwicklung*). Es besteht zudem die Möglichkeit, das unterbelichtete Negativ durch eine → *Reproduktion* im → *Dunkelfeld* optisch zu verstärken. Das chemische → *Verstärken* ist bei Unterbelichtung keine Verbesserungsmöglichkeit; sie ist nur bei → *Unterentwicklung* erfolgreich durchführbar. Andere Sonderverarbeitungen wie die → *Latensifikation* sind heute veraltet und mit modernem Filmmaterial nur bedingt sinnvoll oder überhaupt durchführbar. Unterbelichtete Diapositive weisen nach der Entwicklung eine sehr geringe Schattenzeichnung auf. Auch hier sind die Korrekturmöglichkeiten durch eine chemische Behandlung oder durch Duplizieren mit Kontrastmaske (→ *Duplikat*, → *Maske*) nur beschränkt erfolgversprechend. →← *Überbelichtung.*

Unterbrecherbad → *Stoppbad.*

Unterentwicklung (lab) Wird belichtetes fotografisches Material zu kurz entwickelt (→ *Entwicklung*), ist der → *Entwickler* zu stark verdünnt, oder ist dessen Temperatur zu niedrig, so resultiert eine Unterentwicklung. Die → *Negative* und → *Diapositive* weisen zwar eine ausreichende → *Schatten*zeichnung, aber einen zu geringen → *Schwärzungsumfang* und eine zu niedrige → *Maximaldichte* auf.

Sie wirken flau und ergeben zu kontrastarme → *Positive*. Als Korrekturmöglichkeiten kommen die → *Umentwicklung* oder das chemische → *Verstärken* in Frage, wobei die Verstärkung besonders bei Kleinbildnegativen (→ *Kleinbild-Fotografie*) häufig mit einer Qualitätseinbusse (gröbere → *Körnigkeit*) verbunden ist.

Unterwasser-Fotografie (at) Fotografieren unter Wasser, mit einer speziellen → *Unterwasserkamera* oder einer marktüblichen → *Kamera* in einem → *Unterwassergehäuse*. Die Unterwasser-Fotografie ist ein sehr weitläufiges Spezialgebiet, das vom einfachen Schnorcheltauchen wenige Meter unter der Wasseroberfläche bis zur professionellen Tiefsee-Expedition reicht. In der Unterwasser-Fotografie begegnet man verschiedenen Problemen, die einmal in den natürlichen Gegebenheiten ihren Ursprung finden, dann aber auch technisch bedingt sind. So ist es z.B. nicht möglich, das → *Objektiv*, den → *Film* oder Zubehörteile unter Wasser zu wechseln. Zudem sind sehr oft spärliche Lichtverhältnisse vorhanden, da das Wasser (ein 800 mal dichteres Medium als Luft) sehr viel Licht (hauptsächlich Rot) absorbiert (→ *Absorption*) und nur die blauen, aktinischen Strahlen in grössere Tiefen vordringen. Damit ist eine starke Zunahme der → *Verteilungstemperatur* (→ *Farbtemperatur*) verbunden. Ausgehend von 5600 K bei 0 m über 6200 K bei 2 m, 7800 K bei 5 m, und 12'000 K bei 10 Metern. Das zwingt den Unterwasser-Fotografen, besonders für Farbaufnahmen spezielle → *Lichtquellen* (meistens → *Blitzlichtgeräte*) zu verwenden, deren Reichweite durch das optisch dichtere Medium ebenfalls stark eingeschränkt wird. Bedingt durch die starke Lichtabnahme mit zunehmender Tauchtiefe und der verhältnismässig geringen Reichweite von künstlichen Lichtquellen, gehören → *Nahaufnahmen* mit → *Gegenstandsweiten* von 30 cm bis 1,5 Metern, in klarem Wasser bis etwa 3 Metern, zu den erfolgssichersten Unterwasseraufnahmen. Zudem werden → *Weitwinkelobjektive* ihres grossen → *Bildwinkels* und ihrer grossen → *Schärfentiefe* wegen sehr häufig unter Wasser benutzt. Die Tatsache, dass unter Wasser alle Objekte grösser und um 1/4 näher erscheinen, hat in der Praxis kaum Bedeutung, da die → *Scharfeinstellung* nicht nach der effektiven Distanz, sondern auf ein virtuelles Bild erfolgt. Moderne → *Spiegelreflexkameras* mit → *Autofokus* haben sich in der Unterwasserfotografie

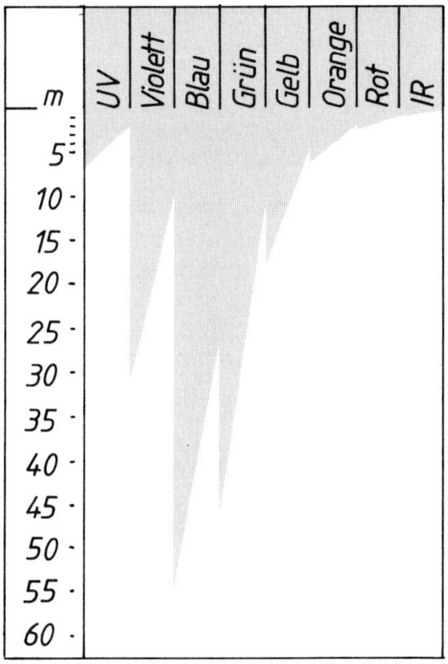

Lichtabsorption in verschiedenen Tauchtiefen.

Foto: Hans Streit, CH-8821 Schönenberg

sehr bewährt. Die → *Belichtungszeit* wird mit Hilfe von → *Belichtunsmessern*, oder, beim Einsatz von Blitzgeräten, mit speziellen Tabellen festgelegt. Der bei farbigen Unterwasseraufnahmen charakteristische Blau- bis Blaugrünstich (→ *Farbstich*) ist kaum störend, könnte jedoch mit → *Korrekturfiltern* (CC30R, kombiniert mit CC10Y bis CC30Y bei zunehmender Tiefe) gemildert oder sogar eliminiert werden. Auch in der → *Schwarzweiss-Fotografie* kann ein Gelbfilter (→ *Filter*) zugezogen werden, um die bläulichen Unterwassermotive kontrastreicher wiederzugeben. Man wendet aber auch häufig die Kontraststeigerung durch → *Unterbelichtung* und → *Überentwicklung* an.

Unterwassergehäuse (at) Wasserdicht verschliessbares, druckfestes Gehäuse aus korrosionsbeständigem Material (meistens Aluminium; bei billigeren Gehäusen auch Kunststoff), welches den Einsatz der → *Kamera* unter Wasser ermöglicht (→ *Unterwasser-Fotografie*). Mit Hilfe von mechanischen Übertragungen können die wichtigsten Einstellungen (→ *Blende*, → *Belichtungszeit*, → *Scharfeinstellung*) an der Aussenseite des Gehäuses vorgenommen werden. An der Vorderseite des Gehäuses befindet sich ein Planglas, durch welches hindurch fotografiert wird. Die auf dieses Planglas schräg einfallenden Lichtstrahlen gelangen von einem dichteren in ein dünneres optisches Medium, werden vom Lot weg gebrochen (→ *Brechung*), was zu einem reduzierten → *Bildwinkel*, einer verzeichneten (→ *Verzeichnung*) → *Abbildung* und aufgrund der → *chromatischen Aberration* zu Farbsäumen und Vergrösserungsdifferenzen führt. Um diesen Effekt zu vermeiden und die Verwendung von extremen → *Weitwinkelobjektiven* zu ermöglichen, verwendet man halbkugelförmige Frontgläser («Domport» genannt), auf welche die Lichtstrahlen rechtwinklig auftreffen. Als → *Sucher* wird entweder ein → *Rahmensucher* oder das optische System der → *Spiegelreflexkamera* verwendet. Unterwassergehäuse sind, je nach Ausführung, für Tauchtiefen von 50, 100 oder 250 Meter konzipiert. Sie verfügen über Handgriffe, besonders grosse Einstellknöpfe sowie Befestigungseinrichtungen für → *Blitzgeräte* oder andere → *Lichtquellen*.

Foto: Hugyfot, CH-8700 Küsnacht

Unterwasserkamera (Foto: Nikon, Nippon Kogaku KK, Tokio)

Unterwasserkamera (at) Spezielle → *Kleinbildkamera*, die über ein wasserdichtes, druckfestes Kameragehäuse aus korrosionsbeständigem Material verfügt. Vor den → *Wechselobjektiven* (die nicht unter Wasser gewechselt werden können) mit den → *Brennweiten* 28, 35 und 80 mm befindet sich ein Planglas, während das 15mm → *Weitwinkelobjektiv* ein gewölbtes Frontglas besitzt. Es sind Tauchtiefen bis zu 50 Meter möglich. Die Bedienungselemente sind sehr gross dimensioniert, damit sie auch mit Handschuhen gut betätigt werden können. Unterwasserkameras eignen sich auch vorzüglich für viele Aufgaben an Land, z.B. beim Fotografieren im Regen sowie in staubiger und sandiger Umgebung.

Urheberrecht (at) Das Gesetz schützt den Fotografen als Urheber von eigenständigen Werken vor illegaler → *Reproduktion*, Nachahmung oder unbefugter Veröffentlichung. Der Schutz gilt 25 Jahre, ist unnübertragbar, aber vererbbar. Für jede Veröffentlichung muss die Einwilligung des Fotografen eingeholt werden, es sei denn, das Bild ist ausdrücklich zur Veröffentlichung frei, und die Rechte des Fotografen wurden durch eine Drittperson pauschal abgegolten. Neben dem Urheberrecht geniessen auch abgebildete Personen einen Schutz vor unerlaubter Veröffentlichung durch das Recht am eigenen Bild. Grundsätzlich müssen fotografierte Personen dem Fotografen eine schriftliche Einwilligung zur Veröffentlichung eines bestimmten Bildes erteilen (→ *Modellvertrag*).

UV → *Ultraviolett*.

UV-Filter (at) → *Filter*, der die ultraviolette Strahlung (→ *Ultraviolett*) durchlässt und das sichtbare → *Licht* (→ *Spektrum*) absorbiert (→ *Absorption*). UV-Filter werden in der → *Ultraviolett-Fotografie* verwendet.

UV-Sperrfilter (at) → *Filter*, der die ultraviolette Strahlung (→ *Ultraviolett*) absorbiert (→ *Absorption*). UV-Sperrfilter werden bei Farbaufnahmen verwendet, um die Gefahr eines Blaustiches (→ *Farbstich*) zu verringern. Heute ist der Nutzen von UV-Sperrfiltern nur noch gering, da die meisten Objektive UV absorbieren (Glas, → *Vergütung*) und die → *Farbfilme* grosse Mengen von UV-absorbierenden Substanzen (auch als Stabilsatoren gegen Ausbleichen) enthalten. Da UV-Sperrfilter keinen → *Verlängerungsfaktor* haben, werden sie oft als «Schutzlinse» auf dem → *Objektiv* belassen. Theoretisch wird dadurch zwar die Abbildungsleistung des Objektivs geringfügig beeinträchtigt, doch erweist sich ein solcher Objektivschutz unter gewissen Aufnahmebedingungen, z.B. bei Spritzwassergefahr oder bei hohen Staub- oder Sandvorkommen, als sinnvoll. → *Skylight-Filter*.

V

Vakuumplatte (lab) Auflageplatte für die Herstellung von → *Vergrösserungen*, welches mit einer Extraktionspumpe so konzipiert ist, dass ein Blatt → *Fotopapier* angesaugt wird und dadurch optimal plan liegt (→ *Planlage*).

Vario-Objektiv (at) (Pankratisches Objektiv, Gummilinse, Zoom-Objektiv) → *Objektiv* mit veränderlicher → *Brennweite*, durch Verschieben gewisser → *Linsen*glieder in Richtung der → *optischen Achse*. Aufgrund der Veränderung des → *Bildwinkels* kann der Bildausschnitt ohne Standortwechsel bei der Aufnahme genau festgelegt werden.

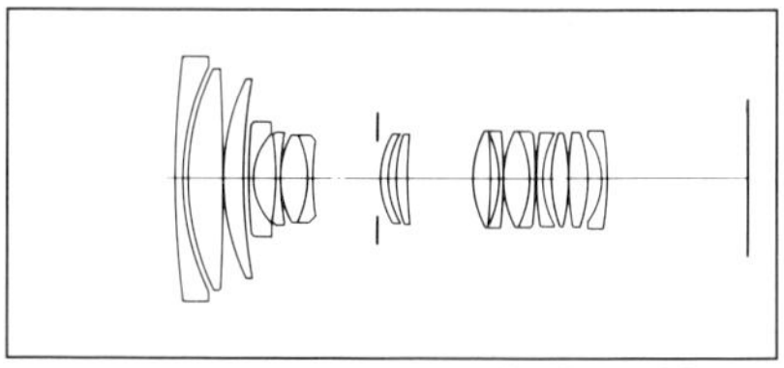

Stellung 28 mm

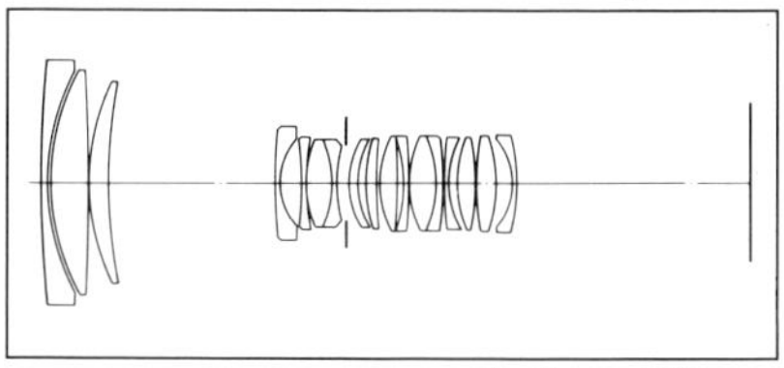

Stellung 135 mm

Vario-Objektiv 28-135 mm (Pentax)

Aus Volumen- und Kostengründen sind Vario-Objektive oft deutlich weniger lichtstark (→ *Lichtstärke*) als Objektive mit festen Brennweiten. Sie erlauben jedoch gewisse gestalterische Effekte, wie beispielsweise die Brennweitenveränderung während der → *Belichtung*, was zu dynamisch wirkenden → *Verfremdung*en führt. Es empfiehlt sich in schärfekritischen Situationen die → *Scharfeinstellung* in der längsten Brennweitenstellung vorzunehmen und die Arbeitsbrennweite anschliessend einzustellen. Vario-Objektive mit → *Geradführung* vereinfachen die Benutzung von drehrichtungsabhängigen → *Filtern* (→ *Polarisationsfilter*, → *Verlauffilter*, → *Effektfilter*)

Verarbeitungsfehler (lab) Fehler, die während eines fotografischen Verarbeitungsprozesses auftreten können. Diese umfassen vor allem Fehler beim Ansetzen der Verarbeitungschemikalien, Fehler der Prozessdauer, -temperatur oder Agitation (Bewegung des Entwicklungsgutes), falsche Badfolge sowie Verschleppung oder Verunreinigung der Verarbeitungsbäder. Verarbeitungsfehler lassen sich nur in seltenen Fällen nachträglich korrigieren. (→ *Abschwächen, Verstärken)*

Verblitzungen (at) Fehler, der bei → *Film*en in → *Kameras* und bei → *Fotopapier*en in → *Printern* aufgrund elektrostatischer Entladungen auftritt. Diese entstehen, wenn der Film oder das Papier (als isolierendes Band) rasch an Metallrollen und Gleitflächen vorbeigeführt wird, wobei eine geringe Luftfeuchtigkeit die Erscheinung begünstigt. Die Entladungen ergeben in der fotografischen → *Schicht* eine → *Belichtung*, die nach der → *Entwicklung* als helle Punkte und Verästelungen in Erscheinung tritt. Die Filmhersteller fügen der → *Emulsion* leitende Stoffe und UV-Absorber bei, um das Auftreten von Verblitzungen auf ein Minimum zu reduzieren. In den meisten Fällen lässt sich dieser Fehler jedoch nur durch Erhöhung der Luftfeuchtigkeit beheben.

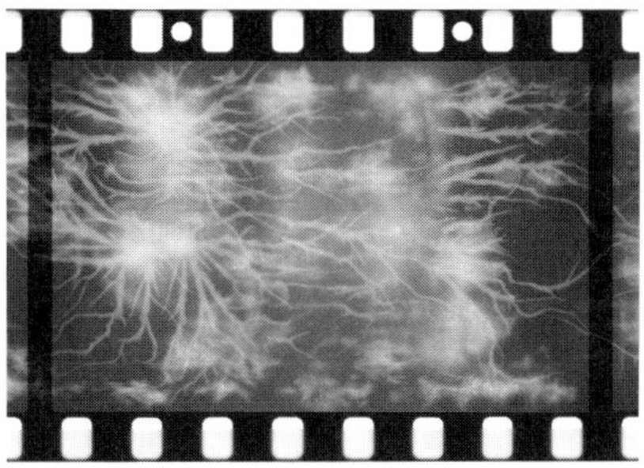

Foto: ETH-Zürich

Verfalldatum → *Überlagerung*.

Verfremdung (at, lab) Arbeitstechniken, welche → *Farbe*, → *Dichte* oder → *Tonwert* eines Bildes, oft auch nur partiell, verändern. Verfremdungen können bei der Aufnahme durch → *Filter*, → *Trickfilter* und → *Tricklinsen*, bei der Verarbeitung (→ *Entwicklung*, → *Sabattier-Effekt*) oder beim → *Kopieren* durch → *Masken*, Aufleger oder durch → *Umkopieren* (→ *Isohelie*) bewerkstelligt werden.

Vergrösserung (lab, at) → *Kopie*, deren → *Abbildungsmassstab* gegenüber der Vorlage (oder → *Negativ*) grösser ist als 1:1 (Vergrösserung = 1:1 bis ∞:1). Vorzugsweise mit speziellen → *Objektiven* (→ *Nahaufnahme*) ist bereits eine vergrösserte Aufnahme möglich, doch ist der übliche Weg das nachträgliche Vergrössern des → *Negativs* (oder → *Diapositivs*) mit Hilfe eines → *Vergrösserungsgerätes*. Dabei wird das Bild auf ein → *Fotopapier* projiziert, das anschliessend entwikkelt (→ *Entwicklung*) wird. Das Bild lässt sich dabei beeinflussen, indem gewisse Bildpartien abgewedelt (→ *Abwedeln*) oder nachbelichtet (→ *Nachbelichtung*) werden. Abgesehen davon kann man durch entsprechende Wahl des Papieres (bei Schwarzweiss) oder → *Vorbelichtung* die → *Gradation* verändern. Nach Farbnegativen (→ *Farbnegativfilm*) lassen sich auch vergrösserte Diapositive auf → *Printfilm* herstellen. Umgekehrt ergeben Diapositive auf einem Spezialfilm vergrössert → *Duplikate*. Papierkopien ab Dias entstehen auf Umkehrmaterial (→ *Farbpapier*) oder über ein → *Internegativ* auf gewöhnliches Farbpapier. Kopiert man beim Vergrössern nicht das volle Bildformat, so spricht man von einer → *Ausschnittvergrösserung*. →← *Verkleinerung*.

Vergrösserungsfaktor (lab) Lineare Verhältniszahl bei Massstabsänderungen (x:1).

Vergrösserungsgerät (lab) → *Projektor*ähnliches Gerät, mit dem ein Bild (→ *Negativ* oder → *Diapositiv*) massstäblich verändert auf ein lichtempfindliches Material (→ *Fotopapier*, → *Farbpapier*, → *Film*) projiziert werden kann. Auf diese Weise entstehen → *Vergrösserungen* und → *Verkleinerungen*. Ein Vergrösserungsgerät besteht im wesentlichen aus einem Gehäuse, in welchem sich eine → *Lichtquelle*, ein optisches System (→ *Kondensor*) für eine gleichmässige Lichtverteilung, → *Korrekturfilter* zum Eliminieren von → *Farbstichen*, eine → *Negativbühne*, in die das zu projizierende Negativ oder Diapositiv eingespannt wird, befinden, und einem → *Balgen*, der die lichtdichte Verbindung zu dem an einem Feintrieb befestigten → *Objektiv* darstellt. Das Ver-

Foto: Durst AG, Bozen

Horizontal-Vergrösserungsgerät (DeVere)

grösserungsgerät ist, zur Massstabsveränderung in der Höhe verstellbar, an einer stabilen Säule befestigt, welche ihrerseits an dem als Projektionsfläche dienenden Grundbrett fest montiert ist. Einige Vergrösserungsgeräte sind mit einer automatischen Scharfeinstellung *(→ Autofokus)* ausgestattet, welche mechanisch (Steuerkurven und Parallelogramm) oder elektronisch (Höhenabtastung und Schrittmotor) funktioniert. Farbvergrösserungsgeräte verfügen über einen Farbkopf, welcher zwischen der Lichtquelle und der Negativbühne als Konstruktionseinheit die → *Korrekturfilter* und häufig (anstelle der → *Kondensoren*) einen → *Farbmischkopf* mit einer Streuscheibe aufweist. Ähnlich einer → *Fachkamera* lässt die Objektivstandarte gewisse Verschiebungen und Schwenkungen zu, um durch → *Entzerren* → *stürzende Linien* aufzuheben. Abgesehen davon kann man die meisten Vergrösserungsgeräte in horizontale Projektionsrichtung schwenken, um an einer Wand besonders grossformatige Vergrösserungen belichten zu können. Die → *Belichtungszeit* wird durch eine → *Belichtungsschaltuhr* gesteuert, die häufig mit einer Messzelle und der entsprechenden Anzeige auch für Messungen konzipiert ist.

Vergrösserungsmassstab (lab) → *Abbildungsmassstab* von → *Vergrösserungen.*

Vergrösserungsrahmen (lab) Vorrichtung, um das → *Fotopapier* auf dem Grundbrett des → *Vergrösserungsgerätes* in → *Planlage* zu halten. Es gibt Vergrösserungsrahmen mit verstellbaren (oder feststehenden) Halteleisten, welche eine Einstellung der Randbreite zulassen, oder solche, die über eine Glasplatte verfügen, die das Blatt anpressen und randlose Vergrösserungen ermöglichen. Für beste Planlage werden → *Vakuumplatten* verwendet.

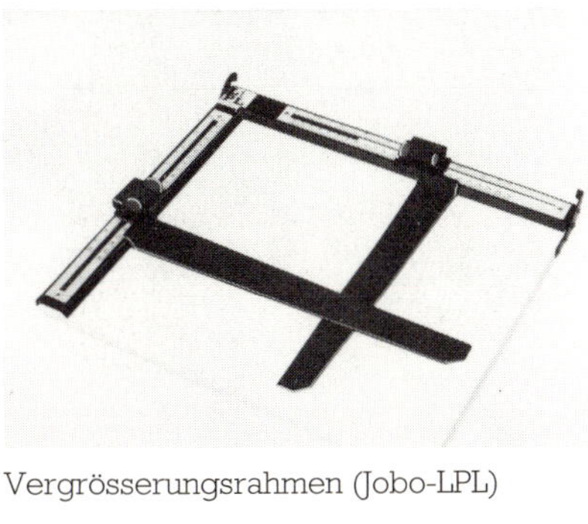

Vergrösserungsrahmen (Jobo-LPL)

Vergütung (Entspiegelung, Antireflexbelag, Reflexminderung, «Multicoating»). Unterdrückung von → *Streulicht* durch Beschichtung der → *Linsen*oberflächen im Hochvakuum mit Leichtmetallfluoriden. Dadurch wird die natürliche → *Reflexion* (→ *Teilreflexion*) an jeder Glas-/Luft-Fläche einer Linse reduziert bzw. praktisch völlig ausgeschaltet, was sich in der Praxis in einer kontrastreicheren Übertragung (→ *Modulationsübertragung*) zeigt.

Vergütungsanlage (Rodenstock)

Verkleinerung (at, lab) → *Kopie*, deren → *Abbildungsmassstab* gegenüber der Vorlage kleiner ist als 1:1 (Verkleinerung = 1:1 bis 1:∞). Abgesehen davon, dass die meisten fotografischen Aufnahmen Verkleinerungen sind, werden verkleinerte Kopien vorwiegend für graphische Aufgaben benötigt. →← *Vergrösserung.*

Verlängerungsfaktor (at, lab) Zahl, welche angibt, um wieviel die gemessene → *Belichtungszeit* verlängert werden muss. Verlängerungsfaktoren müssen bei der Verwendung von → *Filtern* (→ *Filterfaktor*) und bei

→ *Nahaufnahmen* berücksichtigt werden, sofern die Belichtungsmessung nicht durch das → *Objektiv* (→ *Innenmessung*) erfolgt. Bei Nahaufnahmen wird der durch den verlängerten → *Auszug* bedingte Verlängerungsfaktor bei symmetrischen Objektiven wie folgt berechnet:

$$\text{Verlängerungsfaktor} = \left[\frac{\text{Bildweite}}{\text{Brennweite}}\right]^2$$

Da die Bildweite nicht präzise gemessen werden kann, wird die nachstehende Formel häufiger benutzt:

$$\text{Verlängerungsfaktor} = (\text{Massstab} + 1)^2$$

Bei asymmetrischen Objektiven muss die → *Pupillenvergrösserung* berücksichtigt werden.
Auf den Filterfassungen ist der Verlängerungsfaktor meistens eingraviert (z.B. 2x, 2,5x, 3x). Ein Filterfaktor ist keine Konstante, sondern ein Richtwert, der abhängig ist von der → *Farbtemperatur*, von der zu belichtenden → *Emulsion* und von den Fabrikationstoleranzen des Filterherstellers. Für exakte Arbeiten muss der Verlängerungsfaktor durch Testaufnahmen überprüft werden. Müssen mehrere Verlängerungsfaktoren gleichzeitig berücksichtigt werden, so werden diese nicht addiert, sondern multipliziert.

Verlaufgraukeil → *Graukeil.*

Verlauffilter (at) → *Filter*, die unterschiedliche → *Dichten* aufweisen. Wir unterscheiden zwei Arten:
1. Konzentrische Verlauffilter: Sie sind in der Mitte dichter als in den Randzonen und gleichen bei extremen → *Weitwinkelobjektiven* den natürlichen → *Helligkeitsabfall* aus (→ *Vignettierung*).
2. → *Trickfilter.* Filter, deren eine Hälfte eine höhere Dichte oder Farbdichte aufweist. Sie werden verwendet, um eine Bildhälfte dunkler oder in einer verfälschten Farbe (→ *Verfremdung*) erscheinen zu lassen. Bei Kameras mit → *Innenmessung* erfolgt die Belichtungsmessung ohne Trick-Verlauffilter, da sich der gewünschte Verdunkelungseffekt sonst nicht einstellt.

Konzentrischer Verlaufsfilter.

Verschleierung → *Grundschleier.*

Verschluss (at) Mechanische Vorrichtung, welche in geschlossenem Zustand den Strahlengang der → *Kamera* unterbricht und in geöffnetem den → *Film* zur → *Belichtung* freigibt. Man unterscheidet zwischen:
1. → *Schlitzverschluss*, der aus zwei vorhangähnlichen Stoffrollos oder Metallamellen (→ *Lamellenschlitzverschluss*) besteht, die mit einer gewissen zeitlichen Verzögerung vor der → *Filmebene* ablaufen.
2. → *Zentralverschluss.* Die Verschlusselemente bestehen hier aus Metalllamellen, die im Zentrum des → *Objektivs* (oder unmittelbar dahinter) kreisförmig angeordnet sind.
Die Steuerung eines Verschlusses erfolgt durch einen uhrwerkähnlichen Mechanismus oder eine elektronische Schaltung. Die gewünschte → *Belichtungszeit* (Verschlusszeit) wird entweder an einem Einstellrad vorgewählt oder durch die → *Belichtungsautomatik* bestimmt und gesteuert. Verschlüsse sind mit elektrischen Kontakten ausgerüstet, über die während der Offenphase ein → *Blitzgerät* gezündet werden kann (→ *Blitz-*

lichtsynchronisation). Zudem besitzen die meisten Verschlüsse ein sogenanntes Vorlaufwerk, welches mit einer zeitlichen Verzögerung von rund 10 Sekunden den Verschluss selbsttätig auslöst (→ *Selbstauslöser*).

Verschlussrollo → *Schlitzverschluss.*

Verschlusszeit → *Belichtungszeit.*

Verschlusszeitvorwahl → *Blendenautomatik.*

Verstärken (lab) Chemische Methode, um die → *Dichte* von unterentwickelten (→ *Unterentwicklung*) → *Negativ*en zu erhöhen. Dabei werden gewisse Metallsalze, zum Beispiel → *Quecksilber(II)chlorid*, an den nicht ausentwickelten → *Silber*teilchen angelagert und in einer anschliessenden → *Entwicklung* zu Metall reduziert. Die Verstärkung verschlechtert → *Schärfe* und → *Körnigkeit* des Negativs und ist mit heutigem Filmmaterial nicht mehr zu empfehlen. Bei unterbelichteten Negativen (→ *Unterbelichtung*) ist keine Verstärkung möglich.

Verteilungstemperatur (at, phys) Masszahl für die spektrale Energieverteilung einer Lichtquelle mit kontinuierlichem → *Spektrum* (→ *Farbtemperatur*). Um gewissen physikalischen Gegebenheiten gerecht zu werden, verwendet man neben dem eingebürgerten Begriff Farbtemperatur denjenigen der Verteilungstemperatur für Lichtquellen, bei denen es sich um Temperaturstrahler handelt, die ein kontinuierliches → *Spektrum* besitzen. Farbfilme sind entweder auf → *Tageslicht* (5500 K, 182 M) oder → *Kunstlicht* (3200 K, 312 M) abgestimmt. Entspricht die Verteilungstemperatur der Lichtquelle nicht dem Wert des verwendeten Filmmaterials, so dient ein → *Konversionsfilter* zur Vermeidung eines → *Farbstiches.* Neben der Angabe in Kelvin setzen sich immer mehr die → *Mired*-Werte (M) durch, die den 10^6-fachen Kehrwert von Kelvin darstellen und in der Praxis zur Ermittlung von → *Konversionsfiltern* besser geeignet sind.

Verwackeln (at) Die Bewegung der → *Kamera* während des Auslösens führt zu einer → *Bewegungsunschärfe.* Dieser Fehler tritt auf, wenn im Verhältnis zur → *Brennweite* des → *Objektiv*s eine zu lange → *Belichtungszeit* gewählt wird. Ungewollte Bewegungen der Kamera oder ihre Eigenerschütterung durch den Spiegelschlag, die → *Springblende* oder den Ablauf des → *Schlitzverschluss*es können zum Verwackeln einer Aufnahme führen, unter Umständen sogar bei Aufnahmen ab Stativ (Schwingungen!). Als Faustregel für die längstmögliche von Hand auslösbare Verschlusszeit kann man sich nach der verwendeten Objektivbrennweite richten, deren Millimeterzahl der längstmöglichen Verschlusszeit entsprechen sollte: Mit dem 50mm- → *Normalobjektiv* wählt man 1/60, mit 135mm 1/125 und mit einem 250mm- → *Teleobjektiv* 1/250 Sekunde. Bei längeren Verschlusszeiten drängt sich der Gebrauch eines → *Stativ*s und eines → *Drahtauslöser*s auf, oder man stellt die Kamera auf eine feste Unterlage und betätigt den → *Selbstauslöser.* Mit → *Blitzlicht* ist wegen der kurzen → *Leuchtzeit* eine Verwacklungsunschärfe nahezu ausgeschlossen.

Verwischen (at) → *Bewegungsunschärfe*, welche durch die Bewegung der → *Kamera* (in einer Richtung) oder durch eine im Verhältnis zur → *Belichtungszeit* zu schnelle Bewegung des Motivs entsteht. Verwischungen können eine starke Bildwirkung ergeben, da sie eine hohe Geschwindigkeit des Motivs ausdrücken, was in der → *Sportfotografie* als kreatives Mittel genutzt wird. Man erreicht diesen Effekt, indem man die Kamera mit dem sich bewegenden Motiv mitzieht (→ *Mitziehen*) und dabei mit einer im Verhältnis zur Bewegung zu langen Verschlusszeit auslöst. Ähnlich kann auch die Bewegung eines stehenden Objektes simuliert werden. Man bewegt dabei die Kamera deutlich in einer vorbestimmten Richtung, während bereits 2/3 bis 4/5 der Verschlusszeit abgelaufen sind.

Verzeichnung (at) (Distorsion) → *Abbildungsfehler*, der eine gekrümmte Wiedergabe gerader Linien bewirkt. Der Fehler hängt mit der Lage der → *Blende*nebene im → *Objektiv* und der Korrektion der → *sphärischen Aberration* zusammen. Ein Rechteck wird entweder tonnenförmig oder kissenförmig verzeichnet abgebildet. Besonders bei einfachen Objektiven, aber auch bei → *Weitwinkelobjektiv*en und bei → *Vario-Objektiv*en lässt sich die Distorsion nicht restlos korrigieren. Am extremsten fällt er bei → *Fisheye-Objektiv*en auf, bei denen der Bildrand kreisrund verläuft. Am geringsten tritt der Fehler bei symmetrischen Objektiven auf, die deshalb für → *Reproduktion*en sehr geeignet sind.

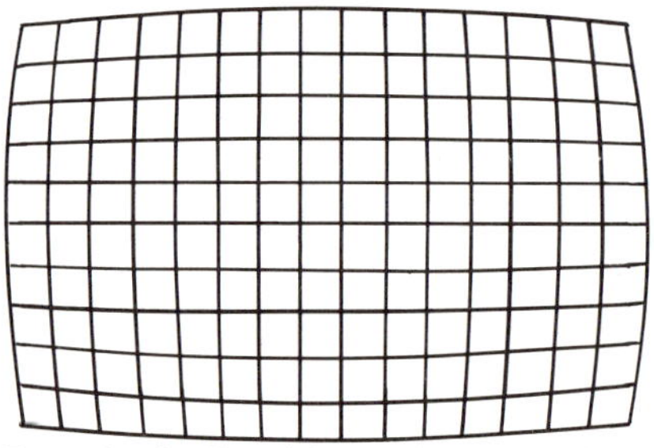

Tonnenförmige Verzeichnung eines Rechtecks

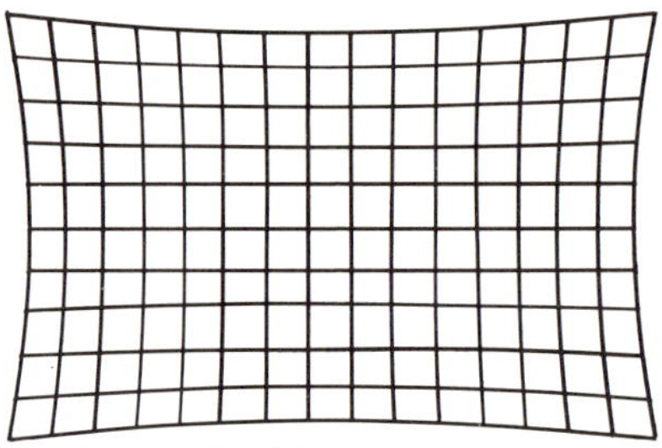

Kissenförmige Verzeichnung eines Rechtecks

Verzerrung (at) (perspektivische Verzerrung). Übertriebene perspektivische Darstellung (→ *Perspektive*) durch einen ungünstigen (oder gewollten) Kamerastandpunkt, der bewirkt, dass die Motivteile im → *Vordergrund* im Verhältnis zum → *Hintergrund* zu gross wiedergegeben werden. Typisches Beispiel für eine perspektivische Verzerrung sind die → *stürzenden Linien* in der → *Architekturfotografie*. Sie lassen sich durch → *Entzerren* beseitigen. Es gibt auch gewisse → *Tricklinsen*, die eine gewollte Verzerrung ermöglichen.

Video (at) Elektromagnetisches Bildaufzeichnungs- und Wiedergabeverfahren. Mit einer elektronischen Kamera, die einen integrierten Rekorderteil besitzt (Camcorder) werden elektronische Bildsignale auf Magnetband gespeichert und über einen Monitor (z.B. Farbfernsehgerät) abgespielt. Während die Videoverfahren heute vorwiegend der Laufbildaufzeichnung (→ *Laufbild-Fotografie*, → *Kinematographie*) dienen, wird in absehbarer Zukunft diese Technologie auch für das Stehbild Anwendung finden (→ *Stehbildvideo*).

Video-Analyzer (lab) Gerät mit einem Monitor, auf welchem ein Farbnegativ (→ *Farbnegativfilm*) direkt als farbiges → *Positiv* beurteilt werden kann. Dabei lässt sich die optimale → *Korrekturfilter*ung einfach ermitteln.

Video-Analyzer (Kodak)

Video-Printer (bpr) Gerät, um von Videosignalen von → *Stehbildvideo*kameras, Video-Rekordern, →

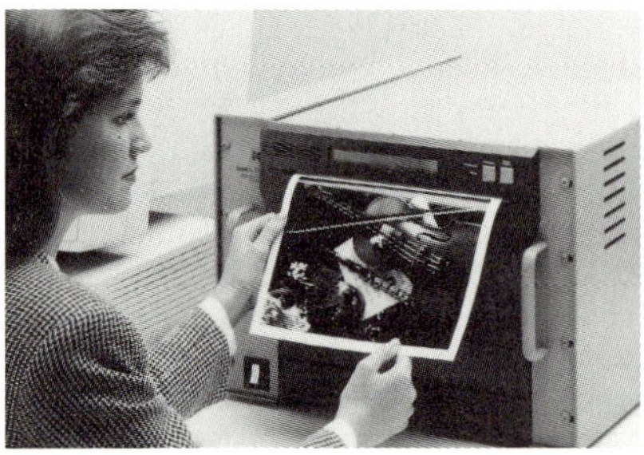

Video-Printer (Kodak)

Camcorder, Phantombild (Sony)

Camcordern, Computern und andern Quellen (→ *Elektronische Fotografie*) Papierkopien herzustellen. Tintenstrahl- und Thermofoliendrucker, die beide nach dem Prinzip der subtraktiven → *Farbmischung* arbeiten, scheinen sich zur Zeit am Markt durchzusetzen.

Vignettierung (at) → *Helligkeitsabfall* schräg in das → *Objektiv* einfallender Strahlenbündel, der auf den veränderten Querschnitt der Eintritts- → *Pupille* (→ *Blende*), auf die grössere Weglänge der Randstrahlen und auf die Abschattung durch die → *Objektivfassung* zurückzuführen ist. Die Vignettierung tritt besonders stark bei Weitwinkelobjektiven sowie dann in Erscheinung, wenn der Strahlengang innerhalb des → *Bildwinkels* durch eine zu kleine → *Gegenlichtblende* oder einen zu weit vorstehenden → *Filter* gestört wird. Auch wirkt sich ein zu kleiner → *Leuchtwinkel* eines → *Blitzgerätes* in gleicher Weise durch Abdunkeln der Randpartien des Bildes aus.
In der → *Porträt*-Fotografie war das Vignettieren beim Vergrössern eine während Jahrzehnten praktizierte, stilbedingte Arbeitsweise.

Vintage Print (bpr) → *Kopie* oder → *Vergrösserung*, die vom Fotografen selbst hergestellt wurde. Vintage Prints sollten vom Fotografen signiert und mit einer Laufnummer versehen sein (z.B. 76/100 = 76. Kopie von insgesamt 100).

Vogel, Hermann Wilhelm (bio) (1834-1898). Deutscher Chemiker an der Technischen Hochschule in Berlin. Begründer verschiedener fotografischer Gesellschaften und der Zeitschrift «Photographische Mitteilungen». Entdeckte 1873 die optische → *Sensibilisierung* fotografischer Emulsionen durch Farbstoffzusatz und ermöglichte damit die Erweiterung der spektralen → *Empfindlichkeit* in den Grünbereich (→ *orthochromatisch*). So schuf er die technologische Basis für → *panchromatische* → *Emulsionen* und die spätere → *Farbfotografie*. Er befasste sich auch eingehend mit der → *Sensitometrie* und verfasste eine grosse Anzahl von Fachpublikationen, von denen sein «Handbuch der Photographie» (ab 1867) die bedeutendste ist.

Vorbelichtung (at, lab) (unterschwellige Vorbelichtung). Setzt man die fotografische → *Schicht* kurzzeitig einer → *Lichtquelle* aus, so dass eine diffuse → *Belichtung* stattfindet, die den → *Grundschleier* nicht erhöht (also unterschwellig bleibt), so nimmt die Empfindlichkeit zu (→ *Empfindlichkeitssteigerung*), und die → *Gradation* wird verflacht. Diese beiden Eigenschaften können in der Praxis mit nahezu allen Materialien ausgenutzt werden. (→ *Hypersensibilisierung*).

Vordergrund (at) Objektraum oder Szene, die vor dem eigentlichen (scharfgestellten) Motiv liegt. Der Vordergrund ist ein wesentliches Gestaltungsmittel, welches in direkter Beziehung zum Motiv steht und häufig als Grössenvergleich dient. So kann durch einen entsprechenden Kamerastandort die → *Perspektive* so verändert werden, dass das (scharfeingestellte) Hauptmotiv übertrieben, der Wirklichkeit entsprechend oder untertrieben gross dargestellt wird. Zudem entsteht durch diese perspektivische Veränderung ein unterschiedlicher Eindruck der Raumtiefe. →←*Hintergrund*.

Vorlaufwerk → *Selbstauslöser*.

Vorsatzlinse (at) → *Linse*, die auf die Fassung eines → *Objektivs* aufgesteckt oder in das → *Filtergewinde* eingeschraubt wird und den Strahlengang verändert. Das typische Beispiel ist die → *Nahaufnahmelinse*, die die → *Brennweite* verkürzt und dadurch eine kürzere → *Gegenstandsweite* zulässt. Aber auch → *Weichzeichner* und → *Tricklinsen* gehören in die Gruppe der Vorsatzlinsen.

Vorwahlblende (at) Einstellungsart der Arbeitsblende bei früheren mechanischen Kameras sowie bei gewissen Spezialobjektiven. Die → *Blende* wurde am Einstellring des → *Objektivs* manuell vorgewählt. Während der → *Scharfeinstellung* blieb die Blendenöffnung voll erhalten. Sie wurde erst unmittelbar vor der Auslösung von Hand geschlossen. Später wurde dieser manuelle Einstellvorgang von der Mechanik der Kamera (→ *Springblende*) übernommen.

Vorwässerung (lab) → *Wässerung* vor der → *Entwicklung*, um bei heiklen Verarbeitungsprozessen durch Aufquellen der → *Gelatine* eine möglichst gleichmässige Einwirkung des → *Entwicklers* in der *Schicht* zu erreichen. Die Vorwässerung kann in einer Schale während etwa 30 Sekunden stattfinden, wobei das Wasser die gleiche Temperatur wie der Entwickler aufweisen sollte. Werden mehrere → *Filme* oder → *Fotopapiere* gleichzeitig vorgewässert, erfolgt die Bewegung (→ *Agitation*) durch → *Umschichten*.

W

Wärmeschutzfilter (pro, lab) (→ *IR*-Sperrfilter). → *Interferenz*systeme oder → *Absorptions*gläser, welche unerwünschte Wärmestrahlen von der → *Projektions*vorlage fernhalten. Wärmeschutzfilter sind in Diaprojektoren, in → *Vergrösserungsgerät*en und in → *Hellraumprojektor*en im Strahlengang zwischen der → *Lichtquelle* und der Bildbühne eingebaut.

Warmlufttrocknung → *Trocknung.*

Warmton (lab) Gelblich-bräunlicher → *Bildton* bei → *Fotopapier*en.

Wasserenthärtungsmittel (lab, chem) → *Kalkschutzmittel*, welche die Trübung und Ausflockung in → *Entwickler*n verhindern, die sich aus den Kalzium- und Magnesiumsalzen im Leitungswasser ergeben können. Dazu sind besonders geeignet: Natriumhexametaphosphat, $(NaPO_3)_6$, Natriumpyrophosphat, $Na_4P_2O_7 \cdot 10\ H_2O$, Natriumtetraphosphat, $Na_6P_4O_{13}$, sowie Äthylendiamintetraessigsäure (Trilon BS), Tetranatriumsalz (Trilon B) und Dinatriumsalz-Dihydrat (Trilon BF). Von den Phosphaten werden etwa 0,3 g pro Liter Wasser benötigt.

Wasserstoffperoxyd (chem) (Hydrogenium peroxydatum) H_2O_2. Energisches Oxidationsmittel, farblose Flüssigkeit, die sich leicht in Wasser und Sauerstoff zersetzt (bei Erhitzung explosionsartig). Im Handel als 30%ige Lösung (Perhydrol) und 3%ige gebrauchsfertige Lösung erhältlich. Verwendung: als Bleichmittel und Fixiernatronzerstörer.

Wässerung (lab) Verarbeitungsstufe in fotografischen Prozessen, um in einem Verdünnungsprozess Chemikalien aus den → *Schicht*en herauszulösen. Dadurch wird entweder eine unerwünschte chemische Reaktion in nachfolgenden Bädern vermieden (Zwischenwässerung), oder die → *Haltbarkeit* des fertigen Bildes wird ermöglicht (Schlusswässerung). Die Wässerungsdauer der Schlusswässerung ist abhängig von der Art und Schichtdicke des Materials, von der Durchflussmenge (Turbulenz) und der Temperatur des Waschwassers. Wir unterscheiden grundsätzlich zwei verschiedene Wässerungsmethoden:
1. Fliessende Wässerung. → *Filme* werden in der Dose (→ *Dosenentwicklung*) oder im Tank (→ *Tankentwicklung*) 15 bis 30 Minuten gewässert. → *Fotopapiere* werden einer der Schale (→ *Schalensyphon*, → *Kaskadenwässerung*) gewässert. Die Wässerungsdauer beträgt für → *RC-Papier* 3 bis 5 Minuten, bei → *Barytpapier* 30 bis 45 Minuten.
2. → *Standwässerung* mit Wasserwechsel. → *Filme* werden in der Dose (→ *Dosenentwicklung*) nach der → *Kippmethode* gewässert. Dazu wird Wasser vom 20 bis 25°C in die Dose gefüllt und wie folgt gekippt:

1. Dosenfüllung = fünfmal kippen
2. Dosenfüllung = zehnmal kippen
3. Dosenfüllung = zwanzigmal kippen

Danach ist der Film ausgewässert. Ähnlich verfährt man auch mit → *Fotopapieren* in der → *Schale*, wobei die Papiere laufend umgeschichtet (→ *Umschichten*) werden müssen:

Wassertemperatur	Anzahl Umschichtungen	
20 bis 25 °C	RC-Papier	Baryt-Papier
Vorbereitung	Papier beidseitig kurz abbrausen	
1. Schalenfüllung	5	5
2. Schalenfüllung	10	5
3. Schalenfüllung	20	10
4. Schalenfüllung	-	10
5. Schalenfüllung	-	20
6. Schalenfüllung	-	20

Bei sämtlichen Wässerungsmethoden muss bedacht werden, dass → *Fixiersalz* spezifisch schwerer ist als Wasser, deshalb im Wässerungsgefäss immer an den Boden absinkt und dort eine höhere Konzentration ergibt. Die Methoden der Fliesswässerung sind heute aus ökologischen und ökonomischen Gründen nur noch schwer vertretbar, zumal die beschriebenen Wechselmethoden völlig ausreichen, sofern die vorgeschriebene Wassertemperatur eingehalten wird.

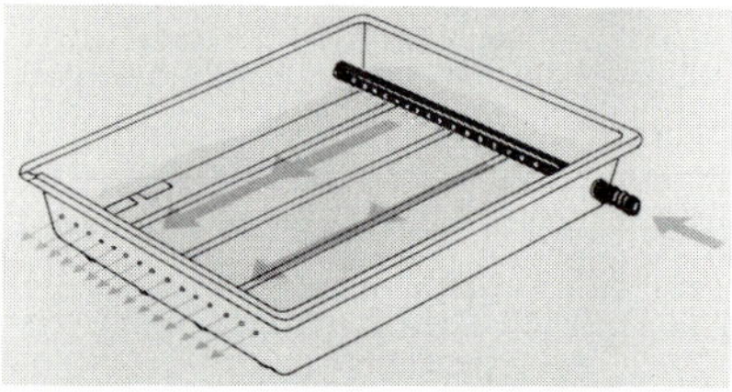

Wässerungsschale (Kaiser)

Eine effiziente Wässerungshilfe besteht darin, dass fixiertes und kurz gespühltes Schwarzweiss-Material ca 1 Minute kurz in einer 2%igen Sodalösung (→ *Natriumkarbonat*) gebadet wird. Damit reduziert sich die Wässerungszeit etwa um die Hälfte.
Um bei der Filmverarbeitung die Bildung von → *Trockenflecken* zu vermeiden, sollte nach der Schlusswässerung ein neutrales → *Netzmittel* verwendet werden.
Bei Schwarzweissmaterialien kann mit einer 1%igen → *Silbernitrat*lösung überprüft werden, ob die Wässerung ausreichend war, indem der Bild- oder → *Negativ*rand (vorzugsweise von gleich verarbeitetem Ausschussmaterial) betupft wird. Bildet sich innerhalb einer Minute kein brauner Fleck, so war die Wässerungszeit ausreichend.

Wattsekunde → *Joule.*

Wechselobjektive (at) → *Objektive* mit verschiedenen Eigenschaften (z.B. → *Brennweite*, → *Lichtstärke*, und → *Auflösungsvermögen*), die sich mit einer → *Systemkamera* verwenden lassen. Durch die Wahl verschiedener Brennweiten, und damit durch die Veränderung des → *Bildwinkels*, ergeben sich wesentlich mehr Gestaltungs- und Einsatzmöglichkeiten einer → *Kamera*. Man unterscheidet in erster Linie → *Weitwinkelobjektive*, → *Normalobjektive*, → *Teleobjektive*, → *Makro-Objektive*, → *Spiegellinsenobjektive* und weitere Spezialobjektive. Wechselobjektive werden mit einer → *Bajonettfassung* oder einer → *Schraubfassung* an das Kameragehäuse angesetzt (→ *Kameraanschluss*). Im Kameraanschluss müssen auch verschiedene Übertragungsorgane (z.B. für die → *Springblende* oder für → *Autofokus*) untergebracht sein.

Wechselobjektive (Rollei)

Wechselmagazin → *Magazin.*

Wechselsack (at, lab) Lichtdichter Stoffsack, welcher die Manipulation mit lichtempfindlichem Material im Hellen zulässt. Der Wechselsack wird gebraucht um
1. → *Planfilme* in → *Planfilmkassetten*,
2. → Kleinbildfilme (→ *Meterware*) in → *Filmpatronen* und
3. Filme in → *Entwicklungsdosen* umzuladen, oder
4. bei Kameradefekten den belichteten Film sicher aus der Kamera nehmen zu können.

Weiches Licht (at) Eine → *Lichtquelle* mit grosser Leuchtfläche (→ *Reflektor*, → *Diffusor*, → *Reflexionsschirm*, Aufhellfläche) erzeugt eine → *kontrastarme* Beleuchtung mit diffusen, weich verlaufenden Schatten und einem niedrigen → *Kontrastumfang*. (→← *hartes Licht*).

Weichzeichner (at) → *Objektive* oder Objektivvorsätze, die infolge einer → *Überstrahlung*serscheinung eine unscharfe Überlagerung einer kontrastreichen, mehr oder weniger scharfen Kontur bewirken. Die Weichzeichnung stellt eine Stilrichtung vorwiegend in der → *Porträt*fotografie,

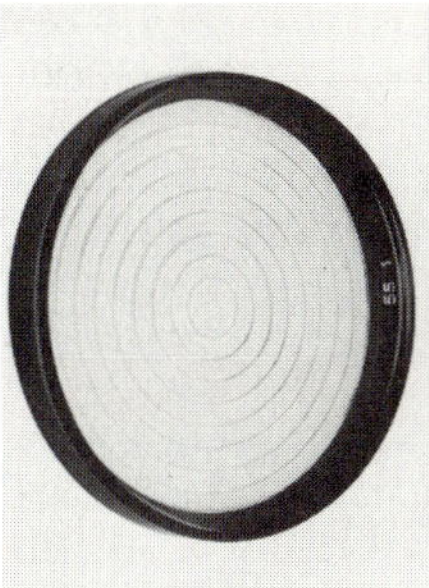

bei → *Aktaufnahmen*, in der → *Werbe-Fotografie* und in der → *Landschafts-Fotografie* dar. Schon verhältnismässig einfache Mittel, wie eine mit Vaseline beschichtete Glasscheibe, feine Gaze oder das Anhauchen des Objektivs, können zu bildmässig interessanten Effekten führen. Dann existieren auch → *Trickfilter*, die aus einem Planglas bestehen, in das feine, konzentrische Linien eingeschliffen sind oder die über kleine konvexe Erhöhungen verfügen. Spezielle Weichzeichnerobjektive ermöglichen eine dosierbare Weichzeichnung. Ihre → *sphärische Aberration* (unter Umständen in Verbindung mit anderen → *Abbildungsfehlern*) ist nicht korrigiert und bewirkt auf optische Weise oder durch spezielle Siebblenden diesen Überstrahlungseffekt.

Weichzeichner-Objektiv (Pentax)

Weitwinkelobjektiv (at) → *Objektiv* mit einem → *Bildwinkel* von mehr als 50° und einer → *Brennweite*, die kürzer ist als die Formatdiagonale. Für → *Kleinbildkameras* sind Weitwinkelobjektive mit 35, 28 und 24mm üblich, während extremere Typen 21, 18 oder 15 mm Brennweite aufweisen (→ *Fisheye-Objektive* bis 6 mm). Bei extremen Weitwinkelobjektiven für → *Spiegelreflexkameras* muss die → *Schnittweite* durch ein negatives → *Linsenelement* (→ *Linsenformen*) verlängert werden, damit im → *Spiegelkasten* für den hochklappenden Spiegel genügend Platz verbleibt (→ *Retrofokus*).

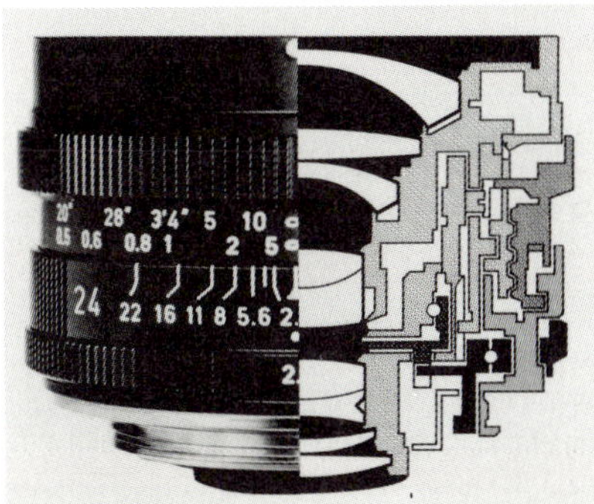

Weitwinkelobjektiv; Retrofokus (Leica)

Dadurch, und bedingt durch die aufwendigere Korrektion der verschiedenen → *Abbildungsfehler* (→ *Verzeichnung*), sind die meisten Weitwinkelobjektive sehr komplexe Konstruktionen. Eine Charakteristik extremer Weitwinkelobjektive ist der physikalisch bedingte → *Helligkeitsabfall*, der zwar nicht konstruktiv, aber mit einem *konzentrischen* → *Verlaufsfilter* weitgehend ausgeglichen werden kann.

Wellenlänge (phys) Abstand zwischen zwei Schwingungsphasen elektromagnetischer Strahlung (→ *Licht*). Die offizielle Abkürzung ist λ(griech. Lambda), und die Einheit ist → *Nanometer* (1 nm = 10^{-9}m). Als sichtbaren Bereich elektromagnetischer Strahlung bezeichnet man das → *Spektrum* von 400 bis 700 nm (→ *Nanometer*). Dieser und die unmittelbar benach-

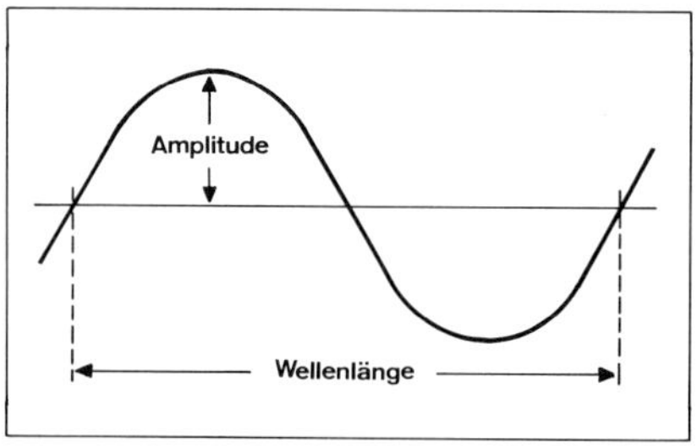

barten Strahlungsbereiche (→ *Infrarot* und → *Ultraviolett*) sind für fotografische Aufgaben verwendbar.

Werbefotografie (at) Fotografische Aufnahmen, die für Werbezwekke realisiert werden und in Anzeigen, Prospekten, Dokumentationen, Presseunterlagen u.ä. Verwendung finden. Werbefotografen arbeiten in der Regel mit einer Werbeagentur oder einem Grafiker zusammen und erhalten dadurch eine klar gestellte Aufgabe, die ihnen nur selten grossen kreativen Spielraum lässt. Hinter einer Werbeaufnahme steht meistens ein ganzes Konzept und letztlich eine bestimmte Aussage, die fotografisch untermalt werden soll, um ein Bedürfnis zu erwecken oder um ein Produkt zu verkaufen. Die Werbeaufnahme muss in höchster Perfektion der Wunschvorstellung des Auftraggebers entsprechen. Sie muss in erster Linie technisch einwandfrei sein und eine saubere, dem Produkt oder der Idee entsprechende → *Lichtführung* aufweisen. Die meisten Werbeaufnahmen werden mit grossformatigen → *Fachkameras* im → *Atelier* mit künstlichen → *Lichtquellen*, vorwiegend mit Studioblitzanlagen (→ *Blitzgerät*) erstellt. Übliche → *Formate* der → *Diapositive* sind 4x5 Inch, 13x18cm, 18x24cm oder 20x25cm. Da Diapositive als Druckvorlagen am geeignetsten sind, werden → *Negativ*filme in der Regel nur belichtet, um aufgrund von → *Kopien* oder → *Vergrösserungen* perfekte Entwürfe für die Weiterverarbeitung der Aufnahmen anfertigen zu können.

Winder (at) Zubehör für → *Systemkameras*, welches den → *Film* nach jeder → *Belichtung* selbsttätig transportiert (→ *Filmtransport*). Ein Winder, der üblicherweise an der Kameraunterseite mit Hilfe des Stativgewindes festgeschraubt wird, hat eine Kapazität von rund 2 Bildern pro Sekunde. Seitdem die meisten Kameras einen integrierten → *Motor* besitzen, haben die Winder kaum mehr praktische Bedeutung.

XY

Xenon-Lampe (li) Hochdruck- → *Gasentladungslampe*, die mit Xenon gefüllt ist und eine extrem hohe Lebensdauer (etwa 5000 Stunden) hat. Sie wird mit Gleichstrom und einer Spannung von 60 bis 80 Volt betrieben. Xenon-Lampen werden neben → *Metalldampflampen* in Hochleistungs → *Projektor*en, Studioleuchten und als tageslichtähnliche (→ *Tageslicht*) Referenzlichtquellen zur Beurteilung von Farbproben und zur anschliessenden Filterbestimmung (→ *Korrekturfilter*) verwendet.

Xerographie (at) Elektrostatisches Fotokopierverfahren (→ *Fotokopie*).

X-Kontakt → *Blitzsynchronisation*.

Yellow (Gelb) → *Subtraktive Grundfarbe*. → *Komplementärfarbe* zu Blau (Weiss minus Blau).

Z

Zeitaufnahme → *Langzeitbelichtung.*

Zeitautomatik (at) → *Belichtungsautomatik* mit Vorwahl der → *Blende* und stufenloser, automatischer → *Verschlusszeit*ensteuerung.

Zeitdehneraufnahme (at) (Zeitlupe). Der ursprünglich aus der → *Kinematographie* stammende Begriff umfasst ein Aufnahmeverfahren zur Analyse von Bewegungsvorgängen mit einer Aufnahmebildfrequenz, die grösser ist als die Vorführbildfrequenz (→← *Zeitrafferaufnahme*). In der → *Hochfrequenzfotografie* benutzt man ein prinzipiell gleiches Verfahren, um schnelle Bewegungsabläufe zu registrieren und wissenschaftlich zu analysieren.

Zeitrafferaufnahme (at) Im Gegensatz zur →← *Zeitdehneraufnahme* ist bei der Zeitraffung die Aufnahmebildfrequenz kleiner als die Vorführbildfrequenz. Dadurch kann man fotografisch einen langsamen Bewegungsvorgang (z.B. das Wachstum einer Pflanze) registrieren und mit wenigen Aufnahmen vollumfänglich wiedergeben. Um sich die Aufgabe aufnahmetechnisch zu erleichtern, kann man eine → *Motor*kamera über einen Intervallschalter steuern und erhält so eine Aufnahmeserie, die in regelmässigen Zeitabständen, auch über eine lange Gesamtzeit, selbsttätig entstanden ist.

Zeitschaltuhr (lab) (Timer). → *Belichtungsschaltuhr.* Steuergerät für die → *Lichtquelle* des → *Vergrösserungsgerätes.* Eine mechanische Uhr oder ein elektronischer Zeitgeber setzt die Lampe während einer bestimmten, vorgewählten → *Belichtungszeit* unter Strom. Der Zeitbereich liegt bei einfacheren Geräten zwischen 1 und 60 Sekunden, während mit teureren, elektronischen Schaltuhren Zeiten von mehreren Minuten eingestellt werden

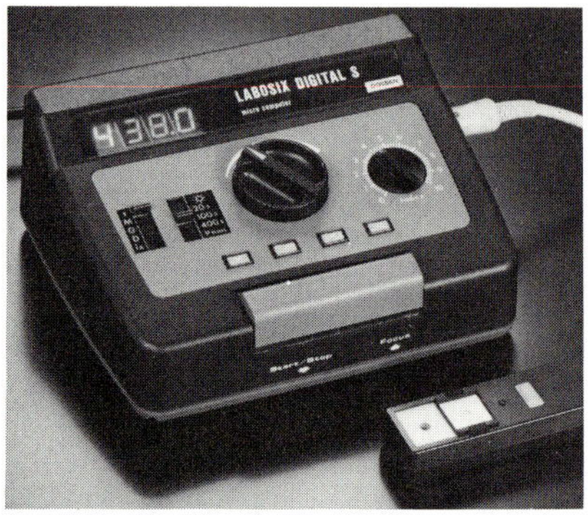

Zeitschaltuhr mit Messsonde (Gossen)

können. Ferner verfügen Zeitschaltuhren auch über einen Dauerschalter, der zur Ausschnittwahl und zum → *Scharfeinstellen* der Vergrösserung dient. Es gibt auch Zeitschaltuhren, die über eine Messeinheit verfügen und damit die Bestimmung der Belichtungszeit sowie, bei Schwarzweissvergrösserungen, der → *Papiergradation* (durch eine → *Kontrastmessung*) ermöglichen. Eine Weiterentwicklung der Zeitschaltuhr hat zum → *Color-Analyzer* geführt, mit dem nicht nur die Belichtungszeit, sondern auch die beim Farbvergrössern notwendigen → *Korrekturfilter* bestimmt und deren → *Verlängerungsfaktor* automatisch berücksichtigt wird.

Zeit-Temperatur-Tabelle (lab) Graphische Darstellung, aus der die Abhängigkeit der → *Entwicklung*szeit (auf der Abszisse) von der Temperatur des → *Entwickler*s (auf der Ordina-

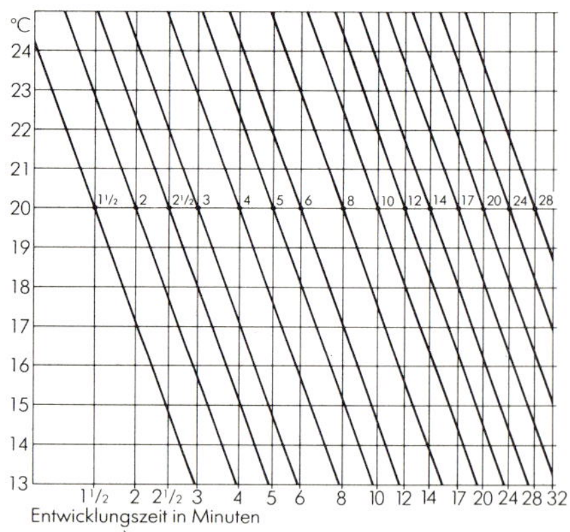

te) ersichtlich ist. Mit zunehmender Temperatur nimmt die Entwicklungszeit ab. Die übliche Verarbeitungstemperatur für Schwarzweissmaterial beträgt 20° C.

Zelluloseester (chem) → *Schichtträger*material, das hauptsächlich aus Zelluloseester der Essigsäure, Propionsäure oder Buttersäure (oder Gemischen davon) besteht.

Zentralperspektive → *Perspektive*.

Zentralverschluss (at) → *Verschluss*, der im → *Objektiv* (Zwischenlinsenverschluss) oder unmittelbar dahinter (Hinterlinsenverschluss) die → *Belichtungszeit* regelt. Der Zentralverschluss besteht aus drei (oder mehr) kurvenförmigen Metalllamellen, die kreisförmig um die effektive Öffnung herum angeordnet sind und je einen festen Drehpunkt haben. Beim Verschlussablauf öffnen sich die Lamellen vom Zentrum her und kehren beim Schliessen wieder in ihre Ausgangsstellung zurück. Kurze Verschlusszeiten werden über eine Federspannung gesteuert, während längere Zeiten durch die Verzögerung eines mechanischen Hemmwerks oder eines Elektromagneten (→ *elektronischer Verschluss*) gebildet werden. Da im Gegensatz zum → *Schlitzverschluss* auch bei kurzen Belichtungszeiten (konstruktionsbedingt bis max. 1/500 Sekunde) die volle Öffnung wirksam ist, ist die → *Blitzlichtsynchronisation* bei allen Verschlusszeiten gewährleistet.

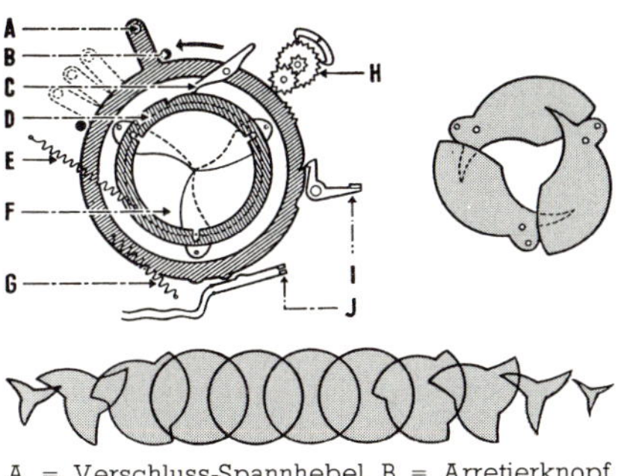

A = Verschluss-Spannhebel, B = Arretierknopf, C = Entriegelungshebel, D = Lamellenring, E = Rückholfeder, F = Verschlusslamellen, H = Hemmwerk, I = Auslöser, J = Blitzlichtsynchronisation.

Zerstreuungskreis (at) (Zerstreuungsscheibe für Randstrahlen; Unschärfekreis). Liegt ein Punkt nicht in der Einstellebene, so wird er in der Filmebene nicht als Punkt, sondern als Kreis (bzw. bei Randstrahlen als Scheibe) abgebildet. Dieser sogenannte Zerstreuungskreis kann je nach Entfernung des Punktes von der

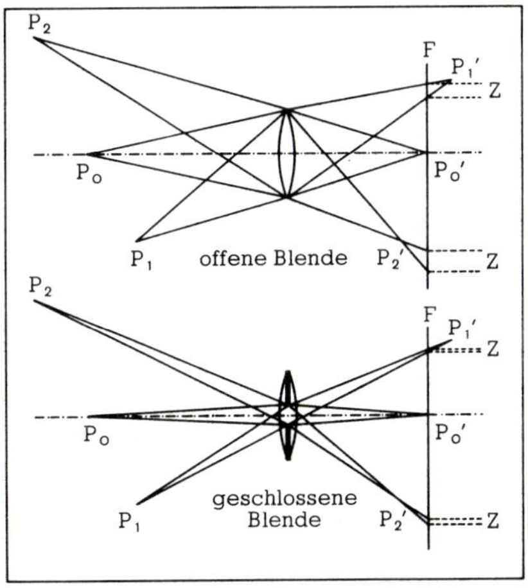

P_0 = Scharfgestellter Gegenstand, P_1 = nah gelegener Gegenstand, P_2 = weitentfernter Gegenstand, F = Filmebene, Z = Zerstreuungskreis

→ *Bildebene* eine unterschiedliche Grösse haben. Dieser wird bis zu einer gewissen Grenzgrösse von unserem Auge als «scharfer Punkt» toleriert und danach als unscharfer Kreis erkannt. Der zulässige Durchmesser des Zerstreuungskreises bei einer scharfen Abbildung darf maximal 1/

Zulässiger Zerstreuungskreisdurchmesser	
Aufnahmeformat	Durchmesser in mm
18 x 24	0,025
24 x 36	0,033
45 x 60	0,050
60 x 60	0,060
60 x 90	0,750
90 x 120	0,100

1500 der Normalbrennweite (→ *Normalobjektiv*, → *Brennweite*) betragen (→ *Schärfe*).
Der Zerstreuungskreisdurchmesser ist eine Grösse, die hilft, die sonst sehr subjektiv beurteilten Begriffe der «Schärfe» und «Unschärfe» zu definieren und mathematisch zu erfassen, ist jedoch auch abhängig vom Nach- → *Vergrösserungsmassstab* und vom → *Betrachtungsabstand*. Der Zerstreuungskreisdurchmesser spielt besonders in der Berechnung der → *Schärfentiefe* und als Grundlage für die → *Schärfentiefeskala* eine wichtige Rolle.

Zerstreuungslinse (opt) (Konkavlinse, Negativlinse, → *Linsenformen*). → *Linse*, die ein parallel einfallendes Strahlenbündel in divergierende (→ *Divergenz*) Strahlen umwandelt. Sie ist in der Mitte dünner als am Rand und hat einen virtuellen → *Brennpunkt*, der gegenstandsseitig liegt.

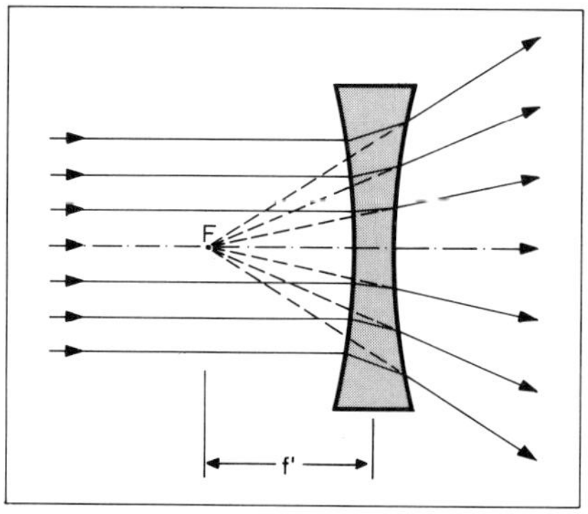

Zielfotografie (at) Fotografisches Registrierverfahren der Zeitmessung bei sportlichen Veranstaltungen. Dabei wird eine Spezialkamera verwendet, die anstelle des → *Schlitzverschlusses* einen feststehenden Schlitz hat, an dem ein Registrierfilm vorbeigezogen wird, der dieselbe Laufgeschwindigkeit hat wie die Sportler im Moment des Zieldurchgangs. Die effektive Zeit wird mit einbelichtet, so dass der Sieger auf dem entwickelten Film (→ *Entwicklung*, → *Schnellverarbeitung*) eindeutig ermittelt werden kann. Die Zielfotografie ist in den letzten Jahren durch die → *Video*-Technik weitgehend abgelöst worden.

Foto: Longines SA, CH-2610 St.Imier

Zirkular-Polarisationsfilter (phys) → *Polarisationsfilter*, bei dem ein Linearpolfilter mit einem Viertelwellenplättchen kombiniert ist, welches das in einer Ebene schwingende → *Licht* in zwei senkrecht zueinander schwingende, um eine viertel Wellenlänge ($\lambda/4$) phasenverschobene Komponenten zerlegt. Dabei überlagern sich ihre Schwingungen, so dass sie um ihre Fortpflanzungsachse zirkulieren. Sie finden bei spannungsoptischen Messungen (→ *Spannungsoptische Aufnahmen*) oder zur Kontraststeigerung von Monitorbildern Verwendung, aber auch bei → *Spiegelreflexkameras* mit → *halbdurchlässigen Spiegeln*, deren Messresultate der → *Innenmessung* mit Linearpolarisationsfiltern verfälscht werden.

Zitronensäure (chem) (acidum citricum) $C_3H_4(OH)(COOH)_3 \cdot H_2O$. Farblose Kristalle oder Griespulver mit säuerlichem Geschmack. Verwendung in Klärbädern, Tonern und Entwicklern. Entfernt Entwicklerflekken.

Zonensystem (at, lab) Verfahren, erarbeitet von Ansel → *Adams*, um den → *Schwärzungsumfang* durch die Messung von → *Belichtungszonen* und die Anpassung der → *Entwicklungszeit* so zu steuern, dass ein bestimmter → *Motivkontrast* auf ein → *Fotopapier* mittlerer → *Gradation* kopiert werden kann. Dabei wird vor der Aufnahme mit einem Spotbelichtungsmesser (→ *Spotmessung*) der gewünschte → *Kontrastumfang* festgelegt und bestimmt, um wieviel die → *Entwicklungszeit* verlängert oder verkürzt werden muss, um den entsprechenden → *Gammawert* und die gewünschte → *Lichterzeichnung* und → *Schattenzeichnung* zu erhalten.

Zoom-Kompaktkamera (at) → *Kompaktkamera*, welche über ein → *Vario-Objektiv* verfügt. Mit der → *Brennweiten*verstellung wird auch der Bildausschnitt des → *Suchers* und der → *Leuchtwinkel* des integrierten → *Blitzgerätes* verstellt.

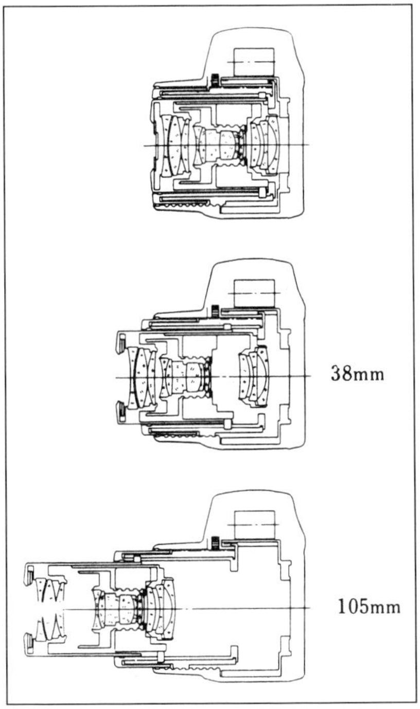

Zoom-Kompaktkamera (Pentax)

Zoom-Objektiv → *Vario-Objektiv.*

Zubehörschuh (at) Mechanische Vorrichtung auf der → *Kamera*oberseite, welche das Aufstecken von Zubehörteilen ermöglicht, insbesondere von → *Blitzgeräten*, welche früher über einen einzigen → *Mittenkontakt*, heute über ihn und weitere Kontakte mit der → *Kamera*elektronik verbunden und synchron (→ *Synchronisation*) gezündet werden.

Zurückhalten → *Abwedeln.*

Zweibad-Entwicklungsverfahren → *Stabilisierungsverfahren.*

Zweibad-Tonung → *Tonung.*

Zweischalen-Entwicklung (lab) Verarbeitungsverfahren von schwarzweissem → *Fotopapier*, um → *Gradations*zwischenstufen zu erreichen. Dazu verwendet man einen ersten, weich arbeitenden → *Entwickler*, der eine optimale → *Lichter*zeichnung ergibt, und setzt die Verarbeitung in einem zweiten, hart arbeitenden Entwickler fort, um in den → *Schatten* die → *Maximaldichte* zu erhalten. Durch Variieren der Entwicklungszeiten in den beiden Entwicklern kann die Papiergradation in einem gewissen Bereich beeinflusst werden. Mit dem Aufkommen von → *Gradationswandelpapieren* hat die Zweischalen-Entwicklung an Bedeutung verloren.

Zweischichtenfilm → *Doppelschichtprinzip.*

Zweistufen-Entwicklung (lab) Verarbeitung von Schwarzweissfilmen, um eine bessere Ausgleichwirkung und eine geringere → *Körnigkeit* zu erreichen. Die erste Stufe enthält praktisch nur → *Entwicklersubstanzen*, während das zweite Bad, in welches der Film ohne → *Zwischenwässerung* gelangt, das zur Aktivierung erforderliche → *Alkali* enthält.

Zwischenbelichtung (lab) Entscheidende Verarbeitungsstufe der → *Umkehrentwicklung.* Das im → *Erstentwickler* nicht geschwärzte → *Silberhalogenid* wird während der diffusen Zwischenbelichtung in einen entwicklungsfähigen Zustand überführt, der nach einer weiteren Entwicklung zu einem positiven Bild (→ *Positiv*) umgewandelt wird. Bei verschiedenen → *Positiv/Positiv-Verfahren* wird heute die Zwischenbelichtung durch eine chemische Behandlung ersetzt. Bei dieser sogenannten verschleiernden Farbentwicklung (→ *Schleier*, → *Farbentwickler*) sind Substanzen im Farbentwickler enthalten, die auch unbelichtetes Silberhalogenid spontan zu → *Silber* reduzieren können (starkes Reduktionsmittel als Entwickler).

Zwischenlinsenverschluss → *Zentralverschluss.*

Zwischennegativ → *Internegativ.*

Zwischenring (at) Zubehörteil, das zwischen Kameragehäuse und → *Wechselobjektiv* eingesetzt wird, um den → *Auszug* zu verlängern, sodass → *Nahaufnahmen* möglich werden. Zwischenringe sind in verschiedenen Längen erhältlich, miteinander kombinierbar und übertragen in der Regel auch die Blendensteuerung.

Zwischenwässerung → *Wässerung.*

Für Ihre Notizen/Ergänzungen

Für Ihre Notizen/Ergänzungen

Für Ihre Notizen/Ergänzungen

Für Ihre Notizen/Ergänzungen

Für Ihre Notizen/Ergänzungen

Für Ihre Notizen/Ergänzungen

Für Ihre Notizen/Ergänzungen

Für Ihre Notizen/Ergänzungen

Für Ihre Notizen/Ergänzungen

Für Ihre Notizen/Ergänzungen